Wolff/Göschel · Erfolg durch motivierte Mitarbeiter

Georg Wolff · Gesine Göschel

Erfolg durch motivierte Mitarbeiter

Personalmanagement bei Finanzdienstleistern

GABLER

CIP-Titelaufnahme der Deutschen Bibliothek

Wolff, Georg:
Erfolg durch motivierte Mitarbeiter: Personalmanagement bei Finanzdienstleistern / Georg Wolff; Gesine Göschel. – Wiesbaden: Gabler, 1991
ISBN 978-3-409-14747-7 ISBN 978-3-322-90587-1 (eBook)
DOI 10.1007/978-3-322-90587-1
NE: Göschel, Gesine:

Der Gabler Verlag ist ein Unternehmen der Verlagsgruppe Bertelsmann International.

Betriebswirtschaftlicher Verlag Dr. Th. Gabler GmbH, Wiesbaden 1991
Softcover reprint of the hardcover 1st edition 1991
Lektorat: Karlheinz Müssig

Umschlaggestaltung: Mascha Blömer, München
Satz: RES Satzstudio, Dreieich

Buchbinder: Osswald + Co., Neustadt/Weinstr.

Vorwort

„Im Zusammenwirken mit den sachlichen Produktionsmitteln ist der Mensch der wesentliche Leistungsträger, dessen Effizienz den Betriebserfolg entscheidend mitbestimmt“. So lautet einer der Kernsätze in dem von der Bundesvereinigung der Deutschen Arbeitgeberverbände herausgegebenen Buch „Unternehmerische Personalpolitik“ (J. P. Bachem Verlag, Köln, 1983).

Trotz des gerade im Bereich der Finanzdienstleistungen starken Vordringens der modernen Technik mit der Folge von Automatisierung und Rationalisierung: Der Mensch steht im Mittelpunkt. Er ist es, der nicht nur mit der Technisierung „fertig werden“, sondern sie beherrschen und steuern muß. Die Technik ist Hilfsmittel der Menschen und nicht umgekehrt der Mensch „Diener“ der Technik.

Wer glaubte, den Menschen im Finanzdienstleistungsbereich weitgehend durch die Technik ersetzen zu können, wird schon durch die Beschäftigungsstastistik, zum Beispiel aus dem personell größten Sektor, dem Bankreich, widerlegt: Nach Angaben des Arbeitgeberverbandes des privaten Bankgewerbes standen Ende 1989 im gesamten Kreditgewerbe der Bundesrepublik – ohne die fünf neuen Bundesländer – 630800 Mitarbeiter auf den Lohn- und Gehaltslisten. Zehn Jahre zuvor waren es 524100 (Frankfurter Neue Presse von 27.10.1990).

Die Zahl der Beschäftigten wird sich, besonders bedingt durch die fünf neuen Bundesländer, noch erhöhen. Der Arbeitgeberverband beziffert die Zahl der Angestellten in diesem Gebiet auf ganze 40000 – im etwa ebenso großen Bundesland Nordrhein-Westfalen sind es fast 150000 Beschäftigte. „Go East, young Banker“, heißt es in der Branche. Und nicht nur Banker werden dort gesucht. Der gesamte Finanzdienstleistungsbereich muß dort Pionierarbeit leisten. Versicherungsfachleute ebenso wie Vermögensverwalter, um nur zwei Beispiele zu nennen.

Aufbauarbeit ist zu leisten, und zwar nicht nur auf fachlichem Gebiet. Mitarbeiter und Führungskräfte müssen „geführt“, zielorientiert beeinflußt werden. Wie steht es um die Motivation der Mitarbeiter und Führungskräfte? Wie steht es um die Mitarbeiterführung im Finanzdienstleistungsbereich? Wird Führungsfragen die Priorität beigemessen, die ihnen im Zuge der gesellschaftlichen Entwicklung zukommt? Werden Mitarbeiter und Führungskräfte im Bereich der Finanzwirtschaft so geführt, daß sie ihre Leistung voll entfalten können, um den Wettbewerbsbedingungen des Marktes gerecht zu werden? Sind die Mitarbeiter mit dem Führungsverhalten ihrer Vorgesetzten zufrieden? Wirken sich Mängel in der Führung auf den Kundenbereich aus?

Es ist eine alte Erfahrung: So wie die Mitarbeiter von ihren Vorgesetzten geführt werden, behandeln diese wiederum die Kunden. Kundenorientierung setzt Mitarbeiterorientierung zwingend voraus. Mängel in der Mitarbeiterführung haben unmittelbare Auswirkungen im Kundenbereich.

Die Defizite im Führungsbereich bei Finanzdienstleistern sind beträchtlich. Hier Mittel und Wege aufzuzeigen, wie diese erfolgreich analysiert und angegangen werden können, um den Bedingungen des sich weiter verschärfenden Wettbewerbs, national und international, gerecht werden zu können, haben wir uns zur Aufgabe gestellt.

Bad Vilbel, im Dezember 1990 Die Verfasser

Inhalt

1. Finanzdienstleistungen im veränderten gesellschaftlichen Umfeld

1.1 Agieren, nicht nur reagieren

Wohl kaum ein Zeitalter ist von Veränderungen so geprägt wie die Zeit, in der wir leben. Die Vereinigung Deutschlands, die Ereignisse im Osten Europas, die Golfkrise, um nur einige Beispiele zu nennen, haben auch tiefgreifende Auswirkungen auf den Bereich der Finanzdienstleistungen. Auf diese Wandlungsprozesse gilt es sich einzustellen, und zwar nicht nur, indem man auf diese Ereignisse reagiert. Die Prognose ist gefragt, der – oft visionäre – Blick in die Zukunft, um im Wettbewerb die Nase vorn zu haben. Auf manchen Sektoren mag dies kaum möglich sein – wer konnte schon Ereignisse wie die Golfkrise vorhersagen – andere Entwicklungen sind, wenn oft auch nur im Trend, vorhersehbar, vorausberechenbar.

Finanzdienstleister müssen sich auf folgende Trends einstellen:

Der Prozeß der Internationalisierung schreitet fort, und zwar schneller, als viele gedacht haben. Der Europäische Markt steht mit dem Datum des 1. Januar 1993 unmittelbar vor der Tür. Die Vereinigung der beiden deutschen Staaten stellt gerade Finanzdienstleister vor neue große Aufgaben, in vielen Bereichen ist Pionierarbeit zu leisten. Ähnliches gilt für den Übergang zur Marktwirtschaft in den bisherigen Staatshandelsländern. Nicht nur Geld, sondern vor allem wirtschaftliches Know-how wird benötigt.

Die vorwiegend politisch initiierten Veränderungsprozesse werden den schnellen Wandlungsprozeß auf allen Gebieten des Wissens und der Technik noch beschleunigen. Die Innovationszyklen werden noch kürzer, der Einfluß der Technik wird auf allen Gebieten noch größer.

Die Gesellschaft wird immer mehr zur Informationsgesellschaft, die Informationsflut immer gewaltiger. Schon heute wird nur etwa 1 Prozent der angebotenen Informationen genutzt.

Dynamik existiert aber auch in der Bevölkerungsentwicklung, die von einer starken Zunahme des älteren Bevölkerungsteils gekennzeichnet ist.

Wenn dieser Prozeß auch durch die Zuwanderung von Aus- und Übersiedlern etwas verlangsamt wird, bringt gerade dieser Zuwachs wieder neue Probleme mit sich, wie das Einleben in die neue Umgebung und die Anpassung an die Qualifikationsanforderungen im Arbeitsleben.

Nicht nur die Bevölkerungsstruktur hat sich geändert und wird sich weiter ändern. Die Menschen haben eine andere Einstellung, andere Erwartungen und Bedürfnisse in verschiedenen Lebensgebieten als noch im letzten Jahrzehnt. Auch dieser Prozeß ist noch nicht zum Stillstand gekommen. Der Wandlungsprozeß von den materiellen zu den postmateriellen Werten ist in vollem Gange.

Von all diesen Wandlungsprozessen – die Aufzählung ist nur beispielhaft – sind Finanzdienstleister unmittelbar betroffen, denn die Menschen sind ihr Markt. Finanzdienstleister müssen sich an den Menschen orientieren, wollen sie ihre Produkte und Dienstleistungen nicht am „Markt“ vorbeiproduzieren.

Dabei zwingt der zunehmend härtere Verdrängungswettbewerb zum schnellen Handeln. Es gilt nicht nur besser als der Wettbewerber, sondern vor allem schneller zu sein. Der Wettlauf auf dem Markt der früheren DDR zeigt dies ganz deutlich.

Über den Veränderungsprozessen am Markt darf man eines nicht vergessen: Genauso wie sich die Gesellschaft in ihren Einstellungen, Erwartungen und Bedürfnissen verändert hat und weiter verändern wird, laufen derartige Prozesse auch in den Unternehmen des Finanzdienstleistungsbereichs ab. So wie sich die Einstellungen, Erwartungen und Bedürfnisse der Kunden und Geschäftspartner verändert haben, geschieht dies auch bei den Mitarbeitern und Führungskräften. Kunden und Mitarbeiter sind Teile derselben Gesellschaft und genauso, wie man sich auf veränderte Kundenbedürfnisse und Erwartungen einstellt, muß dies auch im Mitarbeiterbereich geschehen. Dies scheint logisch, selbstverständlich. Eine „geteilte Gesellschaft“ gibt es nicht!

Wie müssen sich Organisationen im Bereich der Finanzdienstleistungen darauf einstellen, wobei die Aufzählung nur beispielhaft sein kann?

Der Beratungsaufwand wird steigen, vor allem im Anlage- und Vermögensverwaltungsbereich. Die Qualifikationsanforderungen an Mitarbeiter und Führungskräfte werden sich erhöhen. Der verschärfte Wettbewerbsdruck erfordert Bündelung der Ressourcen und erhöhte Qualität der Leistungen, verbunden mit größerer Marktnähe und verstärkter Aktivität jedes einzelnen Mitarbeiters. Dabei setzt die Kundenorientierung die Mitarbeiterorientierung voraus.

Standardleistungen im Finanzdienstleistungsbereich geraten kostenmäßig immer mehr unter Druck. Kostengünstigere Vertriebsformen müssen ebenso gefunden werden, wie die Suche nach Marktnischen intensiviert werden muß. Kreativität, Innovationsbereitschaft und -fähigkeit werden im Finanzdienstleistungsbereich noch stärker gefordert werden als bisher. Die Anforderungen an Führungskräfte und Mitarbeiter bei Finanzdienstleistern werden steigen. Kunden werden erheblich höhere Ansprüche an die Problemlösungskapazität stellen, und zwar fachlich wie führungsmäßig.

Auf der fachlichen Seite wird zusätzlich zur „konventionellen Bankleistung“ von den Kunden Unterstützung bei der Erstellung von Marktanalysen und -prognosen genauso erwartet, wie Informationen über die neuesten technischen Entwicklungen sowie über die Entwicklung des Marktes im In- und Ausland gewünscht werden. Dies erfordert Vielseitigkeit und hohen Sachverstand. Daß die von den Kunden erwarteten Leistungen letztlich nur im Team erbracht werden können, versteht sich von selbst. „Im Team“ bedeutet aber „Zusammenarbeit“ und, so erstaunlich das für manchen auch klingen mag, Zusammenarbeit muß man lernen, trainieren. Hier kommt ein erheblicher Fortbildungsbedarf auf die Banken zu.

1.2 Informationsbilanz

Der Kommunikationsbedarf in allen Bereichen der Wirtschaft wächst, vor allem im Bereich der Finanzdienstleistungen. Trotz moderner Technik – wie zum Beispiel Geldautomaten, Kontoauszugdruckern oder Informationsbroschüren, in denen die verschiedenen Dienstleistungsangebote und Produkte erläutert werden – mit Kunden oder potentiellen Kunden muß gesprochen werden. Die Technik kann dem Menschen zwar vieles abnehmen, ersetzen kann sie ihn nicht. Gerade die Vielfalt der Dienstleistungsangebote oder Produkte auf dem Gebiet der Finanzdienstleistungen erfordert eine intensive Beratung. Im Gespräch kann das schriftliche Informationsangebot erläutert, können Vergleiche angestellt und kann auf die Bedürfnisse und Wünsche der Kunden individuell eingegangen werden.

Das Angebot auf dem Gebiet der Finanzdienstleistungen wird im Zeichen des wachsenden Verdrängungswettbewerbs immer breiter aber auch differenzierter werden. Im Kampf um die Nische wird es immer weniger „me-too-Produkte" geben. Dies bedeutet in vielen Bereichen ein Umdenken. Aus dem Verteilen von Produkten, dem „Gewähren" von Diensten wird immer mehr ein Anbieten. Bank-, Versicherungs-, Vermögensberatungs-Dienstleistungen werden zwar vom Kunden immer – noch – nachgefragt, zunehmend müssen sie aber an den Kunden, den potentiellen Kunden „herangetragen" werden. Besonders deutlich zeigt sich dies am Beispiel des Kredits, der zwar nach wie vor vom Kunden „beantragt", aber im Zeichen des sich immer mehr verschärfenden Verdrängungswettbewerbs „angeboten" wird.

Der Wandel vom „Verteilen" zum aktiven „Anbieten" schlägt sich natürlich auch im Anforderungsprofil der Mitarbeiter und Führungskräfte des Finanzdienstleistungsbereichs nieder. „Bankbeamte" oder „Versicherungsinspektoren" werden immer mehr von „Akquisiteuren" und „Beratern" verdrängt. Der Kunde will nicht mehr „verwaltet", sondern umworben, bedient, beraten, gepflegt werden. Dies erfordert auf der Anbieterseite Kommunikationsfähigkeit und Kommunikationsbereitschaft. Introversion wird abgelöst durch Extraversion. Dazu muß noch die Fähigkeit und Bereitschaft kommen, den Kunden zu motivieren, mit ihm eine Partnerschaft einzugehen, zu kooperieren. Kooperation bedeutet Vorschläge unterbreiten, beraten, den Kunden entscheiden lassen. Alles in allem: Zielorientierte Verhaltensbeeinflussung, Führung. Beide – Kunde und Dienstleister – wirken beim Entscheidungsprozeß zusammen. Nicht autoritäres Verhalten, sondern Partnerschaft ist gefordert.

Für viele Organisationen im Finanzdienstleistungsbereich bedeutet dies bei Personalauswahlverfahren, mehr Gewicht auf „weiche" Führungsqualifikationen wie Kommunikation, Kooperation und Motivation zu legen.

Doch reichen diese Fähigkeiten alleine bei weitem nicht aus, den Anforderungen, die im Zuge der gesellschaftlichen Entwicklung heute und in noch stärkerem Maße in der Zukunft an die Mitarbeiter und Führungskräfte gestellt werden, gerecht zu werden. Die Aus- und Weiterbildung der Mitarbeiter und Führungskräfte muß dem gewandelten Anforderungsprofil Rechnung tragen. Die bisher stark einseitig fachlich ausgerichtete Aus- und Weiterbildung muß durch eine fachübergreifende Verhaltensschulung ergänzt werden, die den veränderten Marktbedingungen entspricht.

Genauso wie man „Sachenrecht" lernen, den Unterschied zwischen Hypothek und Grundschuld begreifen muß, ist es notwendig, „Führung" zu lernen. Zum „Sachverstand" muß der „Führungsverstand" hinzukommen. Und genauso wie Sachverstand nicht „gottgegeben" ist, Führungsverstand ist auch nicht selbstverständlich. Und genauso, wie es viel Zeit braucht, bis man als Mitarbeiter oder Führungskraft über den notwendigen Sachverstand verfügt, ist es beim Erwerb von Führungswissen. Wenn „lebenslanges Lernen", dann hier. Die gesellschaftlichen Veränderungen der letzten Jahre zeigen dies deutlich.

Dabei zeigt sich im Führungsbereich eines immer wieder: Die Führung „in" einer Organisation entspricht der Führung nach „außen". So wie die Mitarbeiter und Führungskräfte in ihrer Organisation von ihren Vorgesetzten „behandelt" werden, so geschieht dies auch mit den Kunden. Diese – untrennbare – Verbindung wird von der obersten Leitungsebene vielfach überhaupt nicht hergestellt oder sogar geleugnet. „Zu unseren Kunden sind wir ganz anders" heißt es immer wieder. Die Realität sieht aber ganz anders aus. Aber genauso, wie der Kontakt zur „Mitarbeiterbasis" sehr oft verlorengegangen zu sein scheint, läßt auch der Kontakt zur „Kundenbasis" immer mehr zu wünschen übrig. Die oberste Leitungsebene erfährt nicht, wie die Kunden behandelt werden.

Kunden müssen informiert werden. Die wirksamste Möglichkeit der Information ist die Kommunikation, das Gespräch mit dem Kunden.

Das gilt sowohl für das Leistungsangebot wie für das Erbringen der Leistung selbst. Unterschied und Nutzen der Geldanlagemöglichkeiten mit verschiedenen Laufzeiten und Zinserträgen, Kreditbedingungen, Versicherungsleistungen mit entsprechenden Kombinationsmöglichkeiten, Versicherungsbedingungen müssen ebenso nachvollziehbar dargestellt werden wie die Möglichkeiten der rationellen Abwicklung, zum Beispiel des Geldeinzugs oder des Überweisungsverkehrs. Die „Technik" hilft dem Berater, den Kunden schnell und zuverlässig mit Informationen zur Entscheidungshilfe zu versorgen. Sie ist zudem für das Mengengeschäft völlig unverzichtbar geworden.

Die Technik kann Führung auf keinen Fall ersetzen. Im Gegenteil: Sie zwingt immer nur zu einem: noch qualifiziertere Mitarbeiter und Führungskräfte. Und sie hilft, das Zeitkapital zu erhöhen, das diese qualifizierten Mitarbeiter für ihre in Zukunft noch zeitaufwendigeren und vielgestaltigeren Beratungen benötigen. Wenn eine Bank diesem sich deutlich abzeichnenden Trend nicht Rechnung trägt, werden ihre Individualkunden versuchen, ihre Ansprüche auf gehobene Bankleistungen bei der Konkurrenz zu befriedigen, während das nicht lukrative Mengengeschäft bleibt.

Der Kunde will aber nicht nur fachlich beraten werden. Er will zunehmend im wahrsten Sinne des Wortes kommunizieren. Er will sprechen, er erwartet aber auch und vor allem, daß man ihm zuhört. Er will das Gefühl haben, bei „seiner" Bank gut aufgehoben zu sein, daß man sich um ihn kümmert, für seine Bedürfnisse, aber auch Sorgen Verständnis hat. Und er erwartet, daß man nicht wartet, bis er zur Bank kommt. Er will über günstige Angebote unterrichtet werden. Er erwartet eine aktive Bank. Im Zeitalter der Informationsgesellschaft mit ihrem ungeheuer großen Angebot an Informationen will auch er von seiner Bank informiert werden. Und zwar nicht vorwiegend im Wege der schriftlichen Information, „die ja jeder bekommt und doch keiner liest", sondern im Wege der persönlichen Ansprache. Der Kunde sieht zunächst einmal sich persönlich im Mittelpunkt. Er ist wichtig, sein Name ist wichtig. Anonyme Ansprache wird kaum noch beachtet.

Wer Kunden informieren soll, muß selber informiert sein. Das gilt sowohl für den Aufgabenbereich als solchen als auch für die Details an fachlichen Informationen, die dem Kunden bei der Lösung seiner Probleme helfen sollen.

Wenn dieses Problem in unseren Führungsseminaren angesprochen wird, ist die erste Reaktion besonders von Führungskräften der oberen Leitungsebene Kopfschütteln, Erstaunen darüber, daß dieser Problemkreis überhaupt behandelt werden soll. Information über die Arbeitsaufgabe, die täglich zu erfüllen ist, wird als selbstverständlich angesehen, gewissermaßen als tägliche Routine, die in Fleisch und Blut übergegangen ist.

Führungskräfte im Bankbereich sind in hohem Maße davon überzeugt, ihre Mitarbeiter über deren Arbeitsaufgaben ausreichend zu informieren. 90,7 Prozent der von uns in unseren Führungsseminaren mit Hilfe von anonym auszufüllenden Fragebogen befragten Bankführungskräfte beantworteten die Frage *„Informieren Sie Ihre Mitarbeiter ausreichend über deren Arbeit?"* mit einem klaren „Ja".

Ihre Kollegen aus anderen Bereichen der Wirtschaft, zum Beispiel Handel, Produktion, Dienstleistung, waren von der Erfüllung ihrer Führungsaufgabe noch überzeugter als die Bankführungskräfte. 95,2 Prozent votierten hier mit „ja".

Wenn auch der Unterschied von knapp 5 Prozent zu dem Befragungsergebnis der Führungskräfte der Wirtschaft schon bei der Selbsteinschätzung gering erscheinen mag, er weist doch auf eines hin: Rund 10 Prozent der Bankführungskräfte räumen von sich aus ein, die Führungsaufgabe, ihre Mitarbeiter in ausreichendem Maß über ihre Arbeitsaufgabe zu informieren, nicht zu erfüllen.

Ein ähnlicher Unterschied von fast 5 Prozent im Vergleich zu dem Befragungsergebnis bei den Führungskräften der Wirtschaft aus anderen Bereichen war bei der Frage „Informieren Sie Ihre Mitarbeiter über persönliche Fragen?" festzustellen. Interessant waren die Begründungen. Wie ihre Kollegen aus der Wirtschaft gaben die Bankführungskäfte, die hier Informationszurückhaltung übten, an: 28 Prozent meinten, „um Information müssen sich die Mitarbeiter selber kümmern", etwa die Hälfte der Befragten glaubte sich für diese Informationen „nicht zuständig" und 9 Prozent waren der Meinung, „Informationen macht die Mitarbeiter neugierig". Bei diesen „persönlichen Fragen" handelte es sich in der Hauptsache um Einsatz- und Karriereprobleme.

Über diese Ursachen der Informationszurückhaltung sollte man nachdenken. Zeichnet sich hier eine besondere „Zurückhaltungsmentalität" ab? Ist hier die Distanz im Bankbereich größer als anderswo? Und: Überträgt sich diese Distanz womöglich auch auf den Kundenbereich?

Information macht neugierig! Könnte eine solche „vorsichtige Grundeinstellung" nicht dazu führen, den Kunden nur über das Leistungsangebot zu informieren, das vordergründig im Interesse der Bank liegt und nicht so sehr im Interesse des Kunden?

Kurzfristig gedacht, mag eine solche „Informationssteuerung" sicher „erfolgreich" sein. Aber für wie lange? Bei der zunehmenden Markttransparenz ist doch die Gefahr viel zu groß, daß dies der Kunde merkt, und dann ist der Vertrauensverlust riesengroß, der Wechsel zu einem anderen Institut geradezu vorprogrammiert. Die dem Kunden gegenüber immer wieder gegebene Begründung, „Sie haben mich ja nicht danach gefragt", wird einmal nicht geglaubt, zum anderen verträgt sie sich nicht mit einer umfassenden „aktiven" Beratung des Kunden.

1.3 Gibt es einen idealen Führungsstil?

Eine Leserumfrage der Zeitschrift „Der Erfolgsberater" (Verlag Norman Rentrop, Bonn) zu Beginn des Jahres 1987 bei mittelständischen Unternehmen zeigte folgende Rangfolge in bezug auf von den Kunden aufgezeigte Schwachstellen bei Bankleistungen, wobei Mehrfachnennungen möglich waren:

Die Bank interessiert sich zu sehr für Sicherheiten und zu wenig für mein Vorhaben: 68 Prozent; Arbeit zu bürokratisch: 51 Prozent; Die Beratung ist unzulänglich: 42 Prozent; Verkauft mir lieber den teuren hauseigenen Kredit, statt Kredite aus öffentlichen Förderprogrammen: 40 Prozent. Jeder dritte Unternehmer zog aus diesen schlechten Erfahrungen die Konsequenz und wechselte die Bank.

Von den zufriedenen Bankkunden – nur 54 Prozent der Befragten zeigten sich mit den Leistungen ihrer Bank zufrieden – wurde eine Rangfolge der Banken aufgestellt. In der Zufriedenheitsskala rangierten die Dresdner und die Deutsche Bank an der Spitze. Es folgten die Bank für Gemeinwirtschaft und die Volks- und Raiffeisenbanken vor der Commerzbank. Das Schlußlicht bildeten die Sparkassen.

Interessant war die Reaktion der Führungskräfte von Banken, wenn wir über die Ergebnisse dieser Umfrage in unseren Führungsseminaren diskutierten. Hauptargument „dagegen": Die Untersuchung sei keinesfalls repräsentativ, 315 Einsender repräsentierten auf keinen Fall die deutsche Wirtschaft. Und damit war für viele das Thema vom Tisch! Die Ergebnisse der Umfrage wurden nicht ernst genommen.

Wenn überhaupt, wurde ein Ergebnis akzeptiert: Die Mehrheit der Kunden sei ja zufrieden. Denkt man da etwa an Wahlergebnisse, wo 54 Prozent ja ein Traumergebnis darstellen? Wenn eine derartig hohe Anzahl von Negativbeurteilungen abgegeben wird, sollte doch sofort die oberste Leitungsebene eines jeden Instituts die Frage stellen: Könnte das nicht bei uns genauso sein? Wenn nur 78 Prozent der von uns befragten Bankführungskräfte die Frage nach der Information ihrer Mitarbeiter in persönlichen Fragen mit „ja" beantworteten und sich von denjenigen, die mit „nein" geantwortet hatten, mehr als die Hälfte für die Beantwortung dieser Fragen nicht „zuständig" fühlte, kann man da nicht auf „bürokratisches Verhalten" schließen? Findet dieses Verhalten nicht sein Gegenstück in der „Kundenbehandlung“? Es ist die Grundeinstellung, um die es hier geht, die Tendenz, die sich abzeichnet. „Innere Führung“ dokumentiert sich immer wieder auch im Außenverhältnis zum Kunden. Das Argument, das in diesem Zusammenhang immer wieder gebraucht wird, „zu unseren Kunden sind wir ganz anders“, wird ohnehin nicht mehr geglaubt.

Die „Kundenquittung“: Die Bankverbindung wird gelöst. Nicht unter lautstarkem Protest! Warum auch? Man geht ohne großes Aufheben. Das Konto wird gelöscht. Und „die Bank“ löscht das Konto auch ohne großes Aufheben. Der Kunde wird aus der EDV herausgenommen. Gespräche darüber, warum der Kunde „geht“, finden meistens nicht statt. Denn auch hier überwiegt die hohe positive Selbsteinschätzung. „An uns kann es doch nicht liegen!“

Diese Selbsteinschätzung im Verhältnis zum Kunden ist sicher genauso kritisch zu betrachten, wie die Selbsteinschätzung des eigenen Informationsverhaltens der Vorgesetzten gegenüber ihren Mitarbeitern.

„Informiert Sie Ihr Vorgesetzter ausreichend?“ Für ein uneingeschränktes „Ja“ konnten sich nur 24 Prozent der von uns befragten Bankführungskräfte entscheiden. Es waren die Führungskräfte, deren Vorgesetzte zu 90,7 Prozent der Ansicht waren, ihre „Untergebenen“ ausreichend zu informieren. Selbst wenn man dann noch die 41,3 Prozent der Bankführungskräfte, die diese Frage mit „eher ja“ beantwortet hatten, dazurechnet, bleiben immer noch ein Drittel der Führungskräfte, die sich nicht ausreichend informiert fühlten und die Frage nach der Vorgesetzteninformation mit „eher nein“ und „nein“ beantwortet hatten. Der Unterschied zwischen Selbsteinschätzung und Fremdbeurteilung ist groß, viel zu groß.

Wohlgemerkt, hier handelte es sich um Führungskräfte. Führungsverhalten ist aber „durchgängig“. Es wird von oben nach unten weitergegeben. Das Informationsdefizit bei den von uns befragten Angestellten und Arbeitern war ebenfalls hoch. Mit „nein“ und „eher nein“ antworteten 33,8 Prozent.

Wie sieht die Informationsbilanz bei den Kunden aus? Der Schluß, daß Informationsverhalten von innen nach außen weitergegeben wird, liegt nahe.

„Informieren Sie unsere Mitarbeiter ausreichend?“ Diese Frage sollte man einmal Kunden stellen, wobei es in Zukunft weniger auf das Beantworten von Fragen, sondern zunehmend um die aktive Information geht, die im Wege der Kommunikation an den Kunden herangetragen werden muß.

Und selbst dann, wenn Führungskräfte und Mitarbeiter umfassend und nicht nur ausreichend über all das informiert werden, was sie bei ihrer täglichen Arbeit benötigen, das Idealziel des „informierten Mitarbeiters“ erreicht ist: Wird dann dieser Mitarbeiter diese Information auch weitergeben? Die Frage damit zu beantworten, daß er ja „dafür“ bezahlt werde, führt nicht zur Lösung des Problems. Es ist die Frage nach der Motivation, nach der Führung, nach der „Behandlung“ der Mitarbeiter.

Im Finanzdienstleistungsbereich wird viel für die fachliche Aus- und Weiterbildung der Mitarbeiter und Führungskräfte getan. Dies erfordert allein schon der Zwang zur Anpassung an die ständigen Neuerungen im Produkt- und Dienstleistungsangebot, sowie die Einführung von neuen Technologien im Arbeitsablauf. Mitarbeiter und Führungskräfte müssen ihr Metier beherrschen. Je kürzer die Innovationszyklen, umso höher der Bedarf an fachlicher Weiterbildung.

Bei aller Anerkennung der Wichtigkeit der fachlichen Weiterbildung: Die Gefahr, daß man dabei das Problem des Lerntransfers übersieht, ist groß. Ist es denn so selbstverständlich, daß das, was im Zuge der Weiterbildung vermittelt wurde, auch im Arbeitsalltag umgesetzt wird? Werden Produkte und Dienstleistungen den Kunden auch aktiv angeboten oder beschränkt man sich eher passiv darauf, auf Nachfragen zu antworten? Hier spielt etwas eine große Rolle, das bei Fachtagungen nicht oder nur am Rande behandelt wird: Die Motivation jedes einzelnen Mitarbeiters.

Für viele Führungskräfte im Finanzdienstleistungsbereich ist die Frage nach der Motivation schnell beantwortet und damit auch gelöst: Erfolgsbeteiligung, Provision, leistungsabhängige Bezahlung. Daß diese „Rechnung“ auf die Dauer nicht aufgeht, hat die Motivationsforschung längst bewiesen. Damit soll nicht gesagt sein, daß Geld keine entscheidende Rolle spielt. Geld ist zwar wichtig, aber längst nicht alles. Vor allem kann Geld eines nicht: Es kann Führung nicht ersetzen. Ein den Erwartungen der Mitarbeiter und Führungskräfte nicht entsprechendes Führungsverhalten kann durch Geld nicht „ausgeglichen“ werden.

Kunden werden von den Mitarbeitern so behandelt, wie die Mitarbeiter von ihren Vorgesetzten behandelt werden. Es ist die fachübergreifende Führungsausbildung, um die es hier geht. Ohne eine Intensivierung dieser Führungsausbildung steht die beste fachliche Weiterbildung auf sehr tönernen Füßen. Werden bestausgebildete Mitarbeiter und Führungskräfte nicht so geführt wie es der gesellschaftlichen Entwicklung entspricht, besteht die Gefahr, daß diese ihr Wissen nicht oder sehr sparsam umsetzen, oder daß diese geschulten Spezialisten die Organisation verlassen und selbstverständlich ihr Wissen mitnehmen.

„Gibt es einen idealen Führungsstil?" Diese Frage wird in unseren Führungsseminaren oft gestellt. In der darauf folgenden Diskussion schält sich eine starke Gruppe heraus, die diese Frage verneint. Einen idealen Führungsstil gäbe es nicht, jede Mitarbeiterin, jeder Mitarbeiter müsse anders „angepackt" werden. Im übrigen bedeute ein idealer Führungsstil auch einen einheitlichen Führungsstil. Von „Uniformität", von „Gleichmacherei", von „Zerstörung der Individualität" wird gesprochen. „Führungsleitlinien" werden abgelehnt. Wo käme man denn hin, wenn man vor jeder„Entscheidung" erst einmal in diesen Führungsgrundsätzen nachlesen müsse, wie man sich zu verhalten habe.

Im übrigen sei die Erfahrung der beste Lehrmeister. Und diese Lebenserfahrung sei man auch bereit, den „Jüngeren" zu vermitteln, die sich ja nur am Beispiel der Älteren, der Vorgesetzten, orientieren müßten. Als letztes Argument dient dann der Hinweis auf die Bilanz. Es wird auf „Zuwächse" verwiesen. Das Geschäft sei gut, Bewährtes solle man nicht ändern. Im übrigen könne man sich dann mit „Stilfragen" beschäftigen, wenn man endlich einmal Zeit dazu habe. Das Ganze sei zwar höchst interessant, aber im Augenblick habe man wirklich Wichtigeres zu tun.

Die Diskussion über die „Stilfrage" ist kein Theorienstreit um des Prinzips willen. Die Stilfrage ist die Frage nach der Effizienz einer Organisation und entscheidet über die Produktivität. Jeder, der das „Humankapital", welcher Organisation auch immer, als den wichtigsten Produktivitätsfaktor ansieht, muß der Frage nach dem Führungsstil erste Priorität einräumen.

Die Frage nach der Führung, danach, wie man Menschen beeinflußt, ist letztlich eine Frage nach den Bedürfnissen und Erwartungen der Menschen, die beeinflußt werden sollen. Für jeden, der sich mit Fragen des

Marketings beschäftigt, ist das einleuchtend. Produkte, Dienstleistungen müssen den Erwartungen, den Bedürfnissen der Menschen entsprechen. Wer Dienstleistungen oder Produkte am Markt vorbeiproduziert, wird auf die Dauer keinen Erfolg haben. „Wir müssen uns nach den Gesetzen des Marktes richten", so die Maxime der obersten Leitungsebene. Marketing ist Trumpf.

Dies zeigt sich auch in der personellen Ausstattung der Marketingabteilungen. Hier wird nicht gespart. Und auch bei den Verbänden wird Marketingproblemen großes Gewicht beigemessen. Die betreuten Institute werden mit Marketing-Informationen reichlich versorgt. Ob diese Informationen auch systematisch ausgewertet und die Folgerungen für die Praxis gezogen werden, ist eine andere Frage.

1.4 „Kooperativ“ oder „autoritär“?

Geht es beim Marketing im Kern darum, die Aktivitäten des Unternehmens auf die dauerhafte Befriedigung der Kundenbedürfnisse auszurichten, den Kunden in den Mittelpunkt zu stellen, fehlt es im Mitarbeiterbereich weitgehend an einer ähnlichen gedanklichen Ausrichtung. Vom „Mitarbeiter im Mittelpunkt des Unternehmens“, vom „Humanpotential als wichtigstem Faktor“ wird mehr geredet als gehandelt.

Trotz aller Beteuerungen des Topmanagements: Den Mitarbeitern wird gerade im Finanzdienstleistungsbereich nicht die Aufmerksamkeit geschenkt, die ihnen zukommt. Wenn in einer Mitarbeiterbefragung eines großen Konzerns in diesem Bereich nicht einmal die Hälfte der Befragten der Ansicht war, daß die Mitarbeiter einen hohen Stellenwert haben, andererseits die Mitarbeiter aber der Ansicht sind, daß das Unternehmen in hohem Maße ertragsorientiert ist, zeigt dies deutlich, welche Prioritäten hier gesetzt werden. Wobei Mitarbeiterorientierung und Ertragsorientierung sich nicht ausschließen. Es ist die oft sehr einseitige Orientierung, um die es hier geht.

Personalmarketing, das Einstellen auf die Bedürfnisse und Erwartungen der Mitarbeiter, wird in Zukunft zum entscheidenden Faktor der strategischen Unternehmensführung im Finanzdienstleistungsbereich werden. Nur die Organisation wird im Wettbewerb bestehen können, die nicht nur über hervorragende Fachleute, sondern vor allem über hochmotivierte Mitarbeiter verfügt. Aber nur die Mitarbeiter können motiviert werden, die ihren Erwartungen und Bedürfnissen entsprechend behandelt, geführt werden. Die Bedeutung des Personalmarketings wird auch dadurch erhöht, daß es aufgrund der demographischen Entwicklung immer schwieriger werden wird, qualifizierte und vor allem motivierte Mitarbeiter zu finden. Die Ressource Mensch wird knapp.

Wer vom „Dienst am Kunden“ nicht nur spricht, sondern auch entsprechend handelt, muß den „Dienst am Mitarbeiter“ in den Mittelpunkt des unternehmerischen Denkens und Handelns stellen. Es kann nicht oft und eindringlich genug betont werden: Dienst am Kunden – und davon lebt ja letztlich der gesamte Finanzdienstleistungsbereich – setzt Dienst am Mitarbeiter zwingend voraus. Jede Vernachlässigung des Mitarbeiter- und damit des Führungsbereichs hat Auswirkungen auf den „Dienst am Kunden". Im Zeichen des zunehmenden Verdrängungswettbewerbs kann eine Vernachlässigung der Führungsfrage schwerwiegende Folgen haben.

„Aber die Mitarbeiter werden doch gut behandelt, besser sogar als die Kunden. Das sieht man ja allein schon an den Konditionen, die die Mitarbeiter bekommen." Diese Argumente werden immer dann ins Feld geführt, wenn es um die „Motivation" der Mitarbeiter geht.

Aber: Sind denn die „Konditionen" Ersatz für eine der gesellschaftlichen Entwicklung entsprechende Mitarbeiterführung? Glaubt man im Ernst, daß man auf die Dauer emotionale Bedürfnisse der Menschen „materiell" befriedigen kann? Können zusätzliche Monatsgehälter, bessere Zinsbedingungen – in der Industrie sind es dann die „Jahreswagen" – menschliche Zuwendungen ersetzen? Reicht die materielle Absicherung aus, um zum Beispiel den Wunsch nach Mitbeteiligung an Entscheidungsprozessen, Selbstverwirklichung am Arbeitsplatz zu befriedigen?

Die Führung von Mitarbeitern ist eine Dienstleistung und jeder Fehler in diesem Bereich schlägt sich im Leistungsergebnis der Mitarbeiter nieder. Dies einzusehen, ja sich mit diesen Problemen überhaupt zu beschäftigen, fällt vielen Vorgesetzten außerordentlich schwer. „Dienstleistung am Mitarbeiter? Wer hat uns denn bedient? Wir waren doch froh, wenn wir Dienste leisten durften!" Diese Einwände hören wir immer wieder, wenn dieses grundlegende Führungsproblem in unseren Führungsseminaren angesprochen wird. Wer diese „Grundeinstellung" nicht ändert, und zwar grundlegend ändert, wird im Bereich der Finanzdienstleistungen auf längere Sicht gesehen keinen Erfolg mehr haben.

Die Einstellung der Menschen zur Arbeit, zum Arbeitsleben, hat sich in der jüngsten Vergangenheit gewandelt. Meinungsumfragen zeigen dies deutlich.

Im Rahmen von Langzeituntersuchungen waren zwei Alternativen gegenübergestellt worden:

1. Ich setze mich in meinem Beruf ganz ein und tue oft mehr, als von mir verlangt wird. Der Beruf ist mir so wichtig, daß ich ihm vieles opfere.
2. Ich tue bei meiner Arbeit das, was von mir verlangt wird, da kann mir niemand etwas vorwerfen. Aber daß ich mich darüber hinaus noch besonders anstrengen soll, sehe ich nicht ein. So wichtig ist mir der Beruf nun auch wieder nicht.

Für die erste Alternative entschieden sich 1982 (E. Noelle-Neumann, B. Strümpel, Macht Arbeit krank? Macht Arbeit glücklich? Piper Verlag München, 1985) 42 Prozent der Befragten. 1986 waren es im Rahmen der Befragung „Die Arbeitsmotivation von Arbeitern und Angestellten der deutschen Wirtschaft (Bertelsmann-Stiftung, Gütersloh, 1987) 44 Prozent, wobei 1982 sich 16 Prozent für keine der beiden Alternativen entscheiden konnten, 1986 waren es nur noch 2 Prozent.

Für die zweite Alternative entschieden sich 1982 42 Prozent der Befragten, 1986 allerdings schon 54 Prozent.

Interessant war das Ergebnis der Regionaluntersuchung von Mitarbeitern des Bankgewerbes in Hessen (U. Feist und andere, Technischer und sozialer Wandel in der Arbeitswelt, Campus Verlag, Frankfurt, 1989).

Für die erste Alternative entschieden sich nur noch 20 Prozent der Mitarbeiter, für die zweite Alternative 63 Prozent und für die dritte Alternative „Das Wichtigste für mich an der Arbeit ist, daß ich dabei ordentlich verdiene" 16 Prozent.

Bei der Beantwortung der Frage, warum die Befragungsergebnisse aus dem Finanzdienstleistungsbereich so stark von denen der Arbeitnehmer aus anderen Bereichen abweichen, ist ein anderes Umfrageergebnis hilfreich: Im Rahmen der Regionaluntersuchung des Bankgewerbes in Hessen berichteten 16 Prozent bis 27 Prozent der Mitarbeiter – je nach EDV-Einsatz am Arbeitsplatz – von „hoher" Arbeitsfreude, während diese Empfindung 40 Prozent der Arbeitnehmer im Bundesgebiet und 38 Prozent der Arbeitnehmer in Hessen äußerten. Ein weiteres Ergebnis dieser Untersuchung: Die Arbeitsfreude ist gesunken.

In einer repräsentativen Untersuchung im Bereich der Kreditgenossenschaften stimmten lediglich 25 Prozent der Befragten der Aussage zu: „Meine Tätigkeit bringt mir Bestätigung und Erfolg" (W. Weinkauf, Leistungsgerechte Entlohnung von Bankmitarbeitern, Genossenschaftskurier 1/89).

All dies sollte jede Führungskraft im Finanzdienstleistungsbereich veranlassen, sich intensiv mit Problemen des Personalmarketing zu beschäftigen. Mit programmatischen Erklärungen ist es nicht mehr getan. Es muß endlich die Frage gestellt werden: Wie wollen Mitarbeiter und Führungskräfte in diesem Bereich geführt werden? Welche Bedürfnisse und Erwartungen haben sie? In einem derartig sensiblen Bereich wie dem der Finanzdienstleistungen, kann man sich Zielkonflikte künftig nicht mehr leisten. Je besser es gelingt, die Ziele der Mitarbeiter mit denen der Organisation in Übereinstimmung zu bringen oder weitgehend anzunähern, um so weniger Zielkonflikte mit Reibungsverlusten wird es geben mit entsprechender Auswirkung auf den Kundenbereich. Kundenorientierung setzt Mitarbeiterorientierung voraus.

Kernfrage der Mitarbeiterorientierung, der Mitarbeiterführung ist die Beteiligung an Entscheidungsprozessen. Die fachlich hochqualifizierten Mitarbeiter und Führungskräfte wollen ihr Fähigkeitspotential sowohl in Entscheidungsprozesse fachlicher Art einbringen, als auch weitgehend in Entscheidungen eingebunden werden, die ihren eigenen Arbeitsplatz und ihr berufliches Weiterkommen betreffen. Ein Führungsverhalten, das von der reinen Autoritätskette „Anordnung und Ausführen" geprägt ist, das den Mitarbeiter zum Befehlsempfänger degradiert, entspricht nicht mehr der gesellschaftlichen Entwicklung.

Dabei darf „kooperatives Führungsverhalten" nicht mit „Demokratie im Betrieb" verwechselt werden, wie dies in der Praxis leider sehr oft geschieht.

Mitbeteiligung an Entscheidungsprozessen bedeutet nicht „Mehrheitsentscheidung durch Abstimmung". Kooperation – vertikal wie horizontal – bedeutet Nutzung des Fähigkeitspotentials aller. Mitarbeiter wollen Entscheidungshilfen geben, um Rat gefragt werden und, soweit möglich, das selbst entscheiden, was „oben" nicht unbedingt entschieden werden muß.

Hier stellt sich die Grundfrage der Kooperation. Je mehr Mitbeteiligung an Entscheidungsprozessen, um so „kooperativer" das Führungsverhalten. Je weniger Mitbeteiligung, um so „autoritärer" der Führungsstil. Wobei man sich in der westlichen Industriewelt ausnahmsweise einmal einig ist: Kooperatives Führungsverhalten entspricht der gesellschaftlichen Entwicklung. Es ist der Führungsstil mit den wenigsten Zielkonflikten, den geringsten Reibungsverlusten und damit ökonomisch effizient. Das zur Verfügung stehende Nutzungspotential der Mitarbeiter und Führungskräfte kommt weitgehend zum Tragen. Überall da, wo es in einer

Organisation gelingt, durchgängig von der obersten Leitungsebene bis zum Mitarbeiter kooperativ zu führen, ist der Erfolg vorprogrammiert. In der Führung, im Führungsverhalten liegt eine der ganz großen Möglichkeiten, sich einen kaum aufholbaren Vorsprung gegenüber den Mitbewerbern zu sichern.

Leistungsangebote kann man jederzeit und vor allem in sehr kurzer Zeit kopieren. Hier kann man Vorsprünge von Mitbewerbern vor allem mit Hilfe moderner Technik schnell einholen, den Mitbewerber sogar überholen.

Bei „sozialen Innovationen" ist dies kaum möglich. Veränderungsprozesse auf dem Gebiet der Führung brauchen viel Zeit. Menschen in ihrem Verhalten zu beeinflussen, sie zu einer Änderung ihres Verhaltens zu bewegen unterliegt überall in etwa den gleichen Gesetzen und Zeitabläufen. Hier einen Vorsprung aufzuholen, ist kaum möglich. Je früher eine Organisation dies erkennt und danach handelt, um so besser ist sie für die Zukunft gerüstet.

Auf die Dauer kann man eine Bank nur mit den Mitarbeitern und Führungskräften führen und nicht gegen sie. Soziale Innovation ist die Trumpfkarte der Zukunft. Daß hier noch eine Menge „Führungsarbeit" zu leisten ist, zeigen die Ergebnisse unserer Befragungen von Mitarbeitern und Führungskräften aus dem Bereich der Kreditwirtschaft:

81,2 Prozent der von uns befragten Bankführungskräfte wollen kooperativ geführt werden, aber nur 37,8 Prozent der Führungskräfte sahen diesen Wunsch in der Führungsrealität bestätigt.

Die Führungskräfte waren auf anonym auszufüllenden Fragebogen zu ihren Vorstellungen über das von ihnen gewünschte und das von ihren Vorgesetzten praktizierte Führungsverhalten befragt worden. Dabei waren in Anlehnung an eine im Jahre 1970 durchgeführte IBM-Unter-suchung vier „Grundformen" des Führungsverhaltens gegenübergestellt worden, vor allem um die Reizworte „autoritär" und „kooperativ" zu vermeiden.

Vorgesetzter A

Trifft gewöhnlich sofort Entscheidungen und gibt sie seinen Untergebenen in klarer und bestimmter Art und Weise bekannt. Er erwartet von ihnen, daß diese Entscheidungen loyal und ohne Einwände ausgeführt werden.

Vorgesetzter B

Trifft seine Entscheidungen gewöhnlich sofort, aber vor der Ausführung versucht er, sie seinen Untergebenen ausführlich zu erklären. Er erläutert ihnen die Gründe für seine Entscheidung und beantwortet alle Fragen, die damit in Zusammenhang stehen.

Vorgesetzter C

Bespricht sich gewöhnlich mit seinen Untergebenen, bevor er seine Entscheidung trifft. Er hört auf ihren Rat, wägt ihn ab und gibt dann seine Entscheidung bekannt. Dann erwartet er eine loyale Ausführung, auch wenn die Entscheidung im Gegensatz zu den Ratschlägen seiner Mitarbeiter steht.

Vorgesetzter D

Ruft gewöhnlich seine Untergebenen zusammen, wenn eine wichtige Entscheidung getroffen werden muß. Er macht die Gruppe mit dem Problem vertraut und versucht, eine einheitliche Stellungnahme zu erzielen. Wenn eine einheitliche Stellungnahme nicht möglich ist, dann trifft er gewöhnlich selbst die Entscheidung.

Der Entscheidung der großen Mehrheit der von uns befragten Bankführunskräfte für das unter C und D beschriebene kooperative Führungsverhalten muß in der Praxis unbedingt Rechnung getragen werden. Kommt man diesem – berechtigten – Wunsch der Führungskräfte nicht nach, wirkt sich dies spürbar auf die Leistungsbereitschaft und damit die Leistung aus, wobei noch bemerkt werden muß, daß sich bei den Führungsnachwuchskräften der Wunsch nach einem kooperativen Führungsstil mit rund 90 Prozent noch stärker abzeichnete als bei den älteren Führungskräften.

Vor einem muß allerdings auch hier gewarnt werden: Vor der Selbsteinschätzung ihres eigenen Führungsverhaltens durch die Führungskräfte. Nur 16 Prozent der Bankführungskräfte stuften ihr eigenes Führungsverhalten als autoritär (Führungsstil A und B), 84 Prozent dagegen als kooperativ ein! Diese Selbsteinschätzung ähnelt der bei der Information. Hier glaubten ja auch rund 90 Prozent der Bankführungskräfte, ihre Informationsaufgabe gegenüber ihren Mitarbeitern in ausreichendem Maße zu erfüllen.

1.5 Zwischen Führungswissen und -können liegen Welten

Warum geschieht bei Finanzdienstleistern im Führungsbereich so wenig? Einer der Hauptgründe liegt in der eigenen Einschätzung des Führungsverhaltens, das durchwegs als positiv, effizient, beurteilt wird. „Handlungsbedarf" wird da nicht gesehen, wo es nichts oder kaum etwas zu verbessern gibt. In eine selbstkritische Prüfung des eigenen Führungsverhaltens wird nicht eingetreten. In manchen Organisationen ist das Führungsverhalten sogar tabu. Wo keine Probleme sind, können auch keine gelöst werden. Wenn eine selbstkritische Prüfung auch nicht stattfindet, bedeutet das noch lange nicht, daß das Führungsverhalten der Vorgesetzten von ihren Mitarbeitern nicht kritisch beurteilt wird.

Nur etwas mehr als ein Drittel der von uns befragten Führungskräfte im Bereich der Finanzdienstleistungen schätzten das Führungsverhalten ihrer Vorgesetzten als „kooperativ" ein und nur 54 Prozent hielten den von ihren Vorgesetzten praktizierten Führungsstil für „wirksam". Wenn man bedenkt, daß in dieser Zahl auch der Anteil derjenigen enthalten ist, die ein autoritäres Führungsverhalten für wirksam halten, dann ist die „Akzeptanzquote" außerordentlich gering. Sie lag im Branchenvergleich – Handel, Dienstleistungen, Produktion usw. – an letzter Stelle.

Autoritäres Führungsverhalten den Mitarbeitern gegenüber hat sein Gegenstück in der autoritären Führung der Kunden. Das beginnt bei der Kundenbehandlung „von oben herab" bei der Vermittlung von Telefongesprächen, setzt sich beim Verhalten des Pförtners in der Eingangshalle fort und findet seinen Abschluß im Auftreten des Gesprächspartners, der den Kunden nicht zu Wort kommen läßt und ihm sein Produkt oder Dienstleistungsangebot förmlich aufoktruiert. Das Ganze ist dann noch „untermalt" mit möglichst vielen Fremdworten, die Überlegenheit wird deutlich vor Augen geführt. Der Kunde hat nur noch „ja" zu sagen. Das Beratungsgespräch mißrät zum Monolog. Der Kunde wird abgefertigt.

Was bedeutet denn „beraten"? Dem Kunden muß die Entscheidung über Vorschläge, die ihm gemacht werden, überlassen werden. Ganz sicher gibt es eine Reihe von Kunden, die sich mehr oder minder „blind" der Entscheidung ihres Beraters anvertrauen. Aber bilden diese Kunden die

Mehrheit? Werden sie in Zukunft die Mehrheit bilden? Und, ist es die entscheidende wichtige Kundengruppe, die sich so verhält?

Die Gefahr, daß das in einer Organisation praktizierte Führungsverhalten nach „außen" durchschlägt, ist groß. Wird die Meinung der Mitarbeiter und Führungskräfte „intern" weitgehend nicht beachtet, kann man dann erwarten, daß der Meinung der Kunden Rechnung getragen wird?

„Beachtet Ihr Vorgesetzter Ihre Meinung bei wichtigen Entscheidungen?" Für ein uneingeschränktes „Ja" konnten sich nur 43,4 Prozent der von uns befragten Führungskräfte und 22,2 Prozent der Mitarbeiter aus dem Finanzdienstleistungsbereich entscheiden. Wohlgemerkt, es war gefragt worden „beachtet" Ihr Vorgesetzter Ihre Meinung bei wichtigen Entscheidungen und nicht etwa „folgt" er Ihrer Ansicht, oder ähnliches.

Genauso wie Mitarbeiter um ihre Meinung gefragt werden wollen, sich dagegen wehren, daß über ihren Kopf hinweg bestimmt wird, wollen auch die Kunden mit entscheiden, zwischen verschiedenen Alternativen wählen. Freilich, das bedeutet Zeitaufwand, Geduld, Eingehen auf Fragen und Argumente und vor allem Zuhören.

Kundenorientierung setzt Mitarbeiterorientierung voraus. So lange dieser Zusammenhang vor allem von der obersten Leitungsebene nicht gesehen und entsprechend gehandelt wird, ist an eine spürbare Verbesserung der Dienstleistung am Kunden nicht zu denken.

Wird eine Analyse in der eigenen Organisation durchgeführt, kommt dann von Bereichsvorgesetzten sofort die Feststellung: „Nicht in meinem Bereich". Und bei ganz eindeutigen Ergebnissen, die eine solche Wertung nicht zulassen, wird dann lang und breit darüber diskutiert, ob die Frage „richtig" gestellt war.

Und nicht nur bei der Analyse in der eigenen Organisation wird das Argument „nicht bei mir" immer wieder gebraucht. Analysen aus dem Bereich der Sparkassen werden für den Bereich der Geschäftsbanken nicht akzeptiert, Befragungsergebnisse aus dem Bereich der Kreditgenossenschaften „gelten" nicht für Raiffeisenbanken, „Hypothekenbanker" weisen jeden Vergleich mit Teilzahlungsbanken von sich. „Bei uns ist alles anders" und vor allem „bei uns gibt es solche Führungsprobleme nicht".

Anstatt die Realitäten einfach einmal zur Kenntnis zu nehmen und dann entsprechend zu handeln, werden Rückzugsgefechte geliefert, neue Widerstandslinien aufgebaut. Wieviel Energie wird für Kämpfe auf diesen Nebenkriegsschauplätzen sinnlos vergeudet, anstatt den entscheidenden Schritt nach vorn zu tun und sich – endlich – intensiv mit Führungsfragen zu beschäftigen? Wobei sich ein Beschäftigen mit Führungsfragen nicht darauf beschränken kann, einmal im Jahr – die meisten tun nicht einmal das – einen Nachmittag mit „Externen“ über solche Fragen zu diskutieren, wobei sich dann noch die Diskussion oft in einem Schlußwort des Leiters der Veranstaltung erschöpft.

Führung, und daran führt kein Weg vorbei, muß man lernen und vor allem trainieren, wobei das Schwergewicht beim Verhaltenstraining liegt. Daß oft reines Führungswissen bei vielen vorhanden ist, zeigt sich in Führungsseminaren immer wieder bei der Gruppenarbeit. Hier werden von kleinen Arbeitsgruppen oft Ergebnisse zu einzelnen Führungsgebieten herausgearbeitet, die als druckreif bezeichnet werden können. Anschließend, im Rollenspiel die Ergebnisse der Gruppenarbeit in die Tat umgesetzt, kommt dann die große Ernüchterung. Zwischen dem Führungswissen und dem Führungskönnen liegen oft Welten! Und selbst dann wird noch argumentiert: „In der Praxis sind wir ja gar nicht so“. Dann kommt aber sehr oft, meist von den jüngeren Seminarteilnehmern, der Konter: „Noch viel schlimmer“!

Man kann nicht immer nur Kooperation, Teamarbeit fordern, sondern muß „konkret“ etwas tun, und vor allem sich selbst in diesen Prozeß einbeziehen. Wenn Vorbilder gefordert sind, dann hier. Gerade kleineren und mittleren Organisationen bleibt kaum ein anderer Weg. Die Ressourcen auf dem Personalmarkt werden immer knapper. Durch eine zahlenmäßige Erhöhung des Mitarbeiterstabes ist die Forderung nach einer Erhöhung der Qualität der Führungsleistung nicht zu lösen.

Auch Fusionen und Zweigstellenbereinigungen, um zu ökonomisch angepaßten Einheiten zu kommen, führen in der Führungsfrage nicht weiter. Wenn zwei Organisationen, bei denen das Führungsproblem bisher vernachlässigt wurde, fusionieren, führt das doch nicht zu einer Verbesserung der Führungsleistung. Im Gegenteil: Das Führungsproblem potenziert sich!.

Entwicklungen und Veränderungen auf dem Gebiet der Führung zum Positiven hin brauchen sehr viel Zeit. Mit einem oder zwei Seminaren oder gar nur mit einem Appell der obersten Leitungsebene, ist es nicht getan.

Der Prozeß der Umorientierung, ein intensiver Lern- und Trainingsprozeß muß so früh wie möglich eingeleitet werden. Der Nachholbedarf ist beträchtlich.

„Werden nach Ihrer Meinung genügend Fortbildungsmöglichkeiten geboten?" Mit dem Angebot an Fortbildungsmöglichkeiten in fachlicher Hinsicht waren 36 Prozent der von uns befragten Führungskräfte aus dem Bereich der Finanzdienstleistungen uneingeschränkt zufrieden. Ganz anders sah es mit der Zufriedenheit bei den Möglichkeiten aus, sich in führungsmäßiger Hinsicht fortzubilden. Die Zufriedenheitsquote erreichte nur ganze 19,5 Prozent.

Dieser Fortbildungsbedarf darf nicht länger ignoriert werden. Wobei Führungsfortbildung – in vielen Fällen wird es sogar Ausbildung sein müssen – „durchgängig" betrieben werden muß, und zwar von der obersten Leitungsebene bis zur niedrigsten Hierarchiestufe. Einbezogen werden muß auch der potentielle Führungsnachwuchs. Eine „Führungslücke" darf es nicht geben. Die Führungsleistung einer Organisation muß ein geschlossenes Bild abgeben.

1.6 Kommunikationsbilanz

Die Führungsleistung in einer Organisation trägt in hohem Maße zur Zufriedenheit mit der zur Zeit ausgeübten Tätigkeit an einem konkreten Arbeitsplatz bei. Diese „Arbeitsplatzzufriedenheit“ darf nicht mit der allgemeinen Zufriedenheit mit dem ausgeübten Beruf, der „Berufszufriedenheit“, verwechselt werden.

Die Zufriedenheit mit dem ausgeübten Beruf ist bei Führungskräften im Finanzdienstleistungsbereich sehr hoch.

„Sind Sie mit Ihrem Beruf zufrieden?“ 82,1 Prozent der von uns befragten Führungskräfte antworteten mit einem klaren „Ja“, 16,4 Prozent mit „eher ja“, 1,4 Prozent mit „eher nein“. 89,3 Prozent würden diesen Beruf noch einmal ergreifen, wenn sie dazu die Möglichkeit hätten.

In dieser positiven Einstellung zum gewählten und ausgeübten Beruf liegt ein ungeheures Kapital. Menschen, die mit ihrem Beruf zufrieden sind, können motiviert werden. Damit sind die besten Voraussetzungen für Leistungsbereitschaft und Leistung vorhanden. Aufgabe einer mitarbeiterorientierten Führung muß es sein, aus dieser hohen Berufszufriedenheit bewußt Leistungsbereitschaft zu erwecken und damit Leistung zu erzielen.

Bewußt Leistungsbereitschaft zu erwecken bedeutet aktive Führung. Sich etwa darauf zu verlassen, daß die Berufszufriedenheit allein ausreicht, um zur Leistung zu motivieren, ja eine Gleichung aufzumachen, Berufszufriedenheit = Leistungsbereitschaft, wäre gefährlich. Wer glaubt, Berufszufriedenheit mache Führung überflüssig, befindet sich auf einem Irrweg. Die Zufriedenheit mit dem Beruf ist nur ein Faktor, wenn auch ein sehr wesentlicher, auf dem man aufbauen kann. Nicht mehr, aber auch nicht weniger.

„Sind Sie mit Ihrem gegenwärtigen Arbeitsplatz zufrieden?“ Im Gegensatz zu den mehr als 80 Prozent, die die Frage nach der Berufszufriedenheit uneingeschränkt mit „ja“ beantwortet hatten, waren es hier nur 50,4 Prozent der Bankführungskräfte, die sich für ein klares „Ja“ entschließen konnten. 37,4 Prozent antworteten mit „eher ja“, 12,2 Prozent mit „eher nein“ und „nein“.

Über diesen Unterschied zwischen Berufs- und Arbeitsplatzzufriedenheit sollte man nachdenken. Worauf sind diese Unterschiede zurückzuführen? Sind es die „äußeren Umstände“ der Arbeit, wie Arbeitsraum, Geräuschpegel, Belüftung oder Beleuchtung? Ist es die konkrete Arbeitsaufgabe? Sind es mangelnde Aufstiegsmöglichkeiten, Unzufriedenheit mit dem Gehalt? Oder ist man mit dem Führungsverhalten der Vorgesetzten, dem „Stil des Hauses“, nicht zufrieden?

„Tragen Sie sich mit den Gedanken, Ihren Arbeitgeber zu wechseln?“ Mit einem klaren „Nein“ wurde diese Frage nur von 45,5 Prozent der Bankführungskräfte beantwortet, 47,2 Prozent entschieden sich für „manchmal“ und 7,3 Prozent für „ja“. Im Vergleich zu den von uns befragten Führungskräften der Wirtschaft war die Rate derjenigen, die mit dem Gedanken an eine Fluktuation spielten, am höchsten.

„Was könnte für Sie der Grund sein, den Arbeitgeber zu wechseln?“ Bankführungskräfte antworteten wie folgt, wobei Mehrfachnennungen der Fluktuationsgründe möglich waren: Art der Tätigkeit, 32 Prozent; Bezahlung 39,8 Prozent; Vorgesetzter 22,7 Prozent; Aufstiegschancen 43 Prozent; Selbständigkeit, Entscheidungsfreiheit 42,2 Prozent; Führungsstil 42,2 Prozent.

Wenn über diese Rangfolge der Fluktuationsgründe in unseren Führungsseminaren diskutiert wird, ist das Erstaunen über den hohen Stellenwert, der bei Fluktuationserwägungen Führungsfragen zukommt, besonders bei Führungskräften der oberen Leitungsebenen groß. Geht man doch im allgemeinen davon aus, daß das Streben nach Aufstieg, einer Verbesserung des Gehalts für den Wechsel des Arbeitgebers allein ausschlaggebend ist. Mit einer Gleichrangigkeit der „Führung“ bei den Fluktuationserwägungen wird kaum gerechnet.

Führungsstil als möglicher Grund, den Arbeitgeber zu wechseln: Hier und vor allem hier kann man etwas tun, um die Zufriedenheit am Arbeitsplatz zu erhöhen. Denn im Gehaltsbereich sind die Möglichkeiten begrenzt, und Aufstiegsmöglichkeiten lassen sich auch nur in einem bestimmten Rahmen schaffen.

Die Überraschung über den hohen Stellenwert des Führungsverhaltens der Vorgesetzten, über den „Stil des Hauses“, hat unter anderem seine Ursache darin, daß man mit den Mitarbeitern und Führungskräften viel zu wenig spricht.

Das gilt einmal für das „letzte Gespräch", für das Abschlußinterview, das mit einem Ausscheidenden geführt werden muß. Wenn solche Gespräche überhaupt geführt werden, handelt es sich meistens um eine reine Formsache. „Woanders bekomme ich mehr." Diese Begründung wird ohne weiteres abgenommen. Warum noch lange fragen. Es wird nach dem Grundsatz verfahren: „Reisende soll man nicht aufhalten." Das Abschlußgespräch mit einem zum Wechsel Entschlossenen kostet ohnehin zur Zeit, und die ist bekanntlich knapp. Wenn solche Abschlußgespräche geführt werden, dann obliegt dies meistens der Personalabteilung, und hier wird man sowieso sehr vorsichtig sein, über das Führungsverhalten des Fachvorgesetzten zu sprechen, der ja im Hause bleibt. Die Chance, daß der Fluktuationsgrund „Führung" – Vorgesetzter, Führungsstil, Entscheidungsspielraum – zur Sprache kommt, ist außerordentlich gering. Und damit wird eine wesentliche Chance vertan, für die Zukunft etwas in dieser Beziehung zu ändern.

„Sagt Ihnen Ihr Vorgesetzter, wie er über Ihre Leistung denkt?" 6 Prozent der von uns befragten Bankführungskräfte antworteten mit „immer", 33,3 Prozent mit „häufig", 47,3 Prozent mit „selten" und 13,3 Prozent mit „nie".

Diese „Kommunikationsbilanz" ist erschreckend. Mit mehr als 60 Prozent der Bankführungskräfte wird selten oder nie über ihre Leistungen gesprochen, über das, was sie acht Stunden oder länger am Tage tun, oder doch tun sollten!

Hier geht es um die Arbeitsaufgabe, um die Arbeitsausführung. Hier geht es um die Beantwortung einer der wichtigsten Fragen, die einen Menschen im Berufsleben ständig bewegen: Wie wird meine Arbeitsleistung von anderen gesehen? Wie werde ich beurteilt? Manche bekommen die Antwort auf diese Fragen leider erst dann, wenn sie aus dem Arbeitsleben ausscheiden, wenn in der Abschiedsrede ihre Verdienste gewürdigt werden. Der in diesem Zusammenhang – leider – immer wieder gehörte Kommentar des „Geehrten": „Ich wußte gar nicht, daß ich so gut bin."

Auch hier wieder eine sehr hohe Selbsteinschätzung der Vorgesetzten von ihrem Führungsverhalten. 67,7 Prozent waren der Ansicht, mit ihren nachgeordneten Führungskräften und Mitarbeitern „immer" und „häufig" über deren Leistungen zu sprechen. Zwar war die Selbsteinschätzung nicht so hoch wie bei der Erfüllung der Informationsaufgabe – hier glaubten immerhin mehr als 90 Prozent, ihre Mitarbeiter ausreichend zu informieren –, der Unterschied zwischen Selbsteinschätzung und Fremdbild ist jedoch auch hier beträchtlich.

Immerhin, ein Drittel der Bankführungskräfte räumte von sich aus ein, nur selten oder nie mit den ihnen nachgeordneten Führungskräften und Mitarbeitern über deren Arbeitsleistung zu sprechen.

Als Hauptgrund für diese Vernachlässigung des Mitarbeitergesprächs wurde von der Hälfte der befragten Führungskräfte „Zeitmangel" angegeben, weitere 20 Prozent kreuzten im Fragebogen „Vergeßlichkeit" an. 10 Prozent wußten keinen Grund anzugeben, während weitere 20 Prozent der Ansicht waren, „gute Leistungen sind selbstverständlich, darüber muß nicht gesprochen werden".

In diesen Befragungsergebnissen kommt deutlich zum Ausdruck, wie wenig einer großen Anzahl von Führungskräften ihre Führungsaufgabe bewußt ist. Wichtigste Aufgabe einer Führungskraft ist „Führung". Dies ergibt sich schon allein aus dem Wortsinn. Diese Führungsaufgabe muß systematisch wahrgenommen werden und nicht nur „nebenbei". Nur derjenige füllt seine Führungsposition voll aus, der sich des zentralen Stellenwertes von Führungsverantwortung und Führungsaufgabe bewußt ist. Für die Führungsaufgabe muß genügend Zeit vorhanden sein. Darauf zu achten, ist eine der Hauptaufgaben der obersten Leitungsebene.

Im Vergleich mit den Befragungsergebnissen von Führungskräften aus anderen Bereichen der Wirtschaft fällt auf, daß dort nur 10 Prozent „Zeitmangel" als Grund für selten oder nie geführte Mitarbeitergespräche angeführt hatten. Deutet dies etwa darauf hin, daß im Bankbereich Führungsfragen nicht die Priorität beigemessen wird, die ihnen zukommt? Wie steht es im übrigen um das Zeitkapital für Kundengespräche? Werden etwa Gespräche durch Schriftwechsel ersetzt?

Das Gespräch mit dem Mitarbeiter über die Leistung ist eine Führungsaufgabe von hohem Rang. In Zukunft wird diesen Gesprächen eine noch größere Bedeutung beigemessen werden müssen. Hier sind es vor allem die jungen Mitarbeiterinnen und Mitarbeiter der Führungsnachwuchs, auf die zugegangen werden, denen Orientierhungshilfe gegeben werden muß. Die Kommunikationsdefizite sind hier besonders hoch. Hier waren es 67

Prozent, die angaben, daß ihnen ihr Vorgesetzter nur selten oder nie sagen würden, wie er über ihre Leistungen denkt.

1.7 Junge Kunden – Junge Mitarbeiter

Der Wertewandel von den materiellen zu den postmateriellen Werten ist bei jungen Menschen besonders ausgeprägt. Die Schulzeit, das Studium haben sie viel „freier“ erlebt, als die Generationen vor ihnen. Sie stellen andere Ansprüche an ihre Ausbildung und an ihre „Behandlung“ als ihre künftigen Vorgesetzten es während ihrer Ausbildungszeit, die oft schon sehr lange zurückliegt, getan haben. Ein Vergleich mit „früher“, mit der eigenen Lehrzeit, wie er von älteren Vorgesetzten gerne angestellt wird, führt zu Fehlschlüssen, ja sogar zu Konflikten. Die „Rezepte“ von damals wirken heute nicht mehr. Ein „das wurde mit uns genauso gemacht und hat uns nicht geschadet“ ist außerordentlich gefährlich und letztlich demotivierend. Die „innere Kündigung“ wird vorprogrammiert.

Junge Menschen müssen als eine einheitliche soziale Gruppe betrachtet werden. Hier einen Unterschied zwischen jungen Kunden und jungen Mitarbeitern zu machen, könnte fatale Folgen haben. Beide sind Teile einer gesellschaftlichen Gruppe mit den gleichen Empfindungen. Junge Kunden als „Vollkunden von morgen“ zu umwerben, junge Mitarbeiter aber als „durchlaufende Posten“ anzusehen, von denen man ja nicht weiß, ob sie überhaupt bleiben, ist durch nichts gerechtfertigt.

Der „Jugendmarkt“ ist hart umkämpft. Jeder versucht zum mindesten seinen Anteil an jungen Kunden zu halten, denn der Jugendmarkt wird, bedingt durch die demographische Entwicklung, schrumpfen. Bevölkerungszuwächse durch Aus- oder Übersiedler, werden die bisher prognostizierte Entwicklung zwar etwas verlangsamen, aber nicht aufhalten.

Der „Jugendmarkt“ wird ständig erforscht. In umfangreichen Untersuchungen werden die Bedürfnisse und Erwartungen der jungen Menschen analysiert und prognostiziert, um das eigene Produkt- und Dienstleistungsangebot entsprechend zu gestalten.

Die Jugendwerbung läuft auf vollen Touren. Vor allem die großen Bank- und Versicherungskonzerne investieren Millionen von DM. Poppig aufgemachte Jugendmagazine sollen junge Menschen ebenso ansprechen wie Broschüren über die Berufsberatung, wobei natürlich die Werbung für eine Tätigkeit in der eigenen Organisation nicht zu kurz kommt. Das

„kostenlose Konto“ und andere Vergünstigungen sollen den jungen Menschen werbemäßig ebenso anziehen, wie Sportidole.

„Jugendmarketing“ hat sich als spezielle Sparte des Marketing bereits etabliert. Wobei es angesichts des durch den Pillenknick bedingten schrumpfenden Jugendmarktes in erster Linie nicht darum geht, höhere Marktanteile durch „Zugewinn“ an Geschäftsbeziehungen zu bekommen, sondern die Verluste an jugendlichen Kunden so gering wie möglich zu halten.

Die volkswirtschaftliche Nachfragekraft der 12- bis 21jährigen Jugendlichen und jungen Erwachsenen ist nicht unbedeutend. Das durchschnittliche Jahreseinkommen pro Kopf wird auf rund 3000,– DM geschätzt, das Geldvermögen der Jugendlichen unter 18 Jahren, wenn auch selten für diese Gruppe disponibel, auf 50 Milliarden DM.

Die Gruppe der 18- bis 27jährigen verfügt – eigenen Angaben zufolge – über ein monatliches Einkommen von etwa 1100,– DM netto. Dabei wird den jungen Menschen „wohlüberlegter Umgang mit Geld“ attestiert.

Vor allem für Finanzdienstleister wird die junge Generation immer interessanter. Sie sind finanziell unabhängiger als die Generation vor ihnen. Sie können und wollen sich mehr leisten, und zwar nicht nur auf lange Sicht gesehen, sondern möglichst frühzeitig.

Junge Menschen sind aber nicht nur finanziell unabhängiger, sondern auch selbstbewußter als junge Generationen vor ihnen. Dazu hat sowohl das gestiegene Bildungsniveau als auch die freiheitlichere Erziehung in der Schul- und Studienzeit beigetragen. Sie wollen nicht nur gefragt werden, sondern mitreden, mitbestimmen.

Eng mit dem gestiegenen Selbstbewußtsein hängt die wachsende kritische Einstellung der jungen Menschen zusammen: Gestiegenes Kritikbewußtsein gegenüber der Welt der Erwachsenen, kritischere Einstellung als Verbraucher, kritischere Betrachtung aber auch der Arbeitswelt.

Auf all das müssen sich Finanzdienstleister einstellen, bei jungen Kunden ebenso wie bei jungen Mitarbeitern. Das gilt für die Werbung mit ihren oft pauschalen Slogans wie für die konkrete Gestaltung der Kunden- oder Mitarbeiterbeziehungen.

Das erhöhte Selbstbewußtsein erfordert individuelle Ansprache.

Die jungen Menschen sind sich – letzten Endes auch verursacht durch die intensiven Werbeanstrengungen um diese Gruppe – ihres Wertes bewußt. Einmal als Kunde oder potentieller Kunde, zum anderen aber auch als begehrter künftiger Mitarbeiter. Auch im Bereich der Finanzdienstleister wird sich in ganz naher Zukunft – in manchen Bereichen schon heute – der Mangel an gut qualifizierten Bewerbern bemerkbar machen. Junge Menschen wollen persönlich angesprochen werden, sie erwarten, daß man sich um sie kümmert, auf ihre Erwartungen und Bedürfnisse eingeht.

Gestiegenes Bildungsniveau erfordert qualifizierte Dienstleistung. Die Qualität der Beratung, des Leistungsangebots wird sich darauf ebenso einstellen müssen, wie die Qualität der Aus- und Fortbildung der jungen Mitarbeiter. Hier werden zusätzliche Bildungsangebote, die über die berufsspezifische Aus- und Fortbildung hinausgehen, erwartet.

Insbesondere dem Führungsnachwuchs muß Beachtung geschenkt werden. Das Defizit an Führungsausbildung wird vom potentiellen Führungsnachwuchs besonders beklagt. Nur die Organisation wird in Zukunft ihre Leistungen steigern können, die die systematische Führungsausbildung in ihr Fortbildungsprogramm aufnimmt, wobei die Betonung auf systematisch liegt.

Kritischere Einstellung erfordert Umdenken in der Werbung. Mit abgegriffenen Werbeslogans allein wird kaum noch etwas bewirkt werden können. Junge Menschen machen sich zunehmend Gedanken darüber, „was das alles kostet", wenn man in einer Werbesendung im Hörfunk mehrmals am Tag, in manchen Werbesendungen zwei- oder dreimal hintereinander vom „kostenlosen Girokonto" hört. „Das muß ich alles mit bezahlen". Und damit ist das „kostenlose Konto" schon infrage gestellt.

Kritischere Einstellung aber nicht nur gegenüber dem Leistungsangebot, der Art und Weise, wie man als Kunde „behandelt" wird, sondern auch gegenüber der „Behandlung" als Mitarbeiter. Gerade von jungen Menschen wird „autoritäre Führung" abgelehnt, Kooperation gefordert.

Den veränderten Bedingungen des Kundenmarktes gilt es Rechnung zu tragen, fordern die Marketingstrategen. An der „Verkaufs- und Beratungsfront" wird auch versucht, dieser Forderung nachzukommen, da es um Marktanteile geht und Erfolge oder Mißerfolge anhand von Zahlen auch nachgeprüft werden können.

Wie steht es aber um den „Mitarbeiter-Nachwuchsmarkt"? Beschäftigt man sich hier mit der gleichen Intensität mit „Jugendfragen", mit der veränderten Einstellung der jungen Generation, ihren Erwartungen und Bedürfnissen, ihre „Behandlung" im Arbeitsalltag?

Führungskräfte im Finanzdienstleistungsbereich müssen sich intensiv mit Fragen des Jugend-Personalmarketing beschäftigen. Gerade bei den veränderten Qualifikationsanforderungen, bei wachsender Personalknappheit vor allem im qualifizierten Bereich, kommt es in diesem personalintensiven Bereich der Wirtschaft auf jeden einzelnen Mitarbeiter an. Fehleinschätzungen und damit verbundene Fehlhandlungen oder gar Untätigkeit führen zu Einbußen an Arbeitsproduktivität, zur inneren Kündigung schon in jungen Jahren oder zur Fluktuation.

Gerade im Finanzdienstleistungsbereich mußten wir eines immer wieder feststellen: Wenn überhaupt, wird Fragen der veränderten Jugendkultur nur im Marktbereich Beachtung geschenkt. Wobei dies in vielen Organisationen hauptsächlich auf dem Gebiet der Werbung geschieht. Anweisungen der obersten Leitungsebene „versanden" an der Basis. Im täglichen Umgang mit jungen Kunden ist dagegen von besonderen Anstrengungen kaum etwas zu spüren.

Im Mitarbeiterbereich scheinen weithin die veränderten Erwartungen und Bedürfnisse der jungen Menschen überhaupt noch nicht zur Kenntnis genommen zu werden. Vereinzelt wird zwar auf die „Bedeutung der jungen Menschen für unser Unternehmen" hingewiesen, gelegentlich in Kolloquien oder Kamingesprächen über Jugendkultur diskutiert, in der Praxis dagegen geschieht kaum etwas. Hier dominieren die Probleme des Tagesgeschäfts, hier sind „schwarze Zahlen" wichtig. Führungsfragen, und dazu gehört ja die Beschäftigung mit der Jugendkultur, haben höchstens sekundäre Bedeutung.

Wir stellten jungen Menschen, Berufsanfängern zwischen 18 und 21 Jahren, die Frage:

„Fühlen Sie sich als junger Mensch von Ihrer Umwelt anerkannt?" Rund 96 Prozent der von uns vor dem Start ins Berufsleben Befragten beant-

worteten diese Frage positiv, nur 4 Prozent fühlten sich mehr oder minder anerkannt.

Die Fehleinschätzungen der von uns befragten Führungskräfte des Finanzdienstleistungsbereichs hierzu übertraf alle anderen von uns befragten Gruppen von Führungskräften der Wirtschaft. Worauf ist diese hohe Fehleinschätzung gerade bei diesen Führungskräften zurückzuführen? Ist Geld wichtiger als Menschen? Hat man noch nicht erkannt, daß der Markt dieses Bereichs in erster Linie aus Menschen besteht, und daß Erfolge am Markt wiederum nur durch Menschen erzielt werden können?

Bei Diskussionen mit Führungskräften aus diesem Bereich der Wirtschaft kann man sich leider des Eindrucks nicht erwehren, daß „Finanztechnik" Vorrang vor Führungsfragen hat. Wenn in einer Meinungsumfrage in einem großen Konzern dieses Bereichs nicht einmal die Hälfte der Befragten der Ansicht war, daß in ihrem Unternehmen die Mitarbeiter einen hohen Stellenwert haben, zeigt dies den hohen Nachholbedarf auf diesem Gebiet deutlich auf.

Junge Menschen, die glauben, daß sie von ihrer Umwelt anerkannt werden, sind selbstbewußt, wollen sowohl als Kunden als auch als Mitarbeiter partnerschaftlich behandelt werden. Sie wollen als Kunde selbst entscheiden, aber auch als Mitarbeiter in Entscheidungsprozesse einbezogen werden, kooperativ und nicht autoritär geführt werden. Wer dies nicht erkennt, weil er sich mit diesen Problemen nicht intensiv beschäftigt, begibt sich in die Gefahr, schwerwiegende Führungsfehler, sowohl im Kunden- als auch im Mitarbeiterbereich zu begehen, die sehr teuer werden können.

Schon vor Eintritt ins Berufsleben äußerten 70 Prozent der von uns befragten Berufsanfänger den Wunsch nach einem kooperativen Führungsverhalten. Von denjenigen, die sich für ein mehr oder minder autoritäres Führungsverhalten ausgesprochen hatten, entschieden sich lediglich 1,6 Prozent für einen Vorgesetzten, der entscheidet, ohne vorher den Rat seiner Mitarbeiter einzuholen und diese Entscheidung dann auch nicht begründet. 28,4 Prozent der befragten Berufsanfänger wünschten sich einen Vorgesetzten, der entscheidet, ohne mit seinen Mitarbeitern vorher über diese Entscheidung zu sprechen, sprachen sich aber dafür aus, daß die Entscheidung entsprechend begründet wird.

Diese in Nichtkenntnis der betrieblichen Realität geäußerte Wunschvorstellung änderte sich nach etwa zweijähriger Ausbildungszeit.

Keiner der Befragten entschied sich mehr für ein autoritäres Führungsverhalten seiner Vorgesetzten, alle wollten kooperativ geführt werden. Über das Führungsverhalten ihrer Vorgesetzten, gaben 90 Prozent an, autoritär geführt zu werden. Dieses Auseinanderklaffen zwischen Erwartung und Realität kann nicht ohne Folgen bleiben.

1.8 Praxisschock

Der Wunsch nach kooperativer Führung, nach Mitbeteiligung an Entscheidungsprozessen ist bei jüngeren Menschen stärker ausgeprägt als bei älteren, wobei, und das haben die Ergebnisse unserer Untersuchungen laufend gezeigt, auch bei den älteren Mitarbeitern und Führungskräften der Wunsch nach kooperativer Führung, nach Freiräumen im Arbeitsleben ständig wächst.

Das Begehren nach Neuerungen, das Streben, anders behandelt zu werden als die „Generation vor uns", zieht sich wie ein roter Faden durch die Geschichte, wobei der Ruf nach mehr Freiheit, auf welchem Gebiet auch immer, im Mittelpunkt dieses Aufbegehrens steht. Genauso wie es im familiären Bereich den Vater-Sohn-Konflikt immer gegeben hat, im Arbeitsleben hat es an Auseinandersetzungen zwischen Meistern und Lehrlingen nie gefehlt. Kann man diese Konflikte nicht mindern und damit, auf das Arbeitsleben bezogen, höhere Leistungen erzielen?

Autoritäre Führung produziert, um es einmal ganz salopp auszudrücken, „Frust". Dies kann dazu führen, daß eine positive Einstellung zur Arbeit allgemein und zum speziellen Arbeitgeber langsam aber sicher abgebaut wird. Was bleibt, ist vielleicht ein Beruf, mit dem man zufrieden ist. Die Unzufriedenheit mit der zur Zeit ausgeübten konkreten Tätigkeit dagegen wächst, die Situation wird aber angesichts der Situation auf dem Arbeitsmarkt noch „hingenommen". „Äußerlich" ist kaum etwas zu bemerken, lautstarker Protest wird nicht erhoben. Doch hinter einer „angepaßten Fassade" verbirgt sich eifriges Suchen nach einem anderen Arbeitsplatz. Es ist nur noch eine Frage der Zeit, bis die „innere Kündigung" in eine Kündigung umgewandelt wird.

Über die ersten Eindrücke im Berufsleben gibt eine interessante Studie Auskunft, in deren Rahmen 400 Auszubildende verschiedener Berufe aus Betrieben mit unterschiedlicher Größe nach etwa dreimonatiger Ausbildungszeit nach ihren ersten Eindrücken befragt worden waren (Der Bankangestellte, Ausgabe November 1987).

Rund 18 Prozent der befragten Berufsanfänger berichteten über eine allgemeine Freundlichkeit, erkennbare Aufmerksamkeit und besondere Rücksichtnahme auf ihr „Neulingsein" und ihr „Eingewöhnen".

35 Prozent fühlten sich weder irgendwie bevorzugt noch benachteiligt behandelt und bestätigten ihren Ausbildern, wie auch den Mitarbeitern, korrektes Verhalten.

27 Prozent hatten eine gewisse Kälte, Gleichgültigkeit, Herablassung und Arroganz in ihrer Umgebung festgestellt; fast zwei Drittel von ihnen äußerten gleichzeitig die Ansicht, daß sich Ausbilder und Mitarbeiter zu wenig um sie kümmerten oder sie zu oft oder zu lange sich selbst überließen.

20 Prozent beklagten sich über eine schlechte, sie quälende Behandlung – weniger seitens ihrer Ausbilder als durch ihre Mitarbeiter. Sie würden fortwährend „durch den Wolf gedreht" oder bei jeder Gelegenheit „zur Schnecke gemacht", man versuche sie zu „tunken und zu ducken", wo es immer nur ginge und demonstriere ihnen dauernd, was für ein „kleines Würstchen" sie seien. Mit Vorurteilen und notorischer Antipathie gegen die „vergammelte Jugend von heute" werde ihnen der Alltag „vermiest" und ihnen ständig durch Ironie, Spott und Hohn eingeimpft, was für dumme „Kohl- und Hohlköpfe" wie doch seien.

Interessant war die Reaktion der befragten Berufsanfänger auf diese Art von „Führung" in bezug auf ihre Arbeits- und Berufszufriedenheit: Von den Berufsanfängern der ersten beiden Gruppen hatten sich lediglich 1,4 Prozent dahingehend geäußert, keine Freude am Beruf und Ausbildungsbetrieb mehr zu finden. Von den Auszubildenden, die sich kühl, herablassend oder arrogant behandelt fühlten und den Eindruck hatten, daß man sich zu wenig um sie kümmere, waren bereits knapp 13 Prozent mit ihrem Arbeitsplatz und ihrem Beruf nicht mehr zufrieden. In der letzten Gruppe war kein einziger mehr, der gern zu seiner Arbeit ging. Fast 43 Prozent hatten jede Freude an ihrem Beruf und gegenwärtigen Betrieb verloren.

Wenn man von „Praxisschock" sprechen kann, dann hier. Wenn sich hier 47 Prozent, also fast die Hälfte, in bezug auf ihre „Behandlung" bei ihrem Start ins Berufsleben derartig negativ äußerten, kommt dies einer Bankrotterklärung der Führung gleich. Diese Führung im Arbeitsalltag kann auch nicht dadurch „ausgeglichen" werden, daß die Auszubildenden am ersten Tag mit einer persönlichen Ansprache des Vorstandes „empfangen" und nach Abschluß der Ausbildung wieder durch ein Mitglied der obersten Leitungsebene persönlich „verabschiedet“ werden. Hier ist der persönliche Einsatz eines jeden Mitarbeiters, einer jeden Führungskraft – nicht nur der Ausbilder – gefordert, denen diese jungen Menschen im wahrsten Sinne des Wortes anvertraut sind.

Eine der gesellschaftlichen Entwicklung entsprechende Führung am Arbeitsplatz reicht aber allein nicht aus. Sie muß ergänzt werden durch eine entsprechende Führung im Rahmen der Berufsschule.

Auch hier ist die „Erlebnisbilanz“ nicht allzu erfreulich. Nach einer Umfrage des Bundesinstituts für Berufsbildung bei fast 1000 Auszubildenden im Jahre 1986 urteilten nur 13 Prozent der weiblichen und 11 Prozent der männlichen Auszubildenden „macht mir richtig Spaß“, weitere 50 Prozent der weiblichen und 44 Prozent der männlichen Auszubildenden äußerten „es ist ganz gut“. 28 Prozent der weiblichen und 34 Prozent der männlichen Auszubildenden meinten zur Berufsschule „es geht, ist für mich ein notwendiges Übel“, 4 Prozent der weiblichen und 6 Prozent der männlichen Auszubildenden äußerten „fällt mir recht schwer“ und 6 Prozent der weiblichen und 5 Prozent der männlichen Auszubildenden wollten „lieber heute als morgen aufhören“.

Praxisschock im Betrieb, Praxisschock in der Schule. Im Betrieb fühlt man sich nicht wohl, weil man mit der „Behandlung“ nicht sonderlich zufrieden ist, in der Schule ist man mit dem Unterricht selbst weitgehend unzufrieden, wobei auch von seiten der ausbildenden Betriebe Mängel beklagt wurden. Hier werden vor allem nach einer Umfrage des Instituts der deutschen Wirtschaft bei mehr als 500 Ausbildungsbetrieben im Jahre 1987 die technische und personelle Ausstattung, die Abstimmung des Berufsschulunterrichts mit den Anforderungen der Praxis, die Berücksichtigung neuer Techniken im Unterricht und die Möglichkeit der Zusammenarbeit von Betrieb und Berufsschule bemängelt, wobei letzteres die höchste Unzufriedenheitsquote mit 45 Prozent erreichte.

Zusammenarbeit zwischen Betrieb und Berufsschule: Zusammenarbeit bedeutet Führung, zielorientierte Verhaltensbeeinflussung. Auch und vor allem darum muß man sich kümmern: Zusammenarbeit mit der Berufsschule. Hier sind nicht nur die Ausbilder gefragt. Hier muß die oberste Leitungsebene aktiv werden, ihr ganzes Gewicht, ihren Einfluß geltend machen, wenn hier offensichtliche Mängel festgestellt werden. Hier gilt es in die Tat umzusetzen, wenn in Reden immer wieder erklärt wird, daß die Jugend unsere Zukunft sei!

Sich der jungen Menschen annehmen erschöpft sich nicht in großen Reden oder in farbigen, gut aufgemachten Werbeprospekten. Es genügt auch nicht, wenn man „über“ die Jugend spricht. Man muß „mit“ den jungen Menschen reden. Man muß Fragen stellen, man muß zuhören, man muß sich Zeit nehmen. Nur wenn dies geschieht, wird es möglich sein, Vorurteile abzubauen und einen Weg der Führung zu begehen, der Zielkonflikte vermindert und Reibungsverluste gar nicht erst entstehen läßt.

Auch hier muß man wieder über eines nachdenken: Wie verhält man sich gegenüber jungen Kunden? Ist man den jungen Kunden gegenüber etwa auch kühl, herablassend oder arrogant? Kümmert man sich um sie zu wenig, wenn sie beraten werden wollen? Hält man junge Kunden etwa auch für „kleine Würstchen“?

Wie steht es übrigens um die Quote der abgebrochenen „Geschäftsverbindungen“ mit jungen Menschen? Auch sie sollte man einmal untersuchen und vor allem nach den Gründen forschen, warum im Einzelfall die Geschäftsverbindung abgebrochen wurde.

2. Der Führungsstil

2.1 „Kostenstelle“ Führungsstil

Warum beschäftigt man sich so wenig mit Führungsfragen? Warum wird in vielen Organisationen dem Führungsverhalten nicht der Stellenwert eingeräumt, der ihm zukommt?

Einer der Gründe mag darin liegen, daß man die Auswirkungen des Führungsverhaltens – sei es negativ oder positiv – nicht direkt aus der Bilanz „ablesen“ kann. Es gibt keine Kostenstelle Führungsstil. Führungsverhalten ist in Zahlen vordergründig nicht darzustellen, nicht greifbar, wobei die Betonung auf „vordergründig“ liegt.

Vieles andere läßt sich errechnen und entsprechend darstellen. Die Entwicklung der Spareinlagen, des Kreditvolumens läßt sich ebenso aufzeigen wie die der Bilanzsumme. Und wenn es auf diesem oder jenem Gebiet „Einbrüche“ gibt, oder „Zuwächse“ im Vergleich mit anderen Instituten geringer ausgefallen sind, kann man nach den ursachen forschen. Alles das ist greifbar. Mit Zahlen kann man umgehen, das hat man schließlich gelernt.

Bei der Ursachenermittlung kommt dann auch – und dabei findet man sich mit anderen Mitbewerbern meist in guter Gesellschaft – einiges zutage. „Schuld“ sind dann entweder der Dollar oder die DM, die eigene Regierung mit der verfehlten Wirtschaftspolitik oder andere Regierungen, die uns in eine Zwangslage gebracht haben. Schließlich, wenn alle bisher bekannten Ursachenmöglichkeiten erschöpft sind, ist es „der Markt, der nicht mehr hergegeben hat“. Daß die Ursachen für eine nicht befriedigende Geschäftsentwicklung im eigenen Haus, im eigenen Verhalten liegen könnten, darauf kommt man ganz zuletzt, wobei man sich des Problems nicht genau bewußt ist. Man spürt etwas, ahnt, daß es da „etwas“ geben könnte: Die Unternehmensberatung muß ins Haus!

Patentlösungen werden in kürzester Zeit – die Kosten der Beratung müssen ja im Rahmen bleiben – erwartet. Dabei geht der Auftraggeber „stillschweigend“ oder mehr oder minder deutlich davon aus, daß ein Bereich bei dieser Analyse ausgespart wird: Das eigene Führungsverhalten.

Personaleinsatz, Organisation, Verhalten am Markt, Einsatz moderner Techniken: Alles das kann durchleuchtet werden. Nur das eigene Führungsverhalten, wie zum Beispiel Kommunikation oder Motivation, wird nicht berührt. Besonders deutlich zeigt sich das immer wieder in den Führungsbereichen der Delegation und Kontrolle. Stellenbeschreibungen werden ebenso überprüft – in manchen Bereichen erst mit Hilfe der Berater erstellt! – wie Delegationsbereiche. Neue Vorschläge werden erarbeitet, Organigramme erstellt. Ob aber in Delegationsbereiche eingegriffen, wie, und darauf kommt es ja entscheidend an, Kontrollen durchgeführt werden, ist kaum Gegenstand einer solchen Prüfung.

Um kein Mißverständnis aufkommen zu lassen: Unternehmensberatungen leisten in vielen Fällen hervorragende Arbeit und geben wichtige Hinweise für Problemlösungen. Man darf aber eines nicht übrsehen. Dann, wenn die Berater aus dem Hause sind, der Abschlußbericht auf dem Tisch liegt, beginnt doch erst die Arbeit in der geprüften Organisation, nämlich die Führungsarbeit. Die Menschen vor, während und nach der Prüfung sind die gleichen.

Werden die Vorgesetzten, die vor der Prüfung laufend in den Delegationsbereich ihrer Mitarbeiter eingegriffen haben, dies nicht auch nach der „Neuorganisation" der Bereiche wieder tun? Werden die Vorgesetzten, die vor der Prüfung ihre Mitarbeiter oder nachgeorderten Führungskräfte in Gegenwart von Dritten kritisiert haben, nicht nachher mit ihren Mitarbeitern genauso umspringen? Wird sich bei den Mitarbeitergesprächen etwas ändern? Werden sich Vorgesetzte jetzt mehr Zeit für diese Gespräche nehmen?

Wie steht es um die Aus- und Fortbildung, um einmal ein Gebiet herauszugreifen, das bei derartigen Prüfungen oft etwas stiefmütterlich behandelt wird? Wie steht es um die „Qualifikation" der Ausbilder, wobei hier nicht die formelle Seite, zum Beispiel Ablegen der Ausbildereignungsprüfung, gemeint ist, sondern die Führungseignung?

Daß es hier nicht gerade zum besten steht, zeigen Untersuchungen, die im Auftrag des Bundesministeriums für Bildung und Wissenschaft durchgeführt wurden, sowie Befragungen des Bundesinstituts für Berufsbildung. Jedes Jahr scheiden mehr als 100000 Jugendliche vorzeitig aus ihrem Ausbildungsberuf aus – mit steigender Tendenz.

Die meisten Ausbildungsverträge wurden im ersten Ausbildungsjahr gelöst; etwa ein Viertel der vorzeitigen Lösungen entfiel dabei auf die Probezeit, also auf die ersten drei Monate der Ausbildung. In Nordrhein-Westfalen liegt zum Beispiel der Anteil der vorzeitig gelösten Ausbildungsverträge bei etwa 13 bis 14 Prozent. Durch den vorzeitigen Abbruch der Ausbildung werden schätzungsweise jährlich 40000 Ausbildungplätze blockiert.

Allenfalls der Hälfte aller Jugendlichen gelingt es nach einer Vertragslösung, relativ problemos in einen anderen Ausbildungsberuf beziehungsweise Betrieb überzuwechseln.

An der Spitze der Gründe für einen vorzeitigen Abbruch der Ausbildung standen „Differenzen mit dem Ausbilder“. 24 Prozent der befragten Jugendlichen, die die Lehre vorzeitig abgebrochen hatten, gaben dies als Grund für die Lösung des Ausbildungsvertrages an.

„Sicher werden sich Vertragslösungen, etwa aus gesundheitlichen oder betriebswirtschaftlichen Gründen, nie ganz vermeiden lassen. Die steigende Tendenz sowie die Antworten der Jugendlichen sind gleichwohl Anlaß, entsprechende Gegenmaßnahmen einzuleiten“, so das Institut der Deutschen Wirtschaft in seinen iwd-Informationen vom 9.10.1986.

Ein Hauptansatzpunkt wird in Gesprächen zwischen Ausbildern und Jugendlichen gesehen. Denn: „Laut Umfrage des Bildungsministeriums verlangen 59 Prozent der Jugendlichen von den Ausbildern mehr Verständnis und Gesprächsbereitschaft – offenkundig zu Recht. Denn die Mehrzahl der Vertragslösungen kam ohne ein vorangegangenes Gespräch zwischen Ausbilder und Lehrling zustande.“

Erstaunlich sind die Reaktionen, wenn über diese Probleme in unseren Führungsseminaren diskutiert wird. „Bei uns ist im letzten Jahr kein Auszubildender ausgeschieden“ oder „Wenn mal einer geht, sind wir eigentlich ganz froh“, damit ist das „Problem“ abgehandelt. Daß die Lösung des Ausbildungsverhältnisses nur das allerletzte Mittel ist, wird dabei nicht bedacht. „Solange einer oder eine bleibt, ist alles in Ordnung.“ Diese Gleichung wird immer wieder aufgemacht, eine Rechnung, die den tatsächlichen Verhältnissen nicht gerecht wird.

Hier wurden – endlich einmal – in einer breit angelegten Untersuchung Fluktuationsursachen offengelegt. In einem begrenzten Bereich der Führung wurden Defizite lokalisiert, die doch zu Überlegungen Anlaß geben müßten, ob, um es einmal ganz vorsichtig auszudrücken, derartige Führungsdefizite nicht auch auf anderen Gebieten vorhanden sein könnten.

Problemlösungsvorschläge einer Unternehmensberatung verwirklichen sich nicht von selbst! Pläne, Vorschläge aufgrund einer Analyse müssen in die Tat umgesetzt werden, und zwar von den Menschen, die doch durch die Analyse selbst nicht verändert wurden.

Selbst die beste Prüfung kann Führung nicht ersetzen. Zwar ist die Prüfung selbst ein Teil der Führung, denn sie soll mit dem Schlußakt des Problemlösungsvorschlages zielorientiert beeinflussen. Damit ist aber auch schon die Akzeptanzfrage gestellt: Werden die Vorschläge akzeptiert? Wird nur ein Teil der Vorschläge für „brauchbar“, „anwendbar“ angesehen, andere Teile wiederum nicht, so wird dabei oft übersehen, daß die Vorschläge der Unternehmensberatung ein Ganzes darstellen, deren einzelne Teile aufeinander abgestimmt sind.

Selbst wenn die oberste Leitungsebene die Vorschläge der Unternehmensberatung akzeptiert und diese in die Praxis umsetzen – lassen – will: Wie steht es um die Akzeptanz bei den nachgeordneten Führungskräften und Mitarbeitern? Auch hier ist – wieder einmal – Führung gefordert.

Das Führungsproblem ist allgegenwärtig und muß gleichwertig in alle Personaleinsatz-, Organisations-, Wirtschaftlichkeits- und Marktuntersuchungen einbezogen werden. Das Übergewicht der rein technischen Betrachtungsweise vieler Untersuchungen muß abgebaut und auch hier der Führungsfrage der Stellenwert eingeräumt werden, der ihm zukommt.

2.2 Führungsverhalten und Leistung

Warum wird Führungsfragen im Finanzdienstleistungsbereich nicht die Bedeutung beigemessen, die ihnen zukommt? Einer der Gründe liegt darin, daß die Mitarbeiterführung und die damit zusammenhängenden Probleme für Führungskräfte nicht quantifizierbar sind.

Was „bringt" Führung? Was kostet sie? Diese Fragen werden vor allem von Topmanagern immer wieder gestellt. Für sie sind die Zusammenhänge zwischen Führung, Leistungsbereitschaft und Leistung kostenmäßig nicht erfaßbar.

Besonders deutlich wird diese Einstellung dann, wenn es um fachübergreifendes Führungstraining geht. Die erste Frage, die gestellt wird: Rechnet sich das? Ab wann und in welcher Höhe ist mit einem return on investment zu rechnen? Diese Fragestellung haben wir in dieser Form in keinem anderen Bereich der Wirtschaft so pointiert angetroffen. Kann diese Frage nach der „Rendite" nicht sofort und vor allem nicht detailliert beantwortet werden, geht man zur Tagesordnung über. Man hat schließlich Wichtigeres zu tun, als sich mit „Theorien", „psychologischen Spielen" zu beschäftigen. Das Tagesgeschäft ist aufregend genug und Zeit ist Geld.

Ein weiterer Grund für die Vernachlässigung oder einseitige Ausrichtung der Personalarbeit ist in der personellen Besetzung des Personalmanagements zu sehen.

Vor allem in kleineren oder mittelgroßen Organisationen ist „Personal" und „Recht" sehr oft in einem Bereich zusammengefaßt, was vielfach dazu führt, daß „Personalfragen" einseitig unter rechtlichen Gesichtspunkten gesehen werden. Was an „Personalarbeit" bleibt, ist reine Personalverwaltung, in deren Rahmen vielleicht noch Aus- und Weiterbildung „nach aktuellem Bedarf" betrieben wird. Führungsfragen spielen kaum eine Rolle. Dabei bestehen, und das hat man in anderen Bereichen der Wirtschaft in weit höherem Maße erkannt, enge Zusammenhänge zwischen dem Führungsverhalten, das in einer Organisation praktiziert wird, und der Leistungsbereitschaft der Mitarbeiter und Führungskräfte und damit der Leistung der Gesamtorganisation. Um es auf einen einfachen Nenner zu bringen: Führung „bringt" oder „kostet" Geld. Auf dem Gebiet der Führung schlummern ungeheure Reserven, die nur mobilisiert zu werden brauchen. Anstatt immer wieder zu versuchen, durch Rationalisierungsmaßnahmen Kosten zu sparen, sollte man im Finanzdienstleistungsbereich endlich den Führungsfragen die Aufmerksamkeit schenken, die ihnen gebührt. Nicht umsonst heißt es: Ein Finanzdienstleistungsunternehmen ist so gut wie seine Mitarbeiter. Man sollte diesen Satz ergänzen: „Und so gut, wie sein Personalmanagement".

Damit kein Mißverständnis entsteht. Rationalisierung ist wichtig, über Veränderungen sollte man immer nachdenken und nach Wegen suchen, wie durch Rationalisierungsmaßnahmen Kosten eingespart und die Leistung verbessert werden kann. Um was es hier geht, ist die einseitige Konzentration auf Rationalisierung und Kosteneinsparung, die den Führungsaspekt vielfach völlig ausklammert. Leistungsoptimierung ist gefordert, und die ist ohne eine der gesellschaftlichen Entwicklung entsprechende Mitarbeiterführung nicht möglich.

Die Zusammenhänge zwischen Führung und Leistung sind in zahlreichen Untersuchungen aufgezeigt worden. Als Beispiele unter vielen sind hier zu nennen: Die Studie „Führungsstil und Absatzerfolg in Kreditinstituten", die auf einem Forschungsauftrag des Deutschen Sparkassen- und Giroverbandes beruht (Gebert, Steinkamp, Wendler, Führungsstil und Absatzerfolg in Kreditinstituten, Gabler Verlag, Wiesbaden, 1987). In diesem Forschungsbericht werden im wesentlichen folgende Fragen behandelt:

- Welche Führungsverhaltensweisen von Geschäftsstellenleitern sind absatzrelevant?
- Welche Mitarbeiterverhaltensweisen wirken auf das Kaufverhalten der Kunden?
- Welchen Einfluß haben die verschiedenen Führungs- und Mitarbeiterverhaltensweisen auf den ökonomischen Erfolg von Geschäftsstellen?

Mit diesem Bericht wird ein Instrument zur Analyse von Führungs- und Mitarbeiterverhaltensweisen als Grundlage für Personalentwicklungs- und Fördermaßnahmen bereitgestellt. „Die in diesem Buch dargelegten Ergebnisse unseres Forschungsberichtes belegen, daß der Führungsstil der Geschäftsstellenleiter wie auch das Mitarbeiterverhalten gegenüber Kunden wesentlichen Einfluß auf den ökonomischen Erfolg von Geschäftsstellen haben", so einer der Kernsätze des Geleitwortes des Geschäftsführers des Deutschen Sparkassen- und Giroverbandes. Und auch zur Verantwortung der obersten Leitungsebene ist etwas ausgesagt:

„Die Realisierung einer marktorientierten Mitarbeiterführung schließt dabei auch die Mitwirkung des Vorstandes ein. Auch er muß für sich prüfen, inwieweit er bereits das Führungsverhalten der Geschäftsstellenleiter unterstützt und fördert. Er muß sich bewußt sein, daß die Rahmenbedingungen, unter denen Geschäftsstellenleiter wirken, durch die Geschäftspolitik sowie das Führungsverhalten des Vorstandes selbst geprägt werden".

Wie sieht die Praxis aus? Selbst im Sparkassenbereich ist diese Studie nur insoweit bekannt, daß es eine „solche Untersuchung" gibt. Auf Einzelheiten angesprochen, war die Antwort von Führungskräften meistens Schweigen. Im übrigen Finanzdienstleistungsbereich hat man diese aufschlußreiche Analyse – sie bietet auch für Versicherungen, Vermögensberatungsgesellschaften usw. interessante Aufschlüsse – kaum zur Kenntnis genommen. „Eine Analyse bei Sparkassen? Die gilt doch nicht für uns", so die Antwort von Führungskräften, die nicht dem engeren Sparkassenbereich angehören.

Weitere aufschlußreiche Erkenntnisse bieten die Ergebnisse der Betriebsklimauntersuchungen bei Kreditgenossenschaften (W. Weinkauf, Leistungsgerechte Entlohnung von Bankmitarbeitern, Genossenschaftskurier 1/89 und W. Bachmann, Mittelpunkt und Engpaß: Die Motivation der Mitarbeiter, Genossenschaftskurier 4/88), sowie die Infas-Erhebung unter Beschäftigten in ausgewählten Betrieben des Bankgewerbes in Hessen (U. Feist und andere, Technischer und sozialer Wandel in der Arbeitswelt, Campus Verlag, Frankfurt, 1989). Beide Untersuchungen sind ebenfalls weithin unbekannt, ebenso wie unsere eigene Untersuchung „Führungsbilanz im Bankbereich", die im Genossenschaftskurier und in der Zeitschrift Sparkasse veröffentlicht wurde. Im Trend stimmen die Ergebnisse dieser Untersuchungen mit den Analysen des Allensbachinstituts (E. Noelle-Neumann, B. Strümpel, Macht Arbeit krank? Macht Arbeit glücklich? Piper Verlag, München, 1985) und der Untersuchung „Die Arbeitsmotivation von Arbeitern und Angestellten der deutschen Wirtschaft (Bertelsmann-Stiftung, Gütersloh, 1987) überein.

Kernpunkt des Führungsproblems, das kommt in allen Untersuchungen immer wieder zum Ausdruck, ist der Grad der Mitbeteiligung an Entscheidungsprozessen. Je weniger subjektives Freiheitsgefühl der Einzelne am Arbeitsplatz hat, umso „autoritärer" wird das Führungsverhalten der Vorgesetzten, je mehr Freiheitsempfinden, umso „kooperativer" der Führungsstil empfunden.

Freiheit für Entscheidungen am Arbeitsplatz zu haben, ist der wichtigste Faktor unter den Merkmalen des Arbeitsplatzes und kaum ein Arbeitsplatzmerkmal geht stärker mit der Distanzierung von der Arbeit einher, als fehlende Mitentscheidungsmöglichkeiten. Fazit: „Einem großen Teil der mitwirkungs- und entscheidungsfreudigen Mitarbeiter werden entsprechende Möglichkeiten vorenthalten, und deshalb gehen sie auf Distanz (E. Noelle-Neumann, B. Strümpel, Macht Arbeit krank? Macht Arbeit glücklich? Piper Verlag, München, 1985).

„Distanz" ist wohl das wenigste, was man in einem Bereich wie dem der Finanzdienstleistungen, in dem es doch entscheidend auf Nähe, Zusammenarbeit, insbesondere Kommunikation, ankommt, gebrauchen kann. Dieses „auf Distanz gehen" wird noch begünstigt, ja vielleicht bedingt das eine sogar das andere, durch „Äußerlichkeiten". Große, zum Teil immer noch wie Bankpaläste anmutende Verwaltungsgebäude, die vermeintliche Überlegenheit derer, die mit Geld umgehen, die glatte Fassade von Banken und Bankiers, der Hauch von Exklusivität, den eine oft unverständliche Fachsprache noch unterstreicht, die Internationalität – all das schafft Distanz statt Nähe.

Kein Geringerer als Alfred Herrhausen, der ermordete Vorstandssprecher der Deutschen Bank, hat dies ausgesprochen (Es riecht nach Komplott und Konspiration, DIE WELT vom 27.10.89) und beklagt: „Ich glaube, wir haben den richtigen Ton noch nicht gefunden. Vielleicht sind wir noch zu sehr Institut, ja Institution, und zu wenig Person. Vielleicht ist nicht genug Natürlichkeit, Unmittelbarkeit, Freude in unserem Auftreten." Nur in diesem Klima kann sich Kreativität entfalten, können Innovationen geschaffen werden. Man braucht nur einmal in der Eingangshalle einer der großen Bank- oder Versicherungskonzerne die Gesichter der Mitarbeiter, die zwischen den Fahrstühlen hin- und herhasten, zu beobachten. Fröhlichkeit? Da kreuzen sich die Wege von Arbeitskollegen! Kein Aufeinanderzugehen, kein Scherzwort, eher noch ein „Wegschauen“, damit man nicht in einen small talk verwickelt wird. Nebeneinander statt miteinander!

Dieser Eindruck wird bestätigt, zum Beispiel beim Mittagessen im Kasino. Eile, Hektik und auch hier spürbare Distanz. Im „innerbetrieblichen Verkehr“ das Spiegelbild. Anstatt miteinander zu kommunizieren, wird nur noch – vorwiegend schriftlich – mitgeteilt. Durch die Ergebnisse von Betriebsumfragen wird dieser Eindruck unterstrichen. Nicht einmal die Hälfte der befragten Mitarbeiter konnte den Aussagen zustimmen: „Meine Kollegen geben mir erforderliche Informationen rechtzeitig und umfassend“ und „Meine Kollegen sprechen mit der Arbeit verbundene Probleme offen an“. Wenn in einer Mitarbeiterumfrage in einem großen Konzern des Finanzdienstleistungsbereichs nicht einmal die Hälfte der Mitarbeiter der Ansicht war, daß „alle an einem Strang ziehen“, rundet dies das Bild in eindrucksvoller Weise ab. Wie kann in einer solchen Atmosphäre Freundlichkeit, Entgegenkommen, Aufgeschlossenheit entstehen, alles wichtige Tugenden im „Innenverhältnis“ der Mitarbeiter und Führungskräfte, aber auch im Außenverhältnis zu Kunden.

„Die Anti- oder mindestens Vorsichtsgefühle bei manchen Kunden, die es verhindern, daß aus ihnen echte Partner werden, haben sicher ihren Grund in einer ganz undifferenzierten Mischung von Eindrücken“, so Herrhausen. Kundenbeziehungen sollten auch und vor allem im Finanzdienstleistungsbereich von Freundlichkeit geprägt sein. Anstatt sich dieser Tugend zu befleißigen, trifft man gerade in diesem Bereich sehr oft auf Distanz, ja sogar Mißtrauen, die mit „kühler Sachlichkeit, die in Gelddingen angebracht ist“, erklärt werden. In Gelddingen hört die Freundschaft auf, heißt es dann.

Sachkenntnis ist wichtig, sie ist die Grundlage des „Geschäfts“. Sie muß aber freundlich, zuvorkommend, kundenorientiert vermittelt werden. Umfragen haben immer wieder gezeigt: Das „Wie“ rangiert in der Meinung der Kunden höher als das „Was“. Schwächen in der Sachkunde werden noch eher „verziehen“ wie Unfreundlichkeit, Unaufmerksamkeit oder spürbares Desinteresse am Kunden.

Freundlichkeit beginnt schon mit der Begrüßung. Im Rahmen einer Kundenbefragung hatten etwas mehr als die Hälfte der Kunden von Geschäften berichtet, in denen sie bei ihrem erstmaligen Besuch sehr nachlässig, kühl, unwillig oder gar nicht begrüßt worden waren. Die Folge: Nur 2,6

Prozent wurden dort Stammkunden, 53,3 Prozent haben das Geschäft nur noch selten, 44,1 Prozent überhaupt nicht mehr besucht. Mehr als ein Drittel dieser Gruppe waren schon beim ersten Mal enttäuscht und verärgert gegangen, ohne ihren Kaufwunsch vorzutragen und mehr als ein Viertel der Befragten erklärten, daß sie aufgrund ihres Erlebnisses Verwandte und Bekannte beeinflußt hätten, dieses Geschäft erst gar nicht zu betreten.

Diese Ergebnisse von Kundenbefragungen aus dem Verkauf zeigen eines ganz deutlich, wie wichtig das „Wie" beim zwischenmenschlichen Kontakt ist. Dieses „Wie" setzt eine positive Grundstimmung voraus, ganz gleich, ob es sich um innerbetriebliche Kontakte oder um solche mit Kunden und Geschäftspartnern handelt.

Wenn man in Führungsseminaren bei Rollenspielen immer wieder beobachten muß, wie sich „Gesprächs-Partner" vor Beginn eines Gesprächs begrüßen – in vielen Fällen geht man sogar ohne Begrüßung sofort „zur Sache", – kann man nur mit Schrecken daran denken, wie Kontakte nach außen „gepflegt" werden. Oft merkt man dies schon beim Telefonkontakt mit der Telefonzentrale. Und was dann im „normalen Kundenkontakt" passiert, kann man gelinde gesagt nur als „Abfertigung" bezeichnen.

Damit kein Mißverständnis entsteht: Freundlichkeit, Höflichkeit hängen sicher nicht allein vom subjektiven Freiheitsempfinden, vom Führungsstil des oder der Vorgesetzten ab. Hier gibt es noch andere wichtige Komponenten aus dem Führungsbereich. Aber hier bestehen Beziehungen, signifikante Beziehungen, und dies sollte man endlich einmal erkennen und dann entsprechend handeln.

Man sollte gerade im Bereich der Finanzdienstleistungen vor lauter „Marketing-Technik" nicht die menschlichen Voraussetzungen für die Umsetzung dieser Technik in die Praxis vergessen und die liegen nun einmal im Führungsbereich. Man sollte endlich aufhören, immer wieder über die wachsende Unfreundlichkeit oder Unhöflichkeit „des Personals" zu klagen, ohne nach den Ursachen im Führungsbereich auch nur zu suchen.

Freundlichkeit sollte nicht nur bei der Begrüßung herrschen, sondern auch während des Gesprächs und schließlich auch bei der Verabschiedung. Im „innerbetrieblichen Verkehr" erschrickt man fast schon, wenn sich ein Kollege oder gar ein Vorgesetzter für etwas bedankt. Mißtrauen kommt auf. Was wird mit dem „Danke“ bezweckt? Steckt da etwas dahinter? Soll man für etwas anderes „eingestimmt“ werden? Auch hier setzt sich das innerbetriebliche Verhalten konsequent nach „außen“ fort. Das „Danke“ wird immer seltener, und ein „Danke“ mit einem „Wir würden uns freuen, Sie bald wieder bei uns zu sehen“ wird fast schon zur Ausnahme. Überall werden die Ursachen für solch „kundenfeindliches Verhalten“ gesucht, nur darauf, daß jemand, der selbst keinen Dank bekommt, sich anderen gegenüber ähnlich verhält, kommt kaum jemand.

2.3 Führungsverhalten – Leistungsminderung – Leistungsausfall

Das Führungsverhalten in einer Organisation hat tiefgreifende Auswirkungen auf die Arbeitszufriedenheit der Mitarbeiter und Führungskräfte. Daß die Arbeitszufriedenheit wiederum die Leistungsbereitschaft und damit die Leistung beeinflußt, liegt auf der Hand.

Nach dem Ergebnis von Umfragen des Allensbach-Instituts (E. Noelle-Neumann, B. Strümpel, Macht Arbeit krank? Macht Arbeit glücklich? Piper Verlag, München, 1985) waren 67 Prozent der befragten Angestellten (70 Prozent der Arbeiter) mit viel Freiheitsempfinden am Arbeitsplatz mit ihrer jetzigen Arbeit voll und ganz zufrieden, dagegen nur 30 Prozent der Angestellten (28 Prozent der Arbeiter) mit wenig Freiheitsempfinden.

Dabei ist die Arbeitszufriedenheit im Finanzdienstleistungsbereich nach dem Ergebnis unserer eigenen Befragungen von Führungskräften im Vergleich mit der Arbeitszufriedenheit in anderen Bereichen der Wirtschaft, wie zum Beispiel des Handels, der Produktion oder anderer Dienstleistungsbereiche am niedrigsten: Nur rund die Hälfte der von uns Befragten beantwortete die Frage *„Sind Sie mit Ihrem gegenwärtigen Arbeitsplatz zufrieden?“* uneingeschränkt mit „ja“. Die Frage *„Wie zufrieden sind Sie mit dem Führungsverhalten Ihres Vorgesetzten?“* beantwortete nur knapp ein Drittel der von uns befragten Führungskräfte des Finanzdienstleistungsbereichs mit „zufrieden“, während die Zufriedenheitsquote in den anderen Bereichen der Wirtschaft um 10 bis 15 Prozent höher lag.

Ähnliche Parallelen waren in der Regionaluntersuchung des Bankgewerbes in Hessen (U. Feist und andere, Technischer und sozialer Wandel in der Arbeitswelt, Campus Verlag, Frankfurt, 1989) zu erkennen: „Hohe Arbeitsfreude“ motivierte 40 Prozent (Hessen 38 Prozent) der Arbeitnehmer insgesamt, bei den Bankmitarbeitern lag die Zufriedenheitsquote – je nach Anwendungsgrad der EDV am Arbeitsplatz – zwischen 16 und 27 Prozent. „Hohe Autonomie“ bei ihrer Arbeit empfanden 36 Prozent der Arbeitnehmer insgesamt (Hessen 44 Prozent), dagegen nur 21 bis 28 Prozent der Mitarbeiter im Bankgewerbe, wiederum je nach Anwendungsgrad der EDV am Arbeitsplatz.

Diese Befragungsergebnisse sprechen eine deutliche Sprache. Die Zusammenhänge zwischen dem subjektiven Freiheitsempfinden am Arbeitsplatz und der Arbeitszufriedenheit sind unverkennbar.

Im zusammenfassenden Bericht „Die Arbeitsmotivation von Arbeitern und Angestellten der deutschen Wirtschaft" (Bertelsmann-Stiftung, Gütersloh, 1987) heißt es: „Im gesamten Antwortverhalten derjenigen, die entweder hohe Mitbestimmungsmöglichkeiten am Arbeitsplatz haben oder an ihren Unternehmen irgendwie beteiligt sind (oder bei denen sogar beides zusammentrifft), ist abzulesen, daß diese Arbeitnehmer zufriedener an ihrem Arbeitsplatz sind als ihre Kollegen, daß sie eine zum Teil deutlich höhere Arbeitsmoral und Arbeitsmotivation haben, daß sie sich häufiger nochmals für ihren jetzigen Arbeitgeber entscheiden würden und auch nicht so häufig an einen Arbeitgeberwechsel denken wie andere Arbeitnehmer. In der Regel arbeiten sie länger und wollen ihre Wunscharbeitszeiten auch nicht so weit absenken wie andere" ... „Insgesamt gesehen muß man nach diesen Umfrageergebnissen feststellen, daß sich hohe Mitbestimmungsmöglichkeiten am Arbeitsplatz und Unternehmensbeteiligungsformen offensichtlich in vielen Fällen auszahlen" ... „Wo solche Möglichkeiten tatsächlich bestehen, ist jedenfalls – daran kann es eigentlich keinen Zweifel geben – die Arbeitsmoral und die Arbeitsmotivation sowie die Bereitschaft zu Leistungssteigerungen deutlich höher als in anderen Unternehmen."

Warum geschieht in einzelnen Organisationen auf dem Gebiet der Führungsanalyse trotzdem so wenig? Warum geht man im Wege der Schwachstellenanalyse im Führungsbereich in der eigenen Organisation dieses Problem nicht an? Hat man etwa Angst, daß eigene Führungsdefizite erkennbar werden?

Hier sollte man sich in der obersten Leitungsebene keinerlei Illusionen hingeben. Diese Führungsdefizite sind längst bekannt und werden – meist noch hinter der vorgehaltenen Hand – entsprechend „weitergegeben". Man muß endlich den Mut zu einer gezielten Schwachstellenanalyse im Führungsbereich haben. Diese Führungsanalyse ergänzt und vervollständigt die Organisations- und Marktanalyse. Sie ist im Rahmen einer jeden „Bestandsaufnahme" unverzichtbar. Wer am Arbeitsplatz einen Spielraum für Entscheidungen empfindet, wird seltener krank! Bei diesen Untersuchungsergebnissen müßte jede Führungskraft mit Verantwortungsgefühl sehr nachdenklich werden.

Die Zusammenhänge zwischen Krankheit und Führungsverhalten sind seit Jahrzehnten in nationalen und internationalen Untersuchungen immer wieder aufgezeigt worden, so zum Beispiel in jüngster Zeit im Bankenbereich. Bankfilialen mit einem hohen Zufriedenheitsgrad mit dem direkten Vorgesetzten wiesen einen deutlich niedrigeren Krankenstand auf als Bankfilialen mit einem niedrigeren Zufriedenheitsgrad (Bankentwicklung, 1986). Die Forderung: Führungskräfte sollen Menschen helfen, sich zu entwickeln, sich zu entfalten, und sie müssen ein soziales Klima schaffen, in dem leistungsfähige Mitarbeiter auch willens sind, diese Leistung zu erbringen. Frau Noelle-Neumann, selbst Unternehmerin, schreibt: „Und es ist bestimmt nicht unrealistisch, auf allen Berufsebenen subjektiv empfundene Entscheidungsfreiheit zu geben, denn unsere Umfragen zeigen, daß das möglich ist bei ungelernten und angelernten Arbeitern ebenso wie bei Facharbeitern und bei einfachen Angestellten" (E. Noelle-Neumann, B. Strümpel, Macht Arbeit krank? Macht Arbeit glücklich? Piper Verlag, München, 1985). Nicht nur bei Angestellten und Arbeitern ist dies möglich und geboten. Auch bei Führungskräften fehlt es weitgehend, wie unsere Untersuchungen immer wieder gezeigt haben, an der Möglichkeit, ihr eigenes Fähigkeitspotential in Entscheidungsprozesse einzubringen.

Warum nimmt man diese Untersuchungsergebnisse nicht zur Kenntnis und handelt entsprechend? Aber auch hier wird in vielen Bereichen kein „Handlungsbedarf", wie es neudeutsch so schön heißt, gesehen. Hier heißt es immer wieder: „Wenn einer krank ist, dann muß eben ein anderer die Arbeit mitmachen". Wobei nicht selten anstelle von krank „sein" der Ausdruck krankfeiern gebraucht wird. Mißtrauen? Autoritäre Führung?

„Treppen werden von oben gekehrt"! „Climate starts at the top!"

Hier ist eindeutig die oberste Führungsebene gefordert. Sie muß aktiv werden, die Initialzündung für ein Umdenken in Führungsfragen geben. Wobei „denken" nur den ersten Schritt bedeuten kann. Nach dem Nachdenken müssen die „hauseigenen" Schwachstellen analysiert und diese dann im gemeinsamen Verhaltenstraining angegangen werden. Führung ist Verhalten. Verhalten muß aber gemeinsam trainiert werden, und zwar von denjenigen, die miteinander arbeiten. Auch hier erfüllt die oberste Leitungsebene eine wichtige Vorbildfunktion. Sie darf sich nicht ausschließen. Dies ist eine der großen konzeptionellen Aufgaben der Zukunft. Wichtiger als alle anderen Aufgaben!

„Der Mensch steht im Mittelpunkt des Unternehmens!“ Wie oft hört und liest man diesen Satz. Aber wie sieht die Führungsrealität im „grauen Arbeitsalltag“ aus? Nichts gegen Programme, wenn sie in die Tat umgesetzt werden. Aber bis dahin scheint in vielen Bereichen noch ein sehr weiter Weg zu sein.

„Wir müssen lernen, den Menschen besser zu integrieren, damit das gesunde wirtschaftliche Funktionieren sich mit optimalem Wohlbefinden des Menschen verbindet. Diese Aufgabe scheint mir entscheidend und viel wichtiger als andere Aufgaben“, so der ehemalige Vorstand für Personal- und Organisation der Bayerischen Hypotheken- und Wechselbank in München, Ralf Heffner (Bankentwicklung, Banken im Wandel – Auswirkungen auf die Personalpolitik, Gabler Verlag Wiesbaden, 1986).

2.4 Kosten sparen oder Leistung optimieren

So lange es einem Unternehmen im Finanzdienstleistungsbereich gut geht, bewegt sich im Personalbereich kaum etwas. Das Personal wird „verwaltet“, „Abgänge“ werden, wenn auch unter wachsenden Schwierigkeiten, ersetzt. Weiterbildungsaktivitäten beschränken sich weitgehend auf die notwendige Anpassung der Mitarbeiter bei der Einführung neuer Technik.

Dieses Bild praktizierter Verwaltungsroutine ändert sich, wenn sich die „Zuwächse“ gegen die Null-Linie hin bewegen oder gar Verluste ins Haus stehen, die selbst durch den Verkauf von Immobilien, die dann wieder zurückgeleast werden, nicht mehr verschleiert werden können. Plötzlich, das stellen meistens externe Berater fest, muß gespart werden. Hauptangriffspunkt der Sparkommissare ist das Personal. Einsparungen im Personalbereich sind leicht zu berechnen, lassen sich relativ schnell verwirklichen und wirken sich kurzfristig in der Bilanz aus.

Die staunende Öffentlichkeit erfährt dann in der Presse, daß etwa ein Drittel der bisher beschäftigten Mitarbeiter wird gehen müssen. Die Frage, wer diese überflüssigen Mitarbeiter eingestellt hat, was diese Mitarbeiter „gemacht“ haben, wird nicht gestellt. Die Tatsache, daß dasselbe Personalmanagement, das diese Mitarbeiter eingestellt, und zwar nicht ohne Grund eingestellt hat, diese Mitarbeiter nun auch wieder „freisetzen“ muß, ist es nicht wert, daß man darüber berichtet. Hire and fire, natürlich unter Berücksichtigung der gesetzlichen Bestimmungen und Beachtung der Sozialverträglichkeit.

Man kann sich oft des Eindrucks nicht erwehren, daß nach dem Grundsatz „Sparen, koste es was es wolle“, verfahren wird. Denn es wird sehr oft „freigesetzt“, ohne vorher alle Möglichkeiten der Leistungsoptimierung geprüft zu haben. Weniger Mitarbeiter = weniger Personalkosten. Diese Gleichung wird gern aufgemacht und mag auf den ersten Blick auch stimmen.

Hält diese Gleichung aber auch einer kritischen Prüfung stand? Jeder freigesetzte Mitarbeiter, vor allem im qualifizierten Bereich, nimmt doch auch etwas mit, und zwar oft weit mehr, als das Einsparungsvolumen ausmacht. „Intern“ all das, was man unter dem Begriff der Betriebserfahrung zusammenfassen kann und „extern“ das wichtigste Kapital eines Unternehmens im Finanzdienstleistungsbereich, das Know-how um die Kunden. Sehr oft werden mit dem freigesetzten Mitarbeiter – manche Mitarbeiter kommen der Entlassung durch die eigene Kündigung zuvor – auch die Kunden, mit denen er zu tun hatte, „freigesetzt“. Da bei der wachsenden Personalknappheit freigesetzte Mitarbeiter bei Mitbewerbern im Finanzdienstleistungsbereich wieder unterkommen, bedeutet die Freisetzung für jeden Mitbewerber einen Wettbewerbsvorteil. Denn das Unternehmen, das Mitarbeiter entläßt, wird ja nicht „liquidiert“, sondern will ja weiterbestehen.

Vor jeder Personaleinsparung sollte intensiv die Frage der Leistungsoptimierung geprüft werden. Menschen sind der wichtigste Faktor in einem Dienstleistungsunternehmen. Dies sei allen Rationalisierungsfanatikern, Sparkommissaren und Sanierern gesagt.

Sehr nachdenklich muß auch die Erklärung machen, daß niemand entlassen würde und das „Zuviel“ an Personal im Rahmen der natürlichen Fluktuation ausgeglichen würde. Glaubt man diese Botschaft, dann kann das doch nur bedeuten, daß nichts „Junges“ mehr nachkommt. Kann sich das ein Unternehmen, das ja konkurrenzfähig bleiben will, leisten? Gerüchte, die dann auch noch in der Presse verbreitet werden, verschärfen die Situation. Wenn es dann heißt „In der Bank kreisen Gerüchte, 1000 Mitarbeiter quer durch alle Sparten säßen schon auf ihren Koffern“, verstärkt dies die Verunsicherung und heizt die Fluktuationsneigung kräftig an (S. Ulrich, Ende der Schonzeit, manager magazin 7/90). Die Fluktuationsrate steigt, fähige Mitarbeiter verlassen das Unternehmen.

Um nicht mißverstanden zu werden: Eine ständige Überprüfung mit der Frage „Was können wir kostengünstiger gestalten?“ ist nicht nur legitim, sondern wirkt im Zusammenhang mit der Frage „Was können wir besser machen?“ motivierend.

Von der Rationalisierungswelle wird auch der Führungsbereich, vor allem das mittlere Management, nicht verschont. Über den Wegfall ganzer Leitungsebenen wird ebenso diskutiert wie versucht wird, einen Rationalisierungseffekt durch Zusammenlegung von Einheiten zu erzielen. Von „Straffung“ wird ebenso gesprochen, wie von der „Verkürzung der Informationswege“, von besserer „Überschaubarkeit“ ebenso wie von einer

„Bündelung von Entscheidungskompetenzen". Auf den neuen Organigrammen wird dies alles – zur besseren Überschaubarkeit mehrfarbig – in einer bestechenden Klarheit dargestellt. Die Frage „Warum haben wir das nicht schon immer so gemacht?" steht im Raum.

Bei all diesen Prüfungen wird in sehr vielen Fällen die Führungsaufgabe derjenigen „übersehen", die „wegrationalisiert" werden sollen. Die mit dem Wegfall von Führungskräften „frei" werdenden Führungsaufgaben wachsen doch dem neuen Vorgesetzten zu, der jetzt eine größere Anzahl von Mitarbeitern zu führen hat. Die Folge: Für Führungsaufgaben steht immer weniger Zeit zur Verfügung. Dazu kommt noch, daß mit der Zusammenlegung von Bereichen auch ein Zuwachs von Sachaufgaben verbunden ist.

Erwartet wird aber auch, daß der Vorgesetzte für seine Mitarbeiter Zeit hat, sich um sie kümmert. Vom Vorgesetzten wird verlangt, daß er seine Mitarbeiter motiviert, mit ihnen Kritikgespräche führt, sie informiert, sie gerecht beurteilt. In „Leitlinien der Führung" sind ganze Kataloge von Führungsaufgaben aufgeführt. Aber: Haben sich diejenigen, die diese Leitlinien entwickelt haben, auch einmal überlegt, welcher Zeitaufwand zum Beispiel zu einer gerechten Beurteilung erforderlich ist? Und: Wie wirken sich Hektik, Überlastung auf die Gemütsverfassung der Vorgesetzten aus? Warum werden Führungsgrundsätze zunehmend als „illusorisch" bezeichnet, die mit der Realität nichts mehr gemein haben? Warum werden die in bester Absicht geschaffenen „Leitlinien" als unglaubwürdig abqualifiziert und damit auch die oberste Leitungsebene, die diese Grundsätze verabschiedet hat?

Sich im übrigen darauf zu verlassen, daß mit Führungsleitlinien die Führungsprobleme in einer Organisation „gelöst" werden, ist reine Illusion. Im Gegenteil: Werden derartige Führungsgrundsätze nicht durch flankierende Maßnahmen, vor allem durch ein systematisches, intensives Führungstraining mit Leben erfüllt, entwickeln sie sich zu Demotivationsfaktoren ersten Ranges. Die Frustration wird perfekt, wenn sich, was leider immer wieder zu beobachten ist, die oberste Leitungsebene nicht an die von ihr abgesegneten Führungsgrundsätze hält.

„Nachdem wir Standards gesetzt haben, werden wir jetzt auch danach gemessen. Schlechte Vorgesetzte werden noch mehr in Frage gestellt oder dann eben das utopische Leitbild. So entsteht von unten her massiver

Druck, die Personalführung ernst zu nehmen und wenn nötig zu verbessern." Diese Ausführungen des Generaldirektors für Personal und Ausbildung des Schweizerischen Bankvereins kennzeichnen treffend die Probleme, die mit der Einführung von Leitlinien entstehen (K. Steuber, Der Schweizerische Bankverein führt mit Leitbild, Management Nr. 10 1989).

Druck von unten! Wie wäre es mit „Druck von oben", mit Konsequenzen für Führungskräfte, die laufend gegen diese Leitlinien verstoßen? Bei fachlichen Fehlern ist man sich über die Folgen klar. Führungskräfte, die ihren Fachaufgaben nicht gewachsen sind, werden entsprechend zur Verantwortung gezogen und können auch sehr oft in ihrer Position nicht verbleiben. Wie sieht es aber bei Führungsfehlern aus? In Führungsgrundsätzen oder Leitlinien findet sich hierzu meistens nichts.

Konsequenzen sollten aber erst dann gezogen werden, wenn den Führungskräften zuvor das notwendige Führungswissen vermittelt und im Wege des Verhaltenstrainings Gelegenheit gegeben wurde, dieses Wissen auch als Können unter Beweis zu stellen, wobei Führungstraining „lebenslanges Lernen" bedeutet. Führung, und daran führt kein Weg vorbei, muß man intensiv und systematisch lernen. Halbtägige Workshops können ein intensives Führungstraining ebenso wenig ersetzen wie eine „Interpretationsschrift zum Leitbild" durch den Vorsitzenden der Geschäftsleitung.

Auf die Formulierung von Führungsgrundsätzen wird viel Zeit und Mühe verwendet. Manchmal dauert es Jahre, bis die Endfassung vom Vorstand gebilligt und in Kraft gesetzt wird. Und dann soll alles sehr schnell gehen, Mitarbeiter und Führungskräfte innerhalb kürzester Zeit mit den Leitlinien „vertraut" gemacht werden. Die Leitlinien sind ein Stück Papier wie jede andere Geschäftsanweisung, sie haben nicht einmal deren Bedeutung, weil keine Sanktionen bei Verstößen damit verbunden sind. „Es ist nicht zu leugnen, daß das Leitbild häufig auch negativ erwähnt wird: Das Leitbild ist toter Buchstabe. Das Leitbild ist utopisch!" (K. Steuber, Generaldirektor für Personal und Ausbildung des Schweizerischen Bankvereins). Bleibt die Feststellung: „Das Leitbild ist kein statisches Reglement, sondern eine permanente Herausforderung, die Wirklichkeit kritisch zu prüfen und Verbesserungen anzustreben. Selbst Enttäuschung und Frustration sollten eine bessere Chance bekommen, in positive Energie umgewandelt zu werden."

Eine oberste Führungsebene, die mit Führungsgrundsätzen ihr „Credo“ verkündet und nicht die Voraussetzungen dafür schafft, daß diese auch mit Leben erfüllt werden, wird unglaubwürdig. Von Vorgesetzten wird erwartet, daß sie sich ihren Mitarbeitern gegenüber freundlich, ausgeglichen, hilfsbereit verhalten, sich für sie einsetzen, sie fördern, sie informieren, um nur einige Beisiele zu nennen. Auf keinen Fall sollen sie aus der Rolle fallen, zum Beispiel keine lautstarke Kritik, vielleicht sogar noch in Gegenwart von Dritten, üben, oder gar in Abwesenheit desjenigen, der kritisiert werden soll. All das kommt in den Leitlinien der Führung nicht vor.

Wie sieht die Praxis aus? Mehr als 70 Prozent der von uns befragten Führungskräfte der Wirtschaft gaben an, in Gegenwart von Dritten kritisiert zu werden, fast 40 Prozent wußten von einer Kritik, die in ihrer Abwesenheit geäußert worden war. Bei den Führungskräften im Finanzdienstleistungsbereich war die Kritikbilanz noch negativer. Kritik in Gegenwart von Dritten: 81 Prozent, in Abwesenheit, 49 Prozent. Nur knapp ein Drittel der von uns befragten Führungskräfte der Wirtschaft fühlten sich von ihren Vorgesetzten „immer sachlich und angemessen“ kritisiert. Bei den Führungskräften im Finanzdienstleistungsbereich waren es nicht einmal ein Viertel!

2.5 Innere Kündigung

Führungsverhalten von Vorgesetzten, das nicht den Erwartungen der ihnen unterstellten Mitarbeiter entspricht, ein Führungsstil, der mit der gesellschaftlichen Entwicklung nicht Schritt gehalten hat, wird – früher oder später – von den „Untergebenen" beantwortet. Bei dieser „Antwort" ist die offene Auseinandersetzung mit den Vorgesetzten die Ausnahme. Kritik am Verhalten der Vorgesetzten wird diesen gegenüber selten geäußert, obwohl sie als wichtig angesehen wird. Mangelnde Bereitschaft, auf diese Kritik einzugehen, wird ebenso befürchtet wie Betroffenheit, Ärger, Wut oder gar Rachegefühle.

Nur 28,5 Prozent der von uns befragten Führungskräfte aus dem Bereich der Finanzdienstleistungen erwarteten „Einsicht" auf eine Kritik an dem Verhalten ihrer Vorgesetzten, der geringste Anteil übrigens im Vergleich zu allen anderen von uns befragten Gruppen von Führungskräften, wie zum Beispiel des Handels, der Produktion, des Gesundheitsbereichs oder der Gastronomie und Hotellerie.

Die Reaktion auf das der gesellschaftlichen Entwicklung nicht entsprechende Vorgesetztenverhalten äußert sich nicht in lautem Protest, sondern in einem langsamen aber stetigen Rückzug aus der Arbeitsaufgabe. Es wird „innerlich" gekündigt. Vielleicht wird diese „innere Kündigung" irgendwann in eine formale Kündigung umgewandelt, vielleicht aber auch nicht. Es gibt nicht wenige Mitarbeiter und Führungskräfte, die schon jahrelang im Zustand der inneren Kündigung leben.

Die Reaktion der Vorgesetzten auf die innere Kündigung von Mitarbeitern ist verschieden. Ein Teil der Vorgesetzten merkt natürlich, daß sich bei den betreffenden Mitarbeitern etwas geändert hat. „Private Probleme" werden ebenso als Ursache für das veränderte Verhalten vermutet, wie „natürlicher Verschleiß". Auch die allgemeine Veränderung in der Arbeitsmoral muß als Ursache herhalten, wie der Einfluß der Gewerkschaften. Eine Ursache scheidet für die Vorgesetzten von Mitarbeitern, die innerlich gekündigt haben, völlig aus: Das eigene Führungsverhalten den Mitarbeitern gegenüber.

Ein anderer Teil der Vorgesetzten sieht eine Veränderung im Verhalten des Mitarbeiters nicht oder will sie nicht sehen. Es sind die Vorgesetzten, die sich ohnehin nicht viel um ihre Mitarbeiter kümmern. Der Anteil dieser Vorgesetzten ist gar nicht so gering, wie weithin angenommen wird. Die Frage „Sagt Ihnen Ihr Vorgesetzter, wie er über Ihre Leistungen denkt?" beantworteten immerhin 60,6 Prozent der von uns befragten Führungskräfte und 73,8 Prozent der Mitarbeiter aus dem Finanzdienstleistungsbereich mit „selten" oder „nie".

Dabei gibt es genug Anzeichen für die innere Kündigung. In der innerbetrieblichen Zusammenarbeit läßt die Konfliktbereitschaft immer mehr nach. Das gilt für die Beteiligung an Diskussionen ebenso wie für die Bereitschaft, eigene Vorschläge zu unterbreiten und diese mit Nachdruck zu vertreten. Kritik wird kaum noch geäußert. Der Mitarbeiter gibt sich angepaßt. Für viele Vorgesetzte ein „Beweis" für das eigene effiziente Führungsverhalten. Die Bereitschaft, an Fortbildungsmaßnahmen teilzunehmen, erhöht sich bei manchen Mitarbeitern deutlich. Je mehr Zeit die Fortbildungsmaßnahme in Anspruch nimmt, um so länger dauert die Abwesenheit am Arbeitsplatz, um so weniger hat man Kontakt mit dem Vorgesetzten, dessen Führungsverhalten man nicht schätzt. Daß hier bereits „Kapital" für eine künftige Bewerbung bei einem Mitbewerber angesammelt wird, sehen diese Vorgesetzten nicht, die dann auch von einer Kündigung völlig überrascht werden. Die Fehlzeitenrate steigt langsam aber ständig an. Die Kurzzeiterkrankungen häufen sich. Auch hier reagiert ein Großteil der Vorgesetzten nicht. „Wer krank ist, der ist eben krank. Da kann man nichts machen!"

Dies sind nur wenige Beispiele des Rückzuges in der innerbetrieblichen Zusammenarbeit, der sich aber auch im „Außenverhältnis" zu Kunden und Geschäftspartnern zeigt. Auch hier wieder einige Beispiele aus der Praxis, wobei anzumerken ist, daß sie sich häufen: Versprochene Telefonrückrufe bleiben aus, Briefe werden nicht beantwortet, Mitarbeiter lassen sich verleugnen.

„Wer etwas von uns will, wird sich schon wieder melden. Je wichtiger die Angelegenheit, um so schneller! Warum dann ein Rückruf?" Beklagt sich ein Kunde, ist die Begründung sofort parat: Kostenbewußtes Handeln" Wer anruft, der zahlt.

Ähnliches gilt für Briefe. Nur das, auf was sofort reagiert werden muß, wird beantwortet. Im übrigen: Kommt Zeit, kommt Rat. Der Schreiber wird sich schon rühren. Und eine Trumpfkarte hat man immer in der

Hand: Der Brief ist nicht angekommen. Die Post hat einen breiten Buckel. Und letzten Endes weiß man ja auch nicht, wo der Brief „im Hause" gelandet ist.

Auch die „Verleugnungstechnik" macht immer mehr Schule. „Ist außer Haus" hört man am Telefon und weiß doch genau, oder erfährt es später durch einen „dummen Zufall", daß das nicht stimmt.

Diese Beispiele machen Schule. Unterstellte Mitarbeiter und Kollegen „lernen" schnell. „Wenn jemand anruft, ich bin nicht da!"

Was mag sich da beispielsweise eine Sekretärin, die diese Anweisung erhält, denken? Hier sind Verluste an Ansehen zu befürchten. Hat der Vorgesetzte etwa Angst vor dem Anruf oder was steckt sonst dahinter? Und dann die peinliche Situation für die Sekretärin, wenn der Anrufer dann im Büro auftaucht und empfangen wird.

Das alles bleibt nicht ohne Wirkungen auf die Persönlichkeitsstruktur des zu einer „Notlüge" Verleiteten. Hier kann es vielleicht Gewissenskonflikte geben oder aber das Gewissen wird mit der Zeit zum Schweigen gebracht. Die „Moralschwelle" sinkt immer mehr ab.

Der Kunde, der am Anfang an ein Versehen oder eine Nachlässigkeit glaubt, beginnt sich zu ärgern. Er zieht seine Schlüsse und beginnt an der Zuverlässigkeit der gesamten Organisation zu zweifeln. Kleine Ursachen haben manchmal große Wirkungen. Und wer hat schon auf seinem Gebiet eine derartige Monopolstellung, daß er es sich leisten kann, auf diese Weise Kunden zu verlieren.

Was für den unterlassenen Rückruf gilt, trifft gleichermaßen auf die „Nichtantwort" bei Briefen zu. Was hier an „good will", an Ruf ruiniert wird, wäre eine eigene Kostenstelle in der Bilanz wert. Bequemlichkeit, die Ansicht, „es nicht nötig zu haben", läßt viele mögliche Chancen ungenutzt, zum anderen schafft ein unbeantworteter Brief bei demjenigen, der auf Antwort wartet, einen „Merkposten", der sich bei passender Gelegenheit im Gedächtnis in Erinnerung bringt. Unbeantwortete Briefe sind ein Zeichen der Nichtachtung, der Nichtbeachtung. Und wer hat es schon gerne, wenn er nicht geachtet, nicht beachtet wird?

Sich verleugnen lassen, unterlassene Rückrufe, nicht beantwortete Briefe! Dies sind nur einige Beispiele aus dem betrieblichen Alltag. Das Ganze ist, und damit erlangt es eine Bedeutung, die weit über den Einzelfall hinausgeht, ein Spiegelbild des Führungsklimas in einer Organisation. Es ist das autoritäre Führungsverhalten in seiner reinsten Form, das hier „extern" mit Kunden und Geschäftspartnern praktiziert wird. Auch hier zeigt sich, daß Führungsverhalten nicht teilbar ist. So wie die Mitarbeiter behandelt werden, so geschieht dies auch mit den Kunden und Geschäftspartnern. Und genauso, wie der nichtbeachtete und nichtgeachtete Mitarbeiter seine Quittung durch seine innere Kündigung erteilt, so reagiert auch der Kunde oder derjenige, der einmal Kunde werden könnte.

Führung hat, und das wird leider von vielen überhaupt nicht erkannt, sehr viel mit Persönlichkeit, Persönlichkeitsbildung zu tun. Die soziale Kompetenz ist eine Grundvoraussetzung für erfolgreiches Führen, weniger „Führungstechniken", die „je nach Bedarf" eingesetzt und als Mittel der Manipulation früher oder später erkannt werden. Mit „Streicheleinheiten" wird, wenn überhaupt, das Motivationsproblem gelöst. Ein „Anpfiff" wird durch ein gelegentliches Mittagessen oder einem gemeinsamen Schluck mit dem oder der „Zusammengestauchten" ausgeglichen und dann stolz verkündet: Man muß eben seine „Leute" zu nehmen wissen. Und – vielleicht – wird dann auch einmal ein Führungsseminar veranstaltet. Der Erfolg: „Wenn wir jetzt zum gemeinsamen Anpfiff erscheinen müssen, wird wenigstens die Türe zugemacht". Und dies nicht nur „ganz unten", sondern auch oben.

Unterlassene Rückrufe, nicht beantwortete Briefe oder sich verleugnen lassen. Man will einfach seine Ruhe haben und tut gerade das, was unbedingt notwendig erscheint. Pünktlich kommen und pünktlich gehen und „dazwischen" mit geringstmöglichem Arbeitsaufwand über die Runden kommen. Auch bei einem derartigen „Arbeitsverhalten" sollte man bei der Ursachenermittlung, wenn eine solche überhaupt stattfindet, das Führungsverhalten nicht ausklammern. Menschliches Verhalten hat auch meist eine Ursache. Und wenn es die Reaktion auf das Verhalten eines anderen Menschen ist. Und da man sich gegen einen Vorgesetzten kaum wehren kann, bekommt es der Kunde zu spüren.

2.6 Mitarbeiterführung – Nährboden für Aggressionen?

„Im Zusammenwirken mit den sachlichen Produktionsmitteln ist der Mensch der wesentliche Leistungsträger, dessen Effizienz den Betriebserfolg entscheidend mitbestimmt“ (Unternehmerische Personalpolitik, Bundesvereinigung der deutschen Arbeitgeberverbände, J.P. Bachem Verlag, Köln, 1983). Ob er am Bankschalter Kunden bedient, im Rahmen von Kreditverhandlungen Innovationen fördert, im Versicherungsbereich mithilft, die Zukunft zu sichern oder Risiken zu mindern, ob er Vermögen verwaltet, im Börsengeschäft auf internationalen Märkten präsent ist oder bei der Sanierung von „notleidenden“ Unternehmen mitwirkt: Selbst beim Einsatz modernster Technik ist gerade im Finanzdienstleistungsbereich der Mensch der wesentliche Leistungsträger und wird es auch bleiben. Damit wird das Führungsverhalten der Vorgesetzten zum bestimmenden Faktor für die Leistungsbereitschaft und damit für die Leistung der Mitarbeiter. Es hat tiefgreifenden Einfluß auf die Persönlichkeit der unterstellten Mitarbeiter und Führungskräfte, prägt deren Einstellung zum Arbeitgeber, ja zum gesamten gesellschaftlichen Umfeld.

So spielt das Führungsverhalten der Vorgesetzten auf einem Gebiet eine Rolle, auf dem sich ein Wandel vollzogen hat, der vielen Führungskräften in diesem Umfang überhaupt noch nicht bewußt geworden ist: Die „private Nutzung von betrieblichem Arbeitsmaterial“. Dabei geht es auch um die Einstellung zum Arbeitgeber, die Identifikation mit der Organisation, für die man tätig ist.

Im Rahmen einer Allensbach-Langzeituntersuchung (E. Noelle-Neumann, R. Köcher, Die verletzte Nation, Deutsche Verlags-Anstalt, Stuttgart, 1987) war die Frage gestellt worden:

„Vielfach ist es ja üblich, daß sich jemand, der auf dem Büro angestellt ist, von dort Schreibpapier, Bleistifte, oder anderes Büromaterial für seinen Gebrauch mit nach Hause nimmt. Finden Sie, so was kann er ruhig tun, oder nur in Ausnahmefällen mal, oder auf keinen Fall?“ Mit „auf keinen Fall“ antworteten 1959 noch 75 Prozent, 1985 nur noch 38 Prozent. Bei den 16- bis 29jährigen waren es 1959 61 Prozent, 1985 nur noch ganze 24 Prozent.

Einstellung zur Arbeit, zum Arbeitsleben, Identifikation mit dem Arbeitgeber, Achtung vor dem betrieblichen Eigentum. Gibt es da nicht Zusammenhänge? Spielt da das Vorgesetztenverhalten überhaupt keine Rolle?

Und noch über ein weiteres Problem sollte man nachdenken: Welche Beziehungen bestehen zwischen dem Führungsverhalten von Vorgesetzten, dem dadurch geprägten Führungsklima und der Entwicklung „krimineller Energie“, von der in jüngster Vergangenheit im Finanzdienstleistungsbereich immer wieder die Rede war. Ob es sich dabei um Bestechlichkeit oder Untreue, Unterschlagung oder Betrug handelt: Überall werden die Ursachen gesucht, vor allem im Kontroll- und Revisionsbereich, das Führungsverhalten der Vorgesetzten wird aber ausgeklammert. Sind es wirklich nur die Kontrollsysteme, die hier versagt haben?

Liegt es an fehlenden oder lückenhaften Kontrollanweisungen? Selbst die beste Geschäftsanweisung ist doch nur so gut, wie sie von den Mitarbeitern und Führungskräften praktiziert wird.

Hier sollte man einmal das Führungsverhalten, das Führungsklima untersuchen, die Effizienz der Zusammenarbeit prüfen, insbesondere die Frage stellen, ob auch eine „Kontrolle von unten“ in der betreffenden Organisation möglich war. Herrschte ein Klima des Vertrauens, das es Mitarbeitern gestattete, auch einmal bei Anweisungen von Vorgesetzten „nein“ zu sagen, und zwar angstfrei, wenn Geschäfte eingeleitet oder abgewickelt wurden, die „kriminelle Energie“ vermuten ließen?

Und nicht nur „nein“ zu sagen, sondern auch aktiv tätig zu werden, auf die entsprechenden Kontrollinstanzen aufmerksam zu machen oder höhere Vorgesetzte anzusprechen. Das alles setzt aber Identifikation sowohl mit der Arbeitsaufgabe als auch mit dem Arbeitgeber voraus, eine Identifikation, die, bedingt durch ein der gesellschaftlichen Entwicklung nicht entsprechendes Führungsverhalten, immer mehr schwindet oder völlig abgebaut wird. Mangelnde Identifikation führt zu Gleichgültigkeit gegenüber dem Arbeitsplatz und dem Arbeitgeber. Da hilft das ausgefeilteste Gutachten einer Prüfungsgesellschaft, das sich mit der „technischen Seite“ der Kontrolle beschäftigt, nichts, da das Führungsklima nicht untersucht wird.

Das Führungsverhalten der Vorgesetzten hat aber noch andere Auswirkungen, die weit über den engeren Arbeitsbereich hinausgehen. Interessante Aufschlüsse bietet hier die sozialpsychologische Untersuchung über die Motivation in der Metallindustrie vom November/Dezember 1982, in deren Rahmen ein repräsentativer Querschnitt von 1500 Arbeitnehmern der Metallindustrie befragt worden war (G. Schmidtchen, Neue Technik, Neue Arbeitsmoral, Deutscher Instituts-Verlag, Köln, 1984). Diese Untersuchung hat auch für andere Bereiche der Wirtschaft und damit auch für den Finanzdienstleistungsbereich Bedeutung.

Für progressiv-nonkonforme Veränderungsstrategien, Unterstützung einer revolutionären Bewegung – unter Umständen auch der vorübergehenden Gewaltanwendung, wenn die Situation es erfordert – entschieden sich in der Metallindustrie insgesamt 8 Prozent, von der Vergleichsgruppe bis 35 Jahre 12 Prozent. Von den Mitarbeitern, die erklärten, sie gingen sehr gerne in die Firma, entschieden sich nur 4 Prozent für progressiv-nonkonforme Veränderungsstrategien, bei den Mitarbeitern, die weniger gern oder gar nicht gern in die Firma gehen, waren es fast achtmal so viel, nämlich 31 Prozent.

Die Schlußfolgerung des Untersuchungsberichts: „Je ausgeprägter die Arbeitszufriedenheit, desto systemkonformer sind die Mitarbeiter orientiert." Dies gilt im Grundsatz für alle Bereiche der Wirtschaft, auch für den Finanzdienstleistungsbereich.

Eine florierende Wirtschaft setzt stabile politische Verhältnisse voraus. Es käme geradezu einem „Selbstmord auf Raten" gleich, durch ein der gesellschaftlichen Entwicklung nicht entsprechendes Führungsverhalten Arbeitsunzufriedenheit zu fördern und damit den Boden für eine Radikalisierung zu bereiten. Autoritäre Führung ist der beste Nährboden für Frustration und Aggression und schafft Unzufriedenheit „mit denen da oben", wobei dann nicht mehr differenziert wird, wer genau mit „oben" gemeint ist. Autoritär führende Vorgesetzte sägen am eigenen Ast, auf dem sie sitzen! Diese „politische Dimension" des Führungsverhaltens wird von vielen überhaupt nicht gesehen. Andere wiederum gehen darüber einfach mit dem Gefühl hinweg, doch am längeren Hebel zu sitzen. Arroganz der Macht? Eng verwandt mit progressiv-nonkonformen Verhaltensweisen, gegebenenfalls mit Gewaltanwendung, sind Vandalismus, Ausschreitungen bei Massenveranstaltungen, aber auch erhöhte Aggressivität zum Beispiel im Straßenverkehr. Sie haben nicht selten ihre Ursache in einem nicht erfüllten Arbeitsleben, in der „Behandlung" am Arbeitsplatz. Wobei ganz klar gesagt werden soll: Das Arbeitsleben ist sicher nicht die einzige Ursache. Aber hier bestehen Beziehungen, die man zur Kenntnis und zum Anlaß nehmen sollte, Führungsproblemen endlich die Proritát einzuräumen, die ihnen zukommt.

3. Personalauswahl

3.1 Humankapital leidet an Auszehrung

Nichts ist beständiger als der Wechsel! Unser Leben ist von einem ständigen Wandel gekennzeichnet, der auch die Arbeitswelt beeinflußt. Hier zeichnet sich deutlich der Wandel auf einem Gebiet ab, den viele vor kurzer Zeit noch nicht für möglich gehalten hätten: Es wird immer schwieriger, geeignete Auszubildende, Mitarbeiter und Führungskräfte zu bekommen. Und selbst Bereiche – einmal regional vom Standort, zum anderen strukturell von den Berufsgruppen her betrachtet –, die gestern noch einen starken Überhang an Bewerbern registrierten, stellen heute einen deutlichen Rückgang an Bewerbern und Bewerberinnen fest. Noch deckt hier das Angebot an freien Stellen die Nachfrage. Noch kann man „auswählen". Aber wie lange noch? Darüber sollte man auch in den „Überschußbereichen" nachdenken und heute schon entsprechende Vorbereitungen treffen, um nicht eines Tages von einem „Null-Angebot" überrascht zu werden. Nach wie vor hohe Arbeitslosenzahlen garantieren noch lange nicht unbegrenzte Auswahlmöglichkeiten.

Besonders spürbar ist die Entwicklung heute schon in den Fertigungsbereichen. Im zweitgrößten Wirtschaftsbereich der Bundesrepublik, dem Handwerk, wird 1989 die Zahl der offenen Stellen auf 300000 veranschlagt, zuzüglich 60000 Ausbildungsplätze, die nicht besetzt werden können. Der Hotel – und Gaststättenverband meldet 200000 offene Stellen plus 80000 offene Lehrstellen.

Wenn auch im Bereich der Finanzwirtschaft derartig alarmierende Zahlen noch keine Schlagzeilen machen, ist doch bei vielen Instituten schon ein deutlicher Rückgang von Bewerbungen festzustellen. Der Markt an qualifizierten Mitarbeitern und Führungskräfen ist ohnehin seit Jahren angespannt, in Ballungsgebieten so gut wie leer.

Die Situation auf dem „Ausbildungsmarkt" wird sich in den nächsten Jahren weiter verschärfen. Nach den Berechnungen des Unterausschusses „Schuldaten" der Kultusministerkonferenz wird die Zahl der Schulabgänger insgesamt bis 1990 auf 665000 sinken, gegenüber 1985 mit 957000 Schulabgängern ein Rückgang um mehr als 30 Prozent. 1995 werden es nur noch 598000 junge Menschen sein, die die Schule verlassen, was gegenüber 1985 ein Minus von 38 Prozent bedeutet.

Dieser starke Rückgang an Bewerbern wird auch den Bereich der Finanzwirtschaft empfindlich treffen. „Aus strategischer Sicht liegt es zudem nahe, bereits jetzt über die Einstellungspolitik bei den Auszubildenden eine gewisse Vorsorge zu treffen, und zwar durch eine bis an die Grenze des betrieblich Zumutbaren gehende Einstellung von Auszubildenden und durch eine – jetzt noch mögliche – besonders kritische Auswahl der Lehr-stellenbeweber.“ (R. C. Diners, „Spezialisten – Das Nachwuchsproblem wird größer“, Sparkasse 5/88) „Dazu ist es nicht zu früh, wenn man bedenkt, daß von Beginn der Berufsausbildung, gegebenenfalls der Absolvierung des Wehr- oder Ersatzdienstes, der Teilnahme am Fachlehrgang, dem Besuch von Fachseminaren und gegebenenfalls nach dem Besuch des Lehrinstituts etwa acht bis neun Jahre vergehen, bis eine junge Nachwuchskraft jenes Maß an Wissen, Überblick und Erfahrung gewonnen hat, um in Spezialbereichen mit hohem Qualitätsanspruch selbstständig als ‚Spezialist‘ wirken zu können.“

Gerade in der Gruppe der Spezialisten wird der Bedarf im Bankbereich erheblich steigen. Im Rahmen einer prognostizierten leichten Zunahme des Gesamt-Personalbedarfs von etwa 1 Prozent wird sich der Trend zu höher qualifizierter Tätigkeit fortsetzen. Dabei wird nach dem Ergebnis einer Umfrage, die das Ifo-Institut für Wirtschaftsforschung in München im Auftrag der Bundesanstalt für Arbeit durchführte, der Anteil der in den kundennahen Geschäftsbereichen tätigen Arbeitnehmer von 57 Prozent auf knapp 60 Prozent zunehmen. Überdurchschnittlich stark aufgestockt werden in Zukunft die Personalkapazitäten für Beratung und Aquisition. Dagegen wird die Anzahl der Beschäftigten in den unteren Tarifgruppen weiter zurückgehen. Während früher über die Hälfte der jungen Bankkaufleute in Bereichen wie der Belegaufbereitung und der Buchhaltung eingesetzt wurde, starten heute fast 80 Prozent in kundennahen Bereichen.

International betrachtet – und diese Überlegungen müssen im Hinblick auf den gemeinsamen Europäischen Markt mit einbezogen werden – ist die Jugendarbeitslosigkeit in der Bundesrepublik sehr niedrig. Sie war 1988 um ein Drittel niedriger als noch fünf Jahre zuvor und sank von 11 auf 7 Prozent. Damit liegt die Bundesrepublik nur noch um 1 Prozent über der Quote der Jugendarbeitslosigkeit in Japan mit 6 Prozent und weit unter der der USA mit 11 Prozent, Kanadas mit 13 Prozent, Großbritanniens mit 16 Prozent, Frankreichs mit 24 Prozent und Italiens mit 39 Prozent.

Der sich abzeichnende Mangel an Nachwuchskräften mit der Folge des Mangels an qualifizierten Mitarbeiterinnen und Mitarbeitern wird noch dadurch verschärft, daß mit dem Beginn des gemeinsamen Europäischen Marktes ein Zuwachs von rund einer Million zusätzlicher Arbeitsplätze allein in der Bundesrepublik erwartet wird.

Die demographische Entwicklung wird für die Bundesrepublik problematisch werden. Innerhalb der Europäischen Gemeinschaft hat Irland die mit Abstand jüngste Bevölkerung. Nahezu ein Drittel der Menschen auf der grünen Insel hat nicht einmal das 15. Lebensjahr erreicht(iwd vom 29.10.1987). In der Bundesrepublik Deutschland ist nur noch jeder siebente Bürger im Kindesalter (15 Prozent), während der EG-Durchschnitt 20 Prozent beträgt. Gemeinsam mit Dänemark hält die Bundesrepublik Deutschland einen weiteren bevölkerungspolitischen Negativ-Rekord: In beiden Ländern sterben inzwischen mehr Menschen als geboren werden, während in der EG ein durchschnittliches Bevölkerungswachstum von 1,8 Prozent erwartet wird, gegenüber 15 Prozent in der UdSSR, 13 Prozent in den USA, 6 Prozent in Japan und 29 Prozent in der gesamten Welt.

Unternehmen haben trotz hoher Arbeitslosigkeit Probleme, freie Stellen zu besetzen. Eine Umfrage des Instituts der Deutschen Wirtschaft bei 750 Unternehmen in fünf Arbeitsamtsbezirken bestätigte schon 1986 den Eindruck, daß die Personalsuche nicht überall ohne Schwierigkeiten verläuft (iwd vom 14.1.1988), denn fast 60 Prozent der befragten Unternehmen hatten Probleme bei der Personalbeschaffung.

Bei all dem ist noch zu berücksichtigen, daß die Bundesrepublik nach wie vor bei den Lohn- und Lohnnebenkosten vor der Schweiz international den Spitzenplatz einnimmt. Die Arbeitskosten sind in der verarbeitenden Industrie der wichtigste Indikator der internationalen Wettbewerbsfähigkeit. Beim Direktentgelt lag die Bundesrepublik 1988 mit 18,49 DM pro Arbeitsstunde, umgerechnet auf der Basis amtlicher Devisenkurse, international gesehen im Mittelfeld. Bei den Personalzusatzkosten hingegen war sie, vor allem durch die Aufwendungen für arbeitsfreie Zeiten

(Urlaub, Feiertage, Krankheitstage), mit 15,73 DM je Arbeitsstunde einsamer Spitzenreiter in der Welt. Eine Verminderung dieser Kosten ist nach wie vor nicht in Sicht. Im Gegenteil, weitere Forderungen stehen ins Haus.

„Bezogen auf das Entgelt für geleistete Arbeit machen die Zusatzkosten im Dienstleistungsbereich 81,9 Prozent aus. Diese Quote ist nicht wesentlich kleiner als die des produzierenden Gewerbes. Allerdings verbergen sich hinter dieser Durchschnittszahl sehr unterschiedliche Branchenwerte. Die Zusatzkostenquote des Dienstleistungssektors streut von 100,3 Prozent im Bankgewerbe bis zu 69,1 Prozent im Großhandel.“ (E. Hemmer, Personalzusatzkosten im produzierenden Gewerbe und im Dienstleistungsbereich, AWU-Informationen 5/89).

Alles in allem: Einer der wichtigsten „Produktionsfaktoren“, das Humankapital, leidet immer mehr an Auszehrung. Etwas, was heute noch von den meist fachlich orientierten Führungskräften der Wirtschaft vielfach nicht gesehen wird. Sie verweisen nach wie vor auf die hohe Arbeitslosigkeit, bei der es doch „einfach sein müsse, Personal zu beschaffen“.

Anstatt mit den immer knapper werdenden Ressourcen sorgsam umzugehen, wird in manchen Bereichen geradezu Raubbau getrieben.

Bereits 1986 machte das Institut der Deutschen Wirtschaft mit der Schlagzeile „100000 geben vorzeitig auf“ (iwd vom 9.10.1986) auf dieses Problem aufmerksam. Im Jahre 1985 waren 103890 Jugendliche vorzeitig aus ihrem Ausbildungsverhältnis ausgeschieden, 5,2 Prozent mehr als im Jahre 1984. Im Jahre 1986 erhöhte sich dieser Anteil auf 6 Prozent. 110220 Jugendliche brachen ihre Ausbildung vorzeitig ab (iwd vom 5.6.1988 Ausbildungsabbruch – Zweite Chance verdient).

Und im Berufsbildungsbericht der Bundesregierung 1988 heißt es: „Der schon seit 1983 zu beobachtende Anstieg von Vertragslösungen hat sich auch 1988 fortgesetzt.“ 115000 Ausbildungsverträge wurden vorzeitig gelöst, im Durchschnitt etwa jeder sechste Vertrag.

Nach den Erhebungen des Instituts der Deutschen Wirtschaft ist vor allem das erste Ausbildungsjahr kritisch. In Industrie und Handel beispielsweise entfiel die Hälfte der Vertragslösungen auf das erste Lehrjahr, wobei die Entscheidung, ob die Ausbildung fortgesetzt wird, meist schon in der Probezeit fällt, also in den ersten drei Monaten. In jedem vierten Fall trennten sich bereits hier die Wege.

Über die Hälfte aller Vertragsauflösungen in Industrie und Handel ging 1986 von den Auszubildenden aus. Nur jedem zehnten Auszubildenden wurde vom Lehrherrn gekündigt. Die übrigen Verträge wurden im gegenseitigen Einvernehmen gelöst.

An der Spitze der Gründe, die zum vorzeitigen Abbruch der Lehre führten, rangierten nach einer Untersuchung des Bundesministeriums für Bildung und Wissenschaft aus dem Jahre 1985 mit 24 Prozent „Differenzen mit dem Ausbilder“, gefolgt von „anderen Vorstellungen vom Arbeitsgebiet“ mit 23 Prozent.

Damit steht – wieder einmal – das Führungsproblem im Vordergrund mit den zwei wichtigen Aspekten „Führungsstil“ und „Personalauswahl“.

Einen derartigen Aderlaß kann sich die deutsche Wirtschaft heute und schon gar nicht in der Zukunft im Hinblick auf den erhöhten Wettbewerbsdruck durch den unmittelbar bevorstehenden Europäischen Binnenmarkt nicht leisten. Denn ein Abbruch der Berufsausbildung, so das Institut der Deutschen Wirtschaft, hat sowohl für den ausbildenden Betrieb als auch für den Auszubildenden zumeist schwerwiegende Folgen.

Für den Betrieb ist die Suche nach einem neuen Auszubildenden immer mit einem erheblichen Aufwand verbunden, wenn es in Zukunft überhaupt noch möglich ist, „Ersatz“ zu bekommen. Schätzungsweise 40000 Ausbildungsplätze werden jährlich durch den Abbruch der Ausbildung blockiert.

Auch für viele Abbrecher sieht die Zukunft nicht gerade rosig aus. Allenfalls der Hälfte aller Jugendlichen gelingt es nach einer Vertragslösung, relativ problemlos in einen anderen Ausbildungsberuf oder Betrieb überzuwechseln. Hier muß Entscheidendes geschehen. Fragen des Führungsverhaltens und der Personalauswahl – beide sind eng miteinander verknüpft – muß erste Priorität eingeräumt werden.

Die „Praxis“ sieht in vielen Bereichen leider ganz anders aus. Bewerbungen werden nicht oder erst nach Wochen beantwortet. Unterlagen werden nicht zurückgeschickt, oft bleibt bei der Antwort auf Chiffre-Anzeigen der Beantworter anonym. Die „Prozedur“ bei der Bewerberauslese ist manchmal geradezu menschenunwürdig. Bewerber müssen nicht selten stundenlang warten, bis sie „drankommen“. Massentests lassen die Frage aufkommen, was eigentlich „geprüft“ werden soll: Verhalten unter Streß-Bedingungen oder fachliche Eignung für den Beruf?

Daß es um das Verfahren bei der Bewerberauswahl offenbar nicht zum Besten steht, zeigt der hohe Anteil von 23 Prozent bei dem Grund, die Ausbildung abzubrechen, „andere Vorstellungen vom Arbeitsgebiet“. Auch die weiteren Gründe für den vorzeitigen Abbruch der Ausbildung „gesundheitliche Gründe“ (18 Prozent), „zu hohe Anforderungen“ (18 Prozent), „keine Lust mehr zu dieser Lehre“ (15 Prozent) und „ausbildungsfremde Aufgaben“ (12 Prozent) spielen hier eine Rolle.

Hier muß doch die Frage gestellt werden: Wie ist bei der Einstellung verfahren worden? Ist denn mit den Bewerbern ausführlich über den künftigen Beruf gesprochen worden? Und nicht nur über den Beruf allgemein, sondern vor allem darüber, was die Bewerber am künftigen konkreten Arbeitsplatz erwartet. Hier die „Schuld“ allein der Berufsberatung bei den Arbeitsämtern zuzuweisen, wäre wohl zu einfach. Die entscheidende Information muß in jedem Einzelfall vom konkreten zukünftigen Arbeitgeber kommen, bei dem man sich bewirbt.

Mangelnde Mühe und fehlende Information spielen im übrigen nicht nur bei der Auswahl von Auszubildenden eine Rolle. Ähnliche Erscheinungen sind bei der Fluktuation von neu eingestellten Mitarbeitern und Führungskräften anzutreffen. Auch hier ist die erste Zeit in einer neuen Arbeitsposition die kritischste.

3.2 Wachsende Laufzeit bei offenen Stellen

„Der Ausbildungsstellenmarkt wird vom Käufermarkt zum Verkäufermarkt." So der Präsident der Bundesanstalt für Arbeit, Heinrich Franke (Blick durch die Wirtschaft vom 5.4.89, R. Zedler, Die Situation entspannt sich).

Nach einer Umfrage des Rationalisierungskuratoriums der deutschen Wirtschaft in 828 Betrieben setzten 40,9 Prozent der befragten Betriebe den „Fachkräfte – und Nachwuchsmangel" an die Spitze der Problembereiche noch vor der „Ertragslage", den „Sozialabgaben, Lohnkosten" und der „steuerlichen Belastung".

Der sich immer stärker bemerkbar machende Rückgang an Bewerbern hat verstärkte Bemühungen auf dem Gebiet der Nachwuchswerbung in der gesamten Wirtschaft, speziell auch im Bereich der Finanz- und Kreditwirtschaft, zur Folge. Insbesondere Großbanken werben mit attraktiv aufgemachten Broschüren um den potentiellen Nachwuchs. In besonderen Veranstaltungen werden Schulabgänger über die Ausbildungsmöglichkeiten und die anschließende Tätigkeit im Hause informiert.

Kleinere Institute tun sich hier schwerer. Einmal fehlt hier – offensichtlich „verwöhnt" durch die noch immer eingehenden Bewerbungen – noch die Einsicht, aktiver werden zu müssen. Zum anderen wird dem Personalbereich im Rahmen der Gesamtorganisation oft nicht der Stellenwert eingeräumt, der ihm gebührt. Personalabteilungen werden nach wie vor als Personal-Aktenverwaltung betrachtet, das für „Personalwerbung" vorgesehene Budget ist gering und beschränkt sich oft nur auf Einzelausgaben für Zeitungsanzeigen, mit denen Bewerber für die Besetzung von frei werdenden Stellen im Mitarbeiter – und Führungsbereich gesucht werden. Für „allgemeine Nachwuchswerbung" ist da nichts vorgesehen.

Auch wird hier gerne auf „die Arbeitsämter" verwiesen, denen ja freie Ausbildungsstellen gemeldet würden und die ja „von Gesetzes wegen" insbesondere für die Berufsberatung da seien. Auch werde in den Schulen in den obersten Klassen über die Möglichkeit der Berufswahl durch die Lehrer informiert. Beides zusammen, verstärkt durch den „guten Ruf des Hauses am Ort" würden wohl auch in der Zukunft eine ausreichende

Anzahl von Bewerbern zur Verfügung stellen, so daß eigene Anstrengungen nicht als notwendig angesehen werden.

Arbeitsämter und Schulen können jedoch die einzelnen Institute bei der Personalwerbung und der darauf folgenden Personalauswahl nicht wesentlich entlasten, insbesondere darf man sich nicht darauf verlassen, daß ja potentielle Bewerber schon durch die Schule oder durch die Berufsberatung der Arbeitsämter über ihren künftigen Beruf und all das, was sie in ihrem Berufsleben erwartet, ausreichend informiert seien.

„Sind Sie von der Schule über die Möglichkeiten der Berufswahl informiert worden?“ Diese Frage beantworteten nur ganze 18,6 Prozent der von uns befragten Schulabgänger (Abiturienten und Realschüler), die sich um einen Ausbildungsplatz bewarben, mit „ausreichend“.

Sicher geben sich die Berufsberater bei den Arbeitsämtern Mühe, um ihre Aufgaben zu erfüllen. Bei allen Klagen über unzureichende Beratung oder gar mangelnde Information, für bestimmte Berufe zu werben, darf man aber eines nicht vergessen: Die Berufsberatung ist für alle Berufe „zuständig“, eine Bevorzugung bestimmter Berufe darf es da nicht geben, und im Finanzbereich gibt es viele attraktive Bereiche wie zum Beispiel Banken, die Versicherungswirtschaft oder der öffentliche Dienst mit der Bundesfinanzverwaltung oder den Steuerverwaltungen der Länder.

Es kommt letzten Endes auf die konkrete Ansprache beim Bewerbungs – und Einstellungsvorgang durch das suchende Institut an, wobei hierzu auch die auf das Institut konkret bezogene Nachwuchswerbung gehört. Dies alles kann durch die Information in den Schulen oder die beratende Tätigkeit bei den Arbeitsämtern ergänzt ,aber nicht ersetzt werden.

Kein Bereich, auch nicht die bis heute noch mit Bewerbern „verwöhnten“ Bereiche, wie zum Beispiel Büroberufe oder der Bankenbereich, wird von der vorgegebenen demographischen Entwicklung „verschont“ bleiben, wobei es sich ja in diesem Zusammenhang nur um die Anzahl der Bewerber handelt und die Frage nach der gewünschten Qualifikation allgemein und die nach der speziellen vom konkreten Arbeitgeber gewünschten Eignung noch gar nicht beantwortet ist.

Großbanken zum Beispiel – aber auch hier gibt es heute schon von Institut zu Institut Unterschiede – werden den Mangel an Nachwuchs sicher nicht so schnell und vor allem so kraß zu spüren bekommen wie kleinere Institute des Bankenbereichs. Hier wird sich bei manchen Kreditinstituten schon bald bitter rächen, was jahrelang versäumt wurde und heute noch versäumt wird. Die Bewerberlage in bestimmten Bankzentren ist schon heute angespannt. Die Einstellung so manchen Instituts „Nachwuchswerbung brauchen wir nicht, man kennt uns", herrscht ohnehin nur noch in der obersten Leitungsebene vor, während sich der Personalchef jetzt schon verzweifelt bemüht, „Leute" zu bekommen. Aber ihm wird ja nicht geglaubt, oder man hält ihn für unfähig.

Werben um junge Menschen als Auszubildende, aber auch Werben um qualifizierte Mitarbeiter und Führungskräfte, die, von „außen" kommend, die eigene Mannschaft verstärken sollen, dieses Vorstadium zur Personalauswahl wird immer wichtiger werden. Man spricht heute schon von einem „Buhlen um die Guten" (Management Wissen 4/88). Die Deutsche Bank kommt in ihren Kernaussagen zu der von ihr veranlaßten Studie des Instituts für Jugendforschung 1988 zu dem Ergebnis:

„Die Studie macht offenkundig, daß es erhebliche Versäumnisse von seiten der Wirtschaft und der Arbeitswelt gibt, und daß es eine der vordringlichsten Aufgaben sein muß, sich sowohl um die veränderten Einstellungen der jungen Generation zum Beruf zu kümmern und über neue Modelle nachzudenken, als auch die positiven Seiten der Berufswelt und speziell der Arbeitsplätze in der Wirtschaft transparenter zu machen."

Und weiter heißt es: „Dies betrifft zum Beispiel auch das Überdenken von Stellenanzeigen, die nach den Ergebnissen dieser neuen Untersuchung zum Teil mit ungeeigneten Stimuli um den Berufsnachwuchs werben."

Transparenz ist gefordert!
Und das gilt nicht nur für die Personalwerbung – Nachwuchs, Mitarbeiter, Führungskräfte –, sondern auch und vor allem für die darauffolgende Bewerberauswahl.

Sowohl bei der Personalwerbung als auch bei der sich anschließenden Auswahl muß mit offenen Karten gespielt, insbesondere darf nicht „geschönt" werden. Das, was bei der Werbung, durch welche Medien auch immer, „versprochen", im persönlichen Kontakt dann „bestätigt" wird, muß später auch „gehalten" werden. „Gehalten" wird in Zukunft immer mehr die Bedeutung von „Behalten“ bekommen. Bewerberinnen und Bewerber – ob Auszubildende, Mitarbeiter oder Führungskräfte – werden zunehmend mit dem Ziel eingestellt werden müssen, diese auch für einen längeren Zeitraum zu behalten. Besonders für den Auszubildenden bedeutet das „Übernahme“. Allein der Rückgang der Schülerzahlen um bis zu 40 Prozent gebietet das.

„Es gibt genug Arbeit“, so Peter Gillies in der „Welt“ vom 17.4.1989. „Wieviel offene Stellen es wirklich gibt, weiß niemand. Die Schätzungen schwanken zwischen einer halben und anderthalb Millionen. Wer nun jedoch glaubte, die zwei Millionen Arbeitslosen würden zum energischen Wettlauf auf die freien Stellen ansetzen, irrte.“

Bei den Gründen für dieses Phänomen wird die entscheidende Ursache darin gesehen, daß die angebotene Arbeitskraft nicht qualifiziert genug ist. „Das Anforderungspotential der Betriebe, die ihrerseits vom Wettbewerb gepeitscht werden, ist rascher gestiegen als die Fähigkeit und Bereitschaft der Erwerbslosen, die gewünschte Qualifikation zu erwerben.“

Wie schwierig es ist, offene Stellen wieder zu besetzen, zeigt die wachsende Laufzeit der offenen Stellen. Im Maschinenbau und im Kredit- und Versicherungsbereich dauerte es nach einer Erhebung des Instituts der Deutschen Wirtschaft (iwd vom 14.1.88) bereits 54 und 58 Tage, bis eine offene Stelle wieder besetzt wurde. In Frankfurt benötigten Unternehmen 55,5 Tage, bis sie eine offene Stelle wieder besetzen konnten.

Die Kluft zwischen dem, was zur Zeit arbeitslose Bewerber „gelernt“ haben und dem, was heute an Ausbildungsinhalten vermittelt wird, wird immer stärker.

Diese Kluft ist trotz verstärkter Bemühungen in Umschulung und Weiterbildung in den letzten Jahren nicht nennenswert kleiner geworden. Wie die Strukturuntersuchung der Bundesanstalt für Arbeit zeigt, hatten 49 Prozent der Erwerbslosen keine abgeschlossene Berufsausbildung, die in 73 Prozent der Stellenangebote vorausgesetzt wird. Von den Erwerbstätigen in der Wirtschaft kommt nur jeder vierte ohne Ausbildung zurecht (Die Welt vom 18.4.89 „Hinter den Zahlen“). Im Bankenbereich ist der Anteil der Mitarbeiter, die über keine abgeschlossene Berufsausbildung verfügen, noch viel geringer. Während allein im Sparkassenbereich 1970 28,9 Prozent aller Mitarbeiter über keinen Berufsabschluß verfügten, war die Zahl der ungelernten Mitarbeiter 1984 auf 11,8 Prozent zurückgegangen (J. Backhaus, Das Aus- und Weiterbildungssystem der Sparkassenorganisationen, Bank-Entwicklung – Strategien für die Bank der Zukunft, Gabler-Verlag, Wiesbaden 1986). Ein Sinken des Prozentsatzes der ungelernten Mitarbeiter unter die 10-Prozentmarke wird betriebswirtschaftlich für vertretbar gehalten. Im privaten Bankgewerbe beträgt der prozentuale Anteil in den drei unteren Tarifgruppen rund 10 Prozent.

Der prozentuale Anteil der Mitarbeiter ohne abgeschlossene Berufsausbildung wird, bedingt durch die höhere schulische Qualifikation der Auszubildenden, weiter sinken. Hatten 1970 drei Fünftel von ihnen noch einen Realschulabschluß, ging diese Quote inzwischen auf ein gutes Viertel zurück. Andererseits stieg die Abiturientenquote von 25 Prozent auf über 70 Prozent an.

Für den Bereich der Finanzwirtschaft zeichnet sich im Kundenbereich folgende Entwicklung ab: Die Kunden sind heute informierter, aber auch kritischer als früher. Sie vergleichen zunehmend die Leistungsangebote der einzelnen Institute und stellen höhere Ansprüche an die Beratung. Dies erfordert hohe Qualifikation der Mitarbeiter und Führungskräfte, was natürlich schon bei der Einstellung von Auszubildenden berücksichtigt werden muß.

Derzeit gelten für 1,4 Millonen oder 88 Prozent der insgesamt 1,8 Millionen Auszubildenden modernisierte Ausbildungsordnungen, deren Zahl von 14 im Jahre 1971 auf 213 im Jahre 1986 gestiegen ist (iwd vom 26.2.87). Von der Neuordnung waren 1971 32000 Auszubildende, 1986 1,4 Millionen betroffen. Als Hauptgründe nennt das Institut der Deutschen Wirtschaft: Technik und Arbeitsorganisation, Mikroelektronik und elektronische Datenverarbeitung halten Einzug in nahezu sämtliche Arbeitsbereiche. Folge: Die Arbeitsabläufe werden in vielen Produktions – und Dienstleistungsbereichen neu strukturiert. Die Qualifikationsanforderungen steigen: Die Beschäftigten müssen zusätzliche Fertigkeiten und Kenntnisse erwerben und neue Verhaltensweisen einüben. Der Wert der fachgebundenen Berufserfahrung verändert sich.

Ein anderes Phänomen wird den Mangel noch verstärken. Institute, die bisher nur wenige Auszubildende ausgebildet und sich darauf verlassen haben, „Ausgebildete“ vom „Markt“ zu bekommen, werden einfach gezwungen sein, wieder oder verstärkt auszubilden. Denn Kreditinstitute, die ausgebildet haben, werden sich große Mühe geben, diese Auszubildenden nach Beendigung der Ausbildung auch zu übernehmen. Das bedeutet für diejenigen, die sich bisher auf den „Einkauf vom Markt" verlassen haben, daß sie so gut wie keinen Nachwuchs mehr bekommen, es sei denn, sie versuchen mit entsprechend hohen finanziellen Angeboten Mitarbeiter anderer Institute abzuwerben.

Erste Auswirkungen des Engpasses beim Nachwuchs zeichnen sich auf finanziellem Gebiet bereits ab. Unter der Überschrift „Lehrgeld als Anreiz" heißt es im Informationsdienst des Instituts der Deutschen Wirtschaft (iwd 15/89): „Die Lehrlings-Knappheit hat nunmehr auch Auswirkungen auf die Ausbildungsvergütungen. Sie stiegen im Lehrjahr 1988/89 um 2,9 Prozent und damit etwas stärker als die durchschnittlichen Löhne und Gehälter (+ 2,7 Prozent). Dahinter verbergen sich die Bemühungen verschiedener Branchen, die Attraktivität ihrer Ausbildung über finanzielle Anreize zu steigern, um so dem Mangel an Nachwuchskräften vorzubeugen."

Bei den tariflichen Ausbildungsvergütungen für Auszubildende im ersten Lehrjahr nimmt das private Bankgewerbe einen Spitzenplatz ein und lag 1989 nach dem Versicherungsgewerbe und dem Steinkohlebergbau an dritter Stelle im Bundesgebiet.

Was für die Bereiche „Auszubildende" und „Mitarbeiter" gilt, trifft auch für den Bereich „Führungskräfte" – und hier vielfach in verstärktem Maße – zu.

Bereits jetzt wird der „Euro-Manager" mit dem entsprechenden Anforderungsprofil gesucht. Führungskräfte von „außen", vom Markt zu bekommen, ist schon jetzt mit großen Schwierigkeiten, oft nur mit besonderen finanziellen „Zugeständnissen", verbunden – wobei es die Gefahren zu sehen gilt, die für die festgelegte innerbetriebliche Gehaltsstruktur damit verknüpft sind. Von den Universitäten „fertige" Führungskräfte zu bekommen, ist Illusion. Denn dort wird Führung nicht oder kaum gelehrt.

Dabei werden nach den Vorausberechnungen der Zukunftsforscher in Zukunft noch mehr Führungskräfte als bisher benötigt.

Dem Mangel an Führungskräften durch Delegation von Aufgaben, Befugnissen und Verantwortung nach „unten" abzuhelfen, wie es, bedingt durch die höhere Qualifikation der Mitarbeiter, auch geboten ist, führt kaum weiter. Denn durch die Delegation werden Führungskräfte nicht entbehrlich, sondern sie bekommen – endlich – die Möglichkeit, sich Führungs-, insbesondere Motivationsaufgaben zu widmen.

Wie in vielen anderen Bereichen der Wirtschaft wird die direkte Kontrolle der Arbeit immer mehr durch die Kooperation bei der Zielsetzung ersetzt; die Aufgabe der Koordinierung der hochqualifizierten und damit immer selbständiger werdenden Mitarbeiter, die Schaffung eines guten Betriebsklimas als Voraussetzung für Arbeitszufriedenheit und Leistungsbereitschaft stehen im Mittelpunkt der Führungsaufgabe.

Aus dem Vorgesetzten, der anordnet und die Durchführung dieser Anordnugen detailliert überwacht, wird der „Coach", der Betreuer, Berater und Förderer seiner Mitarbeiter, der im übrigen in dem immer „technischer" werdenden Bankbetrieb die Akzeptanz dieser Technik zu unterstützen hat. Genauso wie im Kundenbereich werden im Führungsbereich kommunikative Fähigkeiten immer wichtiger. Im Team muß diskutiert, müssen Lösungen gemeinsam erarbeitet werden. Damit wird Führungsverhalten, die Fähigkeit andere Menschen zielorientiert zu beeinflussen, ebenso wichtig oder noch wichtiger als Fachkompetenz.

3.3 Gestiegenes Anspruchsniveau – verändertes Anforderungsprofil

„Das Anspruchsniveau der meisten Tätigkeiten steigt. Der Prozentsatz der Erwerbstätigen, die überwiegend organisatorisch und geistig arbeiten, ist in den letzten 15 Jahren um etwa 50 Prozent gewachsen. In zehn Jahren werden zwei Drittel aller Beschäftigten direkt mit EDV in Berührung kommen.“ (Professor Hermann Simon, „workshopping“, manager magazin 4/89)

Im Bereich der Kreditwirtschaft zeichnet sich die Veränderung des Anspruchsniveaus in noch viel stärkerem Maße ab.

Allein im Sparkassenbereich waren 1984 (J. Backhaus, Das Aus- und Weiterbildungssystem der Sparkassenorganisationen, Bank-Entwicklung, Strategien für die Bank der Zukunft, Gabler-Verlag, Wiesbaden 1986) rund 65 Prozent aller Mitarbeiter im Marktbereich oder im Marktfolgebereich, also in der Kundenberatung oder in der angeschlossenen Sachbearbeitung tätig. Rund 10 Prozent aller Mitarbeiter waren im Zahlungsverkehrsbereich, rund 14 Prozent aller Mitarbeiter im Hilfsbereich (Verwaltung, Schreibdienst, Registratur, Expedition usw.) und rund 11 Prozent aller Mitarbeiter im Bereich der Unternehmensleitung und der Stäbe eingesetzt.

Die Zahl der in der Beratung und Aquisition eingesetzten Mitarbeiterinnen und Mitarbeiter wird weiter steigen. Dagegen werden Arbeitsplätze in Bereichen wegfallen, die Rationalisierungsmaßnahmen durch den Einsatz moderner Techniken besonders zugänglich sind. Beispiele hierfür sind die computerunterstützte Sachbearbeitung, die Automation im Zahlungsverkehr und die Selbstbedienung durch Einführung von kundenbedienten Datenstationen im Bereich der Routine-Dienstleistungen (Backhaus).

„Vor diesem Hintergrund wird in Zukunft das Personal mit seiner Qualifikation und Motivation noch stärker als in der Vergangenheit Wettbewerbsfaktor Nr. 1 sein ...

Das personalpolitische Problem Nr. 1 wird nicht quantitativer, sondern qualitativer Art sein: Wie gelingt es, salopp gesagt, die 20 Prozent Mitarbeiter loszuwerden, die weniger effizient, weniger fachlich geeignet oder weniger engagiert sind, und wie können die 20 Prozent neuer Mitarbeiter gewonnen werden, die die Sparkassen dringend benötigen?“ (Professor Dr. G. Ashauer, Personalentwicklung und Personalstruktur in Sparkassen, Sparkasse 11/86)

Der „Bewerbermarkt“ wird durch die Kreditwirtschaft dort am stärksten in Anspruch genommen werden, wo sich ein besonders starker Rückgang an Bewerbern abzeichnet: bei den Abiturienten! Zwar ist die Zahl der Abiturienten ständig gestiegen und hat 1986 mit 291000 erstmals die Zahl der Hauptschüler um 5000 übertroffen. Der „Bedarf“ der Finanzwirtschaft stößt jedoch auf einen ebenfalls stark angestiegenen Bedarf der gesamten Wirtschaft. Der Anteil der Abiturienten bei den kaufmännischen Lehrberufen betrug 1987 25,4 Prozent, bei den gewerblich-technischen Ausbildungsberufen nur 6,7 Prozent.

Wie stark der Anstieg des Abiturientenanteils in einzelnen Bereichen ist, zeigt das Beispiel einer bundesweit vertretenen Einzelhandelskette. Hier hatten 1980 21,2 Prozent aller Auszubildenden das Abitur, 1986 waren es bereits 40 Prozent (W. G. Schmitt, „Seht zu, wohin ihr wollt, bevor ihr losgeht“, Die Welt vom 29.4.1989).

Im Bereich der Kreditwirtschaft hatten 1972 nur 9 Prozent aller Auszubildenden das Abiturzeugnis, 1987 waren es bereits weit über 50 Prozent, in manchen Bereichen 70 Prozent! Dieser Anteil wird weiter steigen. Man braucht in diesem Zusammenhang nur einmal an den Europäischen Binnenmarkt mit seiner Internationalisierung des Finanzbereichs zu denken. Welches Kreditinstitut wird hier nicht vorrangig nach Bewerberinnen und Bewerbern Ausschau halten, die allein schon von den Sprachkenntnissen her die erforderlichen Qualifikationen mitbringen? Und was für die Kreditwirtschaft gilt, trifft in hohem Maße auch auf andere Bereiche der Wirtschaft zu. Und das vor dem Hintergrund, daß die Zahl der Schulabgänger mit Abiturzeugnis von 216000 im Jahre 1985 auf 175000 im Jahre 1990 und ganze 135000 im Jahre 1995 sinken wird! Daran gilt es bereits heute zu denken.

Gestiegene fachliche Anforderungen, erfüllt durch höhere fachliche Qualifikation, sind aber nur eine Seite der Medaille „gestiegenes Anspruchsniveau“. Mit den gestiegenen fachlichen Anforderungen gehen gleichberechtigt die erhöhten Anforderungen, die auf dem Verhaltenssektor gestellt werden, einher.

Das veränderte Tätigkeitsbild in den meisten Berufen, insbesondere der steigende Einfluß der modernen Technik, erfordert ein gegenüber der Vergangenheit verändertes Verhalten. Auf eine vereinfachte Kurzformel gebracht: Der Einzelkämpfer, der Spezialist wird immer mehr vom Teamarbeiter verdrängt . Aufgaben in der Arbeitswelt, auf welchem Gebiet auch immer, sind in Zukunft nur noch in Zusammenarbeit kleinerer oder größerer Teams zu lösen. Teamfähigkeit wird als Eigenschaft von Auszubildenden, Mitarbeitern und Führungskräften immer stärker gefordert werden. Neben die fachliche Leistung tritt die kooperative, kommunikative Leistung.

Anforderungen, die an Bewerberinnen und Bewerber gestellt werden, haben ihr Gegenstück in den Ansprüchen und Erwartungen an die Arbeitgeber. Diese Ansprüche und Erwartungen, in Zeiten des Überangebots an Arbeitskräften kaum beachtet, werden in Zukunft eine immer größere Rolle spielen. Stehen mehrere Stellenangebote zur Wahl, wird sich die Bewerberin oder der Bewerber das Angebot aussuchen, das den Ewartungen am meisten entspricht, wobei finanzielle Ansprüche zwar eine wichtige, aber nicht die entscheidende Rolle spielen.

Zu den Erwartungen der jungen Generation – befragt wurden 1000 Jugendliche und junge Erwachsene zwischen 17 und 29 Jahren – heißt es in den Kernaussagen der Jugendstudie der Deutschen Bank:

„So strebt die junge Generation nicht nur in der Freizeit, sondern auch in der Arbeit nach einem Maximum an Spaß und Lust. Lust an der Arbeit, dieses hedonistische Prinzip bestimmt in starkem Maße die Vorstellungen der jungen Leute. Hier heben sie sich ganz bewußt von ihren Eltern ab, bei denen sie einen freudlosen Verschleiß im Berufsleben kritisieren.

Die jungen Leute sind auch nicht froh, überhaupt eine Arbeit gefunden zu haben, sondern knüpfen ihre Leistungsbereitschaft stärker denn je an die Forderung nach Selbstverwirklichung. Dies ist sowohl eine Forderung der Ehrgeizigen, wie auch derjenigen, die weniger nach äußeren Erfolgen streben.

Das entscheidend Neue ist aber, mit welcher Intensität die jungen Leute über neue Formen des Arbeitslebens nachdenken, die nicht den starren eingebundenen Acht-Stunden-Alltag zum Vorbild haben. Sie streben immer mehr Flexibilität und persönliche Freiheit an. Die jungen Leute sind zu höchstem persönlichen Einsatz bereit, dies aber nicht mehr nach den sturen gewohnten Formen."

Zu ähnlichen Ergebnissen kommt auch eine bundesweite Untersuchung des Berliner Bundesinstituts für Berufsbildung: „Spaß am Beruf" ist das wichtigste Kriterium für die Berufswahl (Die Welt vom 13.5.89 „Junge Leute heute: Spaß an der Arbeit muß sein").

Spaß an der Arbeit schließt auch und vor allem Spaß an der Ausbildung, nicht nur im ausbildenden Betrieb, sondern auch im Rahmen der Berufsschule und von Fortbildungsakademien mit ein. Geradezu erschütternd sind hier die Ausführungen in einem offenen Brief einer Studierenden in einer Fachzeitschrift:

„Wo Verzweiflung und Tränen im Schulalltag an der Tagesordnung sind und Schule zu seelischen und psychischen Schäden führt, ist eine fachlich qualifizierte Ausbildung nicht möglich."

Zu einem solchen mit vollem Namen und Anschrift veröffentlichten Brief gehört Mut, insbesondere, wenn in diesem Brief von einem Klima von Konkurrenz, Mißgunst und Neid gesprochen und die Schlußfolgerung gezogen wird: „Teamgeist, Kollegialität und Fairneß können in einer Atmosphäre von Angst und Einschüchterung nicht gedeihen." Gilt das nur für das Klima in einer Schule?

Spaß an der Arbeit: Diese Einstellung ist, wie wir in unseren Führungsseminaren und bei Veranstaltungen mit Unternehmern und Spitzenführungskräften feststellen können, nicht nur auf die Generation der 17- bis 29- jährigen beschränkt. Diese Einstellung macht sich auch bei älteren Führungskräften und Mitarbeitern in immer stärkerem Maße bemerkbar.

Der Wertewandel zeigt sich auch auf vielen anderen Gebieten, zum Beispiel in einem verstärkten Umweltbewußtsein oder in der Emanzipationsbewegung. Die Hauptforderungen dieses Wertewandels bestehen darin (M. Körner: Einstellungsänderungen in der Jugendgeneration und ihre Konsequenzen für das Marketing, Sparkasse 3/87), neue Lebensformen zu finden, aus Sachzwängen auszubrechen, lockerer, spontaner zu leben, mehr auf andere Menschen einzugehen und nicht nur an materielle Werte zu denken.

Dagegen spielen andere Werte wie gute Umgangsformen, sparsam sein, Ordnung, Pflichtgefühl, Fleiß, mit dem Gegebenen zufrieden sein bei der heutigen Jugendgeneration eine geringere Rolle als für die Erwachsenen. Diese „säkulare, epochale Veränderung in den Orientierungsmustern der Jugend“ (Körner) bleibt nicht ohne Einfluß auf die Erwartungen an das Arbeitsleben, und dies zunehmend auch bei älteren Mitarbeitern und Führungskräften. „Die Arbeit hat ihren Mythos verloren. Selbstverwirklichung und Lebenserfüllung, die viele Angehörige früherer Generationen (auch in jungen Jahren!) vornehmlich im Beruf suchten und fanden, werden heute viel eher im Freizeitbereich gesucht.“

All dies wird von vielen Personalchefs bei der Personalwerbung und der Personalauswahl – noch – nicht zur Kenntnis genommen! Nach wie vor wird nach „guten alten Rezepten“ um Mitarbeiter, Führungskräfte und den Nachwuchs geworben und auch das Verfahren bei der Bewerberauswahl wird noch so gestaltet wie in den letzten Jahren.

Hier wird – langfristig gesehen – der Mißerfolg vorprogrammiert, das heißt Fluktuation von neu eingestellten Mitarbeitern und Führungskräften schon nach kurzer Zeit oder der vorzeitige Abbruch der Lehre durch Auszubildende; oder bei denjenigen, die – noch – bleiben, die innere Kündigung.

Hier wird es für viele früher oder später ein bitteres Erwachen geben, zumindest in der Weise, daß man die Bewerberinnen und Bewerber, die man für die zu bewältigenden Zukunftsaufgaben benötigt, nicht mehr bekommt und auf diejenigen Bewerber zurückgreifen muß, die man woanders nicht haben will.

Es kann nicht oft genug betont werden: Der sich immer stärker bemerkbar machende Mangel an Bewerbern, allein schon von der Zahl her, wird zwangsläufig dazu führen, daß immer mehr Aufgaben von immer weniger Mitarbeitern und Führungskräften bewältigt werden müssen. Qualität ist gefordert, sowohl bei den Auszubildenden als auch bei den Mitarbeitern und Führungskräften. Qualität aber auch bei den Arbeitgebern! Das eine bedingt das andere.

An warnenden Äußerungen, die auf die veränderte Mentalität der jungen Generation hinweisen, fehlt es nicht. Professor Gertrud Höhler, Literaturwissenschaftlerin, nutzte einen Festvortrag beim Institut für Unternehmensplanung in Gießen, um die Manager von heute für die Ideen von morgen zu öffnen (Die Welt vom 18.4.89 „Wenn den Bossen die Heiterkeit fehlt"). „Die alten Anpasser haben Anpassungsschwierigkeiten" und „die Pioniere von gestern sind die Verhinderer von morgen", monierte sie und warnte vor Verhinderungs- und Abwehrtaktiken.

Diese kommen nach unseren Erfahrungen vor allem bei der Personalsuche und bei der anschließenden Peronalauswahl zum Tragen. Entscheidend ist hier die „Richtung", die vorgegeben wird. Hier fällt die Grundsatzentscheidung: Welche „Leute" wollen wir, welche nicht. Diese Grundsatzentscheidung fügt sich in das Führungsverhalten ein, das „intern" praktiziert wird, und da wird nach unseren Erhebungen, die sich mit den Erfahrungen aus der Praxis decken, in überwiegendem Maße autoritär geführt, ein Führungsverhalten, das sich rein äußerlich schon in Türschildern, Titeln und Funktionen dokumentiert. Ein derartiges Führungsverhalten ist aber kreativitätsfeindlich und verhindert Innovationen. Gerade hier zeigt sich der enge Zusammenhang zwischen Personalauswahl und Führungsverhalten. Die Personalauswahl ist nur ein, wenn auch sehr wichtiger Baustein des Führungsverhaltens und kann kein Eigenleben führen. Wer hier Menschen einstellt, die kooperativ geführt werden wollen – nach den Ergebnissen unserer Befragungen mehr als 85 Prozent –, im Gegensatz dazu aber autoritär führt, programmiert den Konflikt.

Dieser Konflikt schwelt – heute noch – unter der Oberfläche. Man paßt sich – zunächst – an und sucht „in aller Ruhe" nach einem Arbeitsbereich, in dem kooperativ geführt wird. Bei immer größeren Personalengpässen werden im Laufe der Zeit immer mehr nicht zur Anpassung an überkommene Führungsmethoden bereite Menschen nicht nur innerlich kündigen, sondern den Arbeitgeber wechseln. Es bleiben nur die angepaßten Führungskräfte und Mitarbeiter sowie diejenigen,, die bei „innerer Kündigung" mit „gebremster Kraft" arbeiten.

Die jungen Leute wollen ein lohnendes statt einem gelohnten Leben, so Frau Höhler. Nur die jungen Leute?

Die Ergebnisse der Meinungsforschung bezüglich der Einstellung zur Arbeit werden von vielen Vorgesetzten überhaupt nicht zur Kenntnis genommen und, wenn überhaupt, mit Klagen über die „verfallende Arbeitsmoral" beantwortet. Über Änderungen im eigenen Bereich wird am wenigsten nachgedacht. Das geht bis zur Ignoranz. Die Frage nach der Personalauswahl im eigenen Hause wird sehr oft mit der Gegenfrage an den für das Personal „Zuständigen" beantwortet: „Wie machen wir das eigentlich?“ Warum sich auch um solche Details kümmern? Das Tagesgeschäft ist wichtiger.

3.4 Soziale Kompetenz

Die Personalauswahl ist in jedem Bereich der Wirtschaft eine der wichtigsten Entscheidungen oder, um es technisch auszudrücken, Investitionsentscheidungen.

Dabei spielen die rein finanziellen Aufwendungen für die auszuwählende „Arbeitskraft“ eine vergleichsweise geringe Rolle. Ein zwar fachlich gut geeigneter Mitarbeiter oder ein Auszubildender, der im „Eignungstest“ gewisse fachliche Eignungen erkennen läßt, oder gar eine Führungskraft, denen es aber an sozialer Kompetenz mangelt, wie zum Beispiel Gesprächsbereitschaft oder Kooperationsfähigkeit, können einmal das Arbeitsklima in ihrem Arbeitsbereich gefährden, aber auch Geschäftspartner, Kunden regelrecht „vergraulen“.

Fehler, die bei der Personalauswahl – und die beginnt schon bei der steuernden Personalsuche – gemacht werden, sind später kaum oder nur sehr schwer wieder auszugleichen. Einmal ist es außerordentlich schwierig, einem Mitarbeiter, einer Führungskraft oder einem Auszubildenden nach Ablauf der relativ kurzen Probezeit verhaltensbedingt zu kündigen. Zum anderen muß dann wieder sehr oft von vorne begonnen werden, und die Zeit arbeitet hier in Zukunft immer mehr gegen den suchenden Arbeitgeber.

Auch ist der „Schaden“, der im „Außenbereich“, zum Beispiel bei Kunden, angerichtet wurde, schwer wieder gut zu machen. Verlorene Kunden zurückzugewinnen, wenn dies überhaupt möglich sein sollte, bedeutet oft Schwerstarbeit. Im Zeichen des im Europäischen Binnenmarkt noch zunehmenden Wettbewerbs wird das Personal-Auswahlproblem im Rahmen der Gesamt-Führungsaufgabe immer wichtiger.

Das bedeutet, daß sich die oberste Leitungsebene noch mehr als bisher dieses Problems wird annehmen müssen. Die Praxis im eigenen Bereich muß überprüft und gegebenenfalls geändert werden. Hier gilt es, Einfluß zu nehmen; im Wege der – unverzichtbaren – Kontrolle des Personalbereichs muß auch dieser Delegationsbereich, der ja das Fortbestehen des Finanzinstituts garantieren soll, mit dem Ziel geprüft werden, die „Ausfallquote“ so niedrig wie möglich zu halten. Das scheint vielfach leicher gesagt als getan.

Wann haben sich Führungskräfte der obersten Leitungsebene mit Problemen der Personalauswahl beschäftigt? Hier muß man sich kundig machen, was Voraussetzung für jede effiziente Kontrolle ist. Das Problem ist für das Überleben zu wichtig, als daß man den Personalbereich, der oft erst in der dritten Führungsebene angesiedelt ist, hier allein lassen kann. Kontrolle als Hilfe, als Rückendeckung im Rahmen einer gemeinsam vereinbarten Konzeption ist notwendig.

Einen wichtigen Schwerpunkt bei der Auswahl von Bewerberinnen und Bewerbern bildet die Eignung für Führungsaufgaben.

Führungseignung für Führungskräfte! Das mag noch verständlich sein. Aber für Mitarbeiter oder gar für Auszubildende?

Diese Frage wird selbst von Personalmanagern immer wieder gestellt und beruht oft auf einer Verkennung des Begriffs „Führung", der mit Über- und Unterordnungsverhältnissen, „Anordnen und Ausführen" in Zusammenhang gebracht wird, oft in Übereinstimmung mit dem im Hause praktizierten Führungsverhalten.

Führung bedeutet – auf eine Kurzformel gebracht – zielorientierte Verhaltensbeeinflussung. Menschen sollen beeinflußt – motiviert –werden, etwas zu tun oder nicht zu tun. Führung so betrachtet, findet im Arbeitsleben auf jeder Ebene statt.

Kunden, Geschäftspartner werden ebenso beeinflußt wie Kollegen im Rahmen der Zusammenarbeit, Mitarbeiter des eigenen Führungsbereichs ebenso, wie Vorgesetzte durch ihre Mitarbeiter.

Überall, wo man nicht nur von Zusammenarbeit spricht – auch mit Kunden soll ja zusammengearbeitet werden –, sondern diese auch praktiziert, ist Führung gefordert. Sie spielt sich schon längst nicht mehr auf einer Einbahnstraße ab, sondern fließt in jede Richtung. Nur derjenige, der die Einbahnstraße der Führung – auf welcher Ebene auch immer – konsequent verläßt, wird in Zukunft Erfolg haben. Dies gilt vor allem für das Gebiet der Personalauswahl, einem gegenseitigen Prozeß. An diesem Prozeß sind immer zwei beteiligt: Der potentielle Arbeitgeber wählt aus, aber auch umgekehrt der Bewerber den Arbeitgeber. Eine Tatsache, an die sich manche Personalverantwortliche erst noch gewöhnen müssen.

Führung kann man lernen. Voraussetzung für einen erfolgreichen Lernprozeß sind aber gewisse Eigenschaften wie Kommunikations- und Kooperationsfähigkeit, zu denen noch weitere Eigenschaften wie Motivationsfähigkeit, Anpassungsfähigkeit, Extraversion, die Fähigkeit, sich in andere hineinzuversetzen, kommen müssen.

Fehlen diese Eigenschaften, was im Personalauswahlverfahren zu prüfen sein wird, ist die Hoffnung auf späteres erfolgreiches „Hinzulernen" außerordentlich trügerisch.

Führungsfähigkeit setzt bestimmte Eigenschaften voraus. Was hier bei der Personalauswahl versäumt wurde, läßt sich später kaum noch nachholen. Daß für bestimmte technische Berufe gewisse technische Grundanlagen, „Begabungen" , im Menschen vorhanden sein müssen, sieht jeder ein. Warum sollte es bei der Führung von Menschen anders sein?

Der Führungsaspekt im Berufsleben wird eine immer größere Bedeutung erlangen. Einmal wird Kooperation in jedem Bereich immer wichtiger, zum anderen werden aber auch die zentrifugalen Kräfte, die einer Kooperation entgegenstehen können, immer stärker.

In einer repräsentativen Studie des Forschungsinstituts „Market Horizons" wurden junge Menschen zwischen 12 und 24 Jahren über ihre Lebenseinstellung befragt (M. Körner, Einstellungsänderungen in der Jugendgeneration und ihre Konsequenzen für das Marketing, Sparkasse 3/87) und drei Obergruppen gebildet:

Oppositionelle – 14 Prozent,
Ich-Betoner – 43 Prozent,
Umgebungsorientierte – 43 Prozent.

Während zu der ersten Gruppe junge Menschen mit einer oppositionell ablehnenden Grundhaltung gehören, sind für die zweite Gruppe Selbständigkeitswünsche von erheblicher Bedeutung. Sich selbst zu verwirklichen, etwas zu erleben, Erfolg zu haben und Anerkennung zu finden, wird zu den dominierenden Zielen dieses Typus. Er stellt sich nicht frustriert oder kritisch gegen die Welt der Erwachsenen, sondern versucht, seine Umgebung zu nutzen, um seine Wünsche zu realisieren.

Bei diesen Gruppen können sich Führungsprobleme ergeben, Zielkonflikte, die die Führung von Menschen – und nicht nur von jungen Menschen – in Zukunft schwieriger gestalten werden.

Innerhalb der Gruppe der „Umgebungsorientierten" kommt es den „Integrierten" vor allem auf Harmonie an, den „Realisten" unter ihnen ist das Gefühl oft wichtiger als Erfolg und Karriere, während die „Peer-Group-Orientierten“ sich von der Welt der Erwachsenen nicht verstanden fühlen und die intensive Beziehung zu Gleichaltrigen suchen.

Auch bei dieser Gruppe von jungen Menschen kommt es entscheidend auf die „Führung“ an. Mit „Distanz“, „kühler Sachlichkeit“, „autoritärem Machtgehabe“ ist hier der Mißerfolg vorprogrammiert. Anstatt Harmonie wird Disharmonie erreicht. Die jungen Menschen werden sich nicht an der Führung orientieren, sich vielleicht sogar eine andere „Umgebung“ suchen, an der sie sich orientieren können.

Führung wird bestimmt auch dadurch nicht einfacher, daß das Bildungsniveau in den letzten Jahren zum Teil explosionsartig gestiegen ist. Gestiegenes Bildungsniveau geht sehr oft mit gestiegenem Selbstbewußtsein, gestärktem Kritikbewußtsein einher. Das alles verträgt sich weitgehend nicht mit einem Führungsverhalten, das vom „Anordnen“ geprägt ist. Überzeugung wird mehr und mehr gefordert, und das gelingt nicht so leicht wie das Befehlen. Überzeugungsfähigkeit mit der Steigerung „Begeisterungs-fähigkeit“ wird im Anforderungsprofil einen wichtigen Platz einnehmen.

„Weiche“ Führungsqualifikationen, Sozialkompetenz sind also gefragt. Wobei der sich einbürgernde Fachausdruck „weiche Führungsqualifikation“ nicht mißverstanden werden sollte. Weich wird sehr oft mit nachgiebig gleichgesetzt. Damit haben „weiche Führungsqualifikationen“ nichts zu tun. Es geht um Überzeugen, Erreichen von Konsens und nicht um ein „Durchsetzen durch Anordnen“ . Und das kann sehr „harte“ Arbeit, Führungsarbeit bedeuten.

Führungseignung – sucht man „fertige“ Führungskräfte, muß noch Führungswissen dazu kommen – schon beim Auszubildenden? Hat man die Zukunft vor Augen, geht man davon aus, Auszubildende nicht nur auszubilden, sondern auch zu behalten und – auch darüber wird in vielen Bereichen noch nicht nachgedacht – den Führungsnachwuchs aus dem eigenen Hause zu gewinnen, ist das Suchen nach Führungseigenschaften schon im Auswahlverfahren die einzige richtige Antwort auf den künftigen Personalengpaß. Wobei man keineswegs in jedem einzustellenden Auszubildenden einen künftigen Abteilungsleiter oder mehr sehen muß, denn auch Mitarbeiter müssen – nach innen und nach außen – Menschen beeinflussen, das heißt führen.

Das alles gilt es zunächst einmal im Grundsatz zu bedenken, wenn es um Probleme der Personalauswahl geht, ganz gleich, ob ein Auszubildender gesucht wird, ein Mitarbeiter oder eine Führungskraft, welcher Leitungsebene auch immer. Bei der Personalauswahlentscheidung geht es einmal um die fachliche Eignung, zum anderen aber auch, und das steht in der derzeitigen Auswahlpraxis leider vielfach im Hintergrund oder wird überhaupt nicht beachtet, um die Führungseignung. Wobei in vielen Bereichen die Grenzen zwischen „Fach" und „Führung" sehr flüssig sind, ineinander übergehen. Man braucht hierbei nur an das wichtige Führungsgebiet der Kommunikation zu denken.

Die Grundsätze des Marketing auf den Personalsektor zu übertragen, ist dabei sehr hilfreich. Man muß sich immer wieder die Frage stellen: Was verlangt der „Markt" von den künftigen Mitarbeitern und Führungskräften? Was muß getan werden, um „innerbetrieblich" personell diesen künftigen Anforderungen Rechnung zu tragen, die Erwartungen des Marktes zu erfüllen?

Dabei geht es im Rahmen der „weichen Führungsqualifikation" um ganz einfach zu beantwortende Fragen: So ist innerhalb des Kommunikationsbereichs zum Beispiel die Frage nach der Höflichkeit, Freundlichkeit, Hilfsbereitschaft – dazu gehört das Hineinversetzen in die Lage anderer – zu stellen.

1988 wurde in vielen Zeitschriften das Ergebnis einer amerikanischen Untersuchung, die im Auftrag der Whirlpool Corporation, einer der führenden US-Haushaltsgerätefirmen, durchgeführt wurde, veröffentlicht.

Dabei stellte sich bei allen Kundengruppen heraus: 91 Prozent hielten „Höflichkeit" für stets wichtig. Dagegen verlangten nur 72 Prozent der Befragten, daß die Verkaufspersonen auch immer ihr Metier beherrschen sollten.

Ob man so weit gehen kann, wie im Kommentar einer Fachzeitschrift zu lesen war, „an einem dummen Verkäufer stört man sich noch immer nicht so wie an einem unhöflichen" , mag dahinstehen. Was aber unbedingt erforderlich scheint, ist die Konsequenz für das Gebiet der Personalauswahl aus derartigen Untersuchungen zu ziehen.

Jede Führungskraft, die mit der Personalauswahl befaßt ist, sollte sich immer wieder vor Augen halten: Was kann einem Auszubildenden oder neueingestellten Mitarbeiter oder einer Führungskraft in einer Position „beigebracht“ werden? Fachlich gewiß eine Menge, und wenn es darum geht, sich mit einer neuen Technik auseinanderzusetzen oder schlicht und einfach einen Computer zu bedienen.

Wie steht es aber um das Verhalten? Kann jemandem „beigebracht“ werden, nett, freundlich, zuvorkommend, hilfsbereit zu sein, und zwar nicht nur dann, wenn in einer besonderen Situation darauf geachtet wird, sondern im täglichen Umgang?

Höflichkeit und Umgänglichkeit eines Bewerbers und entsprechende-Team-qualitäten sollten bei der Einstellungsentscheidung ebenso berücksichtigt werden wie mathematische, betriebswirtschaftliche oder andere sogenannte „harte Qualitäten“. „Vorbeugende Investitionen in die Entwicklung von Personalauslese-Instrumenten können insofern rentierlicher sein als nachträgliche Investitionen in die Verbesserung gelegentlich schwer veränderbaren individuellen Verhaltens“. (Gebert-Steinkamp-Wendler, Führungsstil und Absatzerfolg in Kreditinstituten, Gabler-Verlag, Wiesbaden, 1987)

Diejenigen, die für die Personalsuche und Personalauswahl „zuständig“ sind, sollten viel mehr die Ergebnisse von Untersuchungen, besonders aus dem Gebiet des Marketing, in ihre Personal-Auswahlüberlegungen einbeziehen.

Das gilt auch für Bereiche ohne nennenswerten Kontakt nach außen, zu Kunden oder Geschäftspartnern. Oder ist es im Rahmen einer sinnvollen Kooperation nicht erforderlich, daß man freundlich und höflich zueinander ist, sich in die Lage des Kollegen oder der Kollegin oder des Vorgesetzten oder des nachgeordneten Mitarbeiters hineinversetzt?

Nach außen freundlich und höflich, „innen“ dagegen kann „geholzt“ werden? Der Mensch ist doch nicht teilbar, verhält sich nach „außen“ in der Grundeinstellung nicht anders als im „internen Verkehr“ des Hauses.

Entgegen Beteuerungen von vielen Führungskräften, speziell der obersten Leitungsebene: So wie man „intern“ miteinander umgeht, so geschieht das auch – vielleicht etwas verbrämt – gegenüber Kunden. Es stimmt einfach nicht, wenn immer wieder behauptet wird, „zu unseren Kunden sind wir ganz anders“.

Und so wie sich Mitarbeiter und Kollegen über einen – um es milde auszudrücken – unfreundlichen Umgang beklagen, so beklagen sich Kunden zum Beispiel über eine unterlassene Begrüßung mit den entsprechenden Folgen.

Es wäre geradezu töricht und im Hinblick auf die Zukunft nicht zu vertreten, die „weichen Führungsqualifikationen“ bei der Personalauswahl weiterhin ein Mauerblümchendasein fristen zu lassen. Sie gehören in das Anforderungsprofil eines jeden Bewerbers.

Betrachtet man aber zum Beispiel die Texte von Zeitungsanzeigen, mit denen Bewerber gesucht werden, ist von all dem wenig oder nichts zu spüren. Oft kann man sich des Eindrucks nicht erwehren, daß hier dieselben Muster verwendet wurden wie noch vor 10 oder 20 Jahren. Im Mittelpunkt steht nach wie vor, selbst bei Führungskräften, überdurchschnittliche fachliche Qualifikation. Gesucht werden der Fachmann oder die Fachfrau. Wenn überhaupt nach Führungseigenschaften gefragt wird, steht das „Durchsetzungsvermögen“ im Mittelpunkt. Unternehmerische Persönlichkeiten „mit Biß“ werden gesucht.

Hier fragt man sich unwillkürlich: Wer oder was soll hier gebissen werden?

Kunden? Mitarbeiter? Kollegen? Vorgesetzte? Oder soll sich die potentielle Führungskraft an der Arbeit festbeißen?

Hier darf geraten werden. Auch über den Führungsstil, der „intern“ praktiziert wird.

3.5 Marktorientiert auswählen

Welche Voraussetzungen muß jemand mitbringen, der Menschen zielorientiert beeinflussen, führen soll?

Gibt es eine besondere Führungseignung? Gesucht wird im Hinblick auf den gemeinsamen Europäischen Binnenmarkt der Euro-Manager, und zwar nicht nur in der Bundesrepublik.

Nach einer Studie von zehn Beratungsfirmen aus verschiedenen Ländern (R. Böhny „Wann ist das Top-Management wirklich top?" Schweizer Management-Zeitschrift i.o.3/1989) über die Anforderungen an den Manager der 90er Jahre stehen die Fähigkeiten strategisches Denken, eines visionären Weitblicks sowie der Innovations- und Unternehmensbereitschaft im Vordergrund. Als weitere wichtige Merkmale werden die Ausstrahlung, das Einfühlungsvermögen und die Kommunikationsfähigkeit, die Aufrichtigkeit und der Teamgeist genannt.

„Da intellektmäßig die Zusammenhänge von rationalen, analytischen, sachlichen Elementen erfaßbar und erlernbar sind, die Einflüsse auf der irrationalen, psychologischen und emotionalen Ebene jedoch weitgehend von charakterlichen Gegebenheiten abhängig sind, muß das Schwergewicht der Auswahlkriterien beim Management auf den Führungsfähigkeiten liegen."

Bei der Auswahl der Mitarbeiter, die den Anforderungen des Europäischen Marktes gewachsen sein sollen, gilt der Leitsatz „Qualität vor Quantität" (G. Söhlemann, „Euromanager – seine Arbeit auf dem Kontinent ohne Grenzen" – Die Welt vom 30.5.1989):

„Qualitativ hochwertige Bankprodukte werden entwickelt, um auf die vielschichtigen Fragen der Kunden die richtigen Antworten geben zu können. Umfassende Bankdienstleistungen und komplexe Problemlösungen in einer bedarfsgerechten Qualität anzubieten, wird das Bemühen um Kunden sichtbar zum Ausdruck bringen.

Die sich neu strukturierenden Arbeitsplätze mit ihren Anforderungen warten auf Mitarbeiter, die kreativ und eigenverantwortlich unternehmerisch tätig sein wollen. Individuelle Kundenansprache erfordert ebenso individuell agierende Mitarbeiter, die untereinander kooperieren und kommunizieren – innerhalb und außerhalb der Bank. Geistige Flexibilität und die Fähigkeit, hochgradig komplexe Zusammenhänge zu verstehen, unternehmerische Initiative und internationale Ausrichtung werden für den Qualitätswettbewerb der Banken von ausschlaggebender Bedeutung sein. Team-orientierung, Beratungs- und Koordinierungsfähigkeit und damit soziale Kompetenz sind gefordert."

Männer und Frauen in Führungspositionen können ihre Aufgaben aber nicht alleine bewältigen, obwohl der Glaube an die eigene Omnipotenz gerade im Management weit verbreitet ist. „Das wertvollste Kapital einer Firma sind motivierte Mitarbeiter, selbst wenn dieser Aktivposten in der Firmenbilanz nicht explizit ausgewiesen werden kann" (Böhny). Dieser Satz auf die Personalauswahl bei Mitarbeitern übertragen bedeutet: Anforderungen, die bei Managern in bezug auf Teamarbeit, kooperativen Führungsstil, Innovationsfreudigkeit, Denken in Zusammenhängen gestellt werden, müssen weitgehend auch im Mitarbeiterbereich erfüllt werden.

Oder glaubt man im Ernst, daß kooperatives Führungsverhalten, um das es ja letzten Endes geht, auf die Führungskräfte oder gar das Top-Management beschränkt ist?

Kooperativer Führungsstil bedeutet doch „Mitbeteiligung an Entscheidungsprozessen", Nutzen des zur Verfügung stehenden Fähigkeitspotentials der Mitarbeiter! Das setzt doch Kooperationsfähigkeit auch auf seiten der Mitarbeiter – darauf ist schon bei den Auszubildenden zu achten – voraus. Das Anforderungsprofil bei Führungskräften muß vom Anforderungsprofil der Mitarbeiter reflektiert werden. Liest man die Stellenangebote, kann man sich oft des Eindrucks nicht erwehren, daß die Verfasser solcher Anzeigen sich über den Begriff der Kooperation, des kooperativen Führungsverhaltens wenig Gedanken gemacht haben. Es geht immer wieder um die Frage: Was müssen Führungskräfte und Mitarbeiter heute und vor allem in der Zukunft leisten, um andere Menschen effizient ziel-orientiert beeinflussen zu können? Diese Frage muß bei jeder Personalauswahl gestellt und beim Prüfen des Anforderungsprofils beantwortet werden. Erfüllen die Bewerberinnen oder Bewerber nicht nur die fachlichen Voraussetzungen des Anforderungsprofils, sondern auch die führungsmäßigen Voraussetzungen?

Wie „schwierig" und damit wichtig die Führung von Menschen gerade in der Bundesrepublik Deutschland geworden ist, zeigt das Untersuchungsergebnis der internationalen Wertestudie 1981/82 (E. Noelle-Neumann, R. Köcher, Die verletzte Nation, Deutsche Verlags-Anstalt, Stuttgart 1987).

Bei der internationalen Befragung waren zwei Alternativen zur Wahl gestellt worden:

1. Am Arbeitsplatz sollten Mitarbeiter die Anordnungen ihres Vorgesetzten grundsätzlich befolgen, auch wenn sie damit nicht völlig übereinstimmen.

2. Kein Vorgesetzter sollte von seinen Mitarbeitern verlangen, daß sie seine Anordnungen befolgen, bevor er sie nicht von der Richtigkeit überzeugt hat.

Von den rund 12500 Arbeitnehmern in Europa, nämlich aus der Bundesrepublik Deutschland, Schweden, Dänemark, Großbritannien, Nordirland, der Republik Irland, Holland, Belgien, Frankreich, Spanien und Italien, entschieden sich im Durchschnitt 43 Prozent für die Alternative „Anordnungen befolgen nur nach Überzeugen". Spitzenreiter waren die Franzosen mit 57 Prozent, gefolgt von den Deutschen mit 51 Prozent. Alle anderen Länder lagen zum Teil unter der 40-Prozentmarke, andere sogar unter 30 Prozent. Die USA lagen mit 23 Prozent noch unter den niedrigsten europäischen Werten von Nordirland mit 25 Prozent und der Republik Irland mit 26 Prozent.

Anordnen mit der damit verbundenen Führungseigenschaft „Durchsetzungsvermögen" wird weitgehend nicht mehr akzeptiert, besonders in der Bundesrepublik.

Wie wird übrigens die Personalauswahl in Organisationen gehandhabt, in denen, da Töchter ausländischer Mütter, die Personalpolitik von den Müttern gesteuert wird? Welche Direktiven kommen hier zum Beispiel aus den USA, die mit 23 Prozent den geringsten Wert bei der Alternative „Anordnen nur nach Überzeugen" aufweisen? Muß es da nicht zwangsläufig zum Konflikt mit den vorwiegend auf Kooperation eingestellten deutschen Mitarbeitern und Führungskräften kommen? Oder werden da nur „autoritätsgläubige" Mitarbeiter und Führungskräfte eingestellt? Dies alles macht die Menschenführung nicht einfacher.

Höhere Qualifikation der Geführten, auf welchem Gebiet auch immer, verlangt höhere Qualifikation der Führungskräfte, und zwar in erster Linie in führungsmäßiger und nicht in fachlicher Hinsicht.

Dies spiegelt sich auch deutlich in unseren Befragungsergebnissen wider. Führungskräfte setzten die „guten Fachkentnnisse" nach der „Anerkennung der Leistung" und der „gerechten Behandlung" erst an die dritte Rangstelle der bei einem Vorgesetzten geschätzten Eigenschaften, die Mitarbeiter an die vierte Rangstelle. Diese hatten an die dritte Stelle noch das Kriterium „wenn er mit ihnen spricht, wie die Arbeit am besten gemacht werden kann" gesetzt .

Hier muß durch die oberste Leitungsebene die bisher geübte Praxis bei der Personalauswahl überprüft werden. Die vorwiegend starke Fachorientierung sowohl bei Mitarbeitern als auch Führungskräften bei der Personalauswahl ist überholt und entspricht nicht den Anforderungen der Zukunft.

Im Mittelpunkt der Auswahlentscheidung stehen nach wie vor Fachwissen und Fachkönnen; Prüfungsnoten und Zeugnisse über die bisherige Tätigkeit werden vor allem bewertet. Je besser die Note, je positiver die Beschreibung der fachlichen Fähigkeiten, um so größer die Chance für eine Position. Die fachliche Eignung überstrahlt vieles, manchmal so viel, daß man sich von ihr blenden läßt.

Um nicht mißverstanden zu werden: Fachwissen und Fachkönnen, bei Auszubildenden die fachliche Eignung für den gewählten Beruf, sind unverzichtbar. Nur dürfen Fachwissen und Fachkönnen nicht das alleinige Kriterium für die Auswahl eines Bewerbers sein, der es mit anderen Menschen nicht nur zu tun hat, sondern mit diesen zusammenarbeiten, sie im Rahmen dieser Kooperation beeinflussen muß, ganz gleich, ob es sich hier um Kunden, Kollegen, nachgeordnete Mitarbeiter und Führungskräfte oder um Vorgesetzte handelt. Die Frage nach den „weichen Führungsqualifikationen" muß viel mehr in den Mittelpunkt des Interesses gerückt werden.

„Ein Mensch gestellt auf harte Probe
besteht sie, und mit höchstem Lobe.
Doch sieh da: es versagt der gleiche,
wird er gestellt auf eine weiche ! "

Eugen Roths Verse (Prüfungen, Lehren des Lebens, in: Heitere Verse, Von Menschen und Unmenschen, Carl Hanser Verlag, München, Wien 1977) drücken treffend aus, um was es bei der Personalauswahl geht.

Für die Überbewertung der fachlichen Seite bei Auswahlentscheidungen auf welcher Ebene auch immer gibt es im übrigen einen Grund, der zwar nicht gern zugegeben wird, aber unterschwellig das Auswahlverfahren beeinflußt: Wie soll man so wichtige Kriterien wie Team-Fähigkeit, kooperatives Führungsverhalten, Fähigkeit zur Motivation und Kommunikation, um nur einige Beispiele zu nennen, „prüfen"?

Wie kann man erkennen, ob diese „weichen Führungsqualifikationen" wenigstens in der Anlage vorhanden sind? Anlagen, die man später weiterentwickeln und systematisch ausbauen kann.

Hier kann man schon bei der „Vorprüfung" der schriftlichen Bewerbungsunterlagen einiges tun. Schon der Lebenslauf einer Bewerberin oder eines Bewerbers kann hier wesentliche Aufschlüsse geben.

Mit Führungsfragen kann man sich bei der Tätigkeit in bestimmten Verbänden, Gruppen oder Organisationen beschäftigt haben, zum Beispiel bei Jugendgruppen, bei der Feuerwehr, der deutschen Lebensrettungsgesellschaft oder auch bei karitativen Einrichtungen, bei der Bundeswehr, in der Schüler- oder Studentenvertretung, als Assistent oder Tutor im Universitätsbereich usw.

All das sind Anhaltspunkte für die Neigung von Bewerbern, sich mit Menschen zu beschäftigen, für die Suche nach Kontakt mit Menschen, für die Zuwendung zu Menschen.

Ist der Lebenslauf in dieser Hinsicht nicht ergiebig, dann sollte man sich dies auf der Vorbereitungsliste zum Vorstellungsgespräch entsprechend vermerken und so die Chance wahren, vielleicht doch „fündig" zu werden. Es gibt Bewerber und Bewerberinnen, die zum Beispiel eine Tätigkeit in der Schüler- oder Studentenvertretung verschweigen, weil sie glauben, bei entsprechender Angabe im Auswahlverfahren Nachteile zu haben. Und es gibt – leider – auch heute noch Personalverantwortliche, die hinter einer solchen Tätigkeit „Aufmüpfigkeit" vermuten.

Derartige Führungserfahrungen sind von nicht zu unterschätzender Bedeutung und gerade auf diese Dinge sollte man im Vorstellungsgespräch großen Wert legen und entsprechende Einzelheiten erfragen.

Wer führt das Gespräch?
Wer nimmt an diesem Gespräch teil?
Wer trifft die Entscheidung?

Daß die Gesprächsführung, zum mindesten was die Führungsseite und die Koordinierung anbelangt, beim Personalbereich liegt, ist nicht überall die Regel. Es gibt eine Menge von Organisationen, in denen der künftige Fachvorgesetzte die entscheidenden Gespräche führt und dann seinen Vorschlag dem Personalbereich vorlegt, der dann lediglich die „Einstellungsformalien" erledigt.

Als Grund für dieses Verfahren wird angegeben: „Wir müssen ja schließlich mit der oder dem Neuen zusammenarbeiten und wissen auch am besten, was konkret verlangt wird."

Daß diese Praxis zu ganz unterschiedlichen Gewichtungen in den verschiedenen Bereichen einer Organisation führen kann, liegt auf der Hand.

Letztlich bleibt vielfach dann nur noch die fachliche Eignung und als weiteres Kriterium „Sympathie". Ob eine solche Praxis den Anforderungen der Zukunft gerecht wird, ist sehr zu bezweifeln.

In manchen kleinen Instituten entscheidet oft der Vorstand allein. Die Sekretärin oder derjenige, der für die Personalangelegenheiten – meist handelt es sich um die traditionelle Personalaktenverwaltung – zuständig ist, bereitet „alles" vor, dann wird – oft im Schnelldurchlauf, denn Chefs haben nicht viel Zeit – entschieden. Die Personalauswahlentscheidung wird als Domäne des Chefs angesehen, der sich auch auf keinen Fall hereinreden lassen will, unter der Devise: „Er oder Sie müssen doch zu mir passen. Ich will mich doch schließlich nicht immer wieder ärgern." Außer der Tatsache, daß hier wenigstens nach einer „einheitlichen Richtlinie" entschieden wird, bei der die Person des Chefs und nicht die Anforderungen des Marktes im Mittelpunkt stehen, ist diesem Verfahren wohl wenig Effizienz zuzuschreiben.

„Nicht hereinreden lassen!" Vier oder sechs Augen sehen mehr als zwei, und bei den Ohren ist es genauso. Um was es hier geht, ist letzten Endes die Zusammenarbeit, die sich an den Erfordernissen des Marktes zu orientieren hat. Der oder die Neue müssen doch zu dem bereits vorhandenen Team passen und von diesem Team akzeptiert werden, dem Team, mit dem sie in der Regel mehr zu tun haben als mit dem oder den Chefs.

Die Erfahrung zeigt es immer wieder: „Klappt“ es innerhalb des Teams, werden der oder die Neue vom Team akzeptiert, dann „läuft“ die Zusammenarbeit auch nach oben gut. Es ist hier so wie bei allen Bereichen der kooperativen Führung: Mitbeteiligung an Entscheidungsprozessen hat hohe Identifikation mit der Entscheidung selbst zur Folge. Die zukünftigen Kollegen sollten auch bei der Entscheidungsfindung beteiligt werden, wo-bei eines klar gesagt werden soll: Entschieden wird „oben“, die Entscheidung wird nicht etwa durch „Abstimmung“ und Mehrheitsentscheidung gefunden. Letzteres wäre eine völlige Verkennung des kooperativen Führungsstils. Um was es hier geht, ist das Gewinnen von wichtigen Erkenntnissen, von Entscheidungsgrundlagen, einen Meinungsaustausch zwischen den bewußten vier oder sechs Augen und Ohren.

3.6 Effiziente Vorstellungsgespräche

Bei der Personal-Auswahlentscheidung in mittleren und größeren Organisationen kommt es weitgehend auf ein gutes Zusammenspiel zwischen der Personalabteilung und dem Bereich an, in dem der oder die Neue tätig werden sollen.

Dieses „Zusammenspiel" setzt natürlich eine Personalabteilung voraus, die sich nicht als „klassische Personalaktenverwaltung" versteht, sondern den Anforderungen gerecht wird, die heute gerade auf den Gebieten der Personalführung, der Personalauswahl und der Personalentwicklung an eine moderne Personalorganisation gestellt werden. Gerade der Sachverstand auf den zuletzt genannten Gebieten ist für eine sachgerechte Personalauswahlentscheidung von großer Bedeutung und sollte in diese Entscheidung eingebracht werden.

Dem Personalwesen wird in Zukunft eine immer größere Bedeutung zukommen. Dem muß innerhalb einer Organisation, ganz gleich welcher Größe, unbedingt Rechnung getragen werden.

Auch und vor allem in kleinen Instituten muß unbedingt auf mehr Personalsachverstand geachtet werden. Fehlt es hier bei denjenigen, die die Personal-Auswahlentscheidung zu treffen haben, an den entsprechenden Kenntnissen, muß man sich beraten lassen.

Die geringe Priorität, die dem Personalbereich heute noch beigemessen wird, zeigt eine Studie der European Business School und der Unternehmensberatung Heidrick and Struggles auf (Manager-Magazin 10/87). Die rund 1200 befragten GmbH-Geschäftsführer wiesen in der Mehrzahl dem Personalwesen nur dritte Priorität zu, nur knapp ein Drittel hielten Kenntnisse im Personalwesen für unbedingt erforderlich.

Auch im Bereich der Kreditwirtschaft ist diese Einstellung gegenüber Personalfragen nicht nur in kleineren und mittleren Instituten anzutreffen. Diese geringe Priorität, die dem „Personalwesen" und damit letzten Endes den Mitarbeiterinnen und Mitarbeitern beigemessen wird, zeigt sich unter anderem beispielsweise darin, daß selbst bei von der Zahl der Mitarbeiter überschaubaren Instituten der Vorstand neu eingestellte Auszubildende selbst Monate nach dem Beginn der Ausbildung noch nicht „gesehen" hat, und das bei zwei oder drei Auszubildenden, die eingestellt wurden. Börsenkurse sind offensichtlich wichtiger als Menschen, von denen ja immer wieder behauptet wird, daß sie für die Zukunft einer Bank so wichtig seien.

Hier wird es in vielen Bereichen schon in absehbarer Zeit ein bitteres Erwachen geben. Schon jetzt machen sich Konzerne, wie Daimler Benz oder die Deutsche Bank, Sorgen über die Nachwuchslage und sind sich darüber einig, daß „aggressivere und überzeugendere Werbung um den Nachwuchs unvermeidlich wird". Können da „Kleinere" und „Mittlere" überhaupt noch mithalten? Man sollte immer daran denken: Die Zahl der Schulabgänger wird bis zu 40 Prozent sinken.

Wem hier die Zeit bis zum gemeinsamen europäischen Binnenmarkt zum 1.1.93 noch sehr lang erscheint, sollte sich eines vor Augen halten: Maßnahmen auf dem Personalsektor brauchen viel Zeit, bis sich deutliche, greifbare Ergebnisse zeigen. Ein Zeitraum von zwei Jahren ist hier eher zu kurz als zu lang bemessen. Übrigens, wie steht es um die Fähigkeit, Personalauswahlgespräche mit Bewerbern zu führen, und zwar Gespräche, die so effizient sind, daß dem Grundsatz „die richtige Frau, der richtige Mann an den richtigen Platz", Rechnung getragen wird? Gespräche, bei denen nicht nur die fachliche Eignung für die zu besetzende Stelle „geprüft" wird. Gespräche, die nach den Grundgesetzen der Kommunikation gestaltet werden müssen, um effizient zu sein. Wer von denjenigen, die heute Personalauswahlentscheidungen treffen, hat „gelernt", wie man solche Gespräche führt, was bei solchen Gesprächen zu beachten ist?

In den meisten Instituten werden Einzelgespräche mit den Bewerberinnen und Bewerbern geführt. Bei einigen Instituten glaubt man aber nach wie vor, auf derartige Vorstellungsgespräche verzichten zu können und verläßt sich auf Tests. Warum versucht man nicht, sich einen persönlichen Eindruck durch ein ausführliches Vorstellungsgespräch zu verschaffen? Wie wird dagegen bei anderen wichtigen Investitionsentscheidungen verfahren? Welche Mühe gibt man sich bei der Beschaffung von Computern oder der Einführung von neuen technischen Verfahren? Glaubt man im Ernst, den Menschen länger vernachlässigen zu können?

Bei der Gesprächsführung gilt der altbewährte Grundsatz: Wer fragt, der führt! Jeder, der Vorstellungsgespräche zu führen hat, sollte sich immer wieder an diesen Grundsatz, der ja im übrigen für das Mitarbeitergespräch allgemein gilt, erinnern. Gerade für das Vorstellungsgespräch sollte die Regel gelten, die Bewerberin, den Bewerber reden lassen! Von ihr oder ihm will man doch etwas erfahren, soviel erfahren, daß man sich ein Bild machen kann.

In der täglichen Praxis wird leider sehr oft immer wieder gegen diesen „Fragegrundsatz" verstoßen. Diejenigen, die das Gespräch führen, das heißt die Bewerber zielorientiert beeinflussen sollten, Auskunft zu geben, sehen das Auswahlinterview als eine gute Gelegenheit zur Selbstdarstellung an. In einem halbstündigen Vorstellungsgespräch – in vielen Fällen „laufen" solche Gespräche in 10 Minuten – hat dann der Gesprächsführer mehr gesprochen als der Bewerber oder die Bewerberin.

Derjenige, der die Auswahlentscheidung durch das Vorstellungsgespräch vorbereitet, erfährt nicht, warum sich die Bewerberin oder der Bewerber gerade für eine Stelle bei der suchenden Organisation interessiert. Er erfährt nicht, was die Bewerber über die Organisation, ihr Dienstleistungs- oder Produktangebot bereits wissen, wie umfangreich diese Informationen sind, wie sie sich diese Informationen beschafft haben. Sie erfahren auch nichts über die Hauptgründe der Berufswahl bei Auszubildenden, ihre Neigungen, ihre Einstellung zum Arbeitsleben, ihre Lernbereitschaft, ihre persönlichen Berufsziele, ihre persönlichen Stärken und Schwächen, ihre Erwartungen an künftige Mitarbeiter und Vorgesetzte und auch nichts darüber, ob die Bewerber lieber allein oder im Team arbeiten, um nur einige Beispiele zu nennen. Sich hier auf die – manchmal sehr dürftigen – Ausführungen im Bewerbungsschreiben oder Lebenslauf zu verlassen, führt auch nicht weiter. Papier ist geduldig, und – das soll nicht unerwähnt bleiben – man kann auch nicht alles für bare Münze nehmen, was im Vorstellungsgespräch gesagt wird. Der geschulte Interviewer wird sich aber bald durch geschickte Fragestellung hier ein Bild machen können.

Für viele bedeutet Gespräche führen „das Heft in der Hand behalten, sich nicht die Butter vom Brot nehmen lassen". Sie reden, reden und reden mit der Folge, daß der Bewerber informiert ist und derjenige, der Auskunft haben wollte, kaum mehr als einen dürftigen „ersten Eindruck" mit all seinen möglichen Fehlerquellen hat.

An die Stelle von Information, auf der ja die Auswahlentscheidung beruhen sollte, tritt die Emotion. Es wird nach Sympathie entschieden. Hat der Bewerber den „Gesprächsführer" bei seinen Ausführungen nicht unterbrochen – bei manchen, die Personalentscheidungen zu treffen haben, eine Todsünde –, hat er keine abweichenden Ansichten geäußert, hat er hier und da – und wenn auch nur körpersprachlich durch Kopfnicken – „zugestimmt“, dann ist schnell ein entsprechendes Sympathiefeld aufgebaut. Bei dieser Bewerberin, bei diesem Bewerber sind keine „Schwierigkeiten“ zu erwarten. Der erste, aber auch vielfach letzte Schritt zur Einstellungsentscheidung ist getan.

Vor der Gefahr einer einseitigen, durch Sympathie gesteuerten Einstellungsentscheidung kann nicht genug gewarnt werden. Letzten Endes wird die Entscheidung durch die Beantwortung der Frage bestimmt: Will ich diesen Bewerber, diese Bewerberin als meinen Mitarbeiter, meine Mitarbeiterin haben? Die Betonung liegt dabei auf „ich“. Werde ich mit dem oder der Neuen auskommen? Wobei diese Frage auch dann eine Rolle spielt, wenn der oder die Neue gar nicht im engeren Arbeitsbereich desjenigen, der die Auswahlentscheidung durch das Gespräch vorbereitet, tätig werden soll.

Die „Ich-Bezogenheit“ setzt immer eine selbstkritische Prüfung voraus, ob dieses „Ich“ auch den Anforderungen einer den Erfordernissen der Gegenwart und vor allem der Zukunft entsprechenden Führung genügt. Und gerade hier sind doch in vielen Bereichen erhebliche Bedenken anzumelden.

Hier muß man immer wieder versuchen, zu „objektivieren“, so schwer das auch fallen mag, die Hürde der eigenen Erwartungen, oder sollte man besser sagen der egoistischen Vorstellungen, zu überspringen.

Übrigens, Fragen stellen heißt jeweils nur eine Frage stellen und dann diese Frage beantworten lassen. Werden mehrere Fragen hintereinander gestellt, besteht die Gefahr, daß Fragen entweder „untergehen“ oder daß der Antwortende sich die für ihn günstigste Frage aussucht und versucht, die anderen Fragen unter den Tisch fallen zu lassen. Bevorzugt werden sollten „offene Fragen“, solche Fragen, die keine bestimmte Antwortmöglichkeit, wie etwa „ja“ oder „nein“ vorgeben. Und „sorgen Sie dafür, daß die Fragen in einer Sprache gestellt werden, die man mit dem gesunden Menschenverstand verstehen kann, daß kein Psychologen-Geschwafel von sich gegeben wird“ (T. Peters, Kreatives Chaos, Hoffmann und Campe, Hamburg 1988).

Einstellungs- und Vorstellungsgespräche sind aber keine einseitige Angelegenheit. Auch und vor allem bei den Bewerbern besteht Informationsbedarf, der auch durch noch so gut gestaltete Informationsschriften – soweit überhaupt vorhanden – nicht gedeckt werden kann.

Ein Teil des Gespräches sollte für Fragen der Bewerber zur Verfügung stehen, die zur Fragestellung ausdrücklich ermuntert werden sollten, wobei die Frage „haben Sie noch irgendwelche Fragen?" am Schluß des Vorstellungsgesprächs sicher nicht ausreicht. Viele Bewerber trauen sich nicht, Fragen zu stellen, sie wollen nicht „auffallen", nicht den Eindruck erwecken, besonders „kritisch" zu sein. Manche sind aber auch froh, daß das Vorstellungsgespräch „ohne große Pannen" abgelaufen ist und haben nur noch eines im Sinn: den Interviewraum zu verlassen.

All dies gilt es bei der Gesprächsführung zu beachten und sich dabei immer wieder darin zu üben, sich in die Lage der Gesprächspartner, der Bewerber hineinzuversetzen. Vorstellungsgespräche bedeuten in der Regel Streß, selbst für Bewerber, die schon mehrere Einstellungsinterviews hinter sich gebracht haben. Wichtigste Aufgabe ist es daher, diese Streßbelastung abzubauen, den Bewerbern die Angst zu nehmen, sie aufzulockern.

Vorstellungsgespräche, die der Vorbereitung einer der wichtigsten Investitionsentscheidungen dienen sollen, brauchen Zeit. Einmal muß man sich gründlich auf diese Gespräche vorbereiten, die schriftlichen Bewerbungsunterlagen durcharbeiten. Dabei muß man sich notieren, wenn etwas „offen" geblieben ist, was man gerne geklärt hätte. Nur eine sorgfältige Vorbereitung mit dem entsprechenden Fragenkatalog garantiert ein erfolgreiches Gespräch.

Für das Gespräch selbst muß man genügend Zeit einkalkulieren. Wie schnell ist eine Stunde vergangen, und eine Stunde bedeutet für einen vielbeschäftigten Personalverantwortlichen sehr viel. Dieses Zeitkonto verdoppelt oder verdreifacht sich, wenn noch andere – der künftige Fachvorgesetzte zum Beispiel oder ein Mitglied des Betriebsrates – an diesem Gespräch teilnehmen. Diese Zeit wird um so kostbarer, wenn man einmal die „Vorarbeit" mit einbezieht, die geleistet werden muß, um die eingegangenen Bewerbungen nach der „Papierform" zu sichten und diejenigen Kandidaten auszuwählen, die für eine persönliche Vorstellung überhaupt in Betracht kommen.

Sich genügend Zeit für solche Gespräche zu nehmen bedeutet vor allem auch, nicht unter Zeitdruck zu kommen. Manche Gespräche dauern länger, manche verlaufen kürzer als geplant. Besonders die länger dauernden Gespräche nehmen gerade deswegen so viel Zeit in Anspruch, weil man hier Aussicht auf „Erfolg" zu spüren glaubt, weil man meint, daß es sich lohnt, sich länger mit dem Bewerber oder der Bewerberin zu befassen. Nichts ist schlimmer, als wenn man dauernd auf die Uhr sehen muß und ins Gedränge gerät. Besteht insbesondere bei einer geringen Zahl von Vorstellungsgesprächen die Möglichkeit, den Zeitpunkt so zu wählen, daß ein „open end" möglich ist, sollte man dieser Zeitgestaltung den Vorzug geben.

Sich auch hier in die Lage der Bewerber zu versetzen hilft viel. „Bequeme Zeitgestaltung" bei der Bewerberauswahl, das heißt alle Bewerber werden zu einem Zeitpunkt gemeinsam „bestellt", führt zwangsläufig zu – manchmal sehr langen – Wartezeiten. Stehen dann nicht entsprechende Räumlichkeiten für die Wartenden zur Verfügung, wird der Streß, der bei schon kurzen Wartezeiten entsteht, noch verschärft. Die Situation ist dann mit der im überfüllten Wartezimmer eines Zahnarztes zu vergleichen. Je länger man warten muß, je näher dann langsam aber sicher der Augenblick naht, in dem man „drankommt", um so höher wird der Erwartungsstreß. Der damit zwangsläufig verbundene Ausstoß der Streßhormone Adrenalin und Noradrenalin beeinträchtigt das ordnungsgemäße Funktionieren des Gehirns, das Denken und Abrufen von Gespeichertem im Gehirn wird beeinträchtigt, was unter Umständen sogar zu Denkblockaden, Sprechblockaden führen kann. Wohl dem, der als erster „drankommt", die letzten Bewerber sind benachteiligt. Sieht man dann als Wartender noch die bedrückten oder angespannten Gesichter derjenigen, die das Vorstellungsgespräch „hinter sich gebracht haben", begleitet vielleicht noch durch entsprechende Handbewegungen, ist die Streßbelastung perfekt. Will man etwa prüfen, wie Bewerber auf Streßbelastungen reagieren?

Wird man es sich in Zukunft noch leisten können, „Bewerberschlangen" auf dem Flur, in dem die Personal- oder Ausbildungsabteilung angesiedelt ist, warten zu lassen? Glaubt man, daß es genügt, ein paar Stühle aufzustellen, um „Sitzkomfort" zu bieten? Der flotte Spruch, den man – leider – noch immer hören muß, „die wollen ja schließlich etwas von uns", wird unter dem Gesetz des Mangels sicher bald der Vergangenheit angehören.

Es sollte ein Anliegen der obersten Leitungsebene sein, sich über Einzelheiten des im Hause praktizierten Auswahlverfahrens zu informieren. Dazu gehört auch, sich darüber zu orientieren, wie es gelingt, zu den Personalverantwortlichen „vorzudringen", wie Bewerber mit Informationen versorgt werden, wie sie „behandelt“ werden. Ganz gleich wie diese Prüfung ausfällt: Einen Gesichtspunkt sollte man nicht außer acht lassen. Die alte Lebensweisheit, wie der Herr, so's Gescherr, gilt auch hier. Bei der Suche nach einem etwaigen „Schuldigen“ sollte sich kein Vorgesetzter aussparen, wobei es bei solcher Kontrolle letzten Endes darauf ankommt, Mißstände abzustellen, und nicht nach einem Schuldigen zu suchen.

3.7 Die Persönlichkeitsstruktur erkennen

Gespräche mit Bewerberinnen und Bewerbern sind wichtig. Sie sollten und können aber nicht die einzige Grundlage sein, auf die man eine endgültige Auswahlentscheidung stützt. Denn im Rahmen dieser Gespräche ist es kaum möglich, die in Zukunft immer wichtigeren „weichen Qualifikationsmerkmale“ einigermaßen zuverlässig zu erkennen. Denn welcher Bewerber, welche Bewerberin wird nicht versuchen, z.B. „teamfähig“ zu erscheinen? Was alles dazu gehört, kann man sich anlesen und sogar fest davon überzeugt sein, auch in der Praxis kooperieren zu wollen und zu können.

Eine Parallele hierzu kann man bei Führungsseminaren immer wieder erleben. In Gruppenarbeiten werden regelmäßig Probleme der Kooperation, Motivation oder Information „druckreif“ erarbeitet und vorgetragen, die Ergebnisse visuell auf Flipcharts übersichtlich und überzeugend dargestellt.

Diese fundierten Ergebnisse, während des anschließenden Rollenspiels gewissermaßen vor Augen, scheinen regelrecht „vergessen“, ja ins Gegenteil verkehrt, wenn es darum geht, das eben noch in lebendiger Diskussion mit anderen erarbeitete Ergebnis anhand eines praktischen Falls im Rollenspiel zu „erproben“.

Will man einigermaßen sicher sein, auch in verhaltensmäßiger Hinsicht eine „gute Wahl“ zu treffen, führt an Rollenspielen oder Fallstudien kein Weg vorbei.

Rollenspiele aus der täglichen Praxis, dem Arbeitsalltag, sind sehr gut geeignet, schon nach kurzer Zeit die Persönlichkeitsstruktur von Bewerbern zu erkennen. Sicher werden sich Bewerber auch hier anstrengen, zum Beispiel freundlich, höflich, zuvorkommend zu sein, nicht die Ruhe zu verlieren, alles in allem einen „guten Eindruck“ zu machen. Sicher wird auch hier – zum mindesten am Anfang des Rollenspiels – der Streßeinfluß seine Wirkung zeigen. Die Erfahrungen bei solchen Rollenspielen – deshalb sind sie auch Fallstudien vorzuziehen – haben aber gezeigt, daß der Rollenspieler schon nach kurzer Zeit „vergißt", daß er eine Rolle „spielt“ . Schon nach Minuten „spielt“ er nicht mehr, sondern zeigt seine wahre Einstellung. Die Rolle des „Gegenspielers“, des Mitarbeiters oder des Kunden, wird von einem Mitglied des auswählenden Teams übernommen, so daß sich derjenige, der die Auswahlentscheidung maßgeblich vorbereitet oder trifft, ganz dem Beobachten widmen kann.

Man ist immer wieder erstaunt, wie sich Bewerber in diesen Rollenspielen „geben", und das bedeutet, ihr wahres Gesicht zeigen, nachdem sie sich häufig in Interviews ganz anders, viel „positiver" dargestellt hatten. Was ist aber wichtiger? Der „gute Eindruck" im Vorstellungsgespräch, auf das man sich ja auch entsprechend vorbereiten kann, oder der Blick „hinter die Kulissen"? Woraus besteht denn der – künftige – Arbeitsalltag?

Wobei es bei den Rollenspielen nicht einmal so sehr auf das in diesen Spielen erzielte oder nicht erzielte Ergebnis ankommt. Entscheidend ist vielmehr die anschließende Diskussion über das Rollenspiel mit dem Bewerber. Hier kann man Kompromißfähigkeit ebenso erleben wie starres Festhalten an der eigenen Meinung, ohne auf Argumente einzugehen. Hier zeigen sich Teamfähigkeit, Kommunikationsfähigkeit und Kommunikationsbereitschaft ebenso wie die Fähigkeit zur Motivation oder aber die Fähigkeit, sich in die Lage eines anderen hineinzuversetzen, und vieles andere mehr.

Wichtig ist, daß es bei solchen Diskussionen weder Sieger noch Besiegte geben darf. Es geht um die Eignung des Bewerbers oder der Bewerberin für die zu besetzende Position. Dies sollte klar herausgestellt werden.

Selbstverständlich sollte man einen Bewerber nicht zu einem Rollenspiel „zwingen", das heißt derartig unter Druck setzen, daß er einfach nicht nein sagen kann. Schon allein die Fairness gebietet es auch, dem Bewerber vorher mitzuteilen, was ihn bei der Vorstellung erwartet. Auch sollte die Tatsache, daß sich ein Bewerber einem solchen Rollenspiel nicht stellt, nicht allein zur Ablehnung der Bewerbung führen. Aber sprechen sollte man über die Gründe, nach dem „Warum" fragen. Auch das kann eine interessante Diskussion ergeben.

Eine weitere Möglichkeit, zu erproben, ob man den richtigen Mann oder die richtige Frau für die zu besetzende Stelle gefunden hat, ist das Vereinbaren eines „Probearbeitstages", selbstverständlich mit dem Angebot der Bezahlung. Hier bekommen die Bewerber die Gelegenheit, ihre potentiellen Kollegen kennenzulernen, und zwar so kennenzulernen, daß auch sie sich ihre Meinung für eine endgültige Entscheidung bilden können. Auch hier gilt der Grundsatz: „Wer fragt, der führt." Wie schon bemerkt: Fragen bedeutet auf keinen Fall, die Entscheidung auf das Team zu verlagern und nach dem Prinzip der Mehrheitsentscheidung zu verfahren. Es werden nur die Ansichten abgestimmt, um eine wohlerwogene Entscheidung zu ermöglichen.

Zuviel Aufwand? Es kann nicht oft genug betont werden: Personalauswahlentscheidungen sind mit die wichtigsten Investitionsentscheidungen, in vielen Fällen sogar die wichtigsten.

Sie sind aber auch, und das sollte nicht zu gering eingeschätzt werden, die wichtigsten „Gesundheitsentscheidungen" für alle, die mit den Neueingestellten in Zukunft zu tun haben werden. Was es für die Gesundheit von Vorgesetzten, Kollegen und von unterstellten Mitarbeitern bedeutet, schon morgens mit dem Gefühl aufzustehen, daß man ja wieder mit „der" oder „dem" zusammensein muß, braucht wohl nicht näher erläutert zu werden. In vielen Bereichen werden Personalauswahl-Entscheidungen zunehmend nach dieser „gemischten Methode" vorbereitet. Es gibt regelrechte Personal Auswahlseminare, „Assessment Center", die mit entsprechend geschulten eigenen Kräften oder mit externen Beratern durchgeführt werden und sich manchmal über mehrere Tage hinziehen. Diese Seminare werden auch zur Potential-Analyse eingesetzt, um unter den eigenen Mitarbeitern und Führungskräften herauszufinden, wer sich für künftig zu besetzende höhere Führungspositionen eignen könnte oder um festzustellen, ob durch gezielte Fortbildung etwaige Defizite angegangen werden können. Es gibt eine Reihe von Organisationen, bei denen Auswahlentscheidungen, ob es sich dabei um „externe" oder „interne" Bewerber handelt, nur noch im Rahmen eines Assessment Centers getroffen werden.

So hat zum Beispiel General Motors die gesamte künftige Belegschaft eines im Bau befindlichen Werkes im spanischen Zaragoza mit 10000 Mitarbeitern über das Assessment Center ausgewählt, auch anzulernende, unqualifizierte Arbeitnehmer wurden eingeladen. Die praktischen Übungen wurden genau an den Maschinen und Anlagen ausgeführt, an denen die Auszuwählenden auch später arbeiten sollten (R. Hank, Auf der Suche nach dem besten Bewerber, Blick durch die Wirtschaft vom 17.2.1989).

Sicher kann auch das Urteil nach einem solchen Personal-Auswahlverfahren keine absolute Garantie dafür bieten, daß ein Bewerber alle Voraussetzungen erfüllt, die ihn bei seiner späteren Tätigkeit qualifizieren. Diese Garantie kann in keinem Auswahlverfahren gegeben werden. Es geht nur darum, die „Ausfallquote“ auf ein Minimum herabzudrücken.

Die Qualität eines solchen Auswahlverfahrens steht und fällt mit der Qualifikation derjenigen, die als „Entscheidungshelfer“ bei diesen Verfahren mitwirken. Das bestorganisierte Assessment Center kann seinen Zweck nicht erfüllen, wenn es am Sachverstand, dem Führungsverstand derjenigen, die ihr Votum abzugeben haben, fehlt. Daß jemand, der im Arbeitsalltag autoritär führt, als „Gutachter“ bei einem Assessment Center, in dessen Rahmen „kooperatives Führungsverhalten“ geprüft werden soll, von vornherein nicht in Frage kommt, sollte selbstverständlich sein. Das muß unbedingt vorher geprüft werden, am besten von externen Beratern. Leider werden immer wieder solche Führungskräfte des eigenen Hauses zu Mitgliedern des Assessment Centers bestellt, die zwar von sich behaupten, kooperativ zu führen, es in der Praxis aber nicht tun. Unsere Befragungen von Führungskräften geben da interessante Aufschlüsse. Rund 80 Prozent der von uns befragten Führungskräfte waren der festen Überzeugung, kooperativ zu führen, aber nur 40 Prozent der ihnen nachgeordneten Führungskräfte und Mitarbeiter konnten dies auch bestätigen.

Eine weitere beliebte Methode, Auswahlentscheidungen möglichst sicher zu machen, sind Tests. Ohne Tests keinen Ausbildungsplatz! Diese Erfahrung machen viele Lehrstellenbewerber, aber auch bei der Auswahl von Mitarbeitern und Führungskräften greift die „Testeritis“ immer mehr um sich. Mehr als die Hälfte aller Großunternehmen der Wirtschaft (500 und mehr Beschäftigte) greift auf Testverfahren zurück (iwd vom 18.2.88).

Bei Intelligenztests wird versucht, die Intelligenzstruktur von Bewerbern zu ermitteln. Getestet werden die Urteilsfähigkeit, das Sprachgefühl, die Kombinationsfähigkeit, die Abstraktionsfähigkeit, die Merkfähigkeit, das praktische Denken, das Denken in Zahlen, die Vorstellungsfähigkeit sowie das räumliche Vorstellungsvermögen.

Berufsbezogene Eignungstests sollen zeigen, ob Bewerber in der Lage sind, spezielle Anforderungen des künftigen Berufes zu erfüllen. Räumliches Anschauungsvermögen wird ebenso getestet wie praktischtechnisches Verständnis, Wahrnehmungsgenauigkeit, Grundrechnen, Formsehen, angewandtes Rechnen, Sprachlogik, Handgeschick und Fingerfertigkeit.

Bei Konzentrationstests werden die Aufmerksamkeit und das allgemeine Leistungsvermögen geprüft, insbesonders Schnelligkeit, Ausdauer und Sorgfalt beim Bearbeiten von Testfragen.

„Die Testergebnisse entscheiden allerdings in keinem Unternehmen endgültig über die Annahme oder Ablehnung der Bewerbung, wenngleich sie oft das endgültige Urteil stark beeinflussen", so das Institut der deutschen Wirtschaft (iwd Nr. 7/88) und gibt einige Beispiele zu solchen Testaufgaben .

Gesetzmäßigkeit: Erkennen Sie die Gesetzmäßigkeit, nach der sich diese Zahlenreihe aufbaut: 1, 3, 7, 13, 21, 31 ...

Gemeinsamkeiten: Was paßt nicht in diese Reihe? Bach, See, Stausee, Fluß, Meer.

Satzergänzungen: Ergänzen Sie diesen Satz mit einem der nachfolgenden Wörter: „Bei einem Gewitter gibt es immer ..." Regen, Hagel, Sturm, Blitz und Donner, Nebel.

Dreisatz: Fritz erhält in der Woche 12 Mark Taschengeld. Davon spart er 1/6 für eine Langspielplatte. Die Platte kostet 24 Mark. Nach wieviel Wochen kann Fritz sich die Platte kaufen?

Begriffspaare zusammenstellen: Auto verhält sich zu Kofferraum wie Fahrrad zu ...

Konzentration: Unterstreichen Sie in nachfolgender Zeile alle kleinen b: abdecwvnddbdihbatrwbjidbwwbdhbbdbkzrtbbddhdabirbghfddl.

Die Lösungen sind auch vorgegeben, werden aber hier nicht erwähnt, um dem Leser eine kleine Aufgabe nicht vorzuenthalten.

Der Wert solcher Tests ist nach wie vor umstritten. In dem amüsanten Buch „Was ist denn da so komisch? Der Witz im Betrieb" (0. Neuberger, Beltz Verlag, Weinheim/Basel 1988) findet sich folgender Witz:

„Der Personalchef zu seiner Frau: Ich hab heute mal aus Spaß den Test für unsere Azubis mitgemacht!

Da kannst Du aber froh sein, daß Du schon Chef bist! scherzt seine Frau. Ja, das hat der Betriebspsychologe auch gesagt!"

Den Test vorher mitmachen, und zwar ohne Kenntnis der „Lösungen“! Dies sei allen geraten, die Tests zur Entscheidungsgrundlage machen. Die Entscheidung wird dann leichter fallen, in welchen Fällen Tests nützlich sind, in welchen nicht.

Eines dürfen Tests auf keinen Fall sein: Ersatz für gut vorbereitete und zeitaufwendige Vorstellungsgespräche und die Prüfung von „weichen Führungsqualitäten“. Leider sieht die Praxis sehr oft anders aus. Tests sind relativ schnell und einfach auszuwerten, „psychologisch abgesichert“ und dienen als „Nachweis“ dafür, daß man sich bei der Personalauswahl Mühe gegeben hat. Ist das aber ein „Gutschein“ für Effizienz?

Tom Peters, früherer McKinsey-Direktor kommt in seinem Buch „Kreatives Chaos“ (Hoffmann und Campe, Hamburg 1988) zu dem Schluß: „Psychologische Tests jedweder Art vermeiden. Mitarbeiter einzustellen ist Sache der Linie und zu wichtig, um sie Experten zu überlassen“. Und zu den Tests selbst wird bemerkt: „Die Signale, die davon ausgehen, vermitteln genau das Gegenteil von dem, was das Wertesystem einer Firma ausmacht. Sie erwecken den Eindruck, als suche man nach Schwächen und nicht nach Stärken oder nach passenden Persönlichkeitsprofilen und nicht nach interessanten Menschen.“

Gerade im Zusammenhang mit Tests sollte man sich eines immer vor Augen halten: Die Gestalturng des Auswahlverfahrens läßt Schlüsse auf den „Stil des Hauses“, das praktizierte Führungsverhalten, den „grauen Arbeitsalltag“ zu. Und welcher Bewerber, der vom Sinn und Zweck des Testverfahrens nicht überzeugt ist, sich im gesamten Auswahlverfahren eher als „Nummer“ denn als Mensch behandelt fühlt, möchte in einer solchen Organisation tätig sein?

Bewerber sind Gäste. Auch diese Selbstverständlichkeit hat sich noch nicht überall herumgesprochen. Manchmal hilft der Hinweis, daß man andere Menschen so behandeln sollte, wie man selbst behandelt werden möchte, auch nicht weiter. Denn oft kommt dann die Antwort: Ich erwarte auch nichts! Worum es hier geht: Erfrischungen, ein Imbiß sollten angeboten werden, der Hinweis „Gehen Sie in die Kantine und trinken Sie eine Tasse Kaffee“, reicht da nicht aus. Wobei man hierzu noch bemerken muß, daß es dem Bewerber auch noch überlassen wird, den Weg dorthin zu suchen. Auch „Lesestoff“ sollte bei längeren Wartezeiten zur Verfügung stehen.

Nicht immer von Unternehmenskultur reden, sondern auch handeln! Corporate identity dokumentiert sich nicht nur in geschickt aufgemachten PR-Artikeln, sondern im Arbeitsalltag.

3.8 Sind Prüfungsnoten entscheidend?

Entscheidender Einfluß wird bei Personalauswahlentscheidungen – entgegen allen offiziellen Bekundungen von Führungskräften, die für Personalauswahl-Entscheidungen verantwortlich sind – nach wie vor den „Noten“ beigemessen. Prüfungsnoten, Zeugnisnoten sind – zumindest unterschwellig – entscheidend.

Das zeigt sich auch deutlich bei vielen Stellenangeboten. Überdurchschnittliche Examensnoten und Prüfungsergebnisse werden ausdrücklich gefordert. Bewirbt sich dann trotzdem jemand mit einem durchschnittlichen Prüfungsergebnis, wird er regelmäßig schon bei der Vorauswahl ausgeschieden und erhält, wenn überhaupt, seine Bewerbungsunterlagen zurück.

Selbst bei überdurchschnittlichen Ergebnissen gibt es – für den Bewerber in den wenigsten Fällen ersichtlich – weitere „interne Normen“. Von einer bestimmten Prüfungsnote an – hier geht es manchmal um Dezimalstellen nach dem Komma – werden auch „Überdurchschnittliche“ zunächst einmal auf „Reserve“ gelegt, auf die man, wenn die Notenstufen vorher „abgeräumt“ sind, gegebenenfalls zurückgreifen kann.

Nur eine Folge soll bei diesem Vorgehen herausgegriffen werden. „Reserve“ bedeutet in den meisten Fällen „Warten“, und zwar ungewisses Warten. Zwischenbescheide scheinen in vielen Bereichen – noch – weitgehend unbekannt. Warum auch Zwischenbescheide, die ja Arbeit machen und Porto kosten? „Die Bewerber wollen ja schließlich etwas von uns“, heißt es dann. Und: „Wem es zu lange dauert, der kann ja nachfragen!“ Trauen sich Bewerber aber überhaupt, nachzufragen? Befürchtet man nicht von vornherein „aufzufallen“, zu riskieren, daß sich die „personalbearbeitende Stelle“ ärgert? Public relations? Corporate identity? Begriffe, die in manchen Personalbereichen noch unbekannt zu sein scheinen.

Mit der überdurchschnittlichen Gesamtnote ist es in manchen Bereichen aber noch nicht getan. Noten in bestimmten Fächern werden kritisch unter die Lupe genommen.

Die Deutsch-Note soll einen „untrüglichen Hinweis auf die Kommunikationsfähigkeiten eines Bewerbers geben“ (J. Stelzer, Schulstreß, Management Wissen 6/88). „Das Abiturzeugnis ist für uns gewissermaßen eine Grundlage für die Persönlichkeitsdeutung und gleichsam Aushängeschild der Kinderstube“, so ein Geschäftsführer und Arbeitsdirektor. Andere wiederum haben Schwierigkeiten, Noten in Grund- und Leistungskursen zu interpretieren und bezeichnen Zeugnisse schlicht als Zumutung. Auch wird der Verdacht geäußert, daß – so ein Personalchef – „die Noten zu unserer Zeit vielfach härter gewesen seien“. Anheben der Noten durch die Lehrer wird vermutet, um die Schüler vor dem Numerus clausus zu bewahren. Dem steht wiederum das Ergebnis einer Untersuchung von 7000 Abiturzeugnissen durch den Psychologen J. Hitpaß entgegen, der herausfand, daß sich mit der Einführung der gymnasialen Oberstufe diesbezüglich keine gravierenden Veränderungen feststellen ließen (Management Wissen 6/88).

Schulnoten und Prüfungszeugnisse sagen gewiß etwas über die Bewerber aus. Bei einer Auswertung der Daten von 28931 Personen kam Professor H. Schuler zu dem Ergebnis, daß Schulnoten – und speziell auch Abiturzeugnisse – sehr gut zur Vorhersage von Ausbildungs- und Studienerfolg taugen: Je besser die Schulnoten, desto besser der spätere Ausbildungs- und Studienerfolg. Besonders deutlich war dabei der Zusammenhang zwischen Abiturnoten und Hochschulabgangszeugnis.

Ob man freilich von den Noten auf einen späteren Berufserfolg schließen kann, steht dahin. So meint zum Beispiel ein Personalchef, daß sich der gute Vertriebsmanager schon auf dem Gymnasium in Fächern wie Mathematik, Physik oder Chemie profiliert habe und meist nur der fleißige Schüler später im Vertrieb erfolgreich sei. Das muß bezweifelt werden. Bei all diesen Prognoseversuchen muß man immer wieder an Ludwig Thoma denken: „Er war Einser-Jurist und auch sonst von mäßigem Verstand.“

„Leistungen, die auf dem Papier stehen (Zeugnisse) geben keine Garantie. Vertrauen Sie bei der Einstellung neuer Mitarbeiter nicht zu sehr auf Zeugnisse und Empfehlungsschreiben.“ (T. Peters, Kreatives Chaos, Hoffmann und Campe, Hamburg 1988)

Den Noten – um welchen Abschluß es sich auch immer handelt – eine übergroße Bedeutung beizumessen, gar die „Zulassung“ in die engere Auswahl von bestimmten Durchschnittsnoten – vielfach nach der Stelle nach dem Komma – abhängig zu machen, führt bei der Personalauswahl zu einer einseitigen Betrachtungsweise, die sich mehr an der Vergangenheit und nicht an der Zukunft orientiert. Abgesehen davon, daß man sich dies in Zukunft angesichts des starken Rückgangs bei der Zahl der Schulabgänger nicht mehr wird leisten können, da auch die Zahl der „Überdurchschnittlichen“ entsprechend abnehmen wird. Wie stark der Rückgang der Bewerberzahlen heute schon ist, zeigt das Beispiel eines mittelständischen Unternehmens mit etwa 120 Vollzeitarbeitskräften. Hatten sich 1985 noch 45 Bewerberinnen und Bewerber für einen Ausbildungsplatz in diesem Unternehmen interessiert, waren es 1989 nur 12!

Und dabei handelte es sich um ein Unternehmen, das am Ort durch seine hervorragende Ausbildung, sein gutes Betriebsklima und sein umfangreiches Weiterbildungsangebot nicht nur in der Branche, sondern allgemein bekannt war.

Vorauswahlen nach gewissen Notenstufen werden sich in Zukunft auch nur noch wenige Unternehmen leisten können. Besonders kleinere und mittlere Banken werden die „Sogwirkung“ der „Großen“ – Bekanntheitsgrad, größere Mittel für die Nachwuchswerbung, höhere Vergütung, attraktives Weiterbildungsangebot mit entsprechender „Übernahmegarantie“ – zu spüren bekommen.

All das gilt es heute schon zu bedenken und Maßnahmen zu treffen, um Umstellungsvorgänge einzuleiten. Aktivität ist gefordert. Es nützt nichts, immer wieder darüber zu klagen, „daß der Nachwuchs immer schlechter wird“. Der Nachwuchs wird nicht schlechter. Es kommen nur – entsprechend der geringeren Zahl der Schulabgänger – weniger gute Bewerber! Trotz aller Hinweise und Ratschläge in Veröffentlichungen: Die „Praxis“ scheint kaum veränderbar, wie es schon Eugen Roth in seinen Versen „Veränderungen“ beschrieben hat.

Wir wissens zwar mit dem Verstand:
Geändert hat sich allerhand!
Jedoch im Herzen, ganz verstockt,
Noch tief das alte Weltbild hockt,
Träg wie der Frosch in seinem Pfuhle,
So wie wirs lernen in der Schule.

(Heitere Verse, Von Menschen und Unmenschen, Carl Hanser Verlag, München, Wien 1977)

In der Kreditwirtschaft, in der es zunehmend auf Kooperation, Motivation und Kommunikation ankommt, in der Freundlichkeit, aufeinander zugehen, Teamfähigkeit, Verständnis für andere von denjenigen verlangt werden, die „in einem Boot sitzen“, können Zeugnisse und Noten über all diese Eigenschaften nicht allzu viel aussagen.

Hier gilt es, endlich in die Praxis umzusetzen, was gerade von Spitzenführungskräften in Aufrufen an die Belegschaft, Artikeln in der Hauszeitschrift, bei Betriebsversammlungen und Verbandstagungen immer wieder betont wird. Fensterreden, Absichtserklärungen bewirken überhaupt nichts mehr, wenn nicht unmittelbar Taten folgen. Und für Taten bietet das Personalwesen, und dort an hervorragender Stelle Personalwerbung, Personalauswahl und Personalentwicklung, eine Menge von Gelegenheiten. Zeitaufwendige, sorgfältige Auswahlarbeit ist gefordert. Mit zehnminütigen Vorstellungsgesprächen ist es nicht mehr getan.

„Wir müssen uns statt auf herkömmliche Qualifikationen eher auf Auswahlkriterien stützen, die in Zukunft für die Firma wichtig sein werden, wie die Fähigkeit, im Team zu arbeiten oder die Orientierung am Kunden.“ (Peters, Kreatives Chaos). Die Bewerberauswahl muß sich unbedingt an den Erfordernissen des Marktes orientieren.

Sich darauf zu verlassen, daß man Mängel bei eingestellten neuen Mitarbeitern und Führungskräften früher oder später erkennt oder daß man vielleicht von Kunden darauf aufmerksam gemacht wird, daß der oder die Neue bestimmte „Macken“ haben, ist weitgehend Illusion. Kunden sprechen sehr viel über ihren Geschäftspartner – wenn sie ihn überhaupt als solchen betrachten –, aber nicht mit ihm, schon gar nicht über neue Mitarbeiterinnen und neue Mitarbeiter. Ähnliches gilt für die Mitarbeiter im Hause. Wer schwärzt schon einen Kollegen oder eine Kollegin an, es sei denn, „eigene Interessen“ werden durch die Neue oder den Neuen beeinträchtigt .

Je mehr Mühe bei der Personalauswahl aufgewendet, je mehr Zeit investiert wird, um so sicherer kann man sein, nicht nur den „Besten“, sondern vor allem die „Richtige“ oder den „Richtigen“ gefunden zu haben. Wobei die Sicherheit entscheidend von der Qualifikation derjenigen abhängt, die diese Personalauswahlentscheidung treffen oder weitgehend vorbereiten.

In diesem Zusammenhang sollte man aber auch diejenigen nicht überfordern, von denen man gegebenenfalls eine Umstellung im Auswahlverfahren verlangt. Können sie wirklich zuverlässig das Verhalten von Bewerbern zum Beispiel in einer Gruppendiskussion beurteilen, wenn den Teilnehmern am Auswahlverfahren ein Thema zur Diskussion gestellt wird, über das sie miteinander reden, vielleicht sogar ein Ergebnis erarbeiten sollen. Besteht da nicht die Gefahr, daß Kooperation in der Dis-kussion als Schwäche, daß „das Heft in die Hand nehmen" als Initiative, daß Profilieren in der Runde als „willkommenes Durchsetzungsvermögen" ausgelegt wird?

Hier muß Hilfe angeboten werden. Auch „Personalleute" müssen lernen, Neues, mit dem sie sich bisher nicht beschäftigt haben, in entsprechenden Seminaren zu üben. Personalleiter müssen nicht nur Weiterbildungsprogramme für andere in die Welt setzen, sie müssen sich auch selbst der Weiterbildung unterziehen.

Manche scheuen diesen Aufwand mit dem Hintergedanken, daß man den Neuen oder die Neue eben ersetzen muß, wenn sie nicht „einschlagen". Dieser Gedanke führt schon heute vielfach in eine ausweglose Sackgasse. Denn oft ist mit der Einstellung des Bewerbers die Entscheidung nicht nur für die allernächste Zukunft gefallen, sondern für einen längeren Zeitraum. Aber da ist doch die Probezeit. Diesen Einwand hören wir in Diskussionen über das Thema „Personalauswahl" immer wieder. Wobei eines ganz bestimmt richtig ist: Die Probezeit sollte man als einen sehr wichtigen Abschnitt im Rahmen des Personal-Auswahlverfahrens betrachten. Das setzt vor allem eine sehr enge Zusammenarbeit zwischen dem Bereich „Personal" und den Bereichen voraus, in denen der oder die Neue während der Probezeit tätig wird. Laufender Kontakt, damit etwaige Mängel rechtzeitig erkannt und angegangen werden können, ist die Voraussetzung für eine weitgehend abgesicherte „Übernahmeentscheidung" .

Selbst dann, wenn die Probezeit durch den Arbeitgeber „ernst genommen" wird: Man erlebt es immer wieder, daß sich Neueingestellte während der Probezeit große Mühe geben. Es sind kaum Fehlzeiten zu verzeichnen, es scheint alles gut zu laufen. Nach Ablauf der Probezeit beginnt es dann zu „kriseln". Nicht abrupt, nicht von heute auf morgen. Das Ganze ist ein langsamer, schleichender Prozeß. Die Fehlzeitenrate steigt, es wird nur noch das getan, was unbedingt getan werden muß. Freundlichkeit, Entgegenkommen, Initiative werden zu Luxusartikeln.

In manchen Bereichen wird aber die Probezeit gar nicht ernst genommen, es wird nicht „erprobt". Es gilt fast schon der Erfahrungssatz: Wenn er oder sie keine goldenen Löffel – von den silbernen Löffeln ist man bereits abgekommen – klaut, dann ist die Ehe geschlossen und eine Scheidung kaum noch möglich. So die Meinung vieler Führungskräfte über die „herrschende Praxis". Probezeit? Wenn diese Frage gestellt wird, ist die Antwort meistens Schweigen. Die Probezeit wird oft als reine Formsache angesehen.

Auch scheuen manche die Auseinandersetzung mit dem Probanden. Das gilt einmal für die kritische Beurteilung während der Erprobung, zum anderen aber auch für die Entscheidung selbst. Zivilcourage wird immer mehr zur Mangelware. Auch scheuen sich manche Führungskräfte, die am Einstellungsvorgang entscheidend mitgewirkt haben, diese Entscheidung zu treffen. Sie glauben, einen Prestigeverlust zu erleiden und sehen die Trennung als persönliches Eingeständnis, sich bei der Einstellung „geirrt" zu haben, an. Wer A sagt, muß auch B sagen !

Ein weiteres Phänomen stellt man in zunehmendem Maße fest: Kurz vor Ablauf der Probezeit merkt der Personalbereich, daß diese in wenigen Tagen zu Ende geht. Auf entsprechende Fragen nach der Eignung, Übernahme „ja" oder „nein", heißt es dann oft: „Eigentlich nein!"

Dann wird hin und her überlegt und letztlich die Frage gestellt: Kann man so kurz vor Ablauf der Probezeit noch kündigen? Hätte man nicht vor Ablauf der Probezeit den Probanden auf dieses oder jenes aufmerksam machen müssen? Hätte man nicht auf Abstellung von Mängeln, Änderung des Verhaltens drängen müssen?

Hat man dann lange genug überlegt und diskutiert, kommt dann auch schon die rettende Idee: So „schlimm" ist es ja eigentlich auch wieder nicht. Das alles kann sich ja noch ändern. Und je länger man diskutiert – vielleicht spielt dann unterschwellig auch noch das eigene schlechte Gewissen mit –, desto sicherer ist man: Es wird sich ändern! Man wird auch darüber mit dem Probanden reden müssen. Nach dieser Diskussion ist man sich einig: Die Probezeit ist „bestanden" und geredet wird dann mit dem Probanden oft auch nicht mehr. Der gute Vorsatz wird immer wieder vor sich hergeschoben, Zeit ist auch keine da, und unangenehme Gespräche werden ohnehin nicht gern geführt. Und selbst wenn gesprochen werden sollte, dann in sehr „abgemilderter“ Form. Was bleibt, ist Hoffnung, eine sehr trügerische Hoffnung, wie es die Praxis immer wieder zeigt.

3.9 Integration ins Team

Die Probezeit muß als erweiterter Bestandteil des Personalauswahlverfahrens betrachtet werden. Die Entscheidung, die zunächst getroffen wird, geht dahin: Die Bewerberin oder der Bewerber erscheint für die Probezeit geeignet, und nicht mehr. Wer mehr in diese Entscheidung hineininterpretiert, gerät in Gefahr, sich viel zu früh festzulegen. Ob man im Rahmen dieser Betrachtungsweise mehr Bewerber für die Probezeit einstellen sollte, als vom Bedarf her gebraucht werden, ist eine Überlegung wert. Einmal hat eine, wenn auch kleine „Personalreserve“ noch nie geschadet. Zum anderen ist der Zwang zur Auslese oft heilsam.

Die Entscheidung „erfolgreicher Abschluß der Probezeit“ ist die wichtigste Entscheidung im Rahmen des Personalauswahlverfahrens. Sie muß gut vorbereitet, der Bewerber wirklich auch erprobt, vielseitig erprobt worden sein.

Die Hoffnung, nach der Probezeit werde sich dieses oder jenes schon geben, der oder die Neue sich zum Positiven hin entwickeln, erkennbare Mängel würden sich im Laufe der Zeit „abschleifen“ oder gar „verlieren“ ist, wie bereits bemerkt, meist trügerisch. Auf den Satz „Ausnahmen bestätigen die Regel“ sollte man sich nicht verlassen. Sehr oft ist leider genau das Gegenteil der Fall. Introvertierte Menschen werden noch introvertierter, mangelnde Anpassungsfähigkeit wird allmählich zur Starrheit, die anfangs noch zur Schau getragene Freundlichkeit friert förmlich ein.

Hauptsache, die Arbeit wird fachlich einwandfrei „abgewickelt“. Wie dabei mit Kollegen, Mitarbeitern und Vorgesetzten „umgesprungen“ wird, interessiert oft erst in zweiter Linie. „Guter Fachmann, heißt es dann, oder „fachlich kann man ihm oder ihr nichts vormachen“. Hinterher kommt dann das große „Aber“.

Das wirkt sich auch im „Verkehr“ nach draußen aus. Manche dieser „Fachleute“ werden von Kunden geradezu gemieden, Kollegen werden dadurch übermäßig belastet. „Intern“ macht man um diese Fachleute auch gern einen großen Bogen. Und der Personalchef klagt: „Mit Fachleuten könnte ich ganze Straßen pflastern!“

Jeder, der Personalauswahl-Entscheidungen zu treffen oder an solchen Entscheidungen mitzuwirken hat, sollte sich einen ehernen Grundsatz zu eigen machen: Im Zweifel nein!

Lieber nochmals eine Anzeige einsetzen, sich der Mühe einer weiteren Bewerberauslese unterziehen, als eine Entscheidung treffen, von der man selbst nicht ganz überzeugt ist. Immer wieder hört man von Personalchefs oder Fachvorgesetzten, daß sie sich stattdessen zu einer positiven Entscheidung förmlich selbst überredet hätten. Vielleicht sollte man sogar sagen, sie hätten sich selbst belogen.

Der Grundsatz „im Zweifel nein" gilt auch bei zunehmender Knappheit an qualifizierten Mitarbeitern, Führungsgkräften und Bewerbern für einen Ausbildungsplatz. Die Zeit ist ganz sicher nicht mehr fern, in der sich kaum noch jemand auf eine Zeitungsanzeige meldet, geschweige denn, man vom Arbeitsamt eine Bewerberin oder einen Bewerber „zugewiesen" bekommt. Jetzt mit den Anforderungen herunterzugehen, ein oder gar zwei Augen zuzudrücken, gleicht im Ergebnis einem Lotteriespiel, bei dem man zwar auch einmal gewinnen kann, die Chancen aber gering sind. Schon jetzt gilt es, alle Mittel und Wege auszuspähen, um überhaupt an Bewerber heranzukommen. Wirksamster Werbeträger sind die Mitarbeiter und Führungskräfte des eigenen Hauses. Was aber tun, wenn es hier an Motivation fehlt? Werden Mitarbeiter und Führungskräfte, die mit dem Führungsverhalten ihrer Vorgesetzten nicht zufrieden sind, bereit sein, „werbend" tätig zu werden?

Folgt man dem Grundsatz „im Zweifel nein" nicht, dann ist eines fast schon vorprogrammiert: Vorgesetzte und „Neue" gehen immer mehr auf Distanz, aus einem geplanten „Miteinander" wird immer mehr ein „Nebeneinander". Das bleibt den anderen Kollegen und Kolleginnen nicht verborgen und kann zu erheblichen Spannungen oder Solidarisierungen führen, die sich auch nach außen auf Kunden und Geschäftspartner auswirken können.

Manche werden mit der emotionalen Überforderung nicht fertig, schalten ab, kündigen innerlich, und zwar schon nach kurzer Betriebszugehörigkeit. Natürlich merkt der Vorgesetzte diese doppelte Distanzierung, einmal ihm gegenüber, zum anderen aber auch von der Arbeitsaufgabe. Und nun beginnt ein Teufelskreis: noch stärkere Distanzierung auf beiden Seiten. Entweder man geht sich aus dem Wege oder die Kontrollen werden verschärft. Auseinandersetzungen bleiben nicht aus. Die Kündigung ist vorprogrammiert. Wer kündigt zuerst?

Nur wenige Vorgesetzte sind bereit, die Ursache für all dies in der eigenen Auswahlentscheidung zu suchen. „Schuld" sind dann immer nur die anderen. Das eigene Prestige läßt es vielfach nicht zu, sich oder gar anderen einzugestehen, daß man sich geirrt hat.

Fehlentscheidungen bei der Personalauswahl wird man mit letzter Sicherheit nie ganz ausschließen können. Eine Möglichkeit, die Anzahl der Fehlentscheidungen möglichst gering zu halten ist, das künftige Umfeld zu berücksichtigen. Es kommt nämlich entscheidend darauf an, ob die Bewerber auch zu den Menschen ihrer künftigen Umgebung passen, oder ob sie offensichtlich als Fremdkörper in die neue Umgebung kommen, wo sie aller Voraussicht nach von der Gruppe, in die sie hineinwachsen sollen, nicht akzeptiert werden.

Daß die Nichtberücksichtigung des Umfeldes erhebliche Folgen haben kann, zeigt eine Untersuchung aus der Versicherungswirtschaft.

In einem Unternehmen wurden alle Neueinstellungen nach streng fachlichen Gesichtspunkten vorgenommen, nur die Bestqualifizierten wurden eingestellt. Die Folge: eine überdurchschnittliche Fluktuationsrate. Mitarbeiter, die schon lange im Unternehmen waren, kündigten, weil sie mit den neueingestellten Kollegen nicht zu Rande gekommen waren, deren Überheblichkeit und Erfolgsmentalität dem Gruppenklima geschadet hatte. Nachdem man bei Neueinstellungen zunehmend auch die Persönlichkeitsstruktur berücksichtigt und auf die Zusammensetzung der künftigen Arbeitsgruppen Rücksicht genommen hatte, sank die Fluktuationsrate innerhalb von zwei Jahren von durchschnittlich 26 Prozent auf 14 Prozent ab. Die Arbeitsleistung stieg um 8 Prozent, die Qualitätsmängel gingen um 20 Prozent zurück.

„Bedeuten großartige Mitarbeiter alles in allem – zumindest auf dem Papier – auch gleichzeitig, daß man ein großartiges Team hat?" Diese Frage, von dem erfahrenen Praktiker Tom Peters (Kreatives Chaos, Hoffmann und Campe, Hamburg 1988) gestellt, sollte man gründlich prüfen. Die Antwort „Nein, nicht notwendigerweise" hat im Zeichen der Kooperation viel für sich.

Um nicht mißverstanden zu werden: Fachliche Qualifikation ist unverzichtbar! Aber ein guter Fachmann oder eine gute Fachfrau sind noch nicht automatisch zur „Führung", das heißt zur zielorientierten Verhaltensbeeinflussung anderer Menschen geeignet, und aus einer guten fachlichen Qualifikation folgt noch lange nicht die Fähigkeit und vor allem der Wille zu Kommunikation und Kooperation. Diese Fähigkeiten müssen gesondert „geprüft“ werden, wobei die Grenzen zwischen „fachlicher Qualifikation“ und der „weichen Führungsqualifikation“ nicht genau gezogen werden können.

Im Zusammenhang mit der Frage „Paßt der oder die Neue zum Team?“ sollte man versuchen, im Vorstellungsgespräch herauszufinden, warum sich die Bewerber für die konkrete Position, für die sie sich beworben haben, interessieren. Bei Auszubildenden wäre auch das spezielle Interesse für den gewählten Beruf herauszufinden.

Die Bedeutung dieser Fragen für die Auswahlentscheidung kann nicht hoch genug eingestuft werden. Suchen die Bewerber nur irgendeinen „Job“ oder gibt es spezielle Gründe für die zu besetzende Position? Haben sich die Bewerber über die zu besetzende Stelle genau erkundigt? Wie und von wem haben sie Informationen eingeholt? Haben sie sich nur „ganz allgemein“ erkundigt, oder waren auch Details Gegenstand der Information? Haben sie – wenn vorhanden – den vielfach ausliegenden Geschäftsbericht nicht nur „überflogen“, sondern auch durchgelesen?

Man ist bei Vorstellungsgesprächen – selbst bei Führungskräften – immer wieder erstaunt, wie oft man hier buchstäblich ins Leere stößt. Nicht selten muß man erfahren, „daß man sich halt mal beworben hat“. Und oft findet man dann im Laufe des Gespräches heraus, daß in erster Linie gar nicht einmal die neue Position im Mittelpunkt des Interesses steht.

Für manche Bewerber besteht das Hauptproblem darin, von der jetzt ausgeübten Tätigkeit wegzukommen, ganz gleich, wohin der Weg führt und manchmal auch egal um welchen „Preis“. Dabei können diese Gründe durchaus verständlich sein. Man muß aber fragen und darf diesen Fragenkomplex auf keinen Fall aussparen.

Ähnlich sollte man bei Bewerbungen um einen Ausbildungsplatz vorgehen. Warum gerade dieser Beruf? Warum die Bewerbung gerade bei uns? Diese Fragen werden zu einem zentralen Thema des Auswahlgesprächs. Wenn im Laufe eines Berufslebens Weichen gestellt werden, dann jetzt!

Daß gerade bei diesem Fragenkomplex offensichtlich viel versäumt wird, zeigt, daß 1986 ein knappes Viertel derjenigen, die ihre Ausbildung vorzeitig abgebrochen hatten, als Grund dafür angaben: andere Vorstellungen vom Arbeitsgebiet! Zählt man noch die jeweils 18 Prozent der Ausbildungsabbrecher dazu, die wegen zu hoher Anforderungen oder aus gesundheitlichen Gründen vorzeitig aufgegeben hatten, kommt man insgesamt auf einen Anteil von rund 60 Prozent. Dieser Anteil kann und muß – und zwar im Interesse des ausbildenden Arbeitgebers ebenso wie des Auszubildenden – entscheidend gesenkt werden. Lieber weniger Tests und zeitaufwendige „Prüfungen“, als am Zeitbudget des persönlichen Gespräches zu sparen. Dieses Gespräch ist durch nichts zu ersetzen!

Wer solche Gespräche intensiv führt, wird nicht selten erkennen, daß sich Bewerber nicht oder nur ganz vage über ihren künftigen Beruf informiert haben, besonders, wenn es sich um gut klingende und damit für viele attraktive Berufsbezeichnungen handelt. Oft wissen die Bewerber gar nicht, daß sich hinter manchen in den entsprechenden Werbebroschüren positiv geschilderten Tätigkeitsfeldern harte Arbeit verbirgt, zu der man sich möglicherweise, weil das innere Engagement fehlt, überwinden, ja zwingen muß. Darüber muß gesprochen werden, und zwar offen und kritisch. Erkennt man bei den Bewerbern, daß es sich nur darum handelt, „irgendwie und irgendwo unterzukommen“ oder nur Zeit zu überbrücken, muß es auch hier wieder heißen: im Zweifel nein!

Es muß offen gesprochen werden! Es hat überhaupt keinen Sinn, Bewerbern, ganz gleich um welche Position es sich handelt, etwas vorzumachen, zu „schönen“ oder vermeintlich heikle Fragenkomplexe gar nicht erst anzuschneiden. Das gilt für Gehaltsfragen, Aufstiegsmöglichkeiten, Gelegenheit zur Fortbildung ebenso wie für Fragen der Arbeitszeit, Überstunden, Arbeit an Sonn- und Feiertagen oder Urlaubsfragen. Und das gilt auch für eventuelle „Schattenseiten“, die es in jedem Beruf nun einmal gibt.

Der „Grundsatz“, wenn „sie“ oder „er“ erst einmal hier ist, dann wird sich schon alles finden, führt oft zu großen Enttäuschungen auf beiden Seiten. Manchmal findet es sich, vielfach aber auch nicht. Wenn der oder die Neue zunächst einmal für sich alleine feststellt und es später offen ausspricht „Wenn ich das gewußt hätte“, ist der Anfang vom Ende vorprogrammiert.

Gerade im Zeichen des sich immer deutlicher zeigenden Personalmangels wird die Personalauswahl zum entscheidenden Instrument der Personalpolitik. Gerade dann, wenn man immer weniger Bewerbungen bekommt, darf man nicht der Versuchung unterliegen: Die Hauptsache ein gutes Zeugnis, so schnell wie möglich zusagen und so den Bewerber oder die Bewerberin an sich „binden". Die Gefahr, daß die „Bindung" nicht lange hält, ist groß.

Schnelle Reaktion auf die Bewerbung, ja! Sofort den Eingang der Bewerbung bestätigen, Zwischenbescheide müssen zur Regel werden. Dann kurzfristige Einladung zum Vorstellungstermin und die Entscheidung möglichst innerhalb von Tagen. Die meisten Bewerber bewerben sich bei mehreren potentiellen Arbeitgebern. Und hier ist es wie auf allen Gebieten: Die Konkurrenz schläft nicht. Ein immer enger werdender Personalmarkt erfordert schnelle Entscheidungen. Daran wird sich auch der Personalbereich gewöhnen müssen. Das Risiko einer Antwort von Bewerberseite „Tut mir leid, ich habe mich bereits anderweitig entschieden", muß gering gehalten werden.

Das darf nicht zu Lasten der Qualität, der sorgfältigen Prüfung gehen. Hohe Fachkompetenz, Zusammenspiel aller an der Personalauswahl beteiligten Kräfte ist gefordert. Jeder bekommt die Auszubildenden, Mitarbeiter und Führungskräfte, die er verdient.

3.10 Mit 40 schon zum „alten Eisen“?

Von Mitarbeitern und Führungskräften werden geistige Leistungsfähigkeit, die Fähigkeit und Bereitschaft, mit anderen Menschen zu kommunizieren sowie sich auf Veränderungen einzustellen, diese zu fördern, erwartet.

Wie steht es um all diese Fähigkeiten bei älteren Mitarbeitern und Führungskräften? Stimmt die immer wieder zu hörende Behauptung vom deutlich zu spürenden geistigen und körperlichen Leistungsabfall in den beiden letzten Jahren des Berufslebens? Kann man „über 40“ den hohen Anforderungen des Arbeitslebens noch gerecht werden, oder wird man in diesem Alter schon zum „alten Eisen“ gerechnet, aufs Abstellgleis geschoben, bei Bewerbungen als „zweite Wahl“ eingestuft?

Interessant in diesem Zusammenhang ist dabei, daß diese Fragen sehr oft von denjenigen, die Personalauswahlentscheidungen zu treffen haben, gestellt werden, die sich selbst gerade in diesem „besten Alter“ befinden. Das Altersproblem wird immer nur in bezug auf andere gesehen. Sich selbst betrachtet man stillschweigend oder auch ausdrücklich als die oft beschworene Ausnahme von der Regel.

Der „Baby-Boom“ scheint ungebrochen. Dies zeigen immer wieder die Texte von Stellenangeboten. Junge, dynamische Bewerberinnen und Bewerber werden gesucht, oft werden Altersgrenzen vorgegeben – nicht älter als 35 Jahre oder erste Hälfte des Berufslebens. Gleichzeitig wird aber Erfahrung, nachweisbare erfolgreiche, einschlägige Berufspraxis, möglichst in mehreren Positionen, verlangt.

Je jünger, um so geeigneter, um so frischer, initiativer, kreativer und einsatzfreudiger, aber auch um so härter, durchsetzungsfähiger. So der Eindruck, den man beim Studium vieler Anzeigen, mit denen Bewerberinnen und Bewerber gesucht werden, gewinnen muß. Was nicht in den Anzeigen steht: Jüngere Bewerber werden noch als formbar, entwicklungsfähig im Sinne des suchenden Arbeitgebers angesehen.

Schließlich „kosten“ sie auch weniger als erfahrene, ältere Bewerber. Auch wird die „Gesundheitserwartung“ bei jüngeren Bewerbern positiver beurteilt als bei älteren.

Sicher sind derartige Erwägungen nicht ganz von der Hand zu weisen. Werden sie aber insgesamt zum Pauschalurteil und damit sogar zum Vorurteil, kann dies außerordentlich gefährlich werden. Bei der Personalauswahl sollte man in dieser Beziehung sehr vorsichtig sein. Hier kommt es letzten Endes auf die individuell zu besetzende Position und das entsprechende Anforderungsprofil an.

Nach den Erkenntnissen der Arbeitsphysiologie ist mit zunehmendem Alter ein Nachlassen der Muskelkraft und Beweglichkeit ebenso festzustellen, wie eine Einschränkung der Funktionsfähigkeit von Organsystemen und der Widerstandsfähigkeit gegenüber hoher physischer und psychischer Dauerbelastung. Das Wahrnehmungstempo nimmt ebenso ab wie die Geschwindigkeit der Informationsverarbeitung und des Reaktionsvermögens. Das Kurzzeitgedächtnis läßt nach, ebenso die Fähigkeit, Arbeiten unter strenger Zeitvorgabe zu verrichten.

Weitgehend gleichbleibend sind die Widerstandsfähigkeit bei gewöhnlichen physischen und psychischen Anforderungen, Dauerleistung, Bewegungsgeschwindigkeit unterhalb der Höchstleistung, Aufmerksamkeit und Konzentrationsfähigkeit, der Umfang erworbenen Wissens und Sprachkenntnisse (Ältere Mitarbeiter im Betrieb, Bayerisches Staatsministerium für Arbeit und Sozialordnung, München 1986).

Entscheidend für die geistige Leistungsfähigkeit eines Menschen ist vor allem das Gehirn mit seinen 15 bis 20 Milliarden Gehirnzellen, die sich im Laufe des Lebens ständig vermindern. Dieser ständige Verlust von Zellen wirkt sich auch auf die geistige Leistungsfähigkeit aus, was man aber nicht als Leistungsminderung, sondern besser als Leistungswandel charakterisieren sollte. Die Ausstattung des Gehirns mit Nervenzellen ist nämlich so überreichlich, daß trotz der Reduktion des Zellenbestandes unter normalen Bedingungen die Hirnfunktionen erhalten bleiben.

Alkohol-, Drogen- und Medikamentenmißbrauch können jedoch zu einem vorzeitigen verstärkten Abbau der Leistungsfähigkeit des Gehirns führen. Bei der Bewerberauswahl sollte diesem Aspekt besondere Beachtung geschenkt werden.

Das Gehirn des Menschen ist durch die überreichliche Ausstattung mit Nervenzellen für ein langes Leben vorprogrammiert. Nach Ansicht von Wissenschaftlern erscheint die funktionelle Fähigkeit des Gehirns noch keinesfalls ausgeschöpft zu sein. „Selbstverständnis, Selbstbestimmung und Selbsttätigkeit der Individuen, auf die hin die jüngste Sozialentwicklung tendiert und die als qualitative innerweltliche Äquivalente des materiellen Fortschritts erforderlich werden, sind immer noch mangelhaft entwickelt. Die Extensität der modernen Lebensweise wird nicht ausreichend durch eine intensive Lebensführung balanciert. Handelt es sich doch darum, dem Leben nicht nur mehr Jahre, sondern den Jahren mehr Leben zu geben." (Lebensstadien des Gehirns – Strukturelle und funktionale Aspekte, in „Die menschlichen Lebensalter, Kontinuität und Krisen", Piper Verlag, München, Zürich 1978).

Der Verlust von Nervenzellen macht sich im Alter durch einen Wandel in der Leistungsfähigkeit bemerkbar, die vor allem durch einen Zuwachs an individuellen Erfahrungen und durch Übung erworbene Intelligenzfaktoren gekennzeichnet ist. „Intelligenz hilft also im Alter, die volle Adaption zu bewerkstelligen. Ein Regelkreis mit positiver Rückkopplung verknüpft somit die gute Funktionsfähigkeit des Gehirns mit hoher geistiger Aktivität und guter Gedächtnisleistung, was wieder die Funktionseffizienz des Gehirns erhöht und den Lernantrieb steigert. Auf diese Weise sind im Alter auch echte Leistungsverbesserungen möglich." (Seitelberger, Lebensstadien des Gehirns)

Alles in allem: Systematisch erworbenes Wissen, vor allem im Laufe des Lebens erworbene Erfahrungen, die im Umgang mit Menschen so wichtig sind, können gerade in den letzten Jahrzehnten des aktiven Berufslebens voll zum Tragen kommen.

Ob diese Voraussetzungen gegeben sind, muß natürlich individuell geprüft werden. Jeder Mensch ist verschieden! Manche haben schon in frühen Jahren ihres Berufslebens „abgeschaltet", haben sich nicht mehr systematisch weitergebildet, sich auf eingefahrenen Geleisen bewegt, kaum noch „individuelle Erfahrungen" gesammelt, neue Intelligenzfaktoren durch Übung erworben.

Wie groß der Anteil derjenigen ist, die schon in jungen Jahren „keine Veränderung mehr anstreben" zeigt die Untersuchung „Die Arbeitsmotivation von Arbeitern und Angestellten der deutschen Wirtschaft" (Bertelsmann Stiftung, Gütersloh 1987), wonach innerhalb der Altersgruppe bis zu 25 Jahren bereits 24 Prozent keine Veränderung mehr anstreben, 3 Prozent den Wunsch haben, die berufliche Tätigkeit in Zukunft ganz aufzugeben und 8 Prozent diese Tätigkeit einschränken wollen. Bei der Altersgruppe der 26- bis 35jährigen stieg der Anteil derjenigen, die keine Veränderung anstreben, auf 33 Prozent an, zu der Gruppe, die ihre Berufstätigkeit einschränken will, gehören 11 Prozent, der Anteil derjenigen, die ihre berufliche Tätigkeit in Zukunft ganz aufgeben wollen, blieb gleich.

Individuelle Prüfung bei jedem Bewerber ist gefordert, wenn es um die Eignung für die zu besetzende Stelle geht, ein Ausscheiden von Bewerben aus Altersgründen schon in der Vorauswahl – keine Einladung zum Vorstellungsgespräch – birgt die Gefahr in sich, gerade den „Richtigen" von vornherein auszuscheiden.

Welche Eigenschaften bei älteren Mitarbeitern und Führungskräften positiv bewertet werden können, hat die Deutsche Gesellschaft für Personalführung (Einsatz älterer Arbeitnehmer, 1971) in einer Untersuchung ermittelt: Berufserfahrung, Berufskenntnisse, Verantwortungsbewußtsein, Zuverlässigkeit, Gewissenhaftigkeit, Pflichtbewußtsein, Verläßlichkeit, Genauigkeit, Identifizierung mit dem Arbeitgeber, Treue, Loyalität, Kenntnis der betrieblichen Zusammenhänge, menschliche Reife, Lebenserfahrung, Ausgeglichenheit, Einhaltung der betrieblichen Ordnung, Pünktlichkeit, Disziplin und Ausdauer. Weitere positive Eigenschaften waren: Arbeitswilligkeit, Fleiß, Einsatzbereitschaft, Repräsentationsfähigkeit, positive Einstellung zur Arbeit, Kontinuität im Kontakt zu Kunden und Verbänden, Autorität, wenig Fehlzeiten, geringe Fluktuation, Erfahrung in der Menschenführung.

Diese Aufzählung von positiven Eigenschaften läßt erkennen, daß gerade ältere Menschen in der Lage sein können, auch den erhöhten Anforderungen, die in Zukunft in der Arbeitswelt gestellt werden, gerecht zu werden.

Auf eines ist aber in diesem Zusammenhang besonders zu achten: Werden die Anforderungen, die in bezug auf die „weichen Führungsqualitäten" in Zukunft immer wichtiger werden, erfüllt, zum Beispiel Kommunikation und Teamfähigkeit, Motivationsfähigkeit, die Bereitschaft und Fähigkeit, sich auf Veränderungen einzustellen, auf andere Menschen zuzugehen, sich in sie hineinzuversetzen?

Oft ist mit fortschreitendem Alter eine sich immer stärker zeigende „Profilierung" der Persönlichkeitsstruktur zu beobachten. „Nur das festeste, tiefste Wesensgepräge bleibt in maskenhafter Starrheit erhalten; alles Füllende, Weiche, Spontane und Reagible verschwindet." (Seitelberger). „Das Alter verklärt oder versteinert" so Marie von Ebner-Eschenbach in ihren Aphorismen (Insel Verlag, Frankfurt 1986).

Mit anderen Worten: Introversion verstärkt sich mit zunehmendem Alter, mangelnde Anpassungsfähigkeit prägt sich zur Starrheit aus.

Erkennt man bei der Auswahl – nicht nur bei älteren Bewerberinnen und Bewerbern – solche Wesenzüge, dann ist nach der allgemeinen Lebenserwartung kaum zu erwarten, daß sich derartiges „abschleift" oder „verliert". Im Gegenteil, es ist zu befürchten, daß derartige Wesensmerkmale noch stärker zum Ausdruck kommen – von manchen wird mit dem Unterton der Anerkennung von „Profil", von „Ecken und Kanten", von „starken Typen" gesprochen – und zwar zu einem Zeitpunkt, an dem „weiche Führungsqualitäten" voll zum Tragen kommen sollten. Anstelle von Zuwendung tritt Distanz, anstelle von Zusammenarbeit die Tendenz zum Einzelgängerverhalten.

Im Verlauf des „Versteinerungsprozesses" kapseln sich diese Menschen immer mehr ab, der Abstand zu Kolleginnen und Kollegen wird größer, Vorgesetzten geht man immer mehr aus dem Wege.

Bei Vorgesetzten wiederum stellt man oft fest, daß sie sich immer mehr „abschirmen". Das „Vorzimmer" oder ein ergebener Stab werden zu einer fast unüberwindlichen Barriere. „Schlechte Nachrichten" werden „gefiltert" oder „geschönt", der Kontakt zur „Basis" geht zunehmend verloren.

Und was im innerbetrieblichen Bereich gilt, zeigt sich auch im Verhältnis zu Kunden, Geschäftspartnern oder Verbänden. Der Abstand wird größer. Je weiter die Zeit fortschreitet, um so deutlicher wird die Isolierung. Die Kooperation verschwindet fast völlig.

Sinkende Anpassungsfähigkeit, das starre Festhalten an „altbewährten Rezepten" hat auch unmittelbare Auswirkungen auf den Erfolg am Markt. „Als zentrale Behinderung eines erfolgreichen Filialmanagements kristallisieren sich die Verkaufserfolge der Vergangenheit heraus. So unglaublich es auf der ersten Blick erscheinen mag, in Zeiten eines strukturellen Wandels am Markt erweisen sich subjektive, in die Zukunft hinein verlängerte Verkaufsmaximen des Filialleiters, die sich an Absatzerfolgen seiner eigenen Verkaufsvergangenheit orientieren als Hemmnis." (Wilkening, So verhindern Filialleiter größere Markterfolge ihrer Geldinstitute, aus: Congena, Bank-Entwicklung, Gabler Verlag, Wiesbaden 1986). Gilt dies nur für den Bereich der Kreditwirtschaft?

Ältere Bewerberinnen und Bewerber stoßen oft auf eine weitere psychologische Barriere, die von vornherein zur Ablehnung führt: die Gesundheit. Fortgeschrittenes Alter wird mit wachsenden Gesundheitsproblemen in Verbindung gebracht. Auch hier scheint eine individuelle Prüfung geboten. Nicht nur bei älteren Bewerberinnen und Bewerbern sollte die Prüfung des Gesundheitszustandes eine wesentliche Rolle spielen. Diese Prüfung ist bei Bewerbern aller Altersgruppen wichtig.

Wesentlich für eine vorausschauende Betrachtung sind die Risikofaktoren, insbesondere Übergewicht, Nikotin und Alkohol. Daß bestimmte Krankheiten die Leistung an einem Arbeitsplatz erheblich beeinträchtigen können, sei nur der Vollständigkeit halber erwähnt. Dies gilt nicht nur für ansteckende Krankheiten in der Nahrungsmittelbranche oder für Arbeitsplätze mit regem Publikumskontakt. Kunden und die eigene Belegschaft müssen geschützt werden. Ferner spielt die Kostenbelastung durch zu erwartende Fehlzeiten eine nicht zu unterschätzende Rolle.

Über die Auswirkungen der Risikofaktoren Übergewicht und Nikotin auf die Gesundheit, insbesondere auf Erkrankungen des Herzens und Kreislaufs sowie auf Krebserkrankungen, ist immer wieder berichtet worden, so daß sich eine Aufzählung von Einzelheiten erübrigt. Herzerkrankungen treten bei Rauchern um bis zu sieben Jahren früher als bei Nichtrauchern auf. Menschen mit Übergewicht sind mit größerer Wahrscheinlichkeit von hohem Blutdruck, Herzkrankheiten, Stoffwechselstörungen, Diabetes, sowie Nieren- und Leberleiden betroffen.

Interessant sind die Zusammenhänge zwischen aktiver Sportausübung, Blutdruck und Übergewicht. Das Krankheitsrisiko erhöht sich bei Menschen, die kaum oder keinen Sport treiben. So zeigen zum Beispiel ältere Sporttreibende einen deutlich niedrigeren Blutdruck, als es dem Durchschnitt der jeweiligen Altersklasse entspricht. Sporttreibende verlieren im Laufe von anderthalb Jahrzehnten jenseits des 40. Lebensjahres nur etwa 9,6 Prozent ihres maximalen Sauerstoffaufnahmevermögens, körperlich Inaktive bereits 30,8 Prozent. Dafür nimmt aber das Körpergewicht, das sehr oft direkt mit dem Bewegungsmangel zusammenhängt, bei den Inaktiven viel stärker zu als bei den Sporttreibenden (Prokop, „Die menschlichen Lebensalter", Der Trainingsfaktor in den Lebensphasen).

Körperlich untrainierte Personen, die nie Sport getrieben haben, zeigen bereits nach dem 30. Lebensjahr einen Leistungsabfall und leisten mit 55 Jahren bestenfalls etwa zwei Drittel ihres einmal erreichten Standards, während der Sporttreibende sein Leistungsvermögen bis zum 40. und 50. Lebensjahr weitgehend konstant hält.

„Körperliches Training in Form sportlicher Bewegung als Prophylaxe gegen die zahlreichen Kreislaufschäden wird daher für den modernen Zivilisationsmenschen immer mehr zu einem notwendigen Bestandteil seines Lebens.

Es ist in dieser speziellen biologischen Funktion heute durch nichts anderes zu ersetzen. Das heißt, es liegt letztlich am Menschen selbst, ob er die Gesundheit, die ihm einmal geschenkt wurde, erhält und zusammen mit einer gewissen Leistungsfähigkeit in das höhere Alter mitnehmen kann." (Prokop)

Auch auf diese Zusammenhänge sollte man achten, wenn es darum geht, nicht nur den besten, sondern den richtigen Bewerber, die richtige Bewerberin auszuwählen.

4. Weiterbildung

4.1 Personalentwicklung als zentrale Führungsaufgabe

Die Wissensexplosion

Jeden Tag erscheinen in der Welt rund 20000 Fachpublikationen: Fachbeiträge in Zeitschriften, Fachbücher, Forschungberichte, Konferenzprotokolle, Produkt- oder Verfahrensbeschreibungen, Vorschriften, Normen, Gesetze und Patente.

Die Zahl der verlegten Publikationen ist ständig im Steigen. Allein bei den Zeitschriften stieg sie in der Bundesrepublik von 5268 im Jahre 1978 auf 6908 im Jahre 1986, die verkaufte Auflage von 132,1 Millionen auf 153,3 Millionen (iwd 7/1989).

Alle fünf Minuten erhält die Menschheit eine neue medizinische Erkenntnis, jede Minute gibt es eine neue chemische Formel, und alle drei Minuten wird ein neuer physikalischer Zusammenhang bekannt.

Wenn auch versucht wird, die ständig wachsende Informationsflut in Datenbanken zu kanalisieren, Wissen im Direktzugriff abrufbar zu machen: Die Wissensexplosion scheint kaum noch beherrschbar. Wen wundert es da noch, daß der Anteil der nicht beachteten Informationen am gesamten Informationsangebot steigt. Er beträgt nach Angaben des Instituts für Konsum- und Verhaltensforschung in Saarbrücken in der Bundesrepublik rund 98 Prozent, in den USA bereits 99,6 Prozent.

Und doch muß jeder einzelne, aber auch jede Organisation in welchem Bereich auch immer, versuchen, mit dem Wissen auf dem neuesten Stand zu sein. „Wer rastet, der rostet!" Diese alte Lebensweisheit hat heute bereits zentrale Bedeutung für jeden und wird in Zukunft geradezu zur Überlebensregel. „Lebenslanges Lernen" ist nicht nur ein immer wieder gern gebrauchtes Schlagwort, sondern Lebensnotwendigkeit im wahrsten Sinne des Wortes. Der Glaube, mit einer, wenn auch noch so perfekten Erstausbildung „ausgelernt" zu haben, ist zur Illusion geworden.

Wissen ist Macht

Wissen allein reicht aber heute nicht mehr aus. Schon Johann Wolfgang von Goethe hatte erkannt: „Es ist nicht genug zu wissen, man muß es auch anwenden. Es ist nicht genug zu wollen, man muß es auch tun." Zum reinen Erwerb von Wissen tritt das Umsetzen dieses Wissens, das Können! Wobei, und das wird leider vielfach übersehen, noch ein sehr wichtiger Faktor hinzukommt, nämlich das Wollen, einmal der Wille zum Lernen, zum anderen der Wille zum Anwenden. Motivation wird zum zentralen Faktor des Lernens, Könnens und Anwendens. Wobei die Motivation sich auf alle Stadien bezieht: Was nützt die beste Motivation zum Lernen, wenn es dann an der Motivation fehlt, das Erlernte auch in die Praxis umzusetzen?

Personalentwicklung

Die Welt, in der wir leben, entwickelt sich in einem Tempo fort, das in der Vergangenheit ohne Beispiel ist. Wer erinnert sich heute noch daran, daß es vor 40 Jahren noch kein Farbfernsehen, noch keine Satellitentechnik gab, die Herzchirurgie noch im Anfangsstadium steckte? Wer kann sich heute eine Wirtschaft ohne Computer, ein modernes Büro ohne Schreibautomaten vorstellen, um nur einige Beispiele zu nennen?

Um mit dieser Entwicklung unserer Umwelt Schritt halten zu können, bedarf es der Personalentwicklung, der ständigen, systematischen Förderung von Mitarbeitern und Führungskräften. Hierzu ist einmal jede Organisation im Bereich der Finanzwirtschaft aufgerufen, aber auch jeder einzelne Mitarbeiter, jede Mitarbeiterin und Führungskraft.

„Der richtige Mann, die richtige Frau an den richtigen Platz!" Die Umsetzung dieses Grundgesetzes des Arbeitslebens ist nicht nur eine Existenzfrage jeder Organisation, sondern auch jedes einzelnen. Wird dieses Grundgesetz nicht in die Tat umgesetzt, ist die Leistung der Organisation gefährdet, aber auch die des Organisationsmitgliedes. Nicht am richtigen Platz zu stehen, macht auf die Dauer unzufrieden, ja sogar krank.

„Der richtige Mann, die richtige Frau an den richtigen Platz!" Das gilt nicht nur für die Personalauswahl. Die Frage nach dem „richtigen Platz" muß während eines langen Berufslebens immer wieder gestellt und gegebenenfalls mit Maßnahmen der Personalentwicklung beantwortet werden. Personalentwicklung ist eine Daueraufgabe und geht jeden an!

Weiterbildung

Eine der tragenden Säulen der Personalentwicklung ist neben der Personalbeurteilung, der Personalplanung und Personalauswahl die Weiterbildung. Systematisch betrieben stärkt sie die Position im nationalen und internationalen Wettbewerb. Sie hilft die Anpassung an die technische und gesellschaftliche Entwicklung zu bewältigen. Sie ist ein wesentliches Instrument der Führung, insbesondere der Motivation der Mitarbeiter und ein immer wichtiger werdender Faktor auf dem Personalmarkt.

Weiterbildung als Teil der Personalentwicklung geht jeden an. Sie liegt im ureigensten Interesse jedes einzelnen Mitarbeiters, jeder einzelnen Führungskraft, jeder Geschäftsleitung. Sie ist ein Überlebensfaktor jeder Organisation, wobei Weiterbildung auf gar keinen Fall als ein Privileg oder gar nur eine Verpflichtung der „Großen" anzusehen ist. Gerade für jede Bank mittlerer und kleinerer Größenordnung wird Weiterbildung zum entscheidenden Faktor. Technische und gesellschaftliche Veränderungen berühren jeden, Nischen, geschützte Zonen wird es vor allem nach Inkrafttreten des Europäischen Binnenmarktes nicht mehr geben. Der rauhe Wind des Wettbewerbs bläst jedem ins Gesicht. Und daß es gerade für kleinere und mittelgroße Kreditinstitute immer schwieriger wird „Nachwuchs" oder qualifizierte Mitarbeiterinnen und Mitarbeiter vom Arbeitsmarkt zu bekommen, ist für einige Regionen und Wirtschaftsbereiche rauhe Wirklichkeit. Hier wird Weiterbildung eines der wenigen Mittel sein, um gegensteuern zu können.

Die demographische Entwicklung wird sich vor allem auf dem Arbeitsmarkt bemerkbar machen. Nach einer Prognose der Kultusministerkonferenz wird die Zahl der Schulabgänger schon bis 1990 auf 665000 sinken, gegenüber 1985 (957000) ein Rückgang um mehr als 30 Prozent. 1995 werden es nur noch 598000 junge Menschen sein, was gegenüber 1985 ein Minus von 38 Prozent bedeutet.

Die Jugendarbeitslosigkeit sank von 11 Prozent im Jahre 1983 auf ganze 7 Prozent im Jahre 1988. Damit erreichte die Bundesrepublik den zweitniedrigsten Stand in der Welt nach Japan mit 6 Prozent.

Nicht nur der Nachwuchsstrom der Bewerber wird spärlicher fließen. Es wird auch immer schwieriger werden, qualifizierte Mitarbeiter und Führungskräfte zu bekommen.

Verschärft wird die Situation noch dadurch, daß bei einer abnehmenden Zahl von Bewerbern deutlich mehr Ausbildungsstellen geschaffen wurden. Die Bundesanstalt für Arbeit registrierte von Oktober 1988 bis März 1989 einen Zuwachs von 8 Prozent gegenüber dem Vergleichszeitraum des Vorjahres.

Wie die tatsächliche Lage auf dem Arbeitsmarkt aussieht, zeigt das Ergebnis einer vom Land Baden-Württemberg gesponsorten Stellenvermittlungsaktion „Job Contact“ im Raum Lörrach. Gut 900 Arbeits- und Ausbildungsplätze waren im Rahmen der konzertierten Aktion Mitte März 1989 feilgeboten worden. Davon konnten am Ende der Aktion bei einer Arbeitslosenquote von 4 Prozent gerade zwei an den Mann gebracht werden.

Wer in der Vergangenheit noch auf ausreichenden Personalnachschub vom Markt vertraute, wird sich umstellen müssen. Schon Wilhelm von Humboldt hatte erkannt: „Wer in dem Augenblick suchen muß, wo er braucht, findet schwer!“

Sicher wird man hier und da rationalisieren können, mit Hilfe von moderner Technik, die ja auch nicht gerade gratis zu bekommen ist, Mitarbeiter einsparen können. Dem sind jedoch deutliche Grenzen gesetzt. Ein Unternehmen ist so gut wie seine Mitarbeiter! Dieser Erfahrungssatz hat nach wie vor Gültigkeit. In Mitarbeiter muß man investieren. An einer – systematischen – Weiterbildung führt in Zukunft kein Weg mehr vorbei.

Bewerber werden zunehmend wieder zwischen mehreren Stellenangeboten wählen können. Bei den Kriterien, die bei der Auswahl des künftigen Arbeitgebers eine Rolle spielen, stehen die Weiterbildungsmöglichkeiten sicher mit an erster Stelle, zumal „Bildung“ bei der Rangfolge der Kriterien, die den Bundesbürgern am wichtigsten erscheinen, nach einer Untersuchung des BAT-Freizeit-Forschunginstituts aus dem Jahre 1986 nach Familie, Freunden, Freizeit bereits an vierter Stelle noch vor dem

Beruf, der Kultur, Politik und Religion rangiert. Die Frage nach den Weiterbildungsmöglichkeiten wird von Bewerbern immer häufiger gestellt und muß durch konkrete Angebote beantwortet werden.

Mit der Vollendung des Europäischen Binnenmarktes wird für die Gemeinschaft ein mittelfristiger Gesamtnutzen in der Größenordnung von etwa 400 Milliarden DM erwartet. Die ohnehin angespannte Lage auf dem Arbeitsmarkt wird sich verschärfen. Mit einem Zuwachs von rund einer Million neuer Arbeitsplätze allein in der Bundesrepublik wird gerechnet.

Dieser warme Regen des Binnenmarktes wird aber nicht gleichmäßig auf alle fallen. Der zu erwartende verschärfte Wettbewerb wird hohe Leistungen abverlangen.

Die Bundesrepublik ist als Unternehmensstandort „teuer". Als Wettbewerbsnachteile gelten vor allem die hohen Lohn- und Lohnnebenkosten.

Bei den Arbeitskosten liegt die Bundesrepublik Deutschland in der Weltrangliste hinter der Schweiz, bei den Personalzusatzkosten an erster Stelle.

Bei der Arbeitsproduktivität – Wertschöpfung je Stunde – liegt die Bundesrepublik nach Berechnungen des Instituts für Arbeitsmarkt- und Berufsforschung in der Europäischen Gemeinschaft an vierter Stelle. Arbeitskosten und Arbeitsproduktivität bestimmen gemeinsam die Lohnstückkosten. Die im internationalen Vergleich hohen Arbeitskosten sind dann durchaus zu verkraften, wenn sie durch entsprechend hohe Produktionsziffern abgefedert werden. „Der deutsche Kostennachteil wird längst nicht durch den Produktivitätsvorteil aufgewogen", so das Ergebnis der Studie des Instituts für Arbeitsmarkt- und Berufsforschung (iwd 23/89). Und das den Arbeitgebern nahestehende Institut der deutschen Wirtschaft kommt zu dem Schluß: Die Technologie ist transportfähig. Qualifikation und Motivation der Mitarbeiter bestimmen also allein über die Höhe der Produktivität.

All dies zwingt geradezu dazu, dem Menschen in der Arbeitswelt höhere Aufmerksamkeit zu schenken. Die erhöhten Anforderungen der Zukunft müssen mit immer weniger qualifizierten Mitarbeiterinnen und Mitarbeitern gemeistert werden. Dies wird und kann nur mit Hilfe einer noch besseren Ausbildung und verstärkten Weiterbildung bewerkstelligt werden.

4.2. Systematische Personalentwicklung

Die Folgen des Mangels an qualifizierten Fachkräften bekommen die Unternehmen bereits heute deutlich zu spüren.

Nach einer Umfrage des Instituts für angewandte wirtschafts- und gesellschaftswissenschaftliche Forschung in Köln bei 750 Unternehmen, haben die befragten Unternehmen, um ihren Schwierigkeiten bei der Fachkräftesuche zu begegnen, wie folgt reagiert, wobei Mehrfachnennungen möglich waren:

78 Prozent haben Überstunden angesetzt,
51,7 Prozent Umsetzungen vorgenommen,
43,7 Prozent die Lehrlingsausbildung verstärkt,
31 Prozent Aufträge zurückgewiesen,
28 Prozent auf Zeitarbeit-Personal zurückgegriffen,
27,6 Prozent Produktionsausfälle hinnehmen müssen,
21,5 Prozent Mitarbeiter umgeschult oder zur Fortbildung geschickt,
14,9 Prozent ältere Mitarbeiter, die bereits in Rente gehen wollten, weiterbeschäftigt.

Dieser Katalog der Möglichkeiten wird sich letztlich, sieht man einmal von der Möglichkeit ab, ältere Mitarbeiter so lange wie möglich zu halten, auf zwei Alternativen beschränken: verstärkte Ausbildung und Ausweitung der Fortbildung.

Bei den Überstunden wird man früher oder später an eine Grenze stoßen, die allein schon in der Unproduktivität von zu vielen Überstunden begründet ist. Auch bei den Umsetzungen gibt es nach gewisser Zeit nur noch begrenzte Möglichkeiten. Trotzdem scheint man in der Wirtschaft noch auf andere Trumpfkarten zu setzen: Nach einer Umfrage des deutschen Industrie- und Handelstages (Die Welt vom 30.5.1989) setzen die Unternehmen auf noch stärkere Rationalisierung, verbessertes Marketing und Produktinnovation, um sich auf dem Europäischen Markt ohne Grenzen zu behaupten. „Das Stichwort Weiterbildung rangiert erst am Ende dieser Prioritätenliste."

Qualifikation der Mitarbeiter

Dabei wird bei der Bedeutung der Standortfaktoren die fachliche Qualifikation der Mitarbeiter sehr hoch eingeschätzt.

Das Ifo-Institut hatte durch eine Befragung von 800 deutschen Metallunternehmen ermittelt (iwd. 48/88), welche Standortfaktoren aus der Sicht der Wirtschaft besonders wichtig sind und wie die Unternehmen selbst den „Produktionsstandort Bundesrepublik" sehen. Bei 21 vorgegebenen Standortfaktoren waren die Stückkosten, die Mitarbeiterqualifikation, Personalzusatzkosten, Arbeitsproduktivität, der Direktlohn, sowie die politische Stabilität eines Landes in der Reihenfolge der Nennungen besonders wichtig. An den letzten Stellen rangierten: Betriebsklima/ Motivation, Energieversorgung/-kosten und Kapitalbeschaffung.

Qualifikation der Mitarbeiter setzt eine hervorragende Ausbildung eine intensive, über das gesamte Berufsleben gehende Weiterbildung voraus. Man kann heute angesichts des technischen und gesellschaftlichen Wandels seine Ausbildung nicht mehr mit Prüfungen abschließen. Der „geprüfte" Bankkaufmann ist nicht mehr Abschluß, sondern nur noch Grundlage, auf der man aufbauen kann, nicht End-, sondern Etappenziel. Das Ausbildungskapital, mit dem der Berufsanfänger sein Berufsleben beginnt, reicht heute kaum noch für einen Zeitraum von acht bis zehn Jahren aus.

Qualifikation der Mitarbeiter als zweitwichtigster Standortfaktor – Weiterbildung am Ende der Prioritätenliste der Maßnahmem, um sich auf den Europäischen Binnenmarkt vorzubereiten! Will man sich etwa auf dem erreichten hohen Qualitätsniveau ausruhen?

Bildungspolitik

Dabei können sich die Wünsche der Betriebe an die Bildungspolitik durchaus sehen lassen. „Mehr Engagement in der Weiterbildung, eine schnelle Anpassung von Ausbildungsordnungen an die technische Entwicklung und ein stärkeres Eingehen der Schulen auf die Berufs- und Arbeitswelt stehen im bildungspolitischen Wunschkatalog der Unternehmen in der Bundesrepublik Deutschland derzeit ganz obenan." Zu diesem Ergebnis kam bereits 1987 eine Umfrage des Instituts der deutschen Wirtschaft bei 574 Betrieben. Weitere Wünsche: stärkere Praxisorientierung von Studiengängen, engere Kooperation zwischen Hochschulen und Betrieben bei Forschungs- und Entwicklungsaufgaben, Aus- und Weiterbildung von Arbeitslosen, gezielte Förderung von Hochbegabten, Schaffung attraktiver beruflicher Ausbildungsalternativen für Abiturienten anstelle eines Studiums, gegenseitige Anerkennung der Berufsabschlüsse in den Staaten der Europäischen Gemeinschaft, Maßnahmen zur Förderung der Ausbildung von Mädchen in gewerblich-technischen Berufen.

So berechtigt diese Forderungen im einzelnen, so hilfreich die Erfüllung dieser Wünsche auch sein mögen, so ist doch zu befürchten, daß all dies von den harten Realitäten des Mangels überholt werden wird, zum Teil bereits überholt worden ist. Mit diesen Mangelerscheinungen wird jede einzelne Organisation unmittelbar konfrontiert.

Hat man vor lauter Programmen, Strategien oder gar Schlagworten vergessen, um wen es letztlich geht, den Menschen? Das Schlagwort „Rationalisierung“ ist sehr schnell in die Diskussion eingeführt, von verbessertem Marketing und Produktinnovationen sprechen nicht nur Marketingfachleute. Diejenigen, die diese Schlagworte immer wieder gebrauchen und sie damit letztlich entwerten, werden in Diskussionen sehr schnell still und wechseln das Thema, wenn die Frage gestellt wird, mit wem denn ein verbessertes Marketing verwirklicht werden soll? Wer soll kreativ sein, um für die notwendigen Produktinnovationen zu sorgen? Das alles geht doch nicht nur mit Computern oder welcher „Technologie“ auch immer.

Motivation

Marketing wird von Menschen gestaltet, Innovationen werden von Menschen geschaffen. Oder will man diese Menschen auch noch wegrationalisieren? In diese Denkweise scheint die Einschätzung der Bedeutung des Standortfaktors „Betriebsklima/Motivation“ im Rahmen der Ifo-Erhebung „Standort Bundesrepublik Deutschland 1988“ auf Rang 19 innerhalb der 21 vorgegebenen Kriterien zu passen.

Betriebsklima/Motivation rangiert noch nach den „arbeitsrechtlichen Bestimmungen“ (17) und der „staatlichen Industriepolitik“ (18)! Hier muß man doch die Frage stellen: Wer hat denn in den Betrieben die Fragen des Ifo-Instituts beantwortet? Wer schätzt denn die Bedeutung des Betriebsklimas und der Motivation so gering ein?

Ist es denn so selbstverständlich, daß fachliche Qualifikation auch tatsächlich umgesetzt wird? Und vor allem: Wie wird dies in Zukunft sein? Es ist doch geradezu grotesk, fachliche Qualifikation und Motivation, die ja so eng zusammengehören, so weit voneinander zu plazieren, daß man auf den Gedanken kommen muß, sie hätten nichts, aber auch gar nichts miteinander zu tun. Hier zeigt sich die wahre Einschätzung des „Humankapitals", von dem es doch heißt, es sei der wichtigste Produktionsfaktor. Auch nur ein – entwertetes – Schlagwort?

In diese Einschätzung fügen sich fast nahtlos zwei Untersuchungsberichte aus großen Bereichen der Wirtschaft ein.

Mitarbeiterinnen und Mitarbeitern war im Rahmen der sozialpsychologischen Untersuchung über die Motivation in der Metallindustrie (G. Schmidtchen, Neue Technik – Neue Arbeitsmoral, Deutscher Instituts-Verlag, Köln 1984) die Frage gestellt worden: *„Haben Sie das Gefühl, daß Ihr Vorgesetzter an Ihrem beruflichen Weiterkommen interessiert ist?"*

11 Prozent antworteten mit „sehr interessiert",
28 Prozent mit „etwas interessiert",
19 Prozent mit „nicht besonders interessiert",
9 Prozent mit „überhaupt nicht interessiert",
19 Prozent mit „ist ihm egal" und
14 Prozent konnten kein Urteil abgeben.

Zählt man die Anteile bei „sehr interessiert" und „etwas interessiert" zusammen, so kommt man nicht einmal auf ganze 40 Prozent, wobei es schon sehr schwer fällt, die Einschätzung „etwas interessiert" noch positiv zu werten.

Von Mitarbeiterinnen und Mitarbeitern aus dem Bankbereich konnten nur 44 Prozent der Befragten der Feststellung zustimmen: „Mein direkter Vorgesetzter fördert die Weiterbildung seiner Mitarbeiter" (W. Bachmann, Mittelpunkt und Engpaß: Die Motivation der Mitarbeiter, Genossenschaftkurier 4/88).

Nur 39 Prozent der Mitarbeiter aus dem Metallbereich, 44 Prozent der Mitarbeiter aus dem Bereich der Kreditwirtschaft äußerten sich bezüglich der Förderung ihrer Weiterbildung durch ihre Vorgesetzten positiv. Die Übereinstimmung dieser Ergebnisse aus so unterschiedlichen Bereichen der Wirtschaft ist frappierend.

In dieser Haltung der Vorgesetzten spiegelt sich die Einstellung der obersten Leitungsebene wider! So wie der Stellenwert der Motivation – und Weiterbildung ist ein wichtiger Motivationsfaktor – als Standortfaktor im internationalen Wettbewerb von der obersten Leitungsebene eingeschätzt wird, so verhalten sich die Vorgesetzten im Betriebsalltag.

Es ist fast schon zur Tradition geworden: Kommt eine neue Herausforderung auf die Wirtschaft – hier die Vollendung des Europäischen Binnenmarkts – zu, dann wird zunächst die Rationalisierungsschere angesetzt, wobei man sich auch hier „modern“ gibt und von „budget cutting“ oder „cost cutting“ spricht. Dies paßt im übrigen zu dem bereits vorhandenen reichhaltigen Arsenal anderer Anglismen wie corporate identity, creativity, effort, culture, excellence, flexibility, efficiancy. Mit den damit kurzfristig vielleicht möglichen Erfolgen lassen sich die Probleme der 90er Jahre aber nicht lösen. Schlagworte sind kein Ersatz für eine langfristig angelegte und damit wirksame Strategie.

Human Ressource Programm

Wenn es schon unbedingt ein Schlagwort aus dem englischen Sprachbereich sein muß, dann ist es mit „Human Ressource Programm“ treffend umschrieben, eine Strategie, die sich Unternehmen aus dem High-Tech-Bereich in den USA zu eigen gemacht haben (W. Tritremmel, Mitarbeiterentwicklung, Schlüsselfaktor zum Unternehmenserfolg, Management-Zeitschrift 7/8, Zürich 1989).

Ein solches Programm ist letzten Endes nichts anderes als eine systematische Personalentwicklung und setzt ein entsprechendes Management voraus, wobei es vor allem darum geht, die Grundeinstellung hierzu in der obersten Führungsebene zu verankern. Programme sind schnell entwickelt, aber auch ebenso schnell zu den Akten gelegt, wenn nicht eine entsprechende fest verankerte Führungsphilosophie dahintersteht.

Personalentwicklung, speziell Aus- und Weiterbildung dürfen in einem Kreditinstitut kein Eigenleben führen, nicht isoliert betrachtet werden. Personalentwicklung ist die Dokumentation des praktizierten Gesamt-Führungsverhaltens. Wird autoritär geführt, nützt auch das schönste Organigramm nichts, in dem die betreffenden Aufgabengebiete „aufgeführt" sind.

Nicht einmal die Hälfte der Vorgesetzten ist nach den Ergebnissen der oben genannten beiden großen Umfragen an der Weiterbildung ihrer Mitarbeiter, an deren beruflichem Fortkommen interessiert! Hier muß der Hebel angesetzt werden. Und hier steht – gewaltiger – Weiterbildungsbedarf an. Erfolgreiche Weiterbildung setzt mitarbeiterorientierte Führung voraus.

4.3 Bildung – Eigentum des Betriebes oder der Mitarbeiter?

Das Innovationstempo auf allen Gebieten beschleunigt sich immer mehr, die Zeitspanne zwischen einer Erfindung oder Entwicklung bis zur Produktion oder Anwendung von Verfahren wird immer kürzer.

Die Summe der Informationen in der Wissenschaft verdoppelt sich – je nach Fachbereich – alle drei bis zehn Jahre, wissenschaftliche Literatur schlägt sich alle fünf Jahre um.

Um mit diesem Tempo mithalten zu können, müssen von der Wirtschaft gewaltige Anstrengungen auf dem Gebiet der Weiterbildung unternommen werden, und zwar von Organisationen jeder Größenordnung.

Anpassungsfortbildung

Allein die Zahl der Bildschirmarbeitsplätze hat im Bereich der gesamten Wirtschaft stark zugenommen. 1982 waren 350000 Bildschirmterminals im Bürobereich im Einsatz, 1987 1300000, 1992 werden es 2100000 sein.

Kein Wunder, daß die „Anpassungs-Weiterbildung" – Anpassung der beruflichen Qualifikation an den neuesten Stand der Entwicklung – an der Spitze der Weiterbildungsinhalte sowohl bei betrieblichen als auch überbetrieblichen Weiterbildungsmaßnahmen steht.

„Der Einsatz neuer Techniken ohne angemessene Weiterbildung der damit einzusetzenden Mitarbeiter ist eine Vergeudung von Ressourcen. Innovative Investitionen ins Sachvermögen eines Unternehmens ziehen Investitionen in die Qualifizierung von Mitarbeitern nach sich" so das Institut der deutschen Wirtschaft (iwd 23/89).

Eine elektronische Schreibmaschine muß auch genutzt, im wahrsten Sinne des Wortes benutzt, Personalcomputer müssen sinnvoll eingesetzt werden. „Was glauben Sie, wie viel von den Dingern bei uns herumstehen, weil kaum jemand damit umgehen kann?", so ein Personalchef.

„Die wirtschaftliche Dynamik, insbesondere durch den Einsatz moderner Techniken, verlangt nach neuen Qualifikationsanforderungen. So werden beispielsweise Investitionen in neue Kommunikations- und Informationstechniken (hardware) ohne entsprechende Bildungsinvestitionen leicht zu Fehlinvestitionen." (iwd 23/89)

Allein an der überbetrieblichen Anpassungsweiterbildung nahmen 1987 in mehr als 72000 Veranstaltungen rund 790000 Personen, an Fortbildungsmaßnahmen der Arbeitsverwaltung 482000 Personen teil.

Die Aufwendungen für die Anpassungsfortbildung werden sich in Zukunft noch kräftig erhöhen. Der Bedarf an zusätzlichen Qualifikationen wird insbesondere durch neue Kommunikationssysteme und noch leistungsfähigere Datenverarbeitungsanlagen steigen. Schon heute liegt die neue Technik bereit, ihr Einsatz wird dadurch gehemmt, weil die Qualifikation der zukünftigen Anwender hinter den Anforderungen zurückbleibt.

Weiter wird das erhöhte Umweltbewußtsein, das sich in entsprechenden Normen des Gesetzgebers niederschlägt, den Weiterbildungsbedarf erhöhen. Nicht zu vergessen ist der erhöhte Weiterbildungsbedarf, der durch neue Normen ausgelöst wird. Der Umweltschutz wurde bereits genannt. Gesundheitsreform und Steuergesetzgebung sind weitere Beispiele. Welchen erhöhten Weiterbildungsbedarf hat hier allein die – kurzlebige – Quellensteuer ausgelöst?

Aufstiegsfortbildung

An zweiter Stelle steht bei den Bildungsmaßnahmen die Aufstiegsfortbildung.

Qualifizierte Mitarbeiter und Führungskräfte vom „Markt" zu bekommen, wird auf Grund der demographischen Entwicklung immer schwieriger. Der Fortbildung zur Vorbereitung auf höherwertige Tätigkeit, aber auch zur Entwicklung von Führungsnachwuchs aus den eigenen Reihen, wird in Zukunft größere Bedeutung zukommen. Das Gleiche gilt für die Vermittlung von Zusatzqualifikationen als Voraussetzung einer größeren Flexibilität beim Personaleinsatz.

1987 wurden rund 8000 überbetriebliche Veranstaltungen mit rund 205000 Teilnehmern im Bereich der Aufstiegsfortbildung durchgeführt. Dazu kommen rund 1800 Ausbilder-Lehrgänge (Erwerb der Ausbildereignung und Weiterbildung der Ausbilder) mit rund 41000 Teilnehmern.

Umschulung

Weiterer Fortbildungsbedarf entsteht bei der technischen und kaufmännischen Umschulung. Überbetrieblich wurden auf diesem Gebiet 1987 rund 860 Veranstaltungen mit 12700 Teilnehmern gezählt. Dazu kamen noch 64500 Teilnehmer bei Umschulungsmaßnahmen der Arbeitsämter. Auch hier ist die Tendenz steigend.

Fachübergreifende und gesellschaftspolitische Weiterbildung

Bei der fachübergreifenden und gesellschaftspolitischen Weiterbildung gab es 1987 rund 9200 überbetriebliche Veranstaltungen mit rund 152000 Teilnehmern. Auch bei diesem Sektor der Weiterbildung wird der Bedarf steigen.

„Führungskräfte, Mitarbeiter, Betriebsräte und Vertrauensleute müssen auch in berufsübergreifenden Fragen geschult werden. Technischer Fortschritt und Spezialisierung benötigen weitere Mitarbeiter-Qualifikationen, so Verantwortung, Denken in Zusammenhängen, Fähigkeit zum Teamwork. Die hohen deutschen Personalkosten erfordern eine intensive Bildungsarbeit: Hier erhöhen Defizite in diesen Bereichen und in der Qualifikation die Kostenbelastung zusätzlich“, so das Institut der deutschen Wirtschaft (iwd 23/89). Diese Forderung des den Arbeitgebern nahestehenden Instituts sollte man sehr ernst nehmen. Denn gerade die fächerübergreifende und gesellschaftspolitische Weiterbildung führt im Rahmen der gesamten Weiterbildung ein Mauerblümchendasein.

Die Änderungen in den Wertvorstellungen der Menschen, der Wertewandel, erfordern ebenso verstärkte Anstrengungen auf dem Weiterbildungssektor wie das sich weiter ändernde Verbraucherverhalten.

Über dieses Verhältnis der Aufwendungen für Bildung und Werbung sollte man einmal nachdenken. Sind qualifizierte Mitarbeiter und Führungskräfte nicht die beste Werbung für eine Organisation, in welchem Bereich auch immer? Und: Was nützt die beste Werbung, wenn Mitarbeiter und Führungskräfte nicht das halten können, was die Werbung verspricht? Das gilt sowohl für den rein fachlichen Bereich als auch für das Verhalten. Was nützt der bestaus- und weitergebildete Mitarbeiter, die fachlich hochqualifizierte Führungskraft, wenn das Wissen nicht angewendet wird?

„Investitionen in Sach- und Finanzvermögen mehren grundsätzlich das Eigentum der Kapitaleigner. Demgegenüber schaffen Investitionen in die betriebliche Bildungsarbeit eine Art Eigentum des Mitarbeiters.“ (E. Gaugler, W. Schlaffke: Weiterbildung als Produktionsfaktor, Beiträge des Instituts der deutschen Wirtschaft zur Gesellschafts- und Bildungspolitik Nr. 145, Köln 1989)

„Es liegt am Mitarbeiter, ob er die durch Weiterbildung erworbene Qualifikation in der Praxis umsetzt und produktiv werden läßt, oder ob er sie dem Betrieb vorenthält, so daß die Investitionen ungenutzt bleiben. Wechselt ein Mitarbeiter den Betrieb, nimmt er in jedem Fall die Qualifikation mit, deren Kosten das Unternehmen ganz oder teilweise übernommen hat.“ (iwd 23/89) Solche Sätze werden gern überlesen oder, wenn sie zur Kenntnis genommen werden, gerne beiseite geschoben.

Von der Werbung behauptet man immer wieder, daß die Hälfte der Ausgaben von vornherein verloren sei, man wisse nur nicht welche. Welcher Anteil der Bildungsaufwendungen ist „unproduktiv“, welcher Anteil wird „vorenthalten“? Wobei es bei dieser Frage nur um das „Nicht-Umsetzen“ des durch die Weiterbildung erworbenen Wissens und Könnens geht, andere „Verluste“, zum Beispiel durch ineffizente Bildungsmaßnahmen oder unzureichende oder verfehlte Bildungsplanung, sollen unberücksichtigt bleiben.

Man muß endlich von der Illusion herunterkommen, daß jeder Mitarbeiter, jede Führungskraft selbstverständlich auch das anwenden, was sie gelernt haben. Nur so ist zu erklären, daß bei der Frage nach der Bedeutung der Standortfaktoren in der Bundesrepublik die „Qualifikation“ an zweiter Stelle rangiert und „Betriebsklima/Motivation“ an die 19. Stelle gesetzt wurden!

Weiterbildung wird zunehmend zum unternehmerischen Risiko, was, so das Institut der deutschen Wirtschaft, „kaum ein Unternehmen davon abhält, in die Köpfe der Mitarbeiter zu investieren". Nur scheint man sich in weiten Bereichen der Wirtschaft dieses Risikos überhaupt nicht bewußt zu sein und glaubt, den Gesichtspunkt der Motivation völlig vernachlässigen zu können. Geld allein in Form von Bildungsaufwendungen macht noch lange nicht „glücklich" im Sinne von Umsetzen der erworbenen Qualifikation. Auch und vor allem in dieser Problematik steht Bildungsbedarf an.

4.4 Interessen des Unternehmens – Interessen der Mitarbeiter

Weiterbildung allein unter dem Gesichtspunkt der Interessen des Arbeitgebers zu betrachten, wird der Bedeutung der Weiterbildung für die Zukunft nicht gerecht.

Eine derartige Betrachtungsweise führt früher oder später zum Zielkonflikt und nicht zuletzt zur Demotivation. Sie widerspricht dem Grundgedanken einer der gesellschaftlichen Entwicklung entsprechenden kooperativen Führung.

Die Interessen der Mitarbeiter und Führungskräfte an ihrer Weiterbildung müssen unbedingt berücksichtigt werden. Nur die Weiterbildungskonzeption, die sowohl die Interessen des Arbeitgebers als auch die der Mitarbeiter und Führungskräfte einbezieht, wird den erwarteten Erfolg haben. Eine einseitig am kurzfristigen Bedarf der Organisation orientierte Weiterbildung trägt das Risiko in sich, daß selbst bei hoher Qualität der einzelnen Weiterbildungsmaßnahmen der „Lerntransfer" gefährdet ist, das heißt das „Erlernte" wird nicht oder nur widerwillig in die Praxis umgesetzt.

Mitarbeiter und Führungskräfte sind vor allem daran interessiert, ihre persönliche Qualifikation an die Anforderungen des Arbeitsplatzes anzupassen, die erforderlichen Qualifikationen für einen Aufstieg zu erwerben und ihre Chancen auf dem Arbeitsmarkt zu verbessern, ihren Arbeitsplatz durch Umschulung, gegebenenfalls Rehabilitation, zu sichern.

Anpassungsweiterbildung

Bei der Anpassungsweiterbildung scheinen auf den ersten Blick die Interessen der Organisation mit denen der Mitarbeiter und Führungskräfte identisch. „Der richtige Mann, die richtige Frau an den richtigen Platz" scheint den Zielvorstellungen sowohl der Organisation als auch der in dieser Organisation arbeitenden Menschen zu entsprechen.

Unterschiedliche Auffassungen über das, was an Qualifikation benötigt wird, um den Anforderungen des Arbeitsplatzes zu genügen, zeigen sich vor allem bei den Schwerpunkten der Weiterbildung, wobei Unterschiede sowohl hinsichtlich der fachlichen Fortbildung als auch bei der fachübergreifenden Weiterbildung, der Verhaltensschulung, bestehen.

„Werden nach Ihrer Meinung genügend Möglichkeiten geboten, sich fachlich fortzubilden?“ Rund 36 Prozent der von uns befragten Führungskräfte der Finanzwirtschaft, aber nur 15 Prozent der Mitarbeiterinnen und Mitarbeiter konnten sich bei der Beantwortung dieser Frage für ein uneingeschränktes „Ja“ entscheiden.

Ganz anders sah die Zufriedenheitsrate bei der fachübergreifenden Verhaltens-Weiterbildung aus. Hier waren es nur rund 19 Prozent der Führungskräfte und 13 Prozent der Mitarbeiter, die mit den auf diesem Gebiet gebotenen Fortbildungsmöglichkeiten uneingeschränkt zufrieden waren.

Der deutliche Unterschied der Zufriedenheitsraten bei der fachlichen und fachübergreifenden Fortbildung bei den Führungskräften – bei den Mitarbeitern konnte die Zufriedenheitsrate wohl kaum noch viel weiter sinken – sollte zu denken geben und zu einer Überprüfung der Fortbildungskonzeption führen.

In der Tat sind „psychologische Schulungen“ im Katalog der Weiterbildungsmaßnahmen deutlich unterrepräsentiert. Dies zeigt zum Beispiel eine Untersuchung der Weiterbildungsprogramme von acht Großunternehmen in der Bundesrepublik mit über 8000 Mitarbeitern pro Unternehmen, aller Weiterbildungsinstitutionen für die Wirtschaft in Nordrhein-Westfalen sowie einiger Institute aus anderen Bundesländern (Olesch, Weiterbildung in der Industrie – Eine Analyse wichtiger Themenbereiche, Personalwirtschaft 7/86).

Seminarthemen aus den Gebieten Produktion, Forschung und Technik, Finanzwesen, Betriebswirtschaft, Rechtswesen, Elektronische Datenverarbeitung, Materialwirtschaft und Absatzwirtschaft hatten einen Anteil von 82,1 Prozent, psychologische Schulungen kamen auf 17,9 Prozent.

Innerhalb des Komplexes der psychologischen Schulungen wurden folgende Anteile ermittelt:

Führungspsychologie 30 Prozent
Führungskräfteschulung 24 Prozent
Verbalverhalten (Rhetorik, Gesprächsführung) 21,9 Prozent

Verkaufsschulung 10,4 Prozent
Verhaltenstraining 8,7 Prozent
Arbeitstechnik, Planung 5 Prozent.

Hier lohnt es sich, innerhalb der einzelnen Themengruppen die weitere Aufteilung in Einzelthemen näher zu betrachten, um prüfen zu können, ob der Weiterbildungsbedarf durch das Fortbildungsangebot gedeckt wird.

Innerhalb des Themenkreises „Führungspsychologie" rangierte die Mitarbeiterführung mit 21,2 Prozent an der Spitze aller Veranstaltungen. In weitem Abstand folgten: Delegation (2,2 Prozent), Unterweisung (2,1 Prozent), Problemlösen (1,7 Prozent), Alkohol im Betrieb (0,6 Prozent), Beurteilen (0,5 Prozent), Personalausstattung (0,5 Prozent), Aufsicht und Kontrolle (0,4 Prozent), Krankenstand/Fehlzeiten, Leistungsverbesserung, gerechter Lohn, Leistungsmotivation mit je 0,1 Prozent.

Betrachtet man dagegen die in vielen Untersuchungen immer wieder zutage geförderten erheblichen Führungsdefizite, muß man zu dem Schluß kommen, daß bei der Konzeption der Weiterbildung eindeutig am Bedarf vorbei geplant wurde. Eine derartige Fehlplanung auf dem Gebiet der Produktion oder eines Dienstleistungsangebotes würde früher oder später unweigerlich zum Konkurs führen.

Mitarbeiterführung

„Wie zufrieden sind Sie mit dem Führungsverhalten Ihres Vorgesetzten?" Nur 33 Prozent der von uns befragten Führungskräfte beantworteten diese Frage mit „zufrieden".

„Sind Sie mit dem Führungsstil Ihres Vorgesetzten einverstanden?" Nur 12 Prozent der in der Untersuchung „Die Arbeitsmotivation von Arbeitern und Angestellten der deutschen Wirtschaft" Befragten beantworteten diese Frage mit „ja, immer" (Bertelsmann-Stiftung, Gütersloh 1987).

Delegation

„Läßt Sie Ihr Vorgesetzter in Ihrem Delegationsbereich ungestört handeln und entscheiden?" Hier waren es rund 48 Prozent der von uns be-

fragten Führungskräfte der Kreditwirtschaft, die sich für ein klares „Ja" entscheiden konnten, bei den Mitarbeitern waren es 43 Prozent.

Unterweisung

„Sind die Arbeitsanweisungen Ihres Vorgesetzten verständlich und eindeutig?" Nur 12 Prozenlt der von uns befragten Führungskräfte und 14,3 Prozent der Mitarbeiter beantworteten diese Frage mit „Ja, immer ".

In einer großen Untersuchung aus dem Bankbereich können sich nur 37 Prozent der befragten Mitarbeiter für die Aussage entscheiden „Mein Vorgesetzter versteht es, Arbeitsabläufe transparent zu machen".

Problemlösen

„Beachtet lhr Vorgesetzter Ihre Meinung bei wichtigen Entscheidungen?" 43 Prozent der von uns befragten Führungskräfte und 22 Prozent der Mitarbeiter beantworteten diese Frage mit „ja", bei der Untersuchung „Die Arbeitsmotivation von Arbeitern und Angestellten der deutschen Wirtschaft" waren es ganze 13 Prozent, die diese Frage mit „ja, immer" beantworteten.

Alkohol im Betrieb

Alkohol am Arbeitsplatz kostet die Wirtschaft zweistellige Milliardenbeträge, der Anteil der Mitarbeiter und Führungskräfte, die ernstzunehmende Alkoholprobleme haben, wird auf 5 bis 10 Prozent der Belegschaft geschätzt. Rund ein Drittel der von uns befragten Führungskräfte und fast 40 Prozent der Mitarbeiter gaben an, während der Arbeitszeit alkoholische Getränke zu sich zu nehmen.

Beurteilen

„Ist das zur Zeit in Ihrem Unternehmen geltende Beurteilungsverfahren gut?" Nur 21 Prozent der Führungskräfte und 43 Prozent der Mitar-

beiter antworteten mit „ja". Hauptansatzpunkte der Kritik: „Leistungsprinzip wird zu wenig beachtet" und „es fehlt an der Schulung der Beurteiler".

Aufsicht und Kontrolle

Nur rund 40 Prozent der von uns befragten Führungskräfte und Mitarbeiter beantworteten die Frage *„Fühlen Sie sich bei Ihrer Arbeitsweise stark kontrolliert?"* mit „nein", der Rest mit „teils – teils" oder „ja". Nur die Hälfte der Bankmitarbeiter konnte in einer repräsentativen Untersuchung der Aussage zustimmen „mein Vorgesetzter kontrolliert sachlich, offen und gerecht", und 44 Prozent meinten, er „bespricht mit seinen Mitarbeitern offen die Kontrollergebnisse".

Krankenstand/Fehlzeiten

Die direkten und indirekten Kosten der innerbetrieblichen Fehlzeiten haben die 70-Milliardengrenze längst überschritten. Eine der Hauptursachen von krankheitsbedingten innerbetrieblichen Fehlzeiten ist das Führungsverhalten der Vorgesetzten.

Leistungsmotivation/Leistungsverbesserung

„Fördert das Verhalten Ihres Vorgesetzten Ihre Leistungsbereitschaft?" Nur rund 50 Prozent der von uns befragten Führungskräfte und Mitarbeiter beantworteten diese Frage mit „stark" oder „sehr stark", bei der Untersuchung „Die Arbeitsmotivation von Arbeitern und Angestellten der deutschen Wirtschaft" waren es ganze 17 Prozent, die die Frage *„Würden Sie sagen, daß Ihr direkter Vorgesetzter seine Mitarbeiter motiviert und für die Arbeit begeistern kann?"* mit „ja, immer" beantworteten. Nur 48 Prozent der Mitarbeiter in einer großen Untersuchung im Bankbereich konnten der Aussage zustimmen *„Mein Vorgesetzter regt die Mitarbeiter zu aktiver Mitarbeit an"*.

Gesprächsführung

„Sagt Ihnen Ihr Vorgesetzter, wie er über Ihre Leistung denkt?" Rund ein Drittel der von uns befragten Führungskräfte und 14 Prozent der Mitarbeiter beantworteten diese Frage mit „immer" und „häufig ".

„Wie kritisiert Ihr Vorgesetzter, wenn mal ein Fehler passiert?" Nur ein gutes Viertel der von uns befragten Führungskräfte und ein knappes Drittel der Mitarbeiter beantworteten diese Frage mit „immer sachlich und angemessen".

Kooperations-, Führungs-, Persönlichkeitstraining

Mehr als 80 Prozent der von uns befragten Führungskräfte und rund 70 Prozent der Mitarbeiter wollen kooperativ geführt werden, aber nur rund 40 Prozent sehen diesen Wunsch in der täglichen Führungspraxis ihrer Vorgesetzten erfüllt. Mit dem Führungsverhalten ihrer Vorgesetzten waren nur rund 33 Prozent der von uns befragten Führungskräfte zufrieden. In der Untersuchung „Die Arbeitsmotivation der Arbeiter und Angestellten der deutschen Wirtschaft" beantworteten nur ganze 12 Prozent der Befragten die Frage *„Sind Sie mit dem Führungsstil Ihres Vorgesetzten einverstanden?"* mit „ja, immer".

Stellt man einmal die erheblichen Verhaltens-Führungsdefizite den Trainingsanteilen gegenüber, muß man ernstlich die Frage stellen, nach welchen Gesichtspunkten die Weiterbildung betrieben wird. Einmal ist schon der unverhältnismäßig niedrige Anteil der „psychologischen Schulungen" in Höhe von knapp 18 Prozent bei den Weiterbildungsthemen insgesamt unverständlich. Zum anderen fällt innerhalb der Gruppe „Psychologische Weiterbildungsthemen" die geradezu stiefmütterliche Behandlung des Verhaltenstrainings mit ganzen 8,7 Prozent Anteil auf, der noch unter dem Anteil der „Verkaufsschulung" mit 10,4 Prozent liegt. Wird hier am Bedarf vorbei geplant oder fehlt es überhaupt an einer Planung der Weiterbildung?

4.5 Freie Entfaltung der Persönlichkeit

Der Anteil des Verhaltenstrainings im Rahmen der gesamten Weiterbildung ist, gemessen an der Bedeutung menschlichen Verhaltens im Arbeitsleben, nach wie vor niedrig, viel zu niedrig. Letzten Endes geht es hier um den Menschen, die Achtung vor dem Menschen im Arbeitsbereich.

Es hat doch überhaupt keinen Sinn, in § 75 Abs. 2 des Betriebsverfassungsgesetzes dem Arbeitgeber und dem Betriebsrat aufzuerlegen, „die freie Entfaltung der Persönlichkeit der im Betrieb beschäftigten Arbeitnehmer zu schützen und zu fördern“, wenn dann in der Praxis kaum etwas geschieht.

Beruft sich jemand auf § 75 Abs. 2, dann wird von einem „Programmsatz“ gesprochen, aus dem man kaum Ansprüche herleiten könne, von einer Verpflichtung, die nur zwischen Arbeitgeber und Betriebsrat gelte, abgesehen davon, daß der Begriff der „freien Entfaltung der Persönlichkeit“ wohl erst einmal definiert werden müsse. Was dann bleibt, ist ein juristischer Streit um Worte, der vor allem die Juristen im Hause, in den Verbänden und Gewerkschaften beschäftigt. „Freie Entfaltung der Persönlichkeit“ wird genauso zum Schlagwort, zur Worthülse und damit entwertet, wie zum Beispiel das „Humankapital“, von dem man auch nur noch anläßlich von Betriebsversammlungen, Tagungen oder „Kamingesprächen“ etwas hört. Was bleibt ist Resignation, kritische Distanz, vielleicht sogar „innere Kündigung“.

„Freie Entfaltung der Persönlichkeit ... bedeutet insbesondere, daß der Arbeitnehmer sich entsprechend seinen Fähigkeiten entwickeln kann und entsprechend beschäftigt wird.“ (Stege/Weinspach, Betriebsverfassungsgesetz, 5. erweiterte Auflage 1984, Deutscher Instituts–Verlag Köln) Das bedeutet aber auch Weiterbildung vor allem in Führungs-Verhaltensfragen, denn Führung bedeutet ja nichts anderes als „zielorientierte Verhaltensbeeinflussung“. Wie man aber Menschen beeinflußt, muß man lernen

Eingesehen hat man das längst auf dem Gebiet des Verkaufs. Verkaufstraining hat nach wie vor seinen festen Platz in Weiterbildungsprogrammen, wobei – leider – angemerkt werden muß, daß es sich in vielen Fällen nicht um ein Führungs – , sondern um ein Verführungstraining handelt.

Sich seinen Fähigkeiten entsprechend entwickeln können, das bedeutet doch „Freiraum" am Arbeitsplatz, Delegation nicht nur von Aufgaben, sondern auch von Befugnissen und Verantwortung. Betrachtet man einmal in diesem Zusammenhang den Anteil des Seminarthemas „Delegation" von ganzen 2,2 Prozent im Rahmen der „psychologischen Schulungen", dann kann man nur noch staunen, vor allem auch über den niedrigen Anteil beim „Persönlichkeitstraining" von ganzen 0,7 Prozent. Im Beitrag „Weiterbildung in der Industrie – Eine Analyse wichtiger Themenbereiche" (Personalwirtschaft 7/86) heißt es hierzu:

„Dieser relativ geringe Anteil kann darauf zurückzuführen sein, daß nur bei wenigen Firmen mit akuten Problemen in den genannten Themen spezifisches Interesse besteht, ansonsten deckt der allgemeine Überblick über Führungspsychologie den primären Bedarf ab."

Hier muß man doch die Frage stellen: Ist ein dauerndes Hineinregieren in Delegationsbereiche kein akutes Problem? Wobei man nicht vergessen sollte, daß es ja nicht nur im Interesse eines Mitarbeiters oder einer Führungskraft liegt, wenn ihnen Entscheidungsspielraum eingeräumt wird, sondern auch und vor allem im Interesse der Organisation selbst.

Führungsgrundsätze

Es nützt nicht viel, das „Prinzip der Delegation von Aufgaben, Befugnissen und Verantwortung" in Führungsgrundsätzen oder Leitlinien „festzuschreiben", wenn man nicht buchstäblich lernt, wie man mit der Delegation im Arbeitsalltag so umgeht , daß sie sowohl zum Nutzen der Organisation als auch der Mitarbeiter und Führungskräfte gehandhabt wird.

Führungsgrundsätze, die nicht durch immerwährendes Training mit Leben erfüllt werden, haben ein ähnliches Schicksal wie Parteiprogramme. Sie werden, weil nicht praktiziert, unglaubwürdig. Und nicht nur das Programm wird unglaubwürdig, sondern es wird auch denjenigen, die diese Programme in die Welt gesetzt haben, nicht mehr geglaubt. Wer heute noch meint, daß derartige Programme, die übrigens in den seltensten Fällen eine Sanktion bei Nichtbefolgen vorsehen, auch befolgt werden, wenn man sie nicht mit entsprechenden Weiterbildungsmaßnahmen begleitet, gibt sich einer gefährlichen Illusion hin, die eines Tages sehr teuer bezahlt werden muß.

Freie Entfaltung der Persönlichkeit setzt ein Klima voraus, in dem sich Persönlichkeit überhaupt entfalten kann. Ein Klima, das von gegenseitigem Vertrauen geprägt ist, ein Klima ohne Angst, ein Klima der Offenheit und gegenseitigen Akzeptanz. Wobei es hier nicht nur auf das Klima zwischen „oben" und „unten" ankommt, sondern auch auf die klimatischen Beziehungen der Kollegen und Kolleginnen untereinander.

Wenn überhaupt, beschäftigen sich Weiterbildungsmaßnahmen mit den Beziehungen zwischen den Vorgesetzten und ihren „Untergebenen". Die Beziehungen auf kollegialer Ebene werden durch Maßnahmen der Weiterbildung kaum angesprochen. Die Defizite sowohl bei den Beziehungen zwischen „oben" und „unten" als auch auf kollegialer Ebene sind beträchtlich.

„Hätten Sie zu Ihrem Vorgesetzten so viel Vertrauen, daß Sie sich mit privaten Problemen an ihn wenden würden?" Nur 28 Prozent der von uns befragten Führungskräfte und 30 Prozent der Mitarbeiterinnen und Mitarbeiter beantworteten diese Frage mit „ja".

Nur rund die Hälfte der befragten Mitarbeiter in einer großen Meinungsumfrage im Bereich der Kreditwirtschaft konnten der Aussage zustimmen: „Meine Kollegen genießen mein Vertrauen."

Mehr als die Hälfte der von uns befragten Mitarbeiter und rund 80 Prozent der Führungskräfte gaben an, in Gegenwart von Dritten kritisiert worden zu sein. Die Wirkung einer solchen Kritik vor anderen: Betroffenheit, Ärger, Wut und Scham.

„Meine Kollegen sprechen mit der Arbeit verbundene Probleme immer offen an." Dieser Aussage konnten in der Bankenanalyse nur 42 Prozent der befragten Mitarbeiter zustimmen.

„Mein Vorgesetzter bespricht mit seinen Mitarbeitern offen die Kontrollergebnisse." Dieser Aussage stimmten 44 Prozent zu.

Glasnost im Arbeitsleben?

„Würden Sie sagen, daß Ihr direkter Vorgesetzter seine Untergebenen als Mitmenschen akzeptiert, das heißt, daß er sie gleichwertig behandelt und respektiert?" Nur ganze 26 Prozent der in der Untersuchung „Die Arbeitsmotivation von Arbeitern und Angestellten der deutschen Wirtschaft" Befragten anworteten mit „ja, immer".

Freie Entfaltung der Persönlichkeit? Wo kann sich Persönlichkeit entfalten, wenn man als Mitmensch nicht gleichwertig behandelt und respektiert wird, und zwar immer und nicht nur „meistens". Wo kann sich Persönlichkeit entfalten, wenn nicht offen über Kontrollergebnisse gesprochen wird, wenn man nicht weiß, woran man ist? Wo kann sich Persönlichkeit entfalten, wenn man Angst haben muß, wegen eines Fehlers „öffentlich" zur Rechenschaft gezogen zu werden? Wo kann sich Persönlichkeit entfalten, wo es am Vertrauen nicht nur dem Vorgesetzten gegenüber mangelt, sondern es auch auf kollegialer Ebene weitgehend an Vertrauen fehlt?

Hier muß doch endlich etwas geschehen, der Weiterbildungsbedarf auf dem Gebiet des Verhaltens darf doch nicht länger ignoriert werden.

Um es nochmals deutlich zu sagen: Führungsgrundsätze, Leitlinien, Anordnungen, Appelle führen nicht weiter. Hier muß gelernt, geübt werden, und zwar auf allen Ebenen der Hierarchie. Hier muß man sich endlich einmal um das Klima kümmern. Einmal um der Leistung willen, zum andern aber auch, um der Forderung des Gesetzgebers nachzukommen.

Anpassung an die gesellschaftliche Entwicklung

Genauso wie es erforderlich ist, Anpassungsfortbildung an die technische Entwicklung zu betreiben, muß Anpassungsfortbildung an die gesellschaftliche Entwicklung betrieben werden. Führungs-Verhaltensschulung ist nicht irgendwelcher „psychologischer Schnickschnack", sondern Anpassung der beruflichen Qualifikation an die Anforderungen des Arbeitsplatzes. Und, das wird von vielen überhaupt noch nicht erkannt, Anpassungsfortbildung auf rein fachlichem Gebiet zieht zwingend Verhaltenstraining nach sich und umgekehrt, erfolgreiche Weiterbildung auf fachlichem Gebiet setzt Verhaltensschulung, Persönlichkeitsentwicklung geradezu voraus.

Weiterbildung auf rein fachlichem Gebiet mehrt Wissen und Können. Damit wird aber auch zwangsläufig das Selbstwertgefühl, das Selbstbewußtsein, die Selbstsicherheit gestärkt. Dieses erweiterte Wissen und Können drängt nun nach Anwendung. Fähigkeit bringt das Bedürfnis mit sich, diese Fähigkeit auch einzusetzen. Das Ganze ähnelt einem Dampfkessel, der unter erhöhtem Druck steht. Der Dampf muß abgelassen werden.

Auf das Arbeitsleben übertragen bedeutet dies: Das Ventil muß durch Gewährung von mehr Freiraum geöffnet werden. Es nützt nicht viel, die Köpfe immer mehr mit fachlichem Wissen vollzustopfen, wenn man die durch Weiterbildung höher qualifizierten Mitarbeiter mit dem Gängelband des autoritären Führungsstils führt. Und es ist sinnlos, lediglich formal mehr Freiraum durch entsprechende Delegation zu gewähren, wenn man dann immer wieder in diesen Delegationsbereich eingreift.

Einäugige fachliche Weiterbildung

Jeder, der es mit Weiterbildung in einer Organisation zu tun hat, sollte sich eines immer wieder vor Augen halten: Hohe Aufwendungen, die in die Weiterbildung von Mitarbeitern investiert werden, „lohnen" sich nur dann, wenn Verhaltensschulung zum mindesten gleichwertig zur rein fachlichen Weiterbildung betrieben wird.

Und noch etwas muß bei jeder fachlichen Weiterbildung überlegt werden: Sind fachlich weitergebildete Mitarbeiter und Führungskräfte bereit, das durch die Weiterbildungsmaßnahmen erworbene fachliche Wissen im Arbeitsalltag auch einzusetzen? Und nicht nur einzusetzen, weil man es einsetzen muß, sondern weil man es einsetzen will. Motivation wird hier ganz groß geschrieben. Die Tätigkeit der für die Weiterbildung Verantwortlichen besteht doch nicht darin und hört doch nicht damit auf, jemanden zur Weiterbildung zu schicken, „weil der das eben braucht". Es ist erstaunlich, mit welcher Selbstverständlichkeit die „Führung" davon ausgeht, daß durch Weiterbildung erworbenes Wissen auch angewendet wird, weil ja die Mitarbeiter und Führungskräfte dafür bezahlt werden.

Schließlich hat eine fachliche Weiterbildung noch einen weiteren Effekt. Zusätzlich zu dem Wunsch nach mehr Freiraum kommt das Verlangen nach Mitbeteiligung an Entscheidungsprozessen. Man will sein Fachwissen nicht nur innerhalb des eigenen Delegationsbereichs fachlich einsetzen, sondern auch in den Entscheidungsprozeß der Führung, des Vorgesetzen, einbringen. Man will gefragt werden. Man will, daß eigene Vorschläge zum mindesten angehört werden, und man will auch die „Freiheit" haben, Kritik nach „oben" äußern zu dürfen. Von Vorgesetzten wird erwartet, daß sie sich mit dieser Kritik auch auseinandersetzen.

In diesem Punkt besteht geradezu ein Führungsvakuum. Die Frage *„Ist Ihr Vorgesetzter bereit, sich mit Anregungen und Kritik seiner Mitarbeiter auseinanderzusetzen?"* beantworteten in der Untersuchung „Die Arbeitsmotivation von Arbeitern und Angestellten der deutschen Wirtschaft" ganze 16 Prozent mit „ja, immer" und eng damit zusammenhängend nur 13 Prozent die Frage *„Beachtet Ihr Vorgesetzter bei wichtigen Entscheidungen die Meinung seiner Mitarbeiter?"*

Weiterbildung ist ein Mosaikstein im Gesamtbild der kooperativen Führung. Ein Weiterbildungskonzept, das einäugig auf fachliche Weiterbildung fixiert ist, trägt von vornherein den Keim von Investitionsverlusten in sich. Von der Werbung sagt man ja, daß 50 Prozent – es wäre schön, wenn es nur 50 Prozent wären – der Aufwendungen von vornherein verloren wären, man wüßte nur nicht welche 50 Prozent. Sollte es etwa bei der Weiterbildung ähnlich sein?

4.6 Wie sind meine Zukunftsaussichten?

„Wie stellen Sie sich Ihre weitere berufliche Zukunft vor?" Von den vier vorgegebenen Alternativantworten in der Untersuchung „Die Arbeitsmotivation von Arbeitern und Angestellten der deutschen Wirtschaft" (Bertelsmann–Stiftung, Gütersloh 1987):

- ich strebe keine Veränderung an
- ich möchte beruflich weiter aufsteigen
- ich möchte meine berufliche Tätigkeit in Zukunft etwas einschränken
- ich möchte meine berufliche Tätigkeit in Zukunft ganz aufgeben

entschieden sich 44 Prozent aller Befragten für die Aufstiegsalternative.

Die Bandbreite reichte dabei von 64 Prozent bei der Altersgruppe bis 25 Jahre über 52 Prozent bei den 26- bis 35jährigen, 40 Prozent bei den 36- bis 45jährigen, 21 Prozent bei den 46- bis 55jährigen bis zu 8 Prozent derjenigen, die älter als 55 Jahre waren.

Was motiviert Mitarbeiter und Führungskräfte zu beruflichem Aufstieg, zum „Weiterkommen"? Einmal liegen dem Leistungsstreben materielle Motive zugrunde. Zum anderen wird aber auch– und das ist für viele Vorgesetzte auch heute noch überraschend – eine befriedigende berufliche Tätigkeit angestrebt, die nach dem Ergebnis von repräsentativen Befragungen noch vor dem Wunsch nach „mehr Geld" rangiert.

„Was ist Ihnen bei der Ausübung des Berufes besonders wichtig?" Unter neun vorgegebenen Kriterien rangierte bei unseren Befragungen von Mitarbeitern und Führungskräften die „interessante Tätigkeit" noch weit vor der „leistungsgerechten Bezahlung".

Ein ähnliches Ergebnis zeigte die Untersuchung „Die Arbeitsmotivation von Arbeitern und Angestellten der deutschen Wirtschaft". Die „befriedigende berufliche Tätigkeit" rangierte noch vor der „finanziellen Sicherheit".

Eine scharfe Trennung zwischen diesen beiden Kriterien – Arbeitsinhalt und Einkommen – zu ziehen, ist nur sehr schwer möglich, aber auch nicht erforderlich, zumal sich beides miteinander in sehr vielen Fällen vermischt. Interessante Tätigkeit, höher qualifizierte Arbeit ist sehr oft mit höherer Bezahlung verbunden.

Am Aufstieg, an höher qualifizierter Tätigkeit sollten sowohl Arbeitgeber als auch Arbeitnehmer interessiert sein. Noch mehr als in der Vergangenheit wird es aufgrund der demographischen Entwicklung erforderlich sein, Qualifikation im eigenen Hause zu erzeugen und zu steigern. Qualifizierte Mitarbeiter und Führungskräfle vom Arbeitsmarkt zu bekommen, wird immer schwieriger werden.

Trotz der immer deutlicher werdenden Mangelerscheinung auf dem Personalmarkt: Den Aufstiegswünschen von Mitarbeitern und Führungskräften sind in jeder Organisation, gleich welcher Größe, natürliche Grenzen gesetzt.

Aufstiegskonflikte zeichnen sich ab, die, wenn sie auch nicht in jedem Fall gelöst werden können, zumindest angegangen werden müssen. Fühlt sich ein aufstiegswilliger und aufstiegsbereiter Mitarbeiter in seinem Aufstiegsstreben blokkiert und kennt die Ursachen für dieses Hemmnis nicht, sinkt seine Arbeitszufriedenheit zunächst einmal drastisch ab. Das kann bis zur inneren Kündigung oder Fluktuation führen. Wohlbemerkt, hier handelt es sich um motivierte Mitarbeiter! Kann man sich eine derartige Gefährdung des Leistungspotentials noch leisten?

Damit kein Mißverständnis entsteht. Hier handelt es sich darum, Aufstiegskonflikte anzugehen und das bedeutet zunächst einmal, daß man mit dem betreffenden Mitarbeiter oder der Führungskraft, die weiterkommen wollen, spricht.

Das Gespräch über die berufliche Zukunft wird in sträflicher Weise vernachlässigt. Einmal haben Vorgesetzte geradezu Angst davor, ihren Mitarbeitern deutlich vor Augen zu führen, warum ein weiterer Aufstieg nicht möglich ist. Sie denken „an die fünf Minuten danach", das heißt, sie befürchten, daß die Zusammenarbeit mit dem Betreffenden durch ein solches Gespräch leiden könnte. Sie vergessen dabei aber, daß das „Problem" nur aufgeschoben wird. Je länger man dieses Problem vor sich herschiebt, um so schwieriger wird aber die Lösung und um so heftiger die Auseinandersetzung, wenn endgültig die Stunde der Wahrheit kommt.

Andere Vorgesetzte wiederum halten ihre Mitarbeiter bewußt hin, um es ganz deutlich zu sagen, sie belügen sie. Sie machen Andeutungen oder nähren die Hoffnung durch „vielsagendes Schweigen". Ganz schlimm wird es dann, wenn Äußerungen fallen, wie „wenn es nach mir ginge", „ich stehe ja keinem im Wege" oder „alle in der Abteilung wissen ja...". Und dann kommt das große „Aber", hinter dem meistens der nächsthöhere Vorgesetzte, die Geschäftsleitung oder „finanzielle Fragen" stehen.

Hier steht großer Weiterbildungsbedarf bei den Führungskräften, aber auch bei den Mitarbeitern an. Führungskräfte müssen nicht nur Führung – dazu gehören auch Gespräche über die Leistung – lernen. Führung muß auch verstanden werden, und dazu gehört, daß Mitarbeiter lernen, die Zusammenhänge zwischen ihrem eigenen Leistungsvermögen und den Anforderungen, die an die Leistung gestellt werden, zu erkennen. Es ist geradezu erschütternd, wenn ein gutes Drittel der von uns befragten Mitarbeiter und Führungskräfte erklärte, daß mit ihnen noch kein Gespräch über ihre Leistung geführt worden sei. Mit 50 Prozent der Führungskräfte und mehr als drei Viertel der Mitarbeiter, mit denen ein Gespräch geführt worden war, war über deren Leistung und Zukunftsperspektiven höchstens 10 Minuten gesprochen worden.

Ergänzt wird dieses Untersuchungsergebnis durch das Ergebnis einer repräsentativen Untersuchung aus dem Bereich der Kreditwirtschaft. Der Aussage *„Mein direkter Vorgesetzter bespricht mit seinen Mitarbeitern Entwicklungspläne"* konnten nur 35 Prozent der befragten Mitarbeiter zustimmen.

Was nützt alle fachliche Weiterbildung, wenn diese Anstrengungen durch ein derartiges Vorgesetztenverhalten gefährdet werden? Wobei nicht den Vorgesetzten allein die „Schuld" für ein derartiges Verhalten in die Schuhe geschoben werden soll. Denn: Wie man Gespräche über die Leistung führt, das muß man lernen, und zwar nicht nur in einem Kurzseminar, in dessen Rahmen ein Vortrag über „Leistungsbeurteilung" gehalten wird.

„Beurteiler" müssen geschult werden, ganz gleich, ob es sich um den Vorstand einer kleinen Bank oder den Chef einer Versicherungsagentur mit einigen wenigen Mitarbeiterinnen oder Mitarbeitern handelt oder den Abteilungsleiter in einem mittelständischen oder großen Unternehmen. Wobei auch gleich die Frage gestellt werden soll: Wer spricht mit den Führungskräften der zweiten Leitungsebene in einem Versicherungskonzern oder einer Großbank?

Gerade bei dem Gebiet „Mitarbeiterbeurteilung“ treten die Defizite der Weiterbildung besonders klar zutage. Hier zeigt sich, wie Weiterbildung am Bedarf vorbei betrieben wird. Wenn man die Wurzeln für Demotivation, unfreundliches Verhalten gegenüber Kunden oder Kollegen, nachlässige Sachbearbeitung, mangelnde Kreativität, Widerstand gegen Neuerungen sucht, sollte man auf diesem Gebiet beginnen. Wie kann man Freundlichkeit, Zuverlässigkeit, Kreativität, Sorgfalt, Akzeptanz von Neuerungen – die Zahl der Beispiele könnte beliebig erweitert werden – erwarten, wenn mit Mitarbeitern und Führungskräften nicht oder in nicht ausreichendem Maße über ihre Leistung und damit über ihre Zukunftsaussichten gesprochen wird?

Wie kann man Identifikation z.B. mit einer Bank erwarten, wenn sich die Bank nicht mit den Mitarbeitern identifiziert, sich nicht oder kaum um sie kümmert, wobei alle Führungskräfte, angefangen vom Vorstand über den Leiter einer Niederlassung bis zum Abteilungs- oder Gruppenleiter, die Bank repräsentieren.

Auch hier muß man – leider wieder einmal – die Frage stellen: Kennen denn die Verantwortlichen für die Weiterbildung die Ergebnisse dieser repräsentativen Betriebsanalysen nicht, die regelmäßig – und zwar nicht nur in Fachpublikationen – veröffentlicht werden? Und selbst wenn man die Ergebnisse kennt: Wann werden aus diesen Untersuchungsergebnissen die erforderlichen Folgerungen für die eigene Organisation gezogen?

Glaubt man denn etwa, daß im eigenen Hause alles in Ordnung sei? Ist man der Meinung, daß die in der eigenen Organisation tätigen Vorgesetzten auch ihrer – selbstverständlichen – Pflicht, Mitarbeiter zu führen, nachkommen? Ist man als Chef der Überzeugung, persönlich den nachgeordneten Führungskräften und Mitarbeitern gegenüber diese Pflicht, die man so gerne anderen auferlegt, zu erfüllen?

Stellvertretend für viele stehen die Äußerungen des Vorsitzenden des Vorstandes einer der größten Banken der Bundesrepublik (Die Welt vom 13.7.89: „Ich habe meinen eigenen Stil. Ich bin doch nicht der Figaro der Bank“): „Jeder Bankier, jeder Unternehmer muß seinen eigenen Stil entwickeln. Ich bin alt genug, um meinen eigenen Stil gefunden zu haben.“ Das liest sich gut. Da wird Selbstbewußtsein demonstriert, Stärke gezeigt, Durchsetzungsvermögen. Aber: Wie würde dieser Vorsitzende reagieren, wenn ihm gegenüber geäußert würde: Ich bin alt genug, um meinen eigenen Stil gefunden zu haben. Von welcher Alters- und Hierarchiestufe an wird, wenn überhaupt, eigener Stil zugestanden? Und wie steht es um „eigenen Stil“, wenn es um Kooperation geht? Um Kooperation nicht nur im eigenen Hause, sondern auch mit Kunden? Wie steht es um die Kontinuität des Führungsstils innerhalb der Organisation? Wie steht es um den eigenen Stil des Nachfolgers? Was dann, wenn der einen anderen Stil hat, auf den sich dann alle einstellen müssen?

L'Etat c'est moi! – Der Staat bin ich! An diesen Ausspruch Ludwigs XIV. wird man unwillkürlich erinnert. Das Unternehmen – die Bank – bin ich! Gilt das heute noch?

Um nicht mißverstanden zu werden: Das hat nichts mit Gleichmacherei, mit Aufgabe der eigenen Persönlichkeit zu tun. Eigener Stil ja, wenn er sich in den Rahmen der Kooperation einordnet. Um was es hier geht, ist der immer wieder erhobene Ausschließlichkeitsanspruch, der in jedem Bereich anzutreffen ist.

Es geht um dieses „Ich“ als das Maß aller Dinge. Dieses „Ich“, das auch die Konzeption der Weiterbildung in vielen Bereichen bestimmt: die Ausrichtung der Weiterbildung an der oft einseitigen Betrachtungsweise der obersten Leitungsebene einer Organisation.

Eine einseitige Betrachtungsweise, die sich vor allem dann zeigt, wenn es darum geht, was „man“ nicht will: Keine „aufmüpfigen“ Mitarbeiter und Führungskräfte. Hier wird der Widerspruch zwischen der immer wieder erhobenen Forderung und der Realität besonders deutlich. Gefordert wird der „Unternehmer im Unternehmen“, der „selbständig denkende und handelnde Mitarbeiter“. Und beklagt wird, daß „das alles immer mehr im Schwinden sei, kaum noch jemand bereit sei, Verantwortung zu übernehmen, Schlaraffenlandmentalität sich ausbreite".

Geht man den Ursachen auf den Grund, findet man eines immer wieder: Weiterbildungsprogramme, in denen Seminarthemen wie Delegation, Personalbeurteilung, Leistungsmotivation, Gesprächsführung, Kooperation, Persönlichkeitstraining so gut wie nicht vorkommen.

Eines dagegen findet sich, für den Chef und ausgewählte Führungskräfte: Rhetorik! Sollen Mitarbeiter oder auch Kunden etwa „überredet“ werden? Wobei diejenigen, die einen Rhetorikkurs buchen, oft von Rhetorik eine ganz andere Vorstellung haben als die Veranstalter solcher Seminare. Die Erwartungshaltung geht sehr oft dahin, kurze, prägnante Rezepte, möglichst in einem eintägigen, höchstens zweitägigen Seminar zu erhalten, um sich dann besser „verkaufen“ zu können. Diese Erwartung wird sehr oft enttäuscht. Ein Grund mehr, „psychologische Schulungen“ ganz aus dem Programm zu streichen, „wenn selbst das nichts bringt". Letzte Rettung ist dann „die moderne Technik". Die soll dann die Leistungssteigerung bringen, wenn es schon mit den Mitarbeitern nicht so recht klappen will. Aber auch da steht Weiterbildungsbedarf an: fachlich und psychologisch!

4.7 Ist Führungstraining Luxus?

Mitarbeiter und Führungskräfte sind einmal daran interessiert, sich beruflich weiterzubilden, um ihre berufliche Qualifikation den sich ständig verändernden Anforderungen anzupassen, sowie sich auf erhöhte Anforderungen in einer höher bewerteten Tätigkeit vorzubereiten. Zum anderen wird angestrebt, in Führungspositionen weiter aufzusteigen oder überhaupt in die „Führungslaufbahn" zu gelangen.

Neben der Anpassungsweiterbildung spielt die Aufstiegsweiterbildung bei der Interessenlage von Führungskräften und Mitarbeitern eine große Rolle.

Mehr Verantwortung, gegebenenfalls Übernahme von Führungsaufgaben: Hier scheint man in weiten Bereichen der Wirtschaft der Ansicht zu sein, daß dies ohne besondere Vorbereitungen zu bewerkstelligen sei. Heute noch qualifizierter Mitarbeiter, morgen Gruppen- oder Abteilungsleiter! Heute Geführter, morgen Führender! Und das soll alles ohne Vorbereitung vonstatten gehen, ohne Vorbereitung auf die Aufgaben, die speziell einen Führenden erwarten?

Aber man ist doch vorbereitet, hat doch ausgezeichnete Fachkenntnisse, hat doch jahrelang vom eigenen Vorgesetzten „lernen" können, wie man führt. Ein guter Fachmann muß auch in der Lage sein, Menschen zu führen. Hauptsache, man weiß in seinem Metier Bescheid. Und wie man Anweisungen erteilt, das Ausführen von Anordnungen überwacht, hat man ja am eigenen Leibe erfahren müssen. Man braucht nur so zu verfahren, wie selbst mit einem verfahren wurde. So die Auffassung heute noch in vielen Bereichen der Wirtschaft. Und, so Führungskräfte der obersten Leitungsebene: „Es schadet ja nichts, wenn man ins kalte Wasser geworfen wird."

Führung muß man lernen. Der Glaube, daß ein guter Fachmann, eine gute Fachfrau, andere Menschen führen, effizient führen können, ohne es gelernt zu haben, führt über kurz oder lang ins wirtschaftliche Abseits. Je knapper die Kapitaldecke, um so schneller kommt das „Aus", je üppiger die Kapitaldecke, um so länger ist der Weg in die roten Zahlen, zumindest in die Zone der Stagnation.

Führen, ohne es gelernt zu haben, wird früher oder später zur Belastung, und zwar sowohl für die Führenden als auch für die Geführten. Die Führenden spüren – abgesehen von denjenigen, die ohnehin glauben, immer alles richtig zu machen – ihre Unzulänglichkeit, die freilich sehr oft durch eine Flucht ins Fachliche kompensiert, verdrängt wird.

Die Geführten sind mit der Führungsleistung ihrer Vorgesetzten weitgehend unzufrieden. Die Folge: schwindende Leistungsbereitschaft und damit geringere Leistung. Die „innere Kündigung" wird zur betrieblichen Institution.

„Sind Sie mit dem Führungsstil Ihres Vorgesetzten einverstanden?" Nur ganze 12 Prozent der in der Untersuchung „Die Arbeitsmotivation von Arbeitern und Angestellten der deutschen Wirtschaft" Befragten antworteten mit „ja, immer". Damit erreichte die Antwort zu dieser Frage die schlechteste Bewertung bei allen Fragen, die die Einstellung der Mitarbeiter zum direkten Vorgesetzten betrafen. Die Führungsleistung der Vorgesetzten entspricht bei weitem nicht der Erwartung der „Geführten", die im Zuge der gesellschaftlichen Entwicklung mit Recht hohe Ansprüche an die Führungsleistung ihrer Vorgesetzten stellen.

Aber nicht nur Mitarbeiter und Mitarbeiterinnen sind mit der Führungsleistung ihrer Vorgesetzten unzufrieden. Auch Führungskräfte beklagen in zunehmendem Maße Mängel im Führungsverhalten ihrer Vorgesetzten. Nach dem Ergebnis unserer letzten Befragung von Führungskräften im Jahre 1989 waren nur rund 33 Prozent der Befragten mit dem Führungsverhalten ihrer Vorgesetzten zufrieden.

Auch die Klage des Top-Managements über die nachgeordneten Führungskräfte, insbesondere den Führungsnachwuchs, ist groß.

Geringer Einsatz wird ebenso beklagt wie mangelnder Eifer. Vollgepackt mit theoretischem Wissen wollten die „Jungen" immer nur diskutieren, anstatt sich den Aufgaben der Praxis zu widmen. Mangelnde Risikobereitschaft wird ebenso bemängelt wie fehlende Identifikation mit dem Unternehmen. „Die haben nur die 35-Stunden-Woche im Kopf, und wenn sie mal länger bleiben sollen, wird sofort die Frage gestellt, was bekommen wir dafür!"

Dabei habe es an Aufforderungen „alles zu geben" nicht gefehlt. Trotzdem sei die Arbeitsmoral nicht besser geworden. Gott sei Dank könne man sich noch auf den „alten Stamm" der Führungskräfte stützen. Aber von diesen zuverlässigen Führungskräften, die auch nicht „auf die Uhr schauen würden", gebe es halt immer weniger.

Hier muß man die Frage stellen: Reichen diese Appelle zur Pflichterfüllung, die Aufforderung, „Gas zu geben", aus? Muß man da nicht mehr tun? Muß man nicht, bevor man etwas verlangt, die Voraussetzungen dafür schaffen, daß diese Forderungen überhaupt erfüllt werden können?

Geringer Einsatz, mangelnder Eifer bei der Erfüllung von Führungsaufgaben! Wie kann man Einsatz und Eifer in der Aufgabenerfüllung verlangen, wenn nicht einmal Klarheit über die Aufgabe selbst besteht.

Was versteht man unter Führung? Diese Frage sollte sich jede Spitzenführungskraft erst einmal selbst stellen und dann auch beantworten. Bedeutet Führen

- Anweisungen geben oder dafür sorgen, daß Anweisungen ausgeführt werden?
- sich als Vorgesetzter „durchsetzen"?
- Macht ausüben?
- andere überzeugen?
- mit allen gut zusammenarbeiten?
- andere – zum Beispiel Kunden, Mitarbeiter aber auch Vorgesetzte – zielorientiert beeinflussen?

Für letzteres entschieden sich nur etwa die Hälfte der von uns befragten Führungskräfte aller Leitungsebenen und nicht einmal 10 Prozent der Mitarbeiterinnen und Mitarbeiter.

Wie kann man als Chef oder Top-Manager „ordnungsgemäße Erfüllung von Führungsaufgaben" verlangen, wenn man selbst über den Begriff der Führung sehr unklare Vorstellungen hat? Was bedeutet denn die Aufforderung an nachgeordnete Führungskräfte „Sie müssen besser führen"?

Wie viele von den mehr als drei Millionen Führungskräften in der Bundesrepublik haben „Führung" gelernt, systematisch gelernt?

Ehe man von unfähigen oder unwilligen Führungskräften spricht, muß die Frage nach den Aus- und Weiterbildungsanstrengungen in der jeweiligen Organisation gestellt werden. Jede Organisation hat die Führungskräfte, die sie verdient! Defizite in der Führung sind in der Regel hausgemacht.

Die Frage nach der Führungsaus- und -weiterbildung muß insbesondere in Organisationen mittlerer und kleiner Größenordnung gestellt werden, denn hier kommt es buchstäblich auf jede Mitarbeiterin, Führungskraft und jeden Mitarbeiter an.

Ist Führungsweiterbildung Luxus? Gerade im Bereich der mittleren und kleineren Organisationen wird Führungsaus- und -weiterbildung weithin als Luxus angesehen, den sich nur die „Großen" leisten können. „Personalfragen" wird geringe Bedeutung beigemessen, insbesondere nachdem ein großer Teil der „Personalverwaltung" durch die EDV abgewickelt werden kann. Diese Einstellung wird schon in naher Zeit Folgen haben. Der qualifizierte Nachwuchs wird ausbleiben oder abwandern. Der Sog der Großen, die die Notwendigkeit der Führungsaus- und -weiterbildung weitgehend erkannt und entsprechende Programme entwickelt haben, wird immer stärker. Der „Markt" an Führungskräften – in einigen Regionen heute schon leer – wird bald ausgetrocknet sein. Und abwerben? Das funktioniert ohnehin nur in Richtung zu den Großen und nicht umgekehrt.

Im übrigen stellt sich die Frage nach der Führung doch nicht nur in großen Organisationen. Führung ist keine Frage der Quantität, sondern der Qualität. Menschen müssen beeinflußt werden! Ein Mitarbeiter, ein Kunde genauso wie fünf Mitarbeiter oder fünf Kunden, oder Tausende von Mitarbeitern oder Kunden. Die Frage stellt sich überall in gleichem Maße: Wie beeinflußt man Menschen, daß sie etwas tun oder eben nicht tun?

Am besten, man versucht sich einmal in die Situation eines Menschen hineinzuversetzen, der erstmals mit Führungsaufgaben betraut wird. Was hat dieser Mensch bisher getan? Er hat vorgegebene Arbeitsaufträge ausgeführt und dabei sein erworbenes Wissen eingebracht. Er hat sich ein- und untergeordnet. Er befand sich in der Lage des „Schülers", dessen Aufgabenerfüllung beurteilt, vielleicht sogar „benotet" wurde. Alles in allem: Er hat als Untergebener seine Aufgaben erfüllt und ist dadurch auch geprägt worden. Und nun soll er andere Menschen zielorientiert beeinflussen. Schafft man das aus eigener Kraft?

Führungskräfte, die schon jahrelang führen und auch davon überzeugt sind, es „wirksam" zu tun, stehen vor ähnlichen Problemen. Gewiß, sie haben inzwischen Erfahrungen gesammelt, Routine stellt sich ein. Aber sollte man nicht auch über den sehr weisen Ausspruch des Nobel-Preisträgers für Literatur G. B. Shaw nachdenken: „Manche halten das für Erfahrung, was sie 20 Jahre falsch gemacht haben“, ergänzt durch die Betriebsweisheit, „wer ständig übt, beherrscht seine Fehler perfekt“?

Die Ergebnisse von betrieblichen Untersuchungen bestätigen eines immer wieder auf eindringliche Weise: Auf dem Gebiet der Führung – unabhängig von der Größe einer Organisation – bestehen die größten Defizite. Wenn Weiterbildungsbedarf – leider ist es in den meisten Fällen Ausbildungsbedarf – dann hier !

4.8 Steigerung der Humanressourcen

Die Anforderungen, die heute an Führungskräfte gestellt werden, sind hoch und werden in Zukunft noch weiter steigen. Personalchefs und Personalberater sind sich einig: Zentrale Kriterien im Anforderungsprofil einer Führungskraft sind:

- Kommunikationsfähigkeit und Kommunikationsbereitschaft,
- die Fähigkeit, andere Menschen zu motivieren, ja sie zu begeistern,
- ganzheitliches, analytisches, konzeptionelles Denken,
- Teamfähigkeit, im Team zu arbeiten, ein Team zu führen.

Ähnliches ergab auch die Auswertung von nahezu 30000 Stellenanzeigen durch das Control Data Institut (Christel Ziegler-Pirthauer, Mit Ideen auf der Karriereleiter nach oben klettern, Blick durch die Wirtschaft vom 14.8.89). Zu den wichtigsten Aufgaben eines Top-Managers zählen Qualifikationen wie Know-how im Personal-Management, Teamgeist und Organisationstalent, wobei nicht nur Führungskräfte, sondern auch Mitarbeiter über diese Schlüsselqualifikationen verfügen sollen. „Fachidioten und Einzelkämpfer sind nicht mehr gefragt.“ Während nach der Control Data-Analyse Arbeitgeber 1988 insgesamt 6107 mal fachübergreifende Kenntnisse voraussetzten, stieg diese Zahl 1989 bereits auf 7881 an!

Alles in allem: High tech hat ein Gegenstück bekommen, high touch! Die „High-Trouble-Gesellschaft“, durch konfliktträchtige Entwicklungen geprägt, bedarf mehr denn je des Steuerungselements einer Führung, die auf hoher Sozialkompetenz beruht.

„Die direkte Kontrolle der Arbeit wird ersetzt durch die Vorgabe von Zielen, durch Koordination der selbständiger werdenden Mitarbeiter und durch Schaffung eines günstigen Arbeitsklimas. Der Industriemeister der Zukunft wird damit zum Coach, der seine Mitarbeiter betreut, aktiviert, führt, für die nötige Technik-Akzeptanz sorgt und die Fähigkeit besitzt, Arbeitsaufgaben zu erläutern und Probleme im Team zu diskutieren. Dadurch wird Führungsverhalten so wichtig wie fachliche Kompetenz, auf der seine Autorität beruht.“ (iwd 11/ 1988)

Gilt dieses Anforderungsprofil nur für Meister? Ist diese vom Institut der deutschen Wirtschaft formulierte Führungs-Aufgabenbeschreibung nicht geradezu eine Musterbeschreibung für jeden, der Menschen zu führen, zielorientiert zu beeinflussen hat, wobei man höchstens darüber streiten könnte, ob „Zielvorgaben“ durch „Zielvereinbarungen“ ersetzt werden könnten?

Wichtigste Aufgabe von Führungskräften, ganz gleich welcher Leitungsebene, ist die Steigerung von Humanressourcen. Das beginnt bei ganz einfachen - wie man oft meint - Aufgaben, zum Beispiel dem Vermitteln des Sinngehalts der Arbeitsaufgabe.

Nicht umsonst hat der Gesetzgeber in § 81 des Betriebsverfassungsgesetzes dem Arbeitgeber die Verpflichtung auferlegt, den Arbeitnehmer über dessen Aufgabe und Verantwortung, sowie über die Art seiner Tätigkeit und ihre Einordnung in den Arbeitsablauf des Betriebes zu unterrichten.

Aber nicht nur der Gesetzgeber legt Wert auf diese Unterrichtung. Auch die Mitarbeiter sind daran interessiert, daß Arbeitsabläufe transparent gemacht, daß Sinn und Zweck der Arbeit verstanden werden. Mehr als 80 Prozent der befragten Mitarbeiter in einer großen Untersuchung im Bereich der Kreditwirtschaft hielten eine solche Unterrichtung durch ihre direkten Vorgesetzten für wichtig.

Das „Ist“ bei der Erfüllung dieser Führungsaufgabe durch ihre direkten Vorgesetzten fiel geradezu kläglich aus: Für die Aussage *„Mein direkter Vorgesetzter sorgt dafür, daß Sinn und Zweck der Aufgabe verstanden werden“*, konnten sich 46 Prozent, für die Aussage *„Mein direkter Vorgesetzter versteht es, Arbeitsabläufe transparent zu machen“*, 37 Prozent der befragten Mitarbeiter entscheiden.

Derartige Ergebnisse vermutet man allenfalls in einem Entwicklungsland, und auch hier muß man wieder einmal die Frage stellen: Was kostet das? Man weiß doch längst, daß durch die immer weiter fortschreitende Arbeitsteilung dem einzelnen Mitarbeiter oft der Sinn für seine Arbeit weitgehend verlorengegangen ist; und man weiß, daß die Identifikation mit der Arbeitsaufgabe und nicht zuletzt mit der Organisation, für die man arbei-tet – oder sollte man nicht treffender sagen, „in“ der man beschäftigt ist –, nicht unwesentlich von dieser Information abhängig ist.

Dafür sorgen, daß Sinn und Zweck der Arbeit verstanden werden! Ist der Vorgesetzte dazu nicht in der Lage, „kann“ er nicht, oder hält er es nicht für erforderlich, „will“ er nicht? Muß er lernen, wie man als Vorgesetzter effizient mit seinen Mitarbeitern kommuniziert, oder muß er dazu motiviert werden? In beiden Fällen steht Weiterbildungsbedarf an.

Weiterbildung wird auch angeboten. Derselbe Verband, in dessen Bereich die oben angeführte Analyse durchgeführt wurde, offerierte Bankvorständen ein „Selbsterfahrungstraining, das den Managern abverlangte, was täglich von ihnen gefordert wird: Spontane Entscheidungsbereitschaft und Reaktionsschnelligkeit auch in schwierigen Situationen, überdurchschnittliche Auffassungsgabe und Leistungsfähigkeit, Durchsetzungskraft und die Befähigung, Widerstände zu überwinden" (Peter H. Bertus, Überlebenstraining für Bankmanager, Blick durch die Wirtschaft 23.8.89).

In den französischen Vogesen wurde der Umgang mit Karte und Kompaß, Marschzahlbestimmung und die Berücksichtigung von Geländeformen ebenso vermittelt wie Bogen- und Luftgewehrschießen geübt wurden. Im Alleingang mußte eine Waldstrecke in schwierigstem Gelände ebenso bewältigt werden wie Abseil- und Kletterübungen. Auch ein See mußte durchschwommen, Tragen mußten gebaut werden, um „Verletzte" ins nächste Dorf zu bringen. „Die Möglichkeiten des einzelnen wurden ausgeschöpft, das Selbstbewußtsein gestärkt, alle wurden zum Handeln motiviert" – so der Bericht.

Hoffentlich gelingt es den Bankvorständen nach diesem Kurs, ihre Mitarbeiter zu motivieren, und das Training im Umgang mit Karte, Kompaß und Marschzahlbestimmung hilft „Arbeitsabläufe transparent zu machen". Nachdenkliche Mitarbeiter allerdings stellen die Frage nach bezahltem oder unbezahltem Urlaub – durchgeführt wurde das Training von einem Veranstalter von Expeditionen, Abenteuerreisen und Überlebenstraining-, und Kunden stellten – wieder einmal – fest: „Von unseren Gebühren." Übrigens: Der Verband „will den Kurs nicht nur erneut anbieten, sondern auch entsprechende Aufbaulehrgänge erarbeiten".

Ganz anders das Konzept bei VW. „In insgesamt vier einwöchigen Aufbaukursen, die für jeden Manager Pflicht sind, lernt er in Rollenspielen, Vorträgen und Diskussionen die speziellen Techniken und Grundsätze der Führung bei Volkswagen. Kern der Philosophie ist das kooperative Führen selbständiger Mitarbeiter, wie es in den Führungsgrundsätzen festgelegt worden ist." (Wolfgang Gillmann, VW-Manager lernen kooperatives Führen, Die Welt vom 2.9.89)

Eine weitere wichtige Führungsaufgabe der Vorgesetzten besteht darin, eine Gruppenatmosphäre zu schaffen, in der nicht nebeneinander oder gar gegeneinander gearbeitet wird, sondern die Arbeitsaufgaben gemeinsam „Hand in Hand" bewältigt werden. Letztlich findet eine Vorgesetztenposition hier ihre Rechtfertigung.

Voraussetzung einer gedeihlichen Zusammenarbeit ist ein rechtzeitiger und umfassender Informationsaustausch der Arbeitskollegen untereinander und das offene Ansprechen mit der Arbeit verbundener Probleme.

Wie es um diese wichtige Frage der Zusammenarbeit bestellt ist, zeigt wiederum eine Analyse aus dem Bereich der Kreditwirtschaft. Für die Aussagen *„Meine Kollegen geben mir erforderliche Informationen rechtzeitig und umfassend, sprechen mit der Arbeit verbundene Probleme immer offen an"* konnten sich nur etwas über 40 Prozent der Befragten entscheiden.

Für das Gruppenklima ist der Vorgesetzte verantwortlich! Er muß dafür sorgen, daß Informationen ausgetauscht werden, daß mit der Arbeit verbundene Probleme offen angesprochen werden. Dies ohne entsprechende gezielte Weiterbildung zu schaffen, gelingt nur Naturtalenten, und die sind bekanntlich sehr dünn gesät.

Vorgesetzte haben die Aufgabe, Mitarbeiter auf Veränderungen vorzubereiten, Akzeptanz für neue technische Entwicklungen zu schaffen. Diese Forderung wird angesichts des technischen Wandels immer wichtiger. Und nicht nur Akzeptanz soll erreicht werden. Aus Mitarbeitern und Führungskräften, die bereit sind, neue Entwicklungen zu akzeptieren, sollen Mitarbeiter und Führungskräfte werden, die selbst Entwicklungen initiieren. Kreativität ist Trumpf.

Trotz vieler Appelle, sich am Vorschlags- und Verbesserungswesen aktiv zu beteiligen, sieht die Bilanz des Vorschlags- und Verbesserungswesens in vielen Organisationen geradezu traurig aus, oft gibt es gar kein Vorschlags- und Verbesserungswesen, „denn da hat ja der Betriebsrat ein Mitbestimmungsrecht".

Eine der am häufigsten genannten Ursachen für die „Zurückhaltung" auf dem Gebiet des Vorschlags- und Verbesserungswesens ist das Führungsverhalten der Vorgesetzten, insbesondere mangelnde Anerkennung der

Leistung und ein Übermaß an unsachlicher, unangemessener Kritik, besonders in Gegenwart von Dritten.

Nur etwa die Hälfte der von uns befragten Führungskräfte war der Ansicht, daß ihrem Wunsch nach Anerkennung der Leistung von ihren Vorgesetzten Rechnung getragen würde.

Nur 21 Prozent der Mitarbeiter in der Befragung „Die Arbeitsmotivation von Arbeitern und Angestellten der deutschen Wirtschaft" beantworteten die Frage *„Erkennt Ihr direkter Vorgesetzter im allgemeinen gute Leistungen lobend an?"* mit „ja, immer'".

„Wie kritisiert Ihr Vorgesetzter, wenn mal ein Fehler passiert?" Für „immer sachlich und angemessen" konnten sich bei unseren Befragungen nur 24,4 Prozent der Führungskräfte und 32,1 Prozent der Mitarbeiter entscheiden, rund 80 Prozent der Führungskräfte und etwas mehr als die Hälfte der Mitarbeiter gaben an, in Gegenwart von Dritten kritisiert zu werden.

Buchstäblich den Vogel schoß ein anderes Befragungsergebnis ab: *„Achtet Ihr Vorgesetzter darauf, daß Ihre Ideen und Ihre Vorschläge bekannt werden?"* Nur ganze 19,5 Prozent der befragten Führungskräfte und 19,2 Prozent der Mitarbeiter, also nicht einmal ein Fünftel, beantworteten diese Frage mit „immer".

Forderungen nach mehr Kreativität, nach Beschleunigung des Innovationszyklus, um im immer härteren Wettbewerb national und international bestehen zu können, sind leicht erhoben. Aber auch hier steckt der Teufel bekanntlich im Detail. Solange man das Führungsverhalten nicht entsprechend ändert, und das kann in erster Linie nur durch entsprechendes gezieltes Führungs-Verhaltenstraining geschehen, wird die Kreativitäts- und Innovationsbilanz nicht entscheidend verbessert werden können. Und auch hier muß die Frage gestellt werden: Was kostet Abstinenz in Führungsaus- und Weiterbildung?

Über eine Entwicklung sollte man in diesem Zusammenhang nachdenken. Nach einer Berechnung des Ifo-Instituts in München (Erfindungen: Deutsche sacken ab, Management Wissen 1/89) ist der Anteil der Erfindungen (Patentanmeldung in mindestens zwei Ländern) von 21,4 Prozent im Jahre 1980 auf 20 Prozent 1986 zurückgegangen. Die Spitze halten nach wie vor die USA mit einem Anteil von 26 Prozent (Rückgang von

1,3 Prozent) und Japan mit 21 Prozent (Anstieg 3,4 Prozent). Wer die Führungskultur in Japan kennt – Kooperation und Harmonie, aber auch Führungs-Weiterbildung stehen im Mittelpunkt – kann sich die Ursache für eine derartige Entwicklung gut vorstellen. Warum sind die Quality circles in Japan so erfolgreich? Wie kommt es, daß die Anzahl der Verbesserungsvorschläge, die in japanischen Firmen gemacht werden, so viel über dem europäischen oder USA-Durchschnitt liegen?

4.9 Selbstkritische Beurteilung der Führungsleistung

„Mehr Führungskräfte müssen besser als bisher begreifen lernen, in welcher Welt wir leben und wirtschaften müssen." So Fredmund Malik, Vorsitzender der Geschäftsführung des Managements-Zentrums in St. Gallen (Nur wer selbst Horizonte sieht, kann führen, congress + seminar 4/85). Und weiter: „Mehr Führungskräfte müssen besser umzugehen lernen mit teilweise geänderten Einstellungen der Menschen, vor allem der jungen Menschen, zu unserer Gesellschaft und zur Wirtschaft."

Manager, die von sich behaupten, „mitten im Leben zu stehen, den Finger am Puls des Geschehens zu haben, mit visionärem Weitblick in die Zukunft zu schauen", als Ignoranten des gesellschaftlichen Umfeldes?

Mit einem beschäftigen sich Führungskräfte der Wirtschaft in zunehmendem Maße: Mit den Bedürfnissen und Erwartungen von Kunden und potentiellen Kunden. Marketing hat bei großen Organisationen schon längst seinen festen Platz. Bei den „Mittleren" und „Kleinen" ist Marketing immer mehr im Kommen.

Was für die Erforschung der Kundenseele gilt, scheint im Personalbereich nur in ganz zarten Ansätzen vorhanden: Kaum jemand kümmert sich um die Einstellungen, Erwartungen und Bedürfnisse der Mitarbeiter. Mit der „Entlohnung" für geleistete Arbeit scheint in weiten Bereichen das Thema „Mitarbeiter" und damit auch „Mitarbeiterführung" erschöpft. Geld gegen Leistung, wobei unter letzterem im großen und ganzen das Ausführen von Anordnungen verstanden wird.

Bei Diskussionen in Führungsseminaren ist es geradezu erschreckend, immer wieder zur Kenntnis nehmen zu müssen, wie wenig sich Führungskräfte mit gesellschaftlichen Fragen beschäftigen. Der Wertewandel, insbesondere in bezug auf den Stellenwert der Arbeit in unserer Gesellschaft, wird kaum zur Kenntnis genommen, und wenn ja, werden nur in geringem Umfang Folgerungen daraus gezogen. Während die geringsten Bewegungen im Kundenbereich wie mit einem hochempfindlichen Seismographen registriert und Maßnahmen ergriffen werden, bewegt sich im Personalbereich kaum etwas. Die Führung ist in vielen Bereichen der

Wirtschaft vor Jahrzehnten „stehengeblieben“. Kunden-Marketing ja, Personal-Marketing unbekannt!

Eines scheint in den Führungsetagen kaum berücksichtigt zu werden: Kunden und Mitarbeiter sind Mitglieder derselben Gesellschaft! Wer von kritischen Kunden spricht, muß auch an den kritischen Mitarbeiter denken. Wer „Kundensouveränität“ berücksichtigt, vom mündigen, frei entscheidenden Kunden spricht, muß auch an „Freiräume“ der Mitarbeiter denken. Und wer schließlich „Dienst am Kunden“ fordert, muß auch den „Dienst am Mitarbeiter“ in sein Service-Programm aufnehmen, um nur einige wenige Beispiele zu nennen.

Führen heißt dienen! Diese alte Führungsweisheit scheint immer mehr von der „Freude an der Macht“ verdrängt zu werden. Anordnen, ohne diejenigen zu fragen, die von diesen Anordnungen betroffen sind, ist nach wie vor zentraler Grundsatz der Führung, trotz aller Beteuerungen, „kooperativ“, „partnerschaftlich“ zu führen. Mehr als 60 Prozent der von uns befragten Mitarbeiter und Führungskräfte fühlten sich autoritär geführt.

Nur 13 Prozent der in der Untersuchung „Die Arbeitsmotivation von Arbeitern und Angestellten der deutschen Wirtschaft“ (Bertelsmann-Stiftung, Gütersloh 1987) Befragten beantworteten die Frage *„Beachtet Ihr Vorgesetzter bei wichtigen Entscheidungen die Meinung seiner Mitarbeiter?“* mit „ja, immer“.

Im internationalen Vergleich (USA, Japan, Schweden) schnitten die deutschen Führungskräfte bei folgenden Fragen am schlechtesten ab (P. Pawlowsky, C. Flodell, Die Arbeitsmoral der Deutschen, Psychologie heute 1/84): *„Sind Ihre Arbeitsaufgaben von heute auf morgen so verändert worden, daß dies eine Verschlechterung war?“ „Hat man Sie an Ihrem Arbeitsplatz schon einmal gegen Ihren Willen versetzt?“ „Ist Ihr Verantwortungsbereich schon einmal verändert worden, ohne daß man mit Ihnen vorher gesprochen hat?“*

Soziale Kompetenz ist gefordert, aber das böse Wort vom „Analphabetentum im zwischenmenschlichen Bereich“ macht die Runde. Angesichts der Ergebnisse von nationalen und internationalen Untersuchungen werden Bekenntnisse von Spitzenführungskräften zur Kooperation, Motivation und Partnerschaft zu leeren Worthülsen und damit auch gefährlich.

Durch die betriebliche Praxis widerlegt, werden Vorgesetzte, welcher Hierarchieebene auch immer, unglaubwürdig. Das Vertrauen in die Führung schwindet und damit die Identifikation mit der Arbeitsaufgabe und dem Arbeitgeber. Der Stellenwert der Arbeit insgesamt sinkt.

„Die deutsche Wirtschaft wird die berufliche Aus- und Weiterbildung weiter entwickeln, damit qualified in Germany ein internationales Gütesiegel bleibt – so wie made in Germany, so Hans Peter Stihl, Präsident des deutschen Industrie- und Handelstages (Die Welt vom 26.7.89, „Auf ein Wort").

Qualified in Germany – das muß fachliche und menschliche Qualifikation einschließen. Beides ist nicht selbstverständlich. Und beides muß man lernen.

„Von den Führungskräften werden zukünftig mehr als bisher Führungsfähigkeit, Fähigkeit zum Interessenausgleich und zur Kommunikation, sowie Informationsbereitschaft verlangt. Eine systematische Weiterbildung der Führungskräfte auf dem Gebiet der Personalführung, der Mitarbeiterbeurteilung sowie der Kommunikation gehört daher neben der weiteren Verbesserung ihrer fachlichen Qualifikation zu den wichtigsten Aufgaben einer Personalpolitik.

Ihnen müssen die Auswirkungen ihres Führungsverhaltens auf menschliche Einstellungen und Haltungen bewußt und damit ihre gesellschaftspolitische Aufgabe deutlich gemacht werden. Diese Zusammenhänge und ihre Konsequenzen für die Führungsaufgabe im Unternehmen sollten verstärkt auch Gegenstand von Weiterbildungsmaßnahmen sein." (Unternehmerische Personalpolitik, Analyse der Arbeitsbedingungen und personalpolitische Schwerpunktaufgaben, Bachem-Verlag, Köln 1983)

Wie wenig werden diese Leitsätze in dem von der Bundesvereinigung der deutschen Arbeitgeberverbände herausgegebenen Buch von den Arbeitgebern beachtet. Wieviel Unternehmer, Top-Führungskräfte von Organisationen jeder Größenordnung haben dieses Buch überhaupt gelesen? In unseren Führungsseminaren mußten wir – leider – immer wieder weitverbreitete Nichtkenntnis feststellen.

In diesem Zusammenhamg muß ein Ergebnis unserer Befragungen doch sehr nachdenklich stimmen: Die Frage *„Werden nach Ihrer Meinung genügend Fortbildungsmöglichkeiten auf dem Gebiet der Personalführung* *geboten?"* beantworteten 1989 nur noch ganze 19,5 Prozent der Befragten uneingeschränkt mit „ ja".

„Besonderer Sorgfalt bedarf heute die Ausbildung und Förderung des Führungsnachwuchses. Eine aktive Personalentwicklung im Führungsbereich ist nicht nur im Hinblick auf die steigenden Leistungsanforderungen und die wachsende Beteiligung der Führungskräfte an der Unternehmenspolitik unentbehrlich, sondern auch zur Förderung einer unternehmerischen Grundeinstellung."

Goldene Worte aus dem Buch „Unternehmerische Personalpolitik". Und wie steht es um die Umsetzung dieser Leitsätze in entsprechende Weiterbildungsmaßnahmen?

In der Untersuchung „Weiterbildung in der Industrie – Eine Analyse wichtiger Themenbereiche" (Olesch, Personalwirtschaft 7/86), in der die Weiterbildungsprogramme von acht Großunternehmen mit über 8000 Mitarbeitern pro Unternehmen und die Weiterbildungsprogramme aller Weiterbildungsinstitutionen für die Wirtschaft in Nordrhein-Westfalen sowie einiger Institute aus anderen Bundesländern (insgesamt 113 Institute) untersucht wurden, waren „psychologische Schulungen" im Gesamt-Weiterbildungsprogramm mit einem Anteil von 17,9 Prozent vertreten. Innerhalb der psychologischen Weiterbildungsthemen – firmenintern und extern – betrug der Anteil der „Nachwuchskräfte-Seminare" ganze 4,7 Prozent.

Der Worte sind genug gewechselt, nun laßt uns endlich Taten sehen! Auf dem Weiterbildungssektor scheint aber die Entwicklung ähnlich wie in vielen anderen Bereichen der Führung zu verlaufen. Man lebt in einer Scheinwelt der Programme, von programmatischen Erklärungen, die dann auch noch im Rahmen einer gezielten PR-Aktion verbreitet werden, nach dem Motto „nachgeprüft wird ja doch nicht". Man vergißt aber dabei, daß das, was im Rahmen der PR nach außen verkündet, auch von den Mitarbeitern und Führungskräften des eigenen Hauses zur Kenntnis genommen wird. Und die Reaktion? Kopfschütteln ist noch das mindeste, was man erwarten kann.

Selbst wenn die für die Weiterbildung in einer Organisation Verantwortlichen auf die Idee kommen sollten, auf dem Gebiet der Führungskräfteentwicklung oder der Führungskräfte-Nachwuchsschulung aktiv zu werden oder bereits vorhandene Aktivitäten zu verstärken, scheitern solche Vorhaben oft daran, daß von den Führungskräften der obersten Leitungsebene kein Bedarf „für so etwas“ gesehen wird.

Nach dem Ergebnis einer Untersuchung in 56 Mittelbetrieben mit einer Beschäftigtenzahl von 35 bis 1889 Mitarbeitern waren 92,9 Prozent der Unternehmensleitungen davon überzeugt, daß die Vorgesetzten in der Lage sind, ihre Mitarbeiter zu beurteilen (N. Thom, M. E. Strombach, E. Winkelmann, Personalentwicklung in Mittelbetrieben, Personalwirtschaft 7/82). 82,1 Prozent waren der Ansicht, daß die Vorgesetzten den Bildungsbedarf feststellen können, und 91,1 Prozent glaubten, die Vorgesetzten könnten auch feststellen, ob sich ein Bildungserfolg am Arbeitsplatz (Lerntransfer) eingestellt hat.

Überzeugung war auch auf einem anderen Gebiet festzustellen: Nur 12,9 Prozent waren bei den „wirksamsten Sofortmaßnahmen“ in ihren Mittelbetrieben zur Steigerung der Personalentwicklungseffizienz der Ansicht, daß die „Kooperation im Betrieb“ und nur 12,3 Prozent der Meinung, daß die Weiterbildung intensiviert werden müsse, wobei Mehrfachnennungen möglich waren.

Wohlbemerkt, nach Ansicht der Verfasser der Studie handelte es sich bei den untersuchten Betrieben um eine Positivauswahl. Wie mag es wohl bei Betrieben aussehen, die nicht zu einer solchen Positivauswahl gehören? Hier wird oft schon jeder Ansatz zu Weiterbildungsmaßnahmen für Führungs- oder Nachwuchsführungskräfte an der eigenen Selbsteinschätzung, oder sollte man treffender sagen Selbstüberschätzung, scheitern.

Rund 80 Prozent der 1989 von uns befragten Führungskräfte waren der Überzeugung, einen kooperativen Führungsstil zu praktizieren. 93 Prozent waren der Ansicht, die Leistung ihrer nachgeordneten Mitarbeiter und Führungskräfte ausdrücklich anzuerkennen. 90 Prozent der befragten Führungskräfte glaubten, ihre Mitarbeiter und nachgeordneten Führungskräfte ausreichend über ihre Arbeitsaufgabe zu informieren.

Ihre nachgeordneten Führungskräfte und Mitarbeiter waren nur zum Teil dieser Ansicht. Nur 40 Prozent fühlten sich kooperativ geführt, nur 53 Prozent waren der Ansicht, daß ihre Leistungen von ihren Vorgesetzten ausdrücklich anerkannt würden, und ganze 24 Prozent beantworteten die

Frage *„Informiert Sie Ihr Vorgesetzter ausreichend?“* mit einem uneingeschränkten „Ja“.

Eines der wichtigsten Ziele von Weiterbildungsmaßnahmen im Führungsbereich ist deshalb die selbstkritische Beurteilung der eigenen Führungsleistung durch die Führungskräfte.

4.10 Lernwege

Welche Möglichkeiten der Weiterbildung gibt es? Welche Lernwege kann man begehen, um die berufliche Qualifikation den Anforderungen am Arbeitsplatz anzupassen oder sich auf den Aufstieg – mit oder ohne Führungsverantwortung für andere – vorzubereiten?

Unverzichtbar im Rahmen der Weiterbildung sind schriftliche Informationsquellen. Zeitungen, Zeitschriften, Fachbücher, Mitteilungen der Verbände, schriftliche Informationen des Arbeitgebers, angefangen von der Hauszeitschrift bis zur gezielten Fachinformation etwa neuer Techniken oder Verfahrensweisen stehen jedem an der Weiterbildung Interessierten in reichlichem Maße zur Verfügung. In so überreichlichem Maße, daß es kaum noch möglich erscheint, dieser Informationsflut Herr zu werden.

Hier muß Hilfe durch die für die Weiterbildung Verantwortlichen angeboten werden. Dies um so mehr, als in zunehmendem Maße erwartet wird, daß Mitarbeiter und Führungskräfte in ihrer eigenen Weiterbildung aktiv werden, selbst Anstrengungen unternehmen, ihre berufliche Qualifikation – sei es fachlich oder auf dem Gebiet des Verhaltens – den Anforderungen anzupassen. Hilfe zur Selbsthilfe ist das mindeste, was man hier „von oben" erwarten kann. Eine gute Orientierungshilfe bietet der „Katalog der Fernlehrangebote in der Bundesrepublik Deutschland", der vom Bundesinstitut für Berufsbildung* und von der Staatlichen Zentralstelle für Fernunterricht** herausgegeben wurde.

Sich nur auf schriftliche Informationsquellen bei der Weiterbildung zu verlassen, würde dem hohen Stellenwert der Weiterbildung bei weitem nicht gerecht. Die beste Ausstattung mit Fachzeitschriften, das Anbieten von hauseigenem Informationsmaterial nützt in vielen Fällen wenig, weil diese schriftlichen Informationen nicht in dem Umfang gelesen, geschweige denn durchgearbeitet werden, wie man es sich erhofft.

Wann soll gelesen, „durchgearbeitet" werden? Während der Arbeitszeit? Hier ist kaum noch „Luft", denn die Informationsflut der arbeitsbezoge-

---

* Bundesinstitut für Berufsbildung, Fehrbelliner Platz 3, 1000 Berlin 31

** Staatliche Zentralstelle für Fernunterricht, Peter-Welter-Platz 2, 5000 Köln 1

nen Informationen kann fast nicht mehr bewältigt werden. Weiterbildungsinformationen beiseite zu legen, um sich diesen in einer „ruhigen Stunde“ widmen zu können, bleibt Illusion. Also den „Stoff“ mit nach Hause nehmen und in Ruhe durcharbeiten! Auch hier bleibt es oft beim guten Vorsatz, der dann schließlich im Urlaub in die Tat umgesetzt werden soll, wenn man an einem Regentag „endlich einmal dazu kommt“.

Alle diejenigen, die Mitarbeiter und Führungskräfte mit Weiterbildungsmaterial versorgen – und wenn es „nur“ Beiträge aus Zeitungen oder Fachzeitschriften sind, die zentral gesammelt, ausgewertet und per Verteiler weitergegeben werden – sollten sich ernsthaft Gedanken darüber machen, ob dieses Material auch tatsächlich nutzbringend „verarbeitet“ werden kann. Gehen solche Informationen buchstäblich ins Leere, dann muß man herausfinden, wie das Ganze wirksamer gestaltet werden kann. Der Kostenaufwand ist viel zu hoch und das mit der Herausgabe oder Weiterleitung von Weiterbildungsmaterial verfolgte Ziel viel zu wichtig, als daß man sich Leerlauf im wahrsten Sinne des Wortes leisten kann.

Im übrigen gilt für schriftliche Weiterbildungsinformationen das, was für alle schriftlichen Informationen wissenschaftlich erwiesen ist: Der Behaltenswert ist außerordentlich gering und liegt nach den Erkenntnissen der Wahrnehmungspsychologie bei etwa 10 Prozent. Auch daran sollte man denken, wenn man Mitarbeiter und Führungskräfte mit schriftlichen Informationen „füttert“.

Schriftliche Informationsquellen können im Rahmen der Weiterbildung immer nur eine ergänzende Rolle spielen. Mit einer schriftlichen Information kann man im übrigen nicht reden, man kann sie nicht fragen. Auch diejenigen, die diese Informationen herausgegeben haben, stehen nicht immer zur Verfügung, abgesehen davon, daß man sich oft nicht traut zu fragen aus Furcht, man könnte für dumm oder begriffsstutzig gehalten werden.

Insbesondere auf dem Gebiet der fachübergreifenden Verhaltensschulung können schriftliche Informationen keinen Ersatz für das unverzichtbare Training bilden. Sie können höchstens Denkanstöße bieten.

Die Praxis als Lehrmeister

Vom Behaltenswert her gesehen ist „learning by doing“ eine hervorragende Methode, um zu lernen. Rund 90 Prozent des so vermittelten Lehrstoffes bleibt „hängen“. Hier kann man fragen, hier gibt es anwesende Kommunikationspartner. Der Erfolg ist in hohem Maße vorprogrammiert.

Sehr gefährlich kann dieses „arbeitsintegrierte Lernen“ aber auf dem Gebiet des Verhaltens-Führungstrainings werden, da in der Praxis ja gerade auf diesem Gebiet in überwiegendem Maße ein Verhalten praktiziert wird, das nicht den Ansprüchen genügt, die man an effizientes Führungsverhalten im Rahmen der gesamtgesellschaftlichen Entwicklung stellen muß. In diesem Zusammenhang sei daran erinnert, daß in überwiegendem Maße autoritär geführt wird, ein Führungsverhalten, das nach den Erkenntnissen in den Ländern der westlichen Industriewelt einhellig als weitgehend ineffizient anzusehen ist. Das Ausrichten an der Führungspraxis von Vorgesetzten, die autoritär führen, führt fast zwangsläufig zu eigenem autoritären Verhalten, das um so „stärker“ praktiziert wird, je unsicherer die einzelne Führungskraft ist. Bei älteren, „erfahrenen“ Führungskräften deckt die Routine hier manches zu, läßt Führungsverhalten „milder“ erscheinen. Je mehr die Routine fehlt, um so eckiger, kantiger das Führungsverhalten, um so härter das Durchsetzen.

„Mein Chef sagt mir immer, ich solle mich nur an seinem Führungsstil orientieren. Wenn ich das aber täte, würde ich hochkantig rausfliegen.“ Solche oder ähnliche Äußerungen hören wir in unseren Führungsseminaren immer wieder. Wenn zwei das Gleiche tun ....

Orientierung an der Führungspraxis der Vorgesetzten im Arbeitsalltag wird den Teufelskreis der autoritären Führung auch in Zukunft aufrecht erhalten. Zu dieser Prognose kommt im Ergebnis auch die Untersuchung „Die Arbeitsmotivation von Arbeitern und Angestellten der deutschen Wirtschaft“ (Bertelsmann-Stiftung, Gütersloh 1987).

Nur 40 Prozent der Befragten glaubten, daß in ihrem Unternehmen ein moderner, zeitgemäßer Führungsstil praktiziert wird, wobei noch zu berücksichtigen ist, daß in diesem Anteil auch die Zahl derjenigen enthalten ist, die ein „starkes“, autoritäres Führungsverhalten als modern und zeitgemäß ansehen.

Für viele überraschend mögen die Ergebnisse bezogen auf die Betriebsgröße gewesen sein. Bei einer Betriebsgröße unter 50 Beschäftigten bejahten 38 Prozent, von 50 bis 999 Beschäftigten 36 Prozent und bei einer Betriebsgröße von über 1000 Beschäftigten 56 Prozent, daß in ihrem Unternehmen ein moderner, zeitgemäßer Führungsstil praktiziert würde. Liegt das daran, daß bei größeren Organisationen im Vergleich zu den kleineren und mittleren doch etwas mehr Verhaltensschulung betrieben wird?

Im übrigen, und das müssen wir in Gesprächen mit Führungskräften von Organisationen, in deren Weiterbildungsprogrammen kein Führungsverhaltenstraining enthalten ist, immer wieder hören, dient der Grundsatz „Führung lernt man am besten in der betrieblichen Praxis" oft nur dazu, um Geld für das Führungstraining zu sparen. Sparen, koste es was es wolle!

Lernprogramme

Lernen mit Hilfe von gekauften fertigen Lernprogrammen wird immer beliebter. Computergestützte Programme, Video-Kassetten zum Beispiel, sollen das Lernen erleichtern. Sicher hat „Hören und Sehen" oder „Hören, Sehen und Lesen", wenn schriftliches Begleitmaterial mit angeboten wird, einen viel höheren Behaltenswert als das Lesen allein. Sich aber nur auf diese Informationsquellen zu verlassen, ist nicht ratsam, denn die Kommunikation mit anderen, seien es „Lehrer" oder Mitlernende, ist durch nichts zu ersetzen.

Ob es ratsam ist, zum Beispiel während langer Autofahrten anstelle von Musik-Kassetten Lernprogramme aus dem Autoradio abzuhören, mag dahinstehen. Kann man sich zur gleichen Zeit auf den Verkehr und das Programm so konzentrieren, daß die Aufmerksamkeit im Straßenverkehr nicht leidet, aber das Gehörte auch behalten wird?

In der Führungs-Verhaltensschulung können derartige Programme ein auf die Bedürfnisse und Gegebenheiten der eigenen Organisation ausgerichtetes Training nicht ersetzen, da sie – zwangsläufig – diese Abstimmung nicht haben können. Ob man durch den Einsatz derartiger Programme letztlich Geld sparen kann, sollte genau geprüft werden.

Weiterbildung durch gruppenbezogenes Lernen bildet nach wie vor die beste Chance, Wissen zu vermitteln und Verhalten einzuüben. Verstärkend wirkt das Arbeiten in der Gruppe und mit der Gruppe. Erfahrungsaustausch erhöht die Effizienz ebenso wie eine weitgehend störungsfreie Atmosphäre. Die Seminarteilnehmer können sich, ohne vom Tagesgeschäft beeinflußt und abgelenkt zu werden, auf den „Stoff" konzentrieren.

Vom Behaltenswert her gesehen, können Seminare ein Maximum an Möglichkeiten bieten. Lernen durch eigenes Tun wird unterstützt durch geeignete Lernprogramme, vertieft und ergänzt wird das Seminargeschehen durch begleitende schriftliche Information, die nach dem Seminar auch als Gedächtnisstütze dienen kann. Eigenes Handeln, Lesen, Sehen, Hören – alle Sinnesorgane können in den Dienst des Lernens gestellt werden.

Für das Führungs-Verhaltenstraining sind derartige Seminare geradezu unverzichtbar. Das gemeinsame Erleben der Führungssituation, die Selbsterkenntnis, vermittelt durch Rollenspiele mit Video-Technik, wie eigenes Führungsverhalten von anderen empfunden, aufgenommen wird, wie man bei anderen Menschen „ankommt", ist durch kein anderes Medium treffender zu vermitteln. Nur auf diese Weise kann man erkennen, daß es „anders" auch geht, sei es, daß man dies durch das Beispiel der Mitlernenden erfährt, oder daß man in der Diskussion davon überzeugt wird.

Ein weiteres wichtiges psychologisches Moment kommt hinzu. Eigenes positives Führungsverhalten wird bestätigt, man erfährt, daß man im eigenen Verhalten richtig liegt. Zuversicht, Mut werden vermittelt, an die Stelle von Appellen tritt Überzeugung durch eigenes Erleben. Sicherheit kommt dazu, wenn man weiß, daß man sich auf der Linie der Führungsspitze bewegt, derartiges Führungsverhalten von oben auch gewollt wird. Die solchen Seminaren innewohnende Gruppendynamik bewirkt im übrigen, daß sich aus der Gruppe heraus Überzeugung bildet, daß „wir es in Zukunft eben alle so machen müssen". An die Stelle der Vorgesetztenanweisung tritt das Gemeinschaftsgefühl der Gruppe. Teamgeist in der Führung wird erzeugt mit der Folge, daß Führung im Unternehmen der gesellschaftlichen Entwicklung entsprechend durchgängig praktiziert wird.

Dies wirkt sich nicht nur in der Führung der Mitarbeiter aus, sondern auch im Umgang mit den Kunden. Es kann nicht oft genug betont werden: So wie Mitarbeiter geführt, „behandelt“ werden, so geschieht dies auch mit Kunden. Überall da, wo „Dienst am Mitarbeiter“ kleingeschrieben wird, ist es auch mit dem „Dienst am Kunden“ nicht weit her, selbst wenn dieser im Firmenprogramm zum obersten Grundsatz erklärt wurde.

Seminare sind die ideale Lernstatt, wobei es im Bereich der Verhaltensschulung sicher nicht mit einem oder wenigen Seminaren getan ist, um ein Führungsthema, wie zum Beispiel „Kooperation“, abschließend „abzuhandeln“. Gerade beim Verhaltenstraining wird man bald erkennen oder erkennen müssen: wenn lebenslanges Lernen, dann hier. Denn manche Menschen neigen dazu, aus Bequemlichkeit „rückfällig“ zu werden. Anordnen ist eben bequemer als überzeugen!

Ergänzt und verstärkt werden muß das im Seminar gelernte und geübte Verhalten im Arbeitsalltag. Hier müssen dann bewußt die Regeln über Konferenztechnik, Führen von Kritikgesprächen, Ausüben der Kontrolle oder effiziente Information angewendet werden. Eine Diskrepanz zwischen Seminartheorie und betrieblicher Praxis darf es nicht geben. Die Nacharbeit im Arbeitsalltag sichert den Erfolg des Seminars.

4.11 Bedarfsermittlung

Weiterbildung muß systematisch betrieben werden. Dies setzt unter anderem voraus, daß die Zuständigkeit für Aus- und Weiterbildung eindeutig geregelt ist. In mittleren und größeren Organisationen ist die Zuständigkeit für die Weiterbildung im großen und ganzen geregelt, wobei aber auch hier noch „Lücken" festzustellen sind. Ausbildung wird – zwangsläufig – betrieben, hinter „Weiterbildung" muß aber hier und da schon ein Fragezeichen gesetzt werden. Zwar ist die „Ausbildungsabteilung", wie stark sie auch immer personell ausgestattet sein mag, auch für Weiterbildungsfragen zuständig, für „Antworten", das heißt Weiterbildungsmaßnahmen, fehlt dann der entsprechende „Ansatz" im Budget.

Problematisch ist Weiterbildung vor allem bei kleineren oder mittleren Organisationen. Die Ausbildung ist geregelt, sie wird von Mitarbeitern oder Führungskräften, die die Ausbildereignungsprüfung abgelegt haben, mit erledigt. „Zuständig" für Weiterbildung ist dann letztlich die Geschäftsleitung.

Hier kann nur der dringende Rat gegeben werden, sich intensiv mit den Problemen der Weiterbildung zu beschäftigen. Je kleiner die Organisation, um so wichtiger ist die Weiterbildung, da es ja gerade hier buchstäblich auf jeden einzelnen Mitarbeiter oder jede einzelne Mitarbeiterin ankommt. Weiterbildung wird hier zur Existenzfrage, wenn es darum geht, sich im Wettbewerb gegenüber den „Größeren" zu behaupten, und wenn es letzten Endes nur darum gehen sollte, daß Weiterbildungsmöglichkeiten zu einem immer wichtigeren Entscheidungskriterium bei Bewerbern für die Auswahl des Arbeitgebers werden. Die Frage „Wie steht es um die Weiterbildungsmöglichkeiten?" wird in Zukunft immer häufiger gestellt werden. Weiterbildung wird mit „Weiterkommen" gleichgesetzt.

Wie kritisch die Situation auf dem Arbeitsmarkt bereits heute ist, zeigt das Ergebnis einer Studie von Infratest, die vom Bundesverband der Selbständigen 1989 in Auftrag gegeben wurde, wonach die Zahl der tatsächlich offenen Stellen die der bei den Arbeitsämtern gemeldeten um ein Vielfaches übersteigt. Insgesamt 88,9 Prozent aller offenen Stellen wurden von Betrieben mit weniger als 200 Beschäftigten gemeldet.

Und wenn es ein aus wenigen Mitgliedern bestehender Vorstand bei Instituten kleinerer oder mittlerer Größenordnung nicht schafft, sich intensiv mit diesen Problemen zu beschäftigen, dann muß unbedingt eine Mitarbeiterin oder ein Mitarbeiter für diese Aufgabe gewonnen werden. In mancher Sekretärin zum Beispiel steckt, wie wir immer wieder feststellen können, nicht entdecktes Potential, das nur darauf wartet, mit neuen Aufgaben betraut zu werden. „Gewinnen" in diesem Zusammenhang bedeutet im übrigen, daß man dann auch für Weiterbildungsprobleme jederzeit ein offenes Ohr hat, über Vorschläge diskutiert, Maßnahmen aufgrund dieser Vorschläge auch durchführt. Eine reine „formale" Zuständigkeit bringt überhaupt nichts. Im Gegenteil: Ein für die Weiterbildung anfangs „gewonnener" Mitarbeiter geht bald verloren, übrigens mit der Folge, daß seine Frustration in Weiterbildungsfragen sich auf seine anderen Arbeitsaufgaben überträgt.

Selbst bei bester personeller Ausstattung des Weiterbildungsbereichs gilt: Weiterbildung ist „Chefsache", das heißt, sie muß im obersten Leitungsgremium mit „Sitz und Stimme" vertreten sein. Eine „Ansiedelung" des Weiterbildungsbereichs, mit dem Personalbereich eng verbunden, in der dritten Führungsebene einer Organisation wird der existentiellen Bedeutung der Weiterbildung nicht mehr gerecht.

Die Praxis sieht leider ganz anders aus. Nach einer Studie der European Business School und der Unternehmensberatung Heidrick and Struggles (Manager Magazin 10/87) wiesen die 1200 befragten GmbH-Geschäftsführer in der Mehrzahl dem „Personalwesen" nur dritte Priorität zu, nur knapp ein Drittel hielten Kenntnisse im Personalwesen für unbedingt erforderlich!

Kenntnisse im Personalwesen – wer die betriebliche Praxis kennt, weiß was das bedeutet. Hier spielen Fragen des Personalrechts meistens die wichtigste Rolle. Wem kann man wann und warum kündigen? Welche Rechte hat der Betriebsrat? Diese und ähnliche Fragen stehen ebenso im Mittelpunkt des Interesses wie Probleme steuerrechtlicher oder versicherungsrechtlicher Art. Auch die „letzte Entscheidung" bei der Einstellung von qualifizierten Mitarbeitern oder Führungskräften – die „Vorarbeit" überläßt man dem Personalsachbearbeiter – hat sich der Vorstand vorbehalten. Fragen der Weiterbildung dagegen spielen nur am Rande des Personalwesens eine Rolle.

Auch bei Organisationen, die sich von der Größe her eine eigene Weiterbildungsabteilung „leisten", ist noch lange nicht gewährleistet, daß Weiterbildung planmäßig, zielorientiert betrieben wird. Viele Weiterbildungsabteilungen haben sich zum „Staat innerhalb des Staates" entwickelt und führen sehr oft ein Eigenleben, das sich im großen und ganzen im „Reparaturbetrieb" erschöpft. Wenn irgendwo etwas nicht klappt, zum Beispiel bei der Einführung neuer Techniken, ergeht der „Ruf" an die Weiterbildungsabteilung nach einem „Programm". Das Schwergewicht liegt im übrigen bei der fachlichen Weiterbildung.

Natürlich hält die Weiterbildungsabteilung guten Kontakt zu den anderen Bereichen der Organisation. Nur keinen Ärger, keine übertriebenen Anforderungen an andere. So kommt man Jahr für Jahr „über die Runden". Vielleicht wächst die Abteilung personell, ohne daß es groß auffällt. Damit ist oft auch eine höhere Einstufung des Abteilungsleiters verbunden.

Im übrigen wird „Schriftgut" produziert, um über die eigenen Aktivitäten zu berichten. Hier gilt fast schon die Regel: Je aufwendiger die Programme (äußere Aufmachung, Hochglanz, Vierfarbendruck, viele Schaubilder und Diagramme), um so kritischer sollte man den Inhalt betrachten. Manche dieser Programme gleichen farbigen Warenhauskatalogen, aus denen man sich nach Belieben bedienen kann. Es sind dann auch „immer dieselben, die man auf den Seminaren trifft". Die Weiterbildungsabteilung ist froh, daß sie sich auf ihre „Dauerkunden" verlassen kann. Die entsprechende Fachabteilung kann diese Dauerkunden auch gerne entbehren. Von der Zahl der „Weiterbildungsinteressierten" gesehen, steht man gut da, was wiederum für die „Förderung der Weiterbildung", für die Aufgeschlossenheit der betreffenden Vorgesetzten spricht. Das Ganze beruht auf dem Grundsatz „Leben und leben lassen".

Bedarfsermittlung

Mit gezielter, planvoll an dem wirklichen Bedarf orientierten Weiterbildung, hat dies nichts mehr zu tun. Weiterbildung hat hier nur Alibifunktion.Eine effizient betriebene Weiterbildung steht und fällt mit der Bedarfsermittlung. Steht dieser Bedarf fest, kann Weiterbildung geplant und gestaltet werden.

Die Bedarfsermittlung bei der Anpassungsfortbildung im fachlichen Bereich bereitet meist keine großen Schwierigkeiten. Gibt es neue Entwicklungen, muß fortgebildet werden, extern oder intern. Wird EDV eingeführt, gibt es eine neue Informationstechnologie, wird ein Kundeninformationssystem geplant, ist eine gezielte Aus- und Weiterbildung der davon betroffenen Mitarbeiter notwendig. Wichtig ist hier vor allem, daß die für die Weiterbildung Verantwortlichen so frühzeitig wie möglich an der Planung beteiligt werden und nicht erst dann, wenn die Hardware schon da ist. Hier sollte man sich nicht auf die Angaben der Hersteller verlassen, daß „der Umgang mit der neuen Technik problemlos sei“ und – wenn erforderlich – die Schulung vom Hersteller übernommen würde.

Ähnliches gilt, wenn zum Beispiel durch Maßnahmen des Gesetzgebers Weiterbildungsbedarf entsteht. Jüngstes Beispiel im Bereich der Kreditwirtschaft war die – allerdings sehr kurzlebige – Quellensteuer. Hier wurde geradezu ein Weiterbildungsboom ausgelöst.

Sehr problematisch ist die Bedarfsermittlung auf dem Gebiet der Verhaltensschulung, insbesondere der Führungsweiterbildung. Wie wird hier der Bedarf ermittelt? Wer erkennt einen ermittelten Bedarf an?

Sich hier auf eine Bedarfsmeldung durch die jeweiligen Fachbereiche zu verlassen, ist weitgehend Illusion. Zwar spüren Mitarbeiter und jüngere Führungskräfte deutlich, „daß etwas nicht stimmt“, sind der Ansicht, „daß hier endlich einmal etwas getan werden müsse“. Es bleibt aber weitgehend bei der – vielleicht noch im Kollegenkreis geäußerten – Ansicht. Hier ausdrücklich zu fordern, daß etwas geschieht, käme ja einer Kritik am Führungsverhalten der Vorgesetzten gleich, und die ist gefährlich.

Aber auch von der Leitung der entsprechenden Fachbereiche ist hier nicht viel zu erwarten, denn die Forderung nach Veränderung, Verbesserung des Führungsverhaltens enthält für viele Führungskräfte zunächst einmal das – scheinbare – Eingeständnis, daß beim eigenen Führungsverhalten etwas zu korrigieren sei. Diese Blöße will man sich aber auf keinen Fall geben.

Kommt dann doch einmal eine Anregung von einem Fachbereich, dann besteht die Gefahr, daß im Geschäftsleitungskreis diese Vorschläge zum mindesten auf die lange Bank geschoben werden. Da gibt es zunächst einmal dringende fachliche Probleme, die gelöst werden müssen, und im übrigen muß man ja erst einmal den harten Wettbewerb durchstehen. „Wenn wir das geschafft haben, können wir uns in Ruhe auch den Führungsproblemen widmen", heißt es dann. Hier gibt es Organisationen, die sich auf höchster Ebene bereits seit mehreren Jahren mit dem Führungs-Fortbildungsproblem beschäftigen .

Dabei tauchen immer wieder neue Probleme auf. So wird auch die Frage gestellt: Wer soll daran teilnehmen? Da scheiden sich die Geister. Die oberste Leitungsebene wohl auf keinen Fall. Höchstens mal abends bei einem Kamingespräch mit den teilnehmenden Führungskräften. Oft scheitert das Ganze gerade an dieser Teilnehmerfrage. Da gibt es einen oder zwei Bereichsleiter, „denen man das wohl auf keinen Fall zumuten könne, und die sich sicher auch weigern würden" – man kennt sie ja schließlich und weiß auch um ihre Führungsprobleme –, an einem solchen „Führungslehrgang" teilzunehmen. Damit ist das „Problem" gelöst. Es wird vertagt, bis die entsprechenden Führungskräfte aus Altersgründen ausscheiden. Immerhin, man hat sich mit dem Problem beschäftigt. Das ganze Hin und Her bleibt natürlich den anderen Führungskräften und Mitarbeitern nicht verborgen und bietet Gesprächsstoff mit dementsprechenden Auswirkungen auf das Ansehen des Vorstandes.

Selbst wenn grundsätzliches Einverständnis darüber besteht, „daß etwas gemacht werden soll", taucht dann noch ein weiteres Hindernis auf, wenn es um das „Wie" geht. Spätestens dann, wenn herauskommt, daß Verhaltenstraining mit Rollenspielen unter Einsatz der Video-Technik durchgeführt werden soll, steht dann die Frage der „Zumutbarkeit" wieder im Raum. Alle möglichen Einwände, angefangen von der „Laboratmosphäre" bis zu dem Argument „wir sind doch keine Schauspieler", werden vorgebracht, um sich ja nicht „produzieren" zu müssen. Dabei ist immer wieder festzustellen, daß derartige Widerstände gerade von den Führungskräften kommen, die wegen ihres „harten Führungsstils" bekannt sind.

Diese Führungskräfte sind es dann auch, die, wenn trotz ihres Widerstandes mit Verhaltenstraining begonnen wird, jede Gelegenheit nützen, um ein einmal begonnenes Training zu kippen. Das beginnt mit negativen Seminarbeurteilungen und setzt sich mit gezielter Propaganda, „daß das alles nichts bringt", fort. Da kurzfristige Erfolge durch Verhaltenstraining ohnehin nicht zu erzielen sind, gibt ihnen die „Praxis" recht. Nach zwei oder drei Seminaren heißt es dann, das „Soll" in bezug auf Führung ist erfüllt, wir müssen uns zunächst verstärkt wieder fachlichen Dingen zuwenden. Daß dieses „zunächst“ Jahre dauern kann, wird zwar nicht ausdrücklich gesagt, aber stillschweigend einkalkuliert. Kommt Zeit, kommt Rat.

Der Ansehensverlust, der mit einer solchen Vorgehensweise verbunden ist, wird kaum gesehen. Denn, „es sagt ja keiner was“. Warum sollte man auch etwas sagen? Man denkt sich eben seinen Teil. Der Weg zur inneren Kündigung ist nicht mehr weit.

Wenn es um die Veränderung des Verhaltens von Mitarbeitern und Führungskräften geht, gibt es nur einen zuverlässigen Weg der Bedarfsermittlung. Eine organisationsinterne Analyse durch anonyme Befragung von Mitarbeitern und Führungskräften auf den Hauptgebieten der Führung: Motivation, Kommunikation, Information, Delegation, Kontrolle und Kritikverhalten. Vorbilder für solche internen Befragungen mit den entsprechenden Fragen – man hat dann bei den Ergebnissen auch noch einen Vergleichsmaßstab – gibt es genug. Man braucht sich bei der Zusammenstellung der Fragen nur an den veröffentlichten Ergebnissen repräsentativer Untersuchungen zu orientieren. Auf die Analyse folgt dann die Therapie: Die in der Befragung erkannten Defizite müssen gezielt durch entsprechendes Training angegangen werden, an dem alle Führungskräfte teilnehmen müssen. „Führungsoasen“ darf es dabei nicht geben.

4.12 Menschenwürde im Arbeitsleben

Wird ein neues Textverarbeitungssystem eingeführt, muß man sich mit dieser neuen Technik beschäftigen. Man muß lernen, mit ihr umzugehen. Das sieht auch jeder, der mit dieser neuen Technik zu tun haben wird, ein. Weiterbildung wird nicht nur akzeptiert, sondern gefordert.

Wie steht es aber um Weiterbildungsangebote mit Inhalten, die man bereits kennt, Lehrstoff, den man zu beherrschen glaubt? Wozu kostbare Zeit darauf verwenden, etwas zu lernen, was man bereits kann und dies auch täglich unter Beweis stellt? Bei knapper Zeit, ständiger Überlastung durch das Tagesgeschäft sollte Weiterbildung wirklich nur da ansetzen, wo es sich um Neues handelt.

Um was es hier geht, ist Weiterbildung auf dem Gebiet des Verhaltens, zum Beispiel wie man Kunden, nachgeordnete Führungskräfte und Mitarbeiter, aber auch Vorgesetzte informiert, wie man Leistungen von Mitarbeitern oder nachgeordneten Führungskräften, Kollegen, aber auch von Vorgesetzten anerkennt, wie man mit Mitarbeitern und nachgeordneten Führungskräften, aber auch mit Kollegen und Vorgesetzten sowie mit Kunden wirkungsvoll zusammenarbeitet.

Um bei diesen Beispielen zu bleiben: Die Zahl derjenigen, die „zugeben", nicht informieren, motivieren, nicht mit anderen zusammenarbeiten zu können, ist verschwindend gering und erreicht kaum die 10-Prozentmarke. Und wenn man es kann, dann tut man es auch! So die für viele logische Schlußfolgerung.

Diese Schlußfolgerung wird auch auf dem Gebiet der Verhaltensweiterbildung gezogen. Informations-, Motivations- und Kooperationstraining sind seltene exotische Blüten im vielfältigen Strauß der Weiterbildung. Das größte Hindernis für Verhaltenstraining ist die hohe Selbsteinschätzung derjenigen, die gerade ein solches Training bitter nötig haben.

Diese hohe Selbsteinschätzung ist kaum zu erschüttern. Die Ergebnisse von repräsentativen Meinungsumfragen und Betriebsanalysen werden mit dem Argument entkräftet: „Das mag ja im allgemeinen stimmen, trifft aber auf unsere Organisation nicht zu, zumindest nicht auf meinen Bereich und auf keinen Fall auf mich selbst."

Die einzige Möglichkeit, hier etwas an Einsicht zu erreichen: Eigenes Verhalten mit Hilfe der Video-Technik buchstäblich vor Augen führen. Und selbst dann heißt es: In der täglichen Praxis bin ich doch ganz anders! Hier bedarf es für den Vorstand, und zwar für alle Mitglieder, einmal der festen Überzeugung, daß gerade Verhaltenstraining für alle die beste Investition auf dem Weiterbildungssektor bedeutet und zum anderen viel Durchstehvermögen, um ein einmal begonnenes Training auch konsequent durchzuführen und nicht vorzeitig aufzugeben.

In einem solchen Verhaltenstraining wird aber nicht nur gelernt, sonden auch – zwangsläufig – beurteilt. Besser als durch eine Vorgesetztenbeurteilung kann hier – ähnlich wie in einem Assessment center – erkannt werden, ob die immer wichtiger werdenden „weichen Führungsqualitäten“ vorhanden sind oder nicht. Und hier muß – genauso wie bei den „harten“ fachlichen Qualifikationen – gehandelt werden.

Der richtige Mann, die richtige Frau an den richtigen Platz! Was geschieht denn, wenn immer wieder fachliche Fehler begangen werden? Hier ist die Antwort klar: Man versucht, durch Weiterbildung die fachlichen Mängel zu beheben. Gelingt dies nicht, muß versucht werden, das Problem durch Umsetzung zu lösen. Gegebenenfalls muß man sich von einem Mitarbeiter oder einer Führungskraft, die fachlich nicht geeignet sind, trennen.

Was geschieht aber, wenn immer wieder Führungsfehler begangen werden? Hier ist die Antwort in den meisten Fällen auch klar: nichts! Es ist geradezu unverständlich, mit welcher Toleranz über Führungsfehler hinweggesehen wird, über Führungsfehler, die am Humankapital zehren. Es würde sich lohnen, einmal auszurechnen, was Kritik in Gegenwart von Dritten, Eingriffe in den Delegationsbereich, Nichtbeachtung von Meinungen bei wichtigen Entscheidungen, unzureichende oder nicht rechtzeitige Information, mangelnde Kommunikation an barem Geld kosten. Verweigerte Anerkennung ist verweigerter Lohn! Diese Erkenntnis der Betriebswirtschaft scheint in der täglichen Führungspraxis nahezu unbekannt.

Hier muß endlich gehandelt werden, die Erkenntnisse aus Führungsseminaren müssen mit den Erfahrungen aus der Praxis verbunden werden. Hier müssen Gespräche geführt, hier dürfen in der Praxis nicht mehr die Augen vor Führungsfehlern verschlossen werden. Es darf doch nicht sein, daß ein Vorgesetzter, nur weil er ein guter Fachmann ist, führungsmäßig einen Freibrief besitzt, immer wieder über die Stränge zu schlagen.

Das Gleiche gilt im übrigen für das Verhalten der Mitarbeiter gegenüber ihren Vorgesetzten, die sich auch nicht alles gefallen lassen müssen, nur weil der Mitarbeiter fachlich gut qualifiziert ist. Und das gilt ebenso für das kollegiale Verhalten unter Gleichgeordneten. Darf sich denn ein Kollege anderen gegenüber alles herausnehmen, nur weil er ein guter Fachmann ist?

Wie steht es im übrigen um das Verhalten gegenüber Kunden? Ist denn da das oft überhebliche Verhalten von „Fachleuten" gegenüber Kunden tragbar? Gerade das enge zwischenmenschliche Netz der Beziehungen in einer Organisation und der Organisation zur Umwelt zeigt die Wichtigkeit der Verhaltens-Weiterbildung und der Konsequenzen, die aus diesem Training zu ziehen sind.

Die „freie Entfaltung der Persönlichkeit" im Sinne des § 75 Absatz 2 des Betriebsverfassungsgesetzes muß geschützt und gefördert werden. Menschen müssen geschützt werden vor Übergriffen, Eingriffen in und Angriffen auf die Persönlichkeit. So der Wille des Gesetzgebers.

Und noch eine gesetzliche Regelung gilt es zu beachten. Die Würde des Menschen ist unantastbar! So das Grundgesetz der Bundesrepublik Deutschland. Wie verträgt sich unangemessene, unsachliche, lautstarke, ironische Kritik, vielleicht sogar noch in Gegenwart von Dritten, Kritik in Abwesenheit mit der Würde des Menschen? Das Grundgesetz der Bundesrepublik Deutschland gilt doch nicht nur auch, sondern vor allem im Arbeitsleben, dort, wo die Menschen die meiste wache Zeit ihres Lebens zubringen.

Nicht umsonst hat der Gesetzgeber in den §§ 96, 97 und 98 des Betriebsverfassungsgesetzes dem Betriebsrat bei der Förderung von Einrichtungen und Maßnahmen der Berufsbildung und der Durchführung betrieblicher Bildungsmaßnahmen weitgehende Rechte, insbesondere auch Vorschlagsrechte eingeräumt, wobei anerkannt ist, daß unter dem Begriff der Berufsbildung auch die Fort- und Weiterbildung zu verstehen ist. Auch „Menschenführung im Betrieb" gehört zur betrieblichen Bildung.

Dabei spielt es letztlich keine Rolle, ob nun bei Weiterbildungsmaßnahmen, die der Weiterbildung leitender Angestellter im Sinne des § 5 Absatz 3 des Gesetzes dienen, ein Mitbestimmungsrecht des Betriebsrates besteht oder nicht. Man kann auch trefflich darüber streiten, ob der Betriebsrat mitbestimmen kann, wenn es um Kurse geht, die – bei erfolgreichem Abschluß – der Übernahme der Funktion eines leitenden Angestellten „vorgeschaltet" sind.

Im Rahmen der vertrauensvollen Zusammenarbeit nach § 2 des Betriebsverfassungsgesetzes sollten gerade Fragen der Menschenführung unter besonderer Berücksichtigung des § 75 Absatz 2 ständiger Gesprächsgegenstand zwischen Betriebsrat und Arbeitgeber sein. Leider fehlt es oft gerade auf diesem Gebiet an Aktivitäten der Betriebsvertretung. Vielleicht steht auch hier Weiterbildungsbedarf an.

Humanisierung der Arbeitswelt

Was versteht man eigentlich darunter? Es hat leider den Anschein, daß sich die „Humanisierungsbemühungen" im großen und ganzen auf die „äußeren" Arbeitsbedingungen konzentrieren. Weniger Hitze, weniger Staub, weniger Lärm, bessere Belüftung, bessere Beleuchtung, bessere Ausstattung der Arbeitsplätze!

Um nicht mißverstanden zu werden: Derartige Anstrengungen sind zu begrüßen. Die Verbesserung der äußeren Arbeitsbedingungen dient der Gesundheit. Sie dient aber auch dem Leistungserhalt, der Leistungssteigerung und damit der Sicherung der Arbeitsplätze.

Über der Verbesserung der äußeren Arbeitsbedingungen darf man aber nicht die Verbesserung der „inneren" Arbeitsbedingungen vergessen. Ein nicht der gesellschaftlichen Entwicklung entsprechendes Führungsverhalten ist eine psychische Belastung und kann genauso krank machen wie belastende äußere Arbeitsbedingungen. Humanisierung der Arbeit beginnt beim Führungsverhalten!

Mit Recht schreibt Frau Professor Noelle-Neumann (Macht Arbeit krank? Macht Arbeit glücklich? Piper Verlag München, 1985) zu einem speziellen Aspekt des Führungsverhaltens: „Ich kann mich an kein Ergebnis der Allensbacher Arbeit erinnern, das so sehr nach Anwendung verlangte, wie dieses und das zugleich so vollständig auf taube Ohren getroffen wäre; ich glaube nicht, daß es je in Zeitungen oder Zeitschriften aufgegriffen wurde. Dabei gab es Jahr für Jahr das Forschungsprogramm Humanisierung des Arbeislebens, für das das Bundesministerium für Forschung und Technologie Hunderte von Millionen Mark zur Verfügung stellte. Das Thema: Wie erreicht man mehr Freiheitsgefühl am Arbeitsplatz? tauchte im Forschungsprogramm unter dem Stichwort Humanisierung nicht auf."

Hier sind Arbeitgeber und Betriebsvertretung gleichermaßen gefordert, eine Aufgabe von hohem gesellschaftspolitischem Rang. Wenn Weiterbildung gefordert ist, dann gerade hier. Und wenn von Unternehmenskultur die Rede ist, dann sollte man bei der Führungskultur beginnen, die die ganze Unternehmenskultur maßgebend prägt.

Unternehmenskultur ist ein Teil unserer Kultur insgesamt, einer Kultur, die den Menschen in den Mittelpunkt des Denkens und Handelns stellt, einer Kultur, die auf gegenseitiger Anerkennung, gegenseitiger Akzeptanz beruht.

„Würden Sie sagen, daß Ihr direkter Vorgesetzter seine Untergebenen als Mitmenschen akzeptiert, das heißt, daß er sie gleichwertig behandelt und respektiert?" Diese Frage, in der Untersuchung „Die Arbeitsmotivation von Arbeitern und Angestellten der deutschen Wirtschaft" gestellt, wurde nur von 26 Prozent der Befragten, also gut einem Viertel mit: „ja, immer" beantwortet.

Als Mitmensch akzeptiert, gleichwertig behandelt und respektiert zu werden, dürfte wohl das mindeste sein, was man in einem Land, das einen hohen Kulturstandard für sich in Anspruch nimmt, erwarten kann. Kultur wird doch auch und vor allem im Arbeitsleben gelebt.

Oder haben Gewinnüberlegungen hier absoluten Vorrang, diktiert das „Gesetz der schwarzen Zahlen" alles Denken und Handeln? Hat sich diesem Gesetz aber auch alles unterzuordnen? Haben Arbeitgeber nicht auch eine gesellschaftspolitische Funktion, eine der reinen Gewinnmaximierung übergeordnete Aufgabe zu erfüllen?

„Das Zusammenleben und Zusammenarbeiten im Betrieb hat politische Wirkungen. Dabei kommt es nicht allein auf gute Arbeitsverhältnisse, erfolgreiche Technik und Erträge an, sondern auch auf das geistige, humane Konzept dieses Zusammenwirkens. In den Betrieben wächst nicht nur das Sozialprodukt, sondern auch ein Stück Demokratie. Je bewußter dieser demokratische produktive Alltag in den Betrieben gelebt wird, desto größer ist der Beitrag, der zur Legitimität und damit Stabilität des Gesamtsystems geleistet werden kann. Die freie Gesellschaft braucht Organisation und Geist." (G. Schmidtchen, Neue Technik, neue Arbeitsmoral, Deutscher Instituts-Verlag, Köln 1984)

Diese Thesen an die Portale von Banken zu schlagen, wie einst die 95 Thesen an das Portal der Schloßkirche in Wittenberg, genügt nicht, wie die tägliche Praxis im Arbeitsleben zeigt. Thesen müssen nicht nur verkündet, sondern mit Leben erfüllt werden. Hierin liegt eine der großen Aufgaben der Weiterbildung, wenn nicht ihre zentrale Aufgabe überhaupt. Hier geht es um, wie Schmidtchen sagt, „ein Stück Demokratie", die Grundlage unseres Zusammenlebens. Eines gedeihlichen Zusammenlebens, das auf gegenseitiger Akzeptanz beruht und von den Einflußmöglichkeiten der Menschen lebt, sei es im Arbeitsleben, in der Politik oder in anderen Bereichen unseres Zusammenlebens.

5. Berufsanfänger

5.1 Vorurteile

Wer die Wahl hat, hat die Qual! Diese alte Volksweisheit gilt nach wie vor auch für die Auswahl von Bewerbern. Ist es auch diesmal wieder gelungen, die „richtigen" Bewerberinnen oder Bewerber auszuwählen? Werden sie sich für den von ihnen gewählten Beruf auch eignen? Werden sie sich in der für sie neuen Arbeitswelt zurechtfinden, sich in die „Betriebsgemeinschaft" einfügen? Werden sie die nötige Leistungsbereitschaft mitbringen, genügend Schwung haben, um den Anforderungen des Berufslebens zu genügen?

Gewiß, man hatte sich bei der Auswahl, beim Ausleseverfahren Mühe gegeben. Ausführliche Einzelgespräche waren der Entscheidung vorausgegangen, manche Unternehmen hatten ein Testverfahren vorgeschaltet, andere wiederum Psychologen eingesetzt. Man wollte ganz sicher gehen und aus den vielen Bewerbungen auf einen freien Ausbildungsplatz die Bestgeeigneten herausfinden.

Mit der Mühe, die man sich beim Auswahlverfahren gibt, ist es aber noch lange nicht getan. Was nützt aller Aufwand bei der Vorbereitung, wenn man sich anschließend in der Firma der Berufsanfänger nicht mit der nötigen Sorgfalt annimmt, sich nicht um sie kümmert.

Bei aller Bedeutung der fachlichen Ausbildung, der Würdigung vor allem der fortschreitenden Technisierung: Die Finanzwirtschaft hat es nach wie vor mit Menschen zu tun. Wer es aber mit Menschen zu tun hat, muß auf diese Menschen eingehen, auf sie zugehen. Er muß sich ihnen zuwenden. Gerade dies ist wesentlicher Ausbildungsfaktor, was leider über dem Fachlichen manchmal vergessen zu werden scheint. Nur derjenige wird in der Lage sein, auf andere Menschen zuzugehen, auf den selbst zugegangen wird. Hier kann für ein ganzes Berufsleben viel verdorben, aber auch viel Positives erreicht werden.

Auszubildende „kosten" Geld. Die Kosten der Ausbildung sind Investitionskosten. Ausgebildete Fachkräfte sind Voraussetzung für künftige Erträge. An dieser betriebswirtschaftlichen Erkenntnis führt kein Weg vorbei. Der von manchen gesehene „Ausweg“, andere ausbilden zu lassen und diese „fähigen Kräfte“ dann zu „übernehmen“, führt nicht nur unweigerlich in die Sackgasse beim eigenen Unternehmen, sondern auch zum Niedergang der gesamten Volkswirtschaft.

Auszubildende leisten aber auch Arbeit, insbesondere gegen Ende ihrer Ausbildungszeit. Nach den Berechnungen des Bundesinstituts für Berufsbildung lag der durchschnittliche Jahresertrag der von Auszubildenden geleisteten Arbeit im Jahre 1984 zwischen 7.000 und 9.500 DM. Dem standen Ausbildungskosten in doppelter bis dreifacher Höhe gegenüber. Das Verhältnis zwischen Ausbildungskosten und Ausbildungserträgen ist von Branche zu Branche verschieden. In Industrie und Handel (kaufmännischer Bereich) stand 1984 ein Ertrag von 8.824 DM einem Aufwand von 21.624 DM gegenüber.

Soweit die betriebswirtschaftliche Kostenrechnung. Die Investitionen in junge Menschen gehen aber weit über diese Mark- und Pfennigrechnung hinaus. In diesem Lebensabschnitt nach der Schulzeit werden oft die Weichen für das gesamte Berufsleben gestellt. Die ersten Tage, Wochen oder Monate prägen im wahrsten Sinne des Wortes. Hier gilt nicht nur der Satz „was Hänschen nicht lernt, lernt Hans nimmermehr“, sondern auch die Erkenntnis „Was einmal verdorben worden ist, kann kaum noch repariert werden“. Die Arbeitswelt hat die Mitarbeiter, die sie verdient.

Diskussionen über „die Jugend“ hat es immer gegeben. Der Generationenkonflikt gehört zur Geschichte ebenso wie zur Gegenwart und wird auch in Zukunft zum „Dauerbrenner“ werden. Wie kaum ein anderer Problembereich ist das Jugendproblem aber von Vorurteilen belastet, von denen Einstein einmal gesagt hat, daß sie schwerer zu zertrümmern seien als ein Atom. Der „Konflikt“ ist auf allen Gebieten deutlich zu spüren. Ältere und Kinder erleben ihn genauso wie Politiker. Die Kirche hat ihr Jugendproblem ebenso wie die Bundeswehr. Schulen, Universitäten müssen sich mit ihm genauso auseinandersetzen wie die Arbeitswelt.

In der Arbeitswelt, im Beruf beginnt für junge Menschen ein neuer Lebensabschnitt. Dieser Neubeginn ist einmal für den einzelnen jungen Menschen von außerordentlicher Bedeutung. Die Arbeitswelt ist auch heute noch für den überwiegenden Teil der jungen Menschen „die Zukunft“ und wenn es auch „nur“ darum geht, diese Zukunft „so erträglich wie möglich“ zu gestalten. Schließlich bringt man in dieser Arbeitswelt die besten Stunden der wachen Lebenszeit zu. Der Neubeginn, und das wird leider häufig übersehen oder nur am Rande registriert, ist aber für die gesamte Volkswirtschaft von existentieller Bedeutung. Die jungen Menschen sind im wahrsten Sinne des Wortes „unsere Zukunft". Daran führt schon biologisch gesehen kein Weg vorbei. Von den jungen Menschen hängt die Zukunft unserer Volkswirtschaft ab. Von den jungen Menschen hängt aber auch die „Zukunft" der älteren und alten Menschen ab, deren „wohlverdienter Ruhestand" gesichert werden muß.

Das mag für manchen übertrieben, fast zu dramatisch klingen. Das wird auch von vielen mit den Worten abgetan: „Was soll das Ganze? Wir waren ja auch einmal jung und sind vernünftig geworden", was man auch immer unter „vernünftig" verstehen mag. Sicher steckt da schon ein Körnchen Wahrheit drin, aber eben nur ein Körnchen. Abwiegelung und „Hoffen auf eine Änderung von selbst" lösen nicht „das Problem" junger Menschen, von denen viele den Satz „Ich will leben und nicht nur im Strom anderer schwimmen" zum Motto ihrer Lebenshaltung gemacht haben. „Eine Chance zur Lebendigkeit und Identitätsfindung sehen junge Menschen vorrangig in der Auseinandersetzung mit Konventionen, mit denen die Erwachsenenwelt sie umspinnt. Die Abgrenzung zum ‚Moloch Gesellschaft' erfolgt nicht nur im publizitätsträchtigen Protest, sondern auch als Jugendkultur, die mit ihrer Lebensstilgestaltung zu einer eigenen Generationsgestaltung geführt hat." So die Zusammenfassung der zehnten Jugendstudie der Deutschen Shell im September 1985.

Eigene Generationsgestaltung – eigene Vorstellungen. Auch hierzu sind in der Studie interessante Feststellungen enthalten. „In ihrem Politikverständnis unterscheidet sich die ältere Generation insofern, als Erwachsene ihr Interesse damit begründen, sie wollten mitreden, während Jugendliche als Ziel hervorheben, sie wollten mitbestimmen. Für die Forderung der nachwachsenden Generation nach mehr Partizipation, in der sich ein gewollter Wertewandel ausdrückt, gab es in den 50er Jahren keine Entsprechung."

Hierin zeigt sich eine Grundeinstellung, die den ganzen Menschen betrifft, einen Menschen, der nicht teilbar ist in einen „politischen Menschen", einen „arbeitenden Menschen" und einen „Freizeitmenschen". Will man in der Politik nicht nur mitreden, sondern mitbestimmen, will man es auch im Arbeitsleben und im Freizeitbereich, zum Beispiel im

Vereinsleben. Es ist kaum vorstellbar, daß ein Mensch, der in der Politik „mitbestimmen" will, dies in der Arbeitswelt nicht für so wichtig ansieht. Diese Grundeinstellung dürfte kaum teilbar sein.

Dagegen ist es sehr wohl möglich, diese Grundeinstellung „nach außen" in verschiedener Weise und vor allem auch in verschiedener Stärke zu äußern. „Gefahrlos" ist diese Äußerung beim Gang zur Wahlurne. „Nachteile" aus dieser Willensäußerung, die ja geheim ist, sind unmittelbar nicht zu befürchten. Auch bei anderen Willensäußerungen, zum Beispiel bei Bürgerinitiativen oder gewaltfreien Demonstrationen kann die Gefahrensituation noch „erträglich" gestaltet werden.

Wie sieht es aber bei einer „offenen Äußerung" dieser Grundeinstellung in der Schule oder im Arbeitsleben aus? „Trauen" sich hier die jungen Leute, ihren Wunsch nach „Mitbestimmung" offen zu äußern?

„Finden Sie, daß man in der Schule sagen kann was man denkt, ohne dadurch Nachteile zu haben?" Diese Frage beantworteten 1980 noch 45,2 Prozent der von uns befragten Abiturienten – die Befragungsergebnisse bei den Realschülern bei mittlerer Reife lagen in etwa auf der gleichen Ebene – mit „ja", 1986 waren es nur noch 35,1 Prozent!

Die Frage *„Finden Sie, daß man im Berufsleben sagen kann was man denkt, ohne dadurch Nachteile zu haben?"* beantworteten 1980 32,1 Prozent der Abiturienten mit „ja" – auch hier lagen die Realschüler auf etwa der gleichen Ebene – ,1986 waren es nur noch 22,8 Prozent.

Hier wird ein deutlicher Unterschied zwischen Schule und Arbeitsleben gemacht. Der Schulalltag ist bekannt. Hier hat man selbst Erfahrungen sammeln können, hier „urteilt" man aus eigenem Erleben. Das „Arbeitsleben" hingegen kennt man noch nicht, eigene Erfahrungen hat man noch nicht sammeln können. Woher kommt dieses „Vor-Urteil"? Sind daran die Medien „schuld", wie es immer wieder behauptet wird? Sind es die Väter und Mütter, die zu Hause „aus der Schule plaudern", sich „den Frust vom Arbeitsalltag" von der Seele reden? Hat man sich bei den nur wenig Älteren, die erst seit kurzem im Berufsleben stehen, erkundigt? Ist es der „unheilvolle Einfluß" der Schule, der „linken Lehrer"? Oder hat man bereits selbst bei der „Bewerbung", bei Vorstellungsgesprächen Eindrücke gewinnen können? Sicher beruht das „Vor-Urteil" nicht auf einer Ursache allein. Diesen Ursachen sollte aber nachgegangen werden, denn nur nach einer sorgfältigen Analyse kann man versuchen, dieses Vorurteil anzugehen.

5.2 Angstklima

Erste eigene Eindrücke vom Arbeitsleben kann man bei Berufspraktika sammeln, bei Betriebsbesichtigungen, Tagen der offenen Tür, bei Zusammenkünften mit Unternehmern und Führungskräften anläßlich von Informationsveranstaltungen, berufskundlichen Tagungen der Arbeitsämter und ähnlichen Gelegenheiten.

Was man hierüber von jungen Menschen hört, ist zum Teil erschreckend. Sehr oft wird hier „Routine" praktiziert, „Programme" werden formelhaft „abgespult". Kurze Besuche von Unternehmern und Spitzenführungskräften stehen unter Zeitdruck, was auch noch, vielleicht um die eigene Wichtigkeit zu unterstreichen, deutlich zum Ausdruck gebracht wird. Fragen werden nicht beantwortet, man merkt deutlich, daß hier eben eine mehr oder weniger anonyme Gruppe durch den Betrieb geschleust wird. Sätze wie: „Der Mensch steht im Mittelpunkt unseres Unternehmens" wirken in Anbetracht der tatsächlichen Gegebenheiten wie Hohn. Hier sollte man sich keinerlei Illusionen hingeben. Die jungen Menschen sind hellwach, sind sensibilisiert. Ihnen entgeht nichts. Da hilft selbst ein großzügiges Mittagessen nichts. Ihr in der Schule geschärftes Kritikbewußtsein registriert alles und schnell kommt man zu dem Schluß: noch schlimmer als in der Schule!

Dabei war es dort schon schlimm genug, speziell was die „freie Meinungsäußerung" anbelangt. Interessant waren hier die von Abiturienten und Realschülern vermuteten Empfindungen ihrer Lehrer bei einer Kritik ihres eigenen Verhaltens durch Schüler. Nur 21,8 Prozent der befragten Schüler vermuteten, daß ihre Lehrer auf eine solche Kritik „einsichtig" reagieren würden, und nur 10,6 Prozent der Schüler vermuteten „Dankbarkeit". Befürchtet wurden dagegen „Widerspruch" (17,9 Prozent), „Betroffenheit" (32,1 Prozent), „Scham" (6,1 Prozent), „Ärger" (28,5 Prozent), „Wut" (9,6 Prozent), „Rachegefühle" (10,3 Prozent) und „Gleichgültigkeit" (13,5 Prozent), wobei Mehrfachnennungen möglich waren.

Interessant war in diesem Zusammenhang eine Stichprobe bei Abiturienten. Hatten 1980 noch 23 Prozent der Befragten bei ihren Lehrern „Einsicht" vermutet, waren es 1986 nur noch 19,6 Prozent. Bei der vermuteten „Dankbarkeit“ sank der Prozentsatz von 13,5 Prozent auf 8,9 Prozent und bei der „Gleichgültigkeit“ stieg er von 12,2 Prozent auf 17,9 Prozent. Lehrer und Schüler rücken offensichtlich mehr auseinander. Setzt sich dieser unheilvolle Prozeß im Arbeitsleben fort mit entsprechendem Einfluß auf Leistungsbereitschaft und Leistung?

Die Befragungsergebnisse bei einer Kontrollgruppe von Abiturienten nach etwa zweijähriger Ausbildungszeit lassen hier Schlimmes ahnen. Jetzt waren es nur noch 10,6 Prozent der Befragten, die bei ihren Vorgesetzten „Einsicht“ vermuteten, Dankbarkeit vermutete keiner mehr. Der Prozentsatz bei „Wut“ stieg auf 10,6 Prozent und der bei „Rachegefühlen“ auf 19,1 Prozent. „Gleichgültigkeit“ vermuteten nur noch 8,5 Prozent. Was müssen diese jungen Menschen mit ihren Vorgesetzten „erlebt“ haben, wenn keiner von ihnen mehr glaubte, daß ihre Vorgesetzten für eine Kritik dankbar seien, während der Anteil derjenigen, die „Einsicht“ bei Beginn des Berufslebens vermutet hatten, um die Hälfte zurückging und sich diejenigen, die „Rache“ vermuteten, mehr als verdoppelten. Hier muß man, wie so oft, die Frage stellen: Wofür werden Führungskräfte bezahlt? Hier werden junge Menschen „geprägt“, hier werden sie zwangsläufig in eine Oppositionsrolle gedrängt, von dem unheilvollen Einfluß auf Leistungsbereitschaft und Leistung ganz zu schweigen.

Die Vermutungen der jungen Menschen kommen doch nicht nur von ungefähr. Hier muß es doch „Anhaltspunkte“ geben. Hier werden doch Schlüsse aus dem Verhalten der Vorgesetzten gezogen. Hier entsteht mit der Zeit ein Bild, vielleicht sogar ein „Feindbild“, das sicher Einfluß auf die gesamte Einstellung zur Arbeit, zum Arbeitsleben hat. Liegt hierin vielleicht auch eine Erklärung für den immer wieder diskutierten Wertewandel? Hier sollten die Ergebnisse der Allensbach-Langzeitstudie über das Problem „Leben als Aufgabe – Leben genießen“, die von 1956 bis 1982 durchgeführt wurden? (E. Noelle-Neumann, B. Strümpel, Macht Arbeit krank? Macht Arbeit glücklich? Piper Verlag, München 1985) zum Nachdenken Anlaß geben.

Zwei Alternativen waren gegenübergestellt worden:

- *„Ich betrachte mein Leben als eine Aufgabe, für die ich da bin und für die ich alle Kräfte einsetze. Ich möchte in meinem Leben etwas leisten, auch wenn das auch schwer und mühsam ist.“*

- *„Ich möchte mein Leben genießen und mich nicht mehr abmühen als nötig. Man lebt schließlich nur einmal, und die Hauptsache ist doch, daß man etwas von seinem Leben hat."*

Für die erste Alternative – Leben als Aufgabe – entschieden sich 1956 noch 59 Prozent der Bevölkerung, 1982 waren es nur noch 43 Prozent. Bei den unter 30jährigen sank der Prozentsatz bei dieser Alternative von 52 Prozent im Jahre 1956 auf ganze 33 Prozent im Jahr 1982.

Ich möchte in meinem Leben etwas leisten! Das hängt doch „auch" vom „Umfeld" ab, in dem die Leistung erbracht werden kann. Das hängt doch auch davon ab, wie sich der Vorgesetzte, der Unternehmer, der Chef verhalten. Das wird doch auch dadurch beeinflußt, ob man sich „trauen" kann, mit diesen Vorgesetzten „offen" zu reden, gegebenenfalls Kritik zu üben, ohne befürchten zu müssen, daß „einem etwas passiert".

„Glauben Sie, daß eine Kritik des Lehrers durch Sie Ihnen schaden würde?" 45,1 Prozent der befragten Abiturienten und Realschüler beantworteten diese Frage mit „ja". Ihre künftigen Vorgesetzten hatten im übrigen ähnliche Befürchtungen. „Schaden" erwarteten 50 Prozent der Führungskräfte aus dem Bereich der Kreditwirtschaft.

Um kein Mißverständnis entstehen zu lassen. Die Ursachen für den „Wer-tewandel" sind sicher nicht monokausal zu sehen. Hier spielen eine ganze Anzahl von Faktoren eine Rolle. Hier geht es nur darum, einmal eine Ursache herauszustellen, die bisher in der allgemeinen Diskussion stark vernachlässigt, zum Teil sogar negiert wurde. Es nützt gar nichts, es ist vielmehr sogar schädlich, immer nur die „Schuld" bei anderen zu suchen und sich selbst dabei auszusparen. Für das „Klima" in der Arbeitswelt sind in erster Linie die Vorgesetzten verantwortlich. Nicht umsonst sagt eine alte Führungsregel „Climate starts at the top".

Hier muß man endlich einmal bei sich selbst anfangen, das eigene Führungsverhalten selbstkritisch in Frage stellen und dann auch entsprechend handeln. Über derartige Befragungsergebnisse kann man, ohne Schaden für die Zukunft, nicht mehr hinweggehen. Das in diesen Befragungsergebnissen deutlich zum Ausdruck kommende „Angstklima" ist absolut kooperationsfeindlich, hindert Kreativität und Innovationen. Leistung kann nicht gedeihen. Im Gegenteil, die „Flucht aus der Arbeit" wird geradezu gefördert. Hat man denn vergessen, daß die Identifikation mit dem

Arbeitgeber, dem Arbeitsplatz und der dort geleisteten Arbeit sehr stark vom Verhalten der Vorgesetzten beeinflußt wird? Von Vorgesetzten, vor denen man sich fürchtet, weil sie sich nicht nur über eine Kritik ärgern, sondern sogar in Wut geraten oder Rachegefühle hegen oder, was vielleicht noch am schlimmsten ist, auf diese „gleichgültig“ reagieren?

5.3 Bedürfnisse der jungen Mitarbeiter

Wer Angst davor hat, das Verhalten seines Lehrers oder Vorgesetzten diesem gegenüber zu kritisieren, reagiert wie das gebrannte Kind, das ja bekanntlich das Feuer scheut. Man hält sich mit der Kritik zurück oder „läßt es ganz sein“. Man paßt sich an, wird ein bequemer Schüler oder „Untergebener“. Wie es aber „drinnen“ aussieht, geht keinen etwas an. Der bequeme Schüler oder Mitarbeiter distanziert sich immer mehr, geht seiner eigenen Wege, kommt pünktlich, geht aber auch „mit dem Glockenschlag“ und ... wartet auf Anweisungen, die dann auch ausgeführt werden.

„Haben Sie schon einmal das Fehlverhalten Ihres Lehrers diesem gegenüber ausdrücklich kritisiert?“ 56,1 Prozent der von uns befragten Realschüler und Abiturienten beantworteten diese Frage mit „ja“. Interessant war das Ergebnis einer Stichprobe bei den Abiturienten. Der Anteil der „Ja-Stimmen“ ging von 64,9 Prozent im Jahre 1980 auf 55,4 Prozent im Jahre 1986 zurück.

Im Arbeitsleben hielten sich die in der Schule „gebrannten Kinder“ noch mehr zurück. Nach etwa zweijähriger Ausbildungszeit sank der Anteil der befragten Abiturienten, die schon einmal das Verhalten ihres Vorgesetzten kritisiert hatten, auf ganze 17 Prozent ab. Dafür stieg aber der Anteil derjenigen, die es in der Schule für wichtig gehalten hatten, die Fehlleistungen von Lehrern diesen gegenüber ausdrücklich zu kritisieren, von 50 auf 76,6 Prozent an. Man hält etwas für wichtig, tut es aber nicht, weil man Angst hat. Die Folge: Frustration! Die „innere Kündigung“ wird sehr früh vorprogrammiert.

Um nicht mißverstanden zu werden: Die jungen Menschen sind nicht desinteressiert. Im Gegenteil: Sie sind bereit, sich zu engagieren, sind aktiv. Das Vorurteil von der Null-Bock-Generation ist ein Vorurteil, das sich wie viele Vorurteile am Verhalten einer Minderheit bildet. Man spricht seit Beginn der 80er Jahre sogar von einer „neuen Jugend“, einer Jugend, die die Zukunft bejaht, im Gegensatz zur – wieder ein Vorurteil – No-Future-Bewegung. Die Gefahr liegt darin, daß man eben dieser Jugend nicht die Aufmerksamkeit widmet, die ihr zukommt, nicht „mit“ ihr, sondern „über“ sie spricht und dadurch den Schwung, den diese Jugend mitbringt, langsam aber sicher abbaut und sie vom Arbeitsleben in

Bereiche abdrängt, in denen sie sich selbst verwirklichen kann. Hier liegt die große Chance, aber auch Aufgabe der Führung, eine Chance nicht zur „Anpassung“, sondern zur Anerkennung als gleichberechtigten Partner. Dabei darf man es sich nicht leichtmachen und glauben, dies mit Geld, am besten nur mit Geld erreichen zu können. Geld allein macht nicht glücklich! Diese alte Volksweisheit gilt auch hier, vor allem hier. Arbeitnehmer verdienen heute sechs mal mehr als ihre Urgroßväter. Gemessen an der Kaufkraft verdienten Arbeitnehmer 1925, wie man erst kürzlich errechnet hat, 6.177 DM brutto im Jahr, 1955 waren es 12.564 DM und 1985 35.286 DM.

Abiturienten und Realschüler stellten bei den Kriterien, die bei der Ausübung des Berufes wichtig sind, folgende Rangfolge auf: interessante Tätigkeit, angenehme Zusammenarbeit mit den Kollegen, gute berufliche Entwicklungsmöglichkeiten, ein guter Vorgesetzter. Erst dann folgte bei den Abiturienten die leistungsgerechte Bezahlung, bei den Realschülern der gut gestaltete Arbeitsplatz und dann die Bezahlung.

Bei den Abiturienten zeigte sich 1986 noch ein interessanter Trend. Die „angenehme Zusammenarbeit mit den Kollegen“ lag knapp vor der interessanten Tätigkeit, die leistungsgerechte Bezahlung rutschte von Rang 5 auf Rang 7 und wurde von „Arbeitssicherheit und Gesundheitsschutz“ und dem „gut gestalteten Arbeitsplatz“ überholt.

Zwischenmenschliche Beziehungen, Kooperation und „Arbeitsumwelt“ sind Trumpf, eine deutliche Parallele zur allgemeinen gesellschaftlichen Entwicklung. Auf diese „Bedürfnisskala“, auf diesen Wertewandel muß man sich einstellen. Wer glaubt, daß die jungen Menschen vorwiegend materiell interessiert sind, begibt sich auf einen gefährlichen Weg, der zwar einfach zu begehen scheint, früher oder später aber in die Irre führt.

Damit soll nicht die „Bezahlung“ als wichtige Komponente des Arbeitslebens geleugnet werden. Auch gute Sozialleistungen, auf Platz 8 und eine „günstige Regelung der Arbeitszeit“ auf Platz 9 der Rangskala sind wichtig. Sie stehen aber nicht mehr im oberen Drittel der Bedürfnisse.

Gerade hier hält sich unvermindert das Vorurteil von der „materiell bestimmten Jugend“, ein sicherer Beweis für die Einsteinsche Behauptung, daß es schwieriger sei, ein Vorurteil zu zertrümmern als ein Atom. Auch 1986 glaubten Führungskräfte, daß die Bezahlung in der Bedürfnisskala der jungen Menschen zusammen mit der interessanten Tätigkeit ganz oben rangiert. Diese Einschätzung überrascht um so mehr, als Führungskräfte der Wirtschaft bei ihrer eigenen Rangordnung eine ähnliche Reihenfolge aufstellten wie die befragten Realschüler und Abiturienten, nämlich interessante Tätigkeit, angenehme Zusammenarbeit mit den Kollegen, ein guter Vorgesetzter, leistungsgerechte Bezahlung und gute berufliche Entwicklungsmöglichkeiten. Dies überrascht nicht. Naturgemäß rangieren bei den Berufsanfängern die guten beruflichen Entwicklungsmöglichkeiten noch unter den drei wichtigsten Kriterien. Bei den älteren Führungskräften ist hier ja der Anfang bereits gemacht. Dagegen gewinnt bei den bereits länger im Berufsleben stehenden Führungskräften der Vorgesetzte, die Zusammenarbeit mit den Vorgesetzten erhöhte Priorität. Man hat inzwischen „gelernt", wie wichtig die Zusammenarbeit mit dem Vorgesetzten ist. Er ist die unmittelbare „Bezugsperson", von ihm hängt sehr viel ab. Er ist sehr oft entscheidend dafür, ob man gern zur Arbeit kommt oder nicht. Letzten Endes ist er es, im weiteren Sinne natürlich, für den man sich einsetzt, für den man „arbeitet". Arbeitet man gern „für" oder besser gesagt „mit" einem Vorgesetzten zusammen, vor dessen Tür man „zitternd vor Angst" steht oder „unter dessen Teppich man marschiert, wenn man sich ihm nähert"? Übertrieben? Leider nein! Grauer Führungsalltag, selbst von „altgedienten" Führungskräften immer wieder plastisch geschildert.

An eines sollten die künftigen Vorgesetzten immer denken. Junge Menschen, die in das Berufsleben eintreten, befinden sich oft noch in einer Phase der Orientierung, der Neuorientierung. Sie lösen sich vom Elternhaus oder haben sich schon gelöst. Viele junge Menschen suchen nach „Vorbildern", an denen sie sich orientieren können. „Als erklärte Vorbilder haben die Eltern abgedankt, nachdem diese Rolle schon in den 50er Jahren ins Wanken geraten war", so die Zusammenfassung der zehnten Jugendstudie der Deutschen Shell.

Als „Ersatz" ist an die Stelle des Elternhauses die Gemeinschaft mit Gleichgesinnten, die nicht unbedingt gleichaltrig sein müssen, getreten, ein zweites Zuhause. Auch unter diesem Aspekt ist die hohe Rangeinstufung des Statements: „angenehme Zusammenarbeit mit Kollegen", das ja die Zusammenarbeit mit der „peer group" im Arbeitsleben betrifft, auf Platz zwei oder sogar auf Platz eins zu sehen.

In diesem Zusammenhang muß aber auch die Rolle des Vorgesetzten im Ranggefüge der Kriterien, die im Arbeitsleben wichtig sind, untersucht werden. Er nimmt unter neun vorgegebenen Kriterien bereits die vierte Rangstelle ein. Ist der Vorgesetzte deswegen so wichtig, weil „so viel von ihm abhängt" oder gar „weil man Angst vor ihm hat"? Oder ist er eine wichtige Bezugsperson, weil man viel, vor allem viel Positives von ihm erwartet? Könnte er auch „Vorbild" für junge Menschen sein?

5.4 Umgelenkter Leistungswille

„Was erwarten Berufsanfänger von ihren künftigen Vorgesetzten? Wie sieht der „ideale Vorgesetzte" in ihren Augen aus? Welche Eigenschaften schätzen Sie an einem Vorgesetzten besonders?" Abiturienten und Realschüler, die von uns befragt worden waren, stellten auf anonym auszufüllenden Fragebogen folgende Rangfolge auf:

Gerechte Behandlung,
Anerkennung der Leistung,
Sprechen darüber, wie die Arbeit am besten gemacht werden kann,
Gute Fachkenntnisse,
Sich für den Mitarbeiter einsetzen,
Zeit für den Mitarbeiter haben.

Eine Stichprobe bei Abiturienten kündigte eine Trendwende an: Die „Anerkennung der Leistung" rangierte an der Spitze der Rangliste, die „gerechte Behandlung" lag mit dem „Sprechen darüber, wie die Arbeit am besten gemacht werden kann" punktgleich auf Platz zwei und „Zeit für den Mitarbeiter haben" rangierte vor dem „Einsetzen für den Mitarbeiter".

Mit den beiden Spitzenbewertungen „Anerkennung" und „gerechte Behandlung" liegen die Wunschvorstellungen im Trend nunmehr mit den Vorstellungen ihrer künftigen Vorgesetzten auf gleicher Linie. Auf Platz drei folgen dann bei den Führungskräften die „Guten Fachkenntnisse", auf Platz vier der „Einsatz für den Mitarbeiter" gefolgt vom „Zeithaben für den Mitarbeiter" und dem „Sprechen darüber, wie die Arbeit am besten gemacht werden kann".

Die geringfügigen Unterschiede in der Reihenfolge der Wunschvorstellungen zwischen Berufsanfängern und Führungskräften sind verständlich. „Sprechen darüber, wie die Arbeit am besten gemacht werden kann" muß beim Berufsanfänger naturgemäß eine andere Priorität einnehmen als bei den erfahreneren Führungskräften.

Junge Menschen erwarten genauso wie ihre älteren Arbeitskollegen, aber auch ihre Vorgesetzten, daß ihre Leistungen ausdrücklich anerkannt werden. Das war in der Schule schon so und wird auch im Arbeitsleben so sein. Wobei „Anerkennung" in erster Linie nicht materiell, sondern immateriell zu verstehen ist. Daß es auch und vor allem bei der Anerkennung der Leistung „gerecht“ zugehen soll, drückt sich deutlich in der Rangfolge aus. Das Vordringen des „Zeit für den Mitarbeiter haben“ hat ebenfalls mit der Anerkennung der Leistung zu tun. Wer als Vorgesetzter eine Leistung eines Mitarbeiters anerkennen will, muß sich dafür Zeit nehmen. Die Anerkennung muß begründet werden!

Werden nun die Erwartungen der befragten Schüler in der Schule erfüllt? *„Glauben Sie, daß Ihrem ausdrücklichen Wunsch nach Anerkennung der Leistung von Ihren Lehrern bisher Rechnung getragen wurde?“* 34,8 Prozent der Abiturienten und Realschüler antworteten hier mit einem klaren „Nein“. Interessant war wiederum eine Stichprobe bei den befragten Abiturienten; die „Nein-Quote“ erhöhte sich von 33 Prozent im Jahre 1980 auf 37 Prozent im Jahre 1986.

Im Berufsleben sank die Negativquote auf 64 Prozent ab. Diese Demotivation durch Verweigerung der Anerkennung ist wohl kaum noch zu überbieten. Bei ihren künftigen Vorgesetzten sah die Anerkennungsbilanz im übrigen nicht viel besser aus. Die Nein-Quote erhöhte sich von 45,8 Prozent im Jahre 1981/83 auf 48,6 Prozent im Jahre 1984/85. Eine gleichlaufende Entwicklung zum Bereich der Berufsanfänger.

Eine weitere Entwicklung ist für die „Anerkennungsbilanz“ kennzeichnend: Die Frage *„Was hat in Ihrer Schulzeit bisher überwogen: Anerkennung der Leistung oder Kritik Ihres Verhaltens?“* beantworteten 1980 noch 42,7 Prozent der befragten Abiturienten mit „mehr Anerkennung“, 1986 waren es nur noch 36,6 Prozent. Der Anteil bei „mehr Kritik“ stieg dagegen kräftig an. Er erhöhte sich von 8,3 Prozent auf 14 Prozent. Nach etwa zweijähriger Ausbildungszeit sank die Quote bei „mehr Anerkennung“ auf 34,8 Prozent ab, bei „mehr Kritik“ stieg sie auf 15,2 Prozent.

Den künftigen Vorgesetzten erging es nicht viel besser. Führungskräfte der Wirtschaft konnten zwar einen leichten Anstieg der Anteile bei „mehr Anerkennung“ von 49,3 Prozent auf 51,4 Prozent verzeichnen, bei „mehr Kritik“ fiel die Steigerung noch ein wenig kräftiger aus: Er stieg von 11 Prozent auf 14,2 Prozent an.

Über diese Verschlechterung in der Motivationsbilanz sollte man nicht kommentarlos oder gar ohne zu handeln zur Tagesordnung übergehen!

Leider muß man feststellen, daß hier junge Menschen vom Regen in die Traufe zu kommen scheinen. Sie haben im Arbeitsleben noch weniger Anerkennung für ihre Leistungen zu erwarten als in der Schule. Zum allgemein registrierten Praxisschock kommt der Motivationsschock, der den Praxisschock noch verstärkt. Das hat mit Mitleid mit „den armen jungen Leuten" nichts zu tun. Hier geht es nur um den Schwung, den diese jungen Menschen ins Berufsleben mitbringen, der hier gegen alle Regeln der Führungskunst gebremst wird. Hier wird Leistungswille wenn nicht vernichtet, so aber auf Gebiete „umgelenkt", die mit dem Arbeitsleben kaum noch etwas zu tun haben. Der Leistungswille ist vorhanden.

Das beweisen zahlreiche Untersuchungen sowie die Äußerungen namhafter Experten. „Wenn es darum geht, sich aktiv und initiativ einzusetzen, sich wirklich zu engagieren, sind die jungen Leute vorbildlich. Ich habe noch nie so aktive Leute gehabt wie jetzt. Es macht geradezu Spaß, jetzt Studenten auszubilden, wenn Sie das mit früheren Jahren vergleichen." So Karl Alewell, Präsident der Universität Gießen und Vizepräsident der Westdeutschen Rektorenkonferenz (Blick durch die Wirtschaft vom 10.6.1986). Unsere Befragungen bestätigen das. Die Frage *„Lernen Sie gern?"* beantworteten 1980 noch 34,5 Prozent der von uns befragten Abiturienten mit einem uneingeschränkten „Ja", 1986 waren es bereits 59,6 Prozent.

Ganz anders sah aber das Ergebnis bei der Frage *„Fühlen Sie sich von der Schule motiviert?"* aus. 1980 beantworteten noch 86,9 Prozent der Abiturienten diese Frage mit „ja" und „eher ja", 1986 waren es nur noch 79,2 Prozent positiver Antworten, die von uns registriert werden konnten. Gleichzeitig ging, wenn auch geringfügig, der Anteil der Ja-Stimmen bei der Frage *„Fühlen Sie sich als junger Mensch von Ihrer Umwelt anerkannt?"* von 53,9 Prozent auf 52,9 Prozent zurück.

Gibt es da vielleicht einen Zusammenhang mit dem Ergebnis der internationalen Untersuchung „Jobs in the 80's" aus dem Jahre 1982?

Die Frage *„Ich möchte immer mein Bestes geben, so gut ich kann, unabhängig davon, wieviel ich verdiene"* bejahten in den USA 50 Prozent, in Schweden 45 Prozent und in der Bundesrepublik nur 25 Prozent der Befragten. Interessant war der Unterschied in den verschiedenen Altersgruppen. Bei den 18–29jährigen waren es nur 18 Prozent, bei den über 55jährigen 37 Prozent.

Für *„Ich finde meine Arbeit interessant, aber ich lasse es nicht soweit kommen, daß sie mein übriges Leben stört"*, entschieden sich 50 Prozent der 18–29jährigen, aber nur 27 Prozent der über 55jährigen. Auch über diese Befragungsergebnisse sollte man einmal ganz ernsthaft nachdenken und nicht immer die Ursachen über die „nachlassende Arbeitsfreude" woanders, meistens außerhalb der Arbeitswelt, suchen.

5.5 Kritikbilanz

„Was empfinden Sie, wenn man Ihre Leistungen ausdrücklich anerkennt?“ 84,7 Prozent der von uns befragten Abiturienten und Realschüler gaben an, bei der Anerkennung ihrer Leistungen ein Erfolgserlebnis zu haben. Sie lagen dabei auf gleicher Ebene mit dem Befragungsergebnis ihrer künftigen Vorgesetzten mit 84,5 Prozent im Jahre 1985.

Die „Anerkennung der Leistung“ ist der stärkste Motivator für menschliches Handeln, ganz gleich ob im Arbeitsleben oder im Freizeitbereich. Erfolgt zeugt bekanntlich Erfolg. Leistung muß anerkannt und zwar ausdrücklich anerkannt werden, wenn das Verhalten, das zu dieser Leistung geführt hat, wiederholt oder gar noch verbessert werden soll.

Am stärksten war die Empfindung „Erfolgserlebnis“ bei den Abiturienten. 90,5 Prozent der Befragten glaubten, dieses Erfolgserlebnis zu haben, wenn ihre Leistungen ausdrücklich anerkannt werden. Dabei gab es bei den Jahresergebnissen schon Unterschiede: 1980 waren es 91,1 Prozent, 1986 nur noch 89,3 Prozent.

Dieser geringe Unterschied von knapp 2 Prozent wird durch ein anderes Befragungsergebnis bedeutsam. Bei der Kontrollgruppe der befragten Abiturienten ging der Prozentsatz nach etwa zwei Ausbildungsjahren auf 76,1 Prozent zurück! Dabei stieg der Anteil derjenigen, die bei einer Anerkennung ihrer Leistung „Mißtrauen“ empfanden, von 8,9 Prozent auf 26,1 Prozent an.

Und noch ein weiteres Ergebnis ist in diesem Zusammenhang bemerkenswert: Empfanden 1980 noch 40,2 Prozent der befragten Abiturienten für ihrer Lehrer „Sympathie“, wenn sie ihre Leistungen ausdrücklich anerkannten, waren es 1986 nur noch 37,5 Prozent. Nach zweijähriger Ausbildungszeit schrumpfte dieser Anteil auf ganze 10,9 Prozent zusammen.

Weniger Anerkennung – weniger Erfolgserlebnisse. Wird die zur Mangelware gewordene Anerkennung „trotzdem einmal“ ausgesprochen, wird man mißtrauisch. Daß bei einem solchen Vorgesetztenverhalten andererseits die Sympathie zur Mangelware wird, ist eine logische Folge. Und wenn das ganze „Ausbildungserlebnis“ darunter leidet, erscheint das geradezu selbstverständlich.

Den Schlußpunkt zu dieser logischen Entwicklung liefert das Ergebnis einer Untersuchung aus der Industrie. Auszubildende aus der hessischen Chemie-Industrie und Kunststoffverarbeitung waren gefragt worden: *„Hatten Sie sich Ihre Ausbildung so vorgestellt, wie sie jetzt ist?"* Volle Zustimmung äußerten im ersten Ausbildungsjahr 45 Prozent der befragten Auszubildenden, im vierten Ausbildungsjahr waren es nur noch ganze 14 Prozent! Gewiß, zwischen Erwartungen und der Erfüllung dieser Erwartungen wird es immer Unterschiede geben. Das ist bei jungen Menschen vielleicht sogar im größeren Umfang der Fall als bei ihren älteren Arbeitskollegen. Derartige krasse Unterschiede müssen aber zu denken geben!

„Wurden Ihre Erwartungen bezüglich Ihrer Schulausbildung erfüllt?" 43,1 Prozent der von uns befragten Realschüler und Abiturienten beantworteten diese Frage uneingeschränkt mit „ja", wobei der Anteil bei den Abiturienten etwas höher lag (46,6 Prozent) als bei den Realschülern (40,5 Prozent).

In den Jahresergebnissen zeigte sich bei den Abiturienten ein deutlicher Trend der zunehmenden Unzufriedenheit. Der Ja-Anteil sank von 50 Prozent im Jahre 1980 auf 42,1 Prozent im Jahre 1986 und setzte sich bei dem Urteil über die Ausbildung im Berufsleben fort, wo er nach knapp zwei Jahren Ausbildungszeit nur noch ganze 17 Prozent betrug. Dabei wurde, wie wir in vielen Gesprächen feststellen konnten, immer wieder klar ausgesprochen, daß die Ausbildung als Ganzes gesehen wurde und sowohl die fachliche Seite als auch die menschliche Seite, das Führungsverhalten, beurteilt wurden. Auch und vor allem der Führungsstil der Vorgesetzten ist daher für das Gesamturteil entscheidend.

Besonders belastend wird beim Führungsverhalten eines Vorgesetzten oder Lehrers empfunden, wenn man in Gegenwart von Dritten kritisiert wird. 91,6 Prozent der von uns befragten Realschüler und Abiturienten gaben an, von ihren Lehrern in Gegenwart von anderen kritisiert worden zu sein. Im Berufsleben ging es ihnen nicht viel besser. Nach knapp zwei Ausbildungsjahren gaben 82,6 Prozent der befragten Abiturienten an, vor „versammelter Mannschaft" kritisiert worden zu sein.

Ihren künftigen Vorgesetzten erging es ähnlich: Insgesamt 72,6 Prozent der befragten Führungskräfte der Wirtschaft zeigten sich in dieser Beziehung „kritikgeschädigt“. Im Bereich der Kreditwirtschaft waren es sogar 81,3 Prozent.

Wohlgemerkt, es waren Führungskräfte, die hier befragt worden waren, wobei sich zwischen den einzclnen Leitungsebenen Unterschiede in der Hinsicht zeigten, daß die Luft „oben“ dünner wurde und der Wind rauher wehte als unten.

Interessant waren die Empfindungen der jungen Menschen auf diese Kritik in Gegenwart von anderen: 31,5 Prozent der befragten Realschüler und Abiturienten gaben an, „einsichtig“ zu reagieren, 8,3 Prozent für eine solche Kritik „dankbar“ zu sein und 35 Prozent sich über eine solche Kritik zu ärgern.

Bei der befragten Kontrollgruppe der Abiturienten sank nach knapp zweijähriger Ausbildung der Anteil bei „Einsicht“ auf 27,7 Prozent, bei der „Dankbarkeit“ auf 2,1 Prozent und stieg bei „Ärger“ auf 51,1 Prozent an!

Entsprechend war auch die Reaktion auf diese Kritik: Nur 64 Prozent der Realschüler und Abiturienten gaben an, auf eine solche Kritik hin ihr Verhalten ändern zu wollen. 9,5 Prozent würden ihr Verhalten nicht ändern. Eine Trotzreaktion befürchteten 8,2 Prozent, Widerstand wollten 7,6 Prozent leisten und 5,7 Prozent sich beschweren.

Die befragte Kontrollgruppe der Abiturienten reagierte nach zweijähriger Ausbildungszeit auf eine Kritik vor versammelter Mannschaft ausgesprochen härter. Nur noch 40,4 Prozent der Befragten gaben an, nach einer Kritik in Gegenwart von Dritten ihr Verhalten ändern zu wollen, 14,9 Prozent antworteten mit einem klaren „Nein“. Widerstand wollten 23,4 Prozent leisten, 12,8 Prozent sich beschweren. Eine Trotzreaktion befürchteten 10,6 Prozent.

Diese Befragungsergebnisse müssen doch jedem Vorgesetzten zu denken geben, der nach wie vor nach „bewährtem Rezept“ das weiterpraktiziert, was er selbst „erlebt“ hat und laufend weiter erlebt. Aufgabe von Vorgesetzten kann doch nicht sein, Ineffizienz zu produzieren! Dieser Teufelskreis muß endlich unterbrochen werden. Der Teufelskreis, daß das Führungsmittel, oder sollte man treffender sagen „Anti-Führungsmittel“, „Kritik vor versammelter Mannschaft“ in zunehmendem Maße praktiziert wird.

1981/83 beantworteten noch 71,7 Prozent der von befragten Führungskräfte der Wirtschaft die Frage *„Sind Sie schon einmal in Gegenwart anderer kritisiert worden?“* mit „ja“, 1984/85 waren es schon 76 Prozent. Auch bei diesen Führungskräften, den künftigen Vorgesetzten der Berufsanfänger, „verschärfen“ sich die Reaktionen auf diese Kritik. Der Anteil derjenigen, die einer solchen Kritik widersprechen würden, stieg von 30,6 Prozent auf 37,8 Prozent, der Anteil derjenigen, die sich über eine Kritik vor anderen ärgern würden, von 61,7 Prozent auf 68,2 Prozent und der Anteil derjenigen, die über eine solche Kritik in Wut geraten würden, von 15,3 Prozent auf 25 Prozent.

Hier zeigt sich deutlich, bedingt durch die gesellschaftliche Entwicklung, der höhere Sensibilisierungsgrad. Kritik in Gegenwart anderer wird einfach nicht mehr akzeptiert. Das Schlimme an dieser Entwicklung ist, daß man, obwohl man sich selbst über ein solches Kritikverhalten ärgert, in Wut gerät oder einer solchen Kritik widerspricht, sich anderen gegenüber genauso verhält. Hier ist vor allem die oberste Leitungsebene gefordert, denn gute Beispiele finden „unten“ Nachahmung. Aber auch alle anderen Führungskräfte sollten es sich zu eigen machen, nicht das weiterzugeben, was sie selbst erleiden mußten.

5.6 Kreativitätskapital nutzen

Junge Menschen stört es ganz besonders, wenn Vorschläge und Anregungen, die sie machen, nicht genügend beachtet werden. 61 Prozent der von uns befragten Realschüler und Abiturienten gaben vor Eintritt in das Berufsleben an, daß sie ein derartiges Verhalten bei ihren Lehrern oder künftigen Vorgesetzten im Berufsleben besonders stören würde. Ein solches Vorgesetztenverhalten nahm knapp hinter der störenden Eigenschaft eines Vorgesetzten „Wenn er sich um Entscheidungen drückt" die zweite Position in der Rangskala der Negativeigenschaften ein.

Auch bei einem Vergleich der verschiedenen Altersstufen zeigte sich die besonders hohe Priorität, die dieser Eigenschaft eines Vorgesetzten – Nichtbeachtung von Vorschlägen – eingeräumt wird. Bei der Befragung des Bayerischen Arbeitsministeriums im Jahr 1976, bei der 4.000 gewerbliche Arbeitnehmer befragt worden waren, erreichten die Altersgruppen der 18–24- und 25–29jährigen im Vergleich zu allen anderen Altersgruppen die höchsten Werte.

Bei den Abiturienten führte diese Eigenschaft sogar die „Negativliste", knapp vor der störenden Eigenschaft „Drücken vor Entscheidungen" an. Im Laufe der letzten Jahre gewann diese störende Vorgesetzteneigenschaft noch an Gewicht. Waren es bei unseren Befragungen 1980 noch 63 Prozent der Befragten, so stieg der Anteil 1986 auf 66,7 Prozent an, die ein „Nichtbeachten von Vorschlägen und Anregungen" besonders stört.

Über diesen Anstieg sollte man nachdenken. Liegt die Steigerungsrate nur darin begründet, daß das Selbstbewußtsein der jungen Menschen gewachsen ist? Ein Selbstbewußtsein, daß es als besonders schmerzlich empfinden läßt, wenn Vorschläge und Anregungen nicht die erhoffte Beachtung finden? Oder steckt hinter diesen Zahlen auch ein Teil Reaktion auf Lehrer- und Vorgesetztenverhalten? Läßt vielleicht ein „Zuwachs an Nichtbeachtung" den Wunsch nach Beachtung stärker hervortreten? Oder kommt hier eines zum anderen?

„Sind Ihre Lehrer auf diese Vorschläge zur besseren Unterrichtsgestaltung eingegangen"? 13,4 Prozent der Realschüler und Abiturienten – die Ergebniszahlen der beiden Gruppen unterschieden sich nur unwesentlich

voneinander – beantworteten diese Frage mit „nur angehört", 48,8 Prozent mit „selten darauf eingegangen" und nur 37,8 Prozent mit „meistens darauf eingegangen".

Interessant war die Entwicklung bei den Abiturienten. Hier stieg der Anteil bei „nur angehört" von 7,7 Prozent im Jahre 1980 auf 16,3 Prozent im Jahre 1986 und bei „selten darauf eingegangen" von 42,3 Prozent auf 53,5 Prozent, so daß von den 50 Prozent, die 1980 geantwortet hatten: „meistens darauf eingegangen" nur noch ganze 30,2 Prozent übrigblieben.

Das Ganze setzte sich in erschreckender Weise bei der von uns befragten Kontrollgruppe von Abiturienten fort, die knapp zwei Jahre nach Beginn ihrer Ausbildungszeit befragt worden waren. Jetzt waren es jeweils 35,3 Prozent, die mit „nur angehört" und „selten darauf eingegangen" geantwortet hatten, so daß nur 29,4 Prozent von sich behaupten konnten, daß ihre Vorgesetzten auf ihre Vorschläge und Anregungen eingegangen waren.

Wohlgemerkt, es sollte die Bereitschaft der Vorgesetzten und Lehrer erforscht werden, das heißt ihre Bereitschaft, sich mit diesen Vorschlägen näher zu beschäftigen. Von „verwirklichen", „durchführen" war nicht die Rede. Unter Berücksichtigung gerade dieses Aspekts wiegt die Vergrößerung des „Abschmetterungspotentials" um so schwerer. Erschreckend der Anstieg bei „nur angehört" auf mehr als das Doppelte. Wenn mehr als zwei Drittel der befragten Berufsanfänger mit Vorbildung Abitur glaubten, daß ihre Anregungen und Vorschläge lediglich angehört wurden oder daß selten auf diese eingegangen wird, ist das erschreckend.

Ihren künftigen Vorgesetzten erging es im übrigen in dieser Beziehung nicht viel besser. Hier stieg der Anteil bei „hört sie nur an" von 4,9 Prozent im Jahre 1981/83 auf 6 Prozent im Jahre 1984/85, und der Anteil bei „geht selten auf sie ein" stieg von 22,7 Prozent auf 26 Prozent. Die Parallele ist unverkennbar. Es scheint auch hier das Führungsverhalten, das man selbst am eigenen Leib erlebt, weitergegeben zu werden.

Hier wird Initiative vernichtet, hier wird durch ein derartiges Verhalten sowohl Führungskräften als auch Berufsanfängern geradezu abgewöhnt, sich am „Vorschlags- und Verbesserungswesen" zu beteiligen.

„Haben sie schon einmal Vorschläge zu einer besseren Unterrichtsgestaltung gemacht?" 72,5 Prozent der befragten Abiturienten und Realschüler vor ihrem Eintritt in das Berufsleben antworteten mit „ja". Hier lag der Anteil der Realschüler aber um etwa 20 Prozent niedriger als der bei den Abiturienten.

Der hohe Anteil der Abiturienten von 85,1 Prozent im Jahre 1980 sank aber 1986 auf 76,5 Prozent ab. Diejenigen, die schon einmal Vorschläge gemacht haben, die aber nur „angehört" oder auf die nur selten eingegangen worden war, werden sich überlegen, ob sie das nächste Mal überhaupt noch in diesem Sinne etwas unternehmen wollen. Der Zeitpunkt ist abzusehen, wann der Wille dazu erlahmt. Was nicht ausschließt, daß man es in der neuen Umgebung der Arbeitswelt noch einmal versucht. Man ist ja schließlich nicht „betriebsblind", steht hier einer neuen Umgebung mit wachen, aber auch kritischen Augen gegenüber. Vielleicht stößt man auf „Gegenliebe"? Prompt stieg der Anteil bei den „Initiativen" bei der Kontrollgruppe auf 82,3 Prozent an. Wie lange wird aber dieser neue Schwung anhalten?

Die Entwicklung bei den künftigen Vorgesetzten läßt nichts Gutes ahnen. Der Anteil der Führungskräfte, die die Frage: *„Machen Sie Ihren Vorgesetzten von sich aus Vorschläge, um die Arbeit besser bewältigen zu können?"* mit „häufig" beantworteten, sank von 43,1 Prozent 1981/83 auf 40 Prozent im Jahre 1984/85.

Kann in einem solchen Klima der „Nichtbeachtung", der „Nichtanerkennung" Arbeitsfreude gedeihen? Arbeitsfreude, die ja wesentliche Voraussetzung dafür ist, daß Initiative und damit Kreativität und Innovationen wachsen. Hier fordern ja schon die biologischen Gegebenheiten im menschlichen Körper, daß bestimmte Hormone produziert werden, die Kreativität überhaupt erst ermöglichen. Nur dann, wenn man gerne arbeitet, arbeitet man gut und läßt sich auch etwas Neues einfallen.

„Welche Stunden sind Ihnen ganz allgemein am liebsten? Die Stunden während der Arbeit oder die Stunden, während Sie nicht arbeiten oder mögen Sie beide gern?" „Die Stunden, wenn ich nicht arbeite" bevorzugten 1962 noch 36 Prozent der 16-29jährigen, 1976 waren es schon 55 Prozent. Bei den 30-44jährigen erhöhte sich der Anteil von 26 auf 45 Prozent und bei den 45-64jährigen von 22 auf 38 Prozent (E. Noelle-

Neumann, B. Strümpel: Macht Arbeit krank? Macht Arbeit glücklich? Piper Verlag, München 1985).

Es ist immer wieder erschreckend, feststellen zu müssen, wie wenig solche Umfragen überhaupt „zur Kenntnis" genommen werden. Und zwar hauptsächlich von denen, die sich ganz intensiv mit den Ergebnissen derartiger Untersuchungen beschäftigen müßten: den Führungskräften von Wirtschaft und öffentlicher Verwaltung, von den Politikern einmal ganz zu schweigen. Hier muß doch einmal konzeptionell gedacht und dann auch entsprechend gehandelt werden. Diese Entwicklung darf nicht nur zur Kenntnis genommen werden, sondern man muß sich auf sie einstellen und gegenwartsorientiert und zukunftsbezogen handeln.

Hat man denn immer noch nicht begriffen, daß der Mensch der wesentlichste „Produktionsfaktor" in jeder Organisation ist?

Man kann sich doch nicht nur darin erschöpfen, daß man immer wieder herausstellt, wie „teuer" Arbeitskräfte sind, wie stark die Lohnkosten und insbesondere die des zweiten Lohnes steigen, und intensiv darum kämpfen, wie diese Kosten verringert, zumindest deren Anstieg gebremst werden kann. Wichtig ist doch vor allem die Frage, daß diese „teuren Mitarbeiter" etwas leisten, etwas Effizientes leisten, Vorschläge machen und damit vor allem auch zur Konkurrenzfähigkeit auf dem Weltmarkt beitragen.

Lippenbekenntnisse helfen hier überhaupt nichts. Es wimmelt geradezu von „fortschrittlichen Äußerungen" über Mitarbeiterführung, insbesondere Mitarbeitermotivation, in allen möglichen Veröffentlichungen. Peinlich wird das Ganze, wenn dies in der eigenen Hauszeitschrift geschieht und der Führungsstil des Verfassers – hat er den Beitrag überhaupt geschrieben? – jedem bekannt ist. „Ergänzend" zu diesen Veröffentlichungen hört man von Führungskräften immer wieder, „daß man sich für derartige Fragen selbstverständlich brennend interessiere", aber dann kommt immer dieselbe Einschränkung: „Sie wissen doch, die Zeit ..."

5.7 Die Leistungsbilanz

Ein Vorgesetzter, ein Lehrer wird besonders geschätzt, wenn er die Leistungen seiner Mitarbeiter, seiner Schüler anerkennt. Das Bedürfnis nach Anerkennung nimmt nach wie vor den Spitzenplatz in der Rangskala der Bedürfnisse nicht nur in der Arbeitswelt, sondern im gesamten Leben des Menschen ein.

Anerkennung der Leistung setzt Beurteilung der Leistung voraus. Sichtbar zum Ausdruck kommt diese „Beurteilung der Leistung" in schriftlich niedergelegten „Beurteilungen", in der Schule in den Zeugnissen. Mit Spannung werden sie erwartet, die Zeugnis- und Beurteilungstage. Für Schülerinnen und Schüler gibt es „Krisentelefone", Anlaufstellen, an die man sich hilfesuchend wenden kann. Hilfe vor wem? Auf das Zeugnis warten nicht nur die Schüler. Eltern, Verwandte, ja Mitschüler und Bekannte nehmen nicht nur Anteil. Hier wird nochmals bewertet. Ansehen steht auf dem Spiel.

Und wenn man schließlich dem „Zeugnisdruck" glaubt entronnen zu sein, man endlich nicht mehr beurteilt oder gar verurteilt wird, geht vielfach im Arbeitsleben das Ganze noch einmal von vorne los. Zwar wird man nicht mehr jedes halbe Jahr „beurteilt", die Beurteilungszeiträume werden länger. Alles andere bleibt: die Spannung, andere, die an dieser Beurteilung „Anteil nehmen". Jetzt sind es Ehemann oder Ehefrau, die am „Ausgang" der „Beurteilungsrunde" stark interessiert sind. Hängt doch auch wirtschaftlich sehr viel von den „Noten", die „ausgeteilt" wurden, ab. Nur das spezielle „Zeugnis-Sorgentelefon" gibt es für die Erwachsenen nicht mehr. Mit dem Zeugnis muß man mehr oder minder allein fertigwerden.

Neben dem Bedürfnis nach Anerkennung der Leistung nimmt ein weiteres Grundbedürfnis in der Bedürfnisskala einen Spitzenplatz ein: Gerechtigkeit! Ein Vorgesetzter oder Lehrer wird dann besonders geschätzt, wenn er seine Mitarbeiter und Schüler gerecht behandelt. Für das Zeugnis- und Beurteilungswesen bedeutet dies: Es soll gerecht zugehen. Schüler und Mitarbeiter achten streng darauf, ob sie im Vergleich zu anderen „gerecht" eingeordnet worden sind. Zeugnis- und Beurteilungsnoten werden verglichen, regelrecht ausgetauscht. Da man ja gemeinsam „die Schulbank drückt", im engeren Arbeitsbereich miteinander arbeitet, kennt man die Leistungen der anderen, weiß, daß diese auch nur „mit Wasser kochen". Ob man dabei selbst in der Lage ist, wirklich objektiv zu vergleichen, über den erforderlichen Überblick verfügt, vielleicht die eigene Leistung zu hoch, die der anderen zu kritisch beurteilt, ist eine andere Frage. Zunächst einmal wird die Gerechtigkeit subjektiv empfunden.

„Fühlen Sie sich von der Schule in Ihren Leistungen – insgesamt gesehen – gerecht beurteilt?" 85,1 Prozent der von uns befragten Abiturienten und Realschüler vor ihrem Eintritt ins Berufsleben antworteten mit „ja", wobei die Positivquote bei den Abiturienten etwas höher lag als bei den Realschülern.

Innerhalb dieses sehr positiven Ergebnisses scheint sich aber ein leichter Abwärtstrend abzuzeichnen. 1980 waren es 90,5 Prozent der Abiturienten, die diese Frage bejaht hatten, 1986 nur noch 86 Prozent.

Ein regelrechter Absturz zeichnete sich bei der Kontrollgruppe der Abiturienten nach knapp zweijähriger Ausbildungszeit ab. Jetzt waren es nur noch 65,9 Prozent, die sich von ihren Ausbildern und Vorgesetzten gerecht beurteilt fühlten. Praxisschock? Andere Beurteilungsmaßstäbe? Andere Kriterien? Wurde hier „endlich einmal", wie manche Vorgesetzte meinen, gezeigt, „daß es eben im Arbeitsleben anders zugeht als in der Schule!" Wurde hier deutlich gemacht, daß jetzt der „Ernst des Lebens" beginnt, daß „im Arbeitsleben ein anderer Wind weht als in der Schule?"

Oder gab man einfach weiter, was man selbst erfahren hatte? Bei den Führungskräften der Wirtschaft war nämlich eine ähnliche Entwicklung zu verzeichnen. 1981/83 beantworteten noch 82,3 Prozent die Frage „Fühlen Sie sich gerecht beurteilt?" mit „ja", 1984/85 waren es nur noch 68 Prozent. Die gleichlaufende Entwicklung ist unübersehbar. Wohlgemerkt: Es war gefragt worden: *„Fühlen Sie sich gerecht beurteilt?"* Man hat eben nicht mehr so stark das Empfinden, daß es gerecht zugeht. Hängt das mit einer kritischeren Einstellung zu den Vorgesetzten zusammen, überhaupt mit einer kritischeren Einstellung gegenüber allem, was „oben" bedeutet?

Interessant war in diesem Zusammenhang, daß ganz allgemein das Gefühl, von den Vorgesetzten gerecht behandelt zu werden, zurückgegangen ist.

„Behandelt Sie Ihr Vorgesetzter gerecht?" Konnten sich 1981/83 hier noch 47,5 Prozent für ein uneingeschränktes „Ja" entscheiden, waren es 1984/85 nur noch 39,3 Prozent. Zwar stieg der Anteil der Führungskräfte, die sich für „eher ja" entscheiden konnten, von 42,3 Prozent auf 46,7 Prozent an. Insgesamt war jedoch bei den Positivstimmen ein Rückgang von 3,8 Prozent zu verzeichnen.

In einem Vergleich der verschiedenen Altersgruppen im Rahmen der Untersuchung des Bayerischen Arbeitsministeriums (Wo drückt uns der Schuh? November 1976) waren etwa 4.000 gewerbliche Arbeitnehmer befragt worden. Hier waren es die 18–24jährigen, die den höchsten Anteil an Negativstimmen aufzuweisen hatten.

Zeugnisse werden in der Schule bekanntgegeben, ebenfalls die Beurteilungen im Arbeitsleben. Es wird über die Zeugnisse, die Beurteilungen gesprochen. Hier können Fragen gestellt, Erläuterungen gegeben werden. Auch ein „Blick in die Zukunft" bietet sich an. Wie wird es weitergehen? Was kann man tun, um sich zu verbessern? Befindet man sich auf dem rechten Weg?

„Wie beurteilen Sie Ihr letztes Gespräch in der Schule über Ihre Zeugnisnoten?" 71,7 Prozent der von uns befragten Abiturienten und Realschüler vor Eintritt in das Berufsleben äußerten sich positiv und antworteten mit „nützlich" oder „sehr nützlich", wobei die Realschüler die mit ihnen geführten Gespräche positiver beurteilten als die Abiturienten.

Auch hier ist aber ein Trend zum Negativen hin zu beobachten. Der Anteil der Positivstimmen bei den Abiturienten ging von 75 Prozent im Jahre 1980 auf 66 Prozent im Jahre 1986 zurück und erlebte mit 29,4 Prozent einen Tiefstand bei der Kontrollgruppe der Abiturienten nach knapp zweijähriger Ausbildungszeit. Was soll man dazu sagen, wenn mehr als zwei Drittel der befragten Auszubildenden nach den Gesprächen über ihre Beurteilungsnoten von diesen Gesprächen den Eindruck hatten, daß sie „wenig nützlich" gewesen seien. Wohlgemerkt, es waren dieselben Auszubildenden, von denen immerhin 65,9 Prozent erklärt hatten, daß sie sich gerecht beurteilt fühlten!

Hier scheint in der Kommunikation zwischen den Vorgesetzten und Ausbildern auf der einen Seite und den Auszubildenden auf der anderen Seite etwas nicht zu stimmen. Liegt es hier an der Grundeinstellung? Glaubt man etwa, sich bei diesen Gesprächen nicht soviel Mühe geben zu müssen, sind die jungen Menschen kritischer geworden, stellen sie höhere Ansprüche an die Führungsleistung ihrer Vorgesetzten?

Oder stoßen wir hier wieder auf eine gleichlaufende Entwicklung bei den Führungskräften selbst und wurde nur das weitergegeben, was man selbst erfahren hatte? Ihr Beurteilungsgespräch hielten 1981/83 noch 67,7 Prozent der befragten Führungskräfte der Wirtschaft für nützlich, 1984/85 waren es nur 61,8 Prozent. Besonders bemerkenswert war der Anstieg bei dem Urteil „Es schadete mehr als es nützte“ von 1,7 Prozent in den Jahren 1981/83 auf 10,5 Prozent in den Jahren 1984/85. Wird hier etwa die „innere Kündigung“ vorprogrammiert?

Um diese unheilvolle Entwicklung muß man sich doch einmal kümmern. Es nützt doch gar nichts, immer wieder von „kooperativer Führung“, zu der natürlich auch die Mitarbeiterbeurteilung gehört, zu reden, global zu reden, ohne sich der Details anzunehmen. Programme, Leitlinien und Grundsätze müssen mit Leben erfüllt werden, und das bedeutet Führung lernen, gemeinsam trainieren und dann in die Praxis umsetzen.

5.8 In der Kürze liegt die Würze

An einem Vorgesetzten wird besonders geschätzt, wenn er Zeit für den Mitarbeiter hat. Diese Vorgesetzteneigenschaft hat im Laufe der letzten Jahre eine immer größere Bedeutung gewonnen, und zwar bei den von uns befragten Schülern vor dem Eintritt in das Berufsleben, aber auch bei ihren künftigen Vorgesetzten, den Führungskräften der Wirtschaft. Dies hängt einmal sicher damit zusammen, daß die zwischenmenschlichen Beziehungen in der Schule und im Arbeitsleben im Laufe der Zeit immer bedeutsamer geworden sind. Zum anderen aber auch ganz einfach damit, daß immer weniger Zeit füreinander zur Verfügung steht. Zeit wird immer mehr zur Mangelware. Und wenn man etwas nicht in ausreichendem Maße bekommt, was man gerne hätte, wird der Mangel um so stärker empfunden.

Zeit ist vor allem vonnöten, wenn über ein wichtiges Thema gesprochen werden muß, das alle angeht, sowohl den Arbeitgeber als auch den Arbeitnehmer: die Beurteilung der Leistung. Sowohl der einzelne, dessen Leistung beurteilt werden soll, ist an diesem Gespräch brennend interessiert, als auch die Organisation, in der er tätig ist. Hier erfährt jeder, wie seine Leistung gesehen, „beurteilt" wird. Hier bekommt er, oder soll es wenigstens, Hinweise, wie dies oder jenes verändert, verbessert werden kann oder daß er sich auf dem richtigen Weg befindet, den er weitergehen kann und soll. Mit anderen Worten: Hier wird Bilanz gezogen, die Leistungsbilanz.

Besonders wichtig ist diese Leistungsbilanz für junge Menschen in der Ausbildung, sei es in der Schule oder sei es im Berufsleben. Die Leistungsbilanz ist ein Stück Identitätsfindung. Sie ist wegweisend für die Zukunft. Je klarer, aber auch je umfangreicher die Information, um so leichter kann dieser Weg in die Zukunft gegangen werden.

„Wie lange hat das letzte Gespräch über Ihre Zeugnisnoten, das mit Ihnen geführt wurde, gedauert?" „Bis 5 Minuten" antworteten 55,4 Prozent der Abiturienten und 64,7 Prozent der Realschüler, „bis 10 Minuten" 33,7 Prozent der Abiturienten und 23,5 Prozent der Realschüler und „etwa eine halbe Stunde und länger" 10,8 Prozent der Abiturienten und 11,6 Prozent der Realschüler.

Die Gesprächsdauer zeigte abnehmende Tendenz. Der Prozentsatz derjenigen Abiturienten, mit denen bis zu 10 Minuten über die Zeugnisnoten gesprochen worden war, stieg von 81,4 Prozent im Jahre 1980 auf 92,8 Prozent im Jahre 1986 und wurde dann von der von uns befragten Kontrollgruppe nach zweijähriger Ausbildungszeit noch übertroffen, die 93,8 Prozent erreichte. Hier fragt man sich doch unwillkürlich: Was kann in 5 oder 10 Minuten besprochen, Wegweisendes für die Zukunft mitgegeben werden? Hier kommt Frustration auf. Hier wird nicht mehr miteinander geredet, sondern einseitig etwas verkündet: das Urteil!

Auch hier war bei den künftigen Vorgesetzten eine ähnliche Entwicklung zu beobachten: Der Anteil der 5- oder 10-Minuten-Gespräche stieg von 41,8 Prozent im Jahre 1981/83 auf 48,4 Prozent 1986. Es steht immer weniger Zeit für dieses Gespräch über die Leistung zur Verfügung. Für ein Gespräch, und das muß ausdrücklich nochmals betont werden, das nicht nur für den Arbeitnehmer, sondern auch, vielleicht sogar vor allem für den Arbeitgeber, das Unternehmen von größter Bedeutung ist.

„Kamen Sie bei diesem Gespräch ausreichend zu Wort?" 75 Prozent der befragten Abiturienten beantworteten diese Frage mit „ja", bei der Kontrollgruppe nach zweijähriger Ausbildungszeit waren es nur noch 41,2 Prozent „Ja-Stimmen".

Auch ihren künftigen Vorgesetzten wurde immer mehr das Wort bei diesen „Gesprächen" abgeschnitten. Der Anteil der „Ja-Stimmen" sank von 81,5 Prozent im Jahre 1981/83 auf 72,2 Prozent im Jahre 1984/85. Das Gespräch wird immer mehr zum Monolog. „Wo gute Reden sie begleiten, da fließt die Arbeit munter fort!" Hat man dieses Schiller-Wort aus der „Glocke" vergessen?

Auch „sonst" erfahren Schüler und ihre künftigen Vorgesetzten nicht allzuviel darüber, wie man über ihre Leistungen denkt. „Erfahren Sie in der Schule von Ihren Lehrern – abgesehen von den Zeugnisnoten – wie man über Ihre Leistungen denkt?" 43,2 Prozent der von uns befragten Realschüler und Abiturienten vor Eintritt in das Berufsleben beantworteten diese Frage mit „selten" oder „nie", wobei der Anteil bei den Realschülern bedeutend höher lag (50,5 Prozent). Bei den Abiturienten zeichnete sich auch hier wieder ein negativer Trend ab. Nach knapp zweijähriger Ausbildungszeit waren es schon 74,5 Prozent der Befragten, mit denen „selten" oder „nie" über ihre Leistungen gesprochen worden war.

Ihre künftigen Vorgesetzten hatten ähnliche Informationsdefizite zu beklagen. Für „selten" oder „nie" entschieden sich 66,6 Prozent der von uns befragten Führungskräfte der Wirtschaft.

Wie soll eine vertrauensvolle Zusammenarbeit gedeihen, wenn immer weniger Zeit für dieses Gespräch, das für jeden arbeitenden Menschen von größtem Interesse ist, zur Verfügung steht? Hier besteht die Gefahr, daß aus einem „Miteinander" ein „Nebeneinander" wird. Weiterhin besteht die Gefahr, daß, wenn über die Leistung immer weniger gesprochen wird, eben diese Leistung darunter leidet. Oder gibt es nichts mehr zu verändern, zu verbessern? Gerade im Zeitalter der immer mehr vordringenden Technik sind diese Gespräche doch von besonderer Wichtigkeit.

Weniger Zeit für Gespräche über die Leistung – das wirkt sich auch auf das Vertrauensverhältnis zwischen „oben" und „unten" aus. *„Haben Sie zu einem Lehrer so viel Vertrauen, daß sie mit ihm auch über private Probleme sprechen würden?"*

55,4 Prozent der befragten Realschüler und Abiturienten – die Befragungsergebnisse der beiden Gruppen unterschieden sich nur geringfügig – antworteten mit „ja" oder „eher ja".

Bei den Abiturienten ging der Anteil der Positivstimmen von 56,1 Prozent im Jahre 1980 auf 52,7 Prozent im Jahre 1986 zurück. Bei der Kontrollgruppe blieben nach knapp zweijähriger Ausbildungszeit nur noch ganze 22,2 Prozent Ja-Stimmen übrig. Hier spürt man deutlich den kühlen Wind der zunehmenden Distanzierung, der das Vertrauen schmelzen läßt wie den Schnee bei einem Föhneinbruch. Wer ist hier wohl auf Distanz gegangen? Oder wer hat hier erst gar nicht versucht, die sicher am Beginn des Berufslebens vorhandene Hemmschwelle zu beseitigen? Kann man denn erwarten, daß hier diejenigen, die einen neuen Lebensabschnitt beginnen, die ersten Schritte unternehmen? Kann man erwarten, daß die Berufsanfänger mit vollem Vertrauen in die Welt der Erwachsenen hineingehen, in eine Welt, von der sie bisher nicht allzu viel Gutes gehört und gesehen haben? Hier müssen eindeutig von der Führung die entsprechenden Impulse ausgehen.

Übrigens, auch bei den Führungskräften der Wirtschaft zeigte sich abnehmendes Vertrauen. Die Frage: „Hätten Sie zu Ihrem Vorgesetzten so viel Vertrauen, daß sie sich mit privaten Problemen an ihn wenden würden?"

beantworteten 1981/83 noch 67,6 Prozent der Befragten mit „ja“ oder „eher ja“. 1984/85 waren es nur noch 61,3 Prozent.

Vertrauen wird oft schon vor Eintreten in das Berufsleben zerstört. Nur 45,6 Prozent der von uns befragten Abiturienten beantworteten die Frage „Sind alle Bewerbungen beantwortet worden?“ mit „ja“. Kann man zu „den Arbeitgebern“ Vertrauen haben, wenn man nicht einmal eine Antwort auf seine Bewerbung bekommt? Hier wird schon vor dem Eintritt in das Berufsleben Vertrauenskapital zerschlagen. Unachtsamkeit? Oder glaubt man, es sich „leisten“ zu können? Kleine Ursachen haben oft große Wirkungen. Wirkungen, an die man vielleicht nicht denkt, wenn man Bewerbungsschreiben nicht beantwortet oder entsprechende Unterlagen nicht zurückgibt.

5.9 Mitbeteiligung am Entscheidungsprozeß

„Welche Eigenschaften stören Sie bei einem Vorgesetzten oder Lehrer besonders?"

Abiturienten und Realschüler fanden es als besonders störend, „wenn er sich um Entscheidungen drückt". Diese Vorgesetzteneigenschaft stand in der Rangfolge bei den einzelnen Gruppen jeweils an zweiter Stelle, im Durchschnittsergebnis von Realschülern und Abiturienten an erster Stelle. Die Abiturienten hatten als störendste Eigenschaft „wenn er Vorschläge und Anregungen nicht beachtet" und die Realschüler „wenn man ihm nichts anvertrauen kann" an die erste Stelle gesetzt. Der Abstand zwischen der ersten und zweiten Rangstelle war jeweils sehr gering. Bei der von uns befragten Kontrollgruppe der Abiturienten nach knapp zweijähriger Ausbildung nahm das „Drücken vor Entscheidungen" die erste Stelle ein. Der Prozentanteil stieg von 62,1 Prozent vor dem Eintritt in das Berufsleben auf 78,7 Prozent an.

Interessant ist auch hier wieder ein Vergleich mit ihren künftigen Vorgesetzten. Führungskräfte aller Wirtschaftsbereiche bezeichneten ebenfalls das Drücken vor Entscheidungen als die störendste Eigenschaft eines Vorgesetzten.

Ein Vorgesetzter soll entscheiden. Zaudern, ein „Schieben auf die lange Bank" ist nicht gefragt. Handeln ist gefordert. Also „Anordnen" und „Ausführen"? „Autoritäre Führung"? Hier lautet die eindeutige Antwort: Nein. Entscheiden soll der Vorgesetzte. Das Problem liegt in der Art und Weise, wie die Entscheidung zustande kommt, im Entscheidungsprozeß. So sehr wie die Entscheidung des Vorgesetzten gefordert wird: Bei der Entscheidung will man mitreden, mitbestimmen. Man will sein eigenes Fähigkeitspotential in die Entscheidung mit einfließen lassen. Man hat ja schließlich etwas gelernt, hat in die eigene Aus- und Fortbildung „investiert". Dieses Kapital soll nicht ruhen, sondern arbeiten. Etwas ganz Selbstverständliches, vor allem auch biologisch Erklärbares.

Wird dieses Bedürfnis, das eigene Fähigkeitspotential in die Entscheidung mit einfließen zu lassen, aber auch anerkannt? Wird dieses Bedürfnis von den Vorgesetzten auch beachtet? Wird es nicht nur beachtet, sondern im Interesse einer guten Gesamtleistung, welcher Organisation auch immer, bewußt und systematisch gefördert, wobei die Betonung auf „bewußt" und „systematisch" liegt?

Letzten Endes geht es hier um die entscheidende Führungsfrage schlechthin: „autoritäre" oder „kooperative" Führung.

Wohl über kaum einen anderen Begriff gibt es so viel Unklarheiten und vor allem Vorurteile wie über autoritäre oder kooperative Führung. Von „Demokratie im Betrieb" wird da geredet und darunter verstanden, daß „Entscheidungen" durch „Abstimmungen wie im Parlament" herbeigeführt werden. Schnell ist der Begriff „endloses Palaver" auf dem Tisch, Palaver, bei dem nichts herauskommt, das nur Zeit kostet. Von „Betriebschaos" ist genauso die Rede wie davon, daß „Chefs endlich wieder führen müßten", wobei unter Führung „durchgreifen", das „Heft wieder in die Hand nehmen", letztlich „vors Schienbein treten", verstanden wird.

Hier ist es an der Zeit, die Begriffe „autoritäre" und „kooperative" Führung zu entemotionalisieren, sie zu objektivieren. Dabei sollte nie das Ziel einer möglichst hohen Effizienz der Gesamtleistung aus dem Auge gelassen werden. Denn um diese Effizienz geht es letzten Endes, um eine Effizienz zum Wohle aller, der Arbeitgeber und Arbeitnehmer, der gesamten Volkswirtschaft. Es geht um ökonomischen Sinn oder Unsinn. Es geht darum, das vorhandene, im Zuge des gewaltigen Zuwachses an Bildung gestiegene menschliche Leistungspotential sinnvoll einzusetzen. Und zwar nicht nur das Potential, das zur „Ausführung von Anweisungen" zur Verfügung steht, sondern vor allem das Kreativitäts- und Mitverantwortungspotential, das im Hinblick auf den gestiegenen Innovationsbedarf nicht nur zu aktivieren, sondern zu pflegen und zu steigern ist.

Es kann nicht oft genug betont werden: Dieses Potential steht in reichem Maße zur Verfügung, und zwar nicht nur „oben", sondern auch und vor allem „unten". Und dieses Potential ist nicht nur von den älteren und erfahreneren Führungskräften „gepachtet", keine Domäne, kein „Erbhof", den es eifersüchtig zu verteidigen gilt. So dramatisch es auch klingen mag: Es geht um das Überleben der gesamten Volkswirtschaft auf dem Konkurrenzfeld des Weltmarktes, aber auch des Binnenmarktes, der heftig umkämpft ist. Die Volkswirtschaft besteht aus vielen einzelnen Organismen. Der Kampf um das Überleben muß in jeder dieser einzelnen Zellen ausgefochten werden. Es geht um die Aktivierung des menschlichen Humanvermögens und nicht um das Behaupten von Privilegien oder gar um die weitere Etablierung einer Führungsgruppe, die glaubt, dieses Kapital einzig und allein für sich gepachtet zu haben. Es ist wirtschaftlich nicht nur sinnlos, sondern geradezu selbstmörderisch, einen Großteil der Kraft darauf zu verwenden, immer wieder zu beweisen, daß man eben nur allein „fähig" sei, nur allein „Ideen habe", nur allein in der Lage sei, „das Schiff zu steuern" und vor allem über Wasser zu halten, während die „anderen" eben endlich einmal „arbeiten" müßten, wobei offen bleibt, was man unter „Arbeit" zu verstehen habe. Das Ganze gipfelt dann darin, „daß es ohne mich nicht geht" und „was soll werden, wenn ich einmal nicht mehr da bin?" Es ist geradezu bedrückend, immer wieder feststellen zu müssen, wie sich eine bestimmte Führungsgruppe, oder sollte man besser sagen, eine Gruppe, die sich für eine Führungsgruppe hält, von „den anderen" geradezu abhebt, abschottet und schließlich löst. Vor lauter Abschottung geht die Verbindung zur Basis immer mehr verloren, bis man „oben" überhaupt nicht mehr weiß, was „unten" vorgeht.

Dieses „Abschotten" trifft auf eine Generation, die wie keine zuvor als sehr waches Glied einer informierten Gesellschaft eben dieser Gesellschaft sehr kritisch gegenübersteht. Insbesondere steht sie dem Prinzip des unbedingten Gehorsams, dem Prinzip des elitären Denkens der Führungsschicht sehr kritisch gegenüber. Diese Generation will nicht „angewiesen", sie will überzeugt werden. Und sie will, das darf man auf keinen Fall vergessen, bei diesem Überzeugungsprozeß mitwirken. Bei aller Anerkennung der Entscheidung, ja bei der Forderung der Entscheidung durch die Führung: Man will sich mit dieser Entscheidung identifizieren.

Da hilft kein „Wir waren ja auch so" und „Das wird sich schon geben". Vielleicht wird es sich geben. Aber was wird das „kosten", was wird man an Inaktivität „bezahlen" müssen? Was wird man auf der Passivseite „Innere Kündigung" an Summen einsetzen müssen, eben wenn diese innere Kündigung schon in früheren Jahren des Berufslebens ausgesprochen wird. Gerade hier ist das Problem so schmerzlich für jedes einzelne Unternehmen, für die gesamte Wirtschaft.

Es ist schon schlimm, wenn beispielsweise ein 50jähriger resigniert und dann frustriert innerlich kündigt. Welche Erfahrung geht hier verloren, was hätte man hier noch nutzen könne! Geradezu katastrophal wirkt sich die Kündigung junger Menschen aus. Jahrzehnte der Zukunft werden hier geradezu „stillgelegt“, Aktiva werden zu Passiva. Denn eines ist immer wieder zu beobachten: Je länger jemand, der innerlich gekündigt hat, sich an diesen ja gar nicht unbequemen Zustand gewöhnt hat, um so schwerer ist es, wieder zur Aktivität im Arbeitsleben zurückzukehren. Wann wird man das endlich in den Führungsetagen begreifen?

5.10 Führungsbilanz

Von einem Vorgesetzten, von der Führung wird verlangt, daß „entschieden“ wird. So störend aber auf der einen Seite „Entscheidungsschwäche“ empfunden wird, so will man aber andererseits beim Entscheidungsprozeß beteiligt sein. Die Älteren wollen „mitreden“, Jugendliche – so die Jugendstudie der Deutschen Shell – „mitbestimmen“.

„In Wirtschaft und Verwaltung und auch im Schulbereich werden im großen und ganzen die nachstehend beschriebenen Führungsstile praktiziert. Welchen dieser Führungsstile wünschen Sie sich in dem Unternehmen, in dem Sie tätig werden wollen?

Vorgesetzter A: Trifft gewöhnlich sofort Entscheidungen und gibt sie seinen Untergebenen in klarer und bestimmter Art und Weise bekannt. Er erwartet von ihnen, daß diese Entscheidungen loyal und ohne Einwände ausgeführt werden.

Vorgesetzter B: Trifft seine Entscheidungen gewöhnlich sofort, aber vor der Ausführung versucht er, sie seinen Untergebenen ausführlich zu erklären. Er erläutert ihnen seine Gründe für die Entscheidungen und beantwortet alle Fragen, die damit im Zusammenhang stehen.

Vorgesetzter C: Bespricht sich gewöhnlich mit seinen Untergebenen, bevor er seine Entscheidungen trifft. Er hört auf ihren Rat, wägt ihn ab und gibt dann seine Entscheidung bekannt. Dann erwartet er eine loyale Ausführung, auch wenn die Entscheidung im Gegensatz zu den Ratschlägen seiner Mitarbeiter steht.

Vorgesetzter D: Ruft gewöhnlich seine Untergebenen zusammen, wenn eine wichtige Entscheidung getroffen werden muß. Er macht die Gruppe mit dem Problem vertraut und versucht, eine einheitliche Stellungnahme zu erzielen. Wenn eine einheitliche Stellungnahme nicht möglich ist, dann trifft er gewöhnlich die Entscheidung.“

Diese Fragestellung, in Anlehnung an eine große Mitarbeiter- und Führungskräftebefragung bei IBM, war deshalb gewählt worden, um die Reizworte „autoritär“ und „kooperativ“ zu vermeiden. Im Verhalten der Vorgesetzten A und B ist das autoritäre, in dem der Vorgesetzten C und D das kooperative Führungsverhalten beschrieben. Je stärker die Beteiligung der Mitarbeiter beim Entscheidungsfindungsprozeß, um so ausgeprägter ist das kooperative Führungsverhalten.

70,5 Prozent der von uns vor dem Eintritt ins Berufsleben befragten Realschüler und Abiturienten entschieden sich für ein kooperatives Führungsverhalten (C und D), wobei der Anteil der Realschüler mit 67,9 Prozent etwas niedriger, der Anteil der Abiturienten mit 72,6 Prozent etwas höher lag.

Nach knapp zweijähriger Ausbildungszeit war der Wunsch, kooperativ geführt zu werden, bei einer Kontrollgruppe von Abiturienten noch stärker ausgeprägt. Keiner der Befragten entschied sich mehr für das unter A beschriebene Führungsverhalten, für das unter B beschriebene Verhalten votierten nur noch 2,3 Prozent. 97,7 Prozent wollten aktiv in den Entscheidungsprozeß einbezogen werden. Sie hatten „gelernt" was es bedeutet, bei einer qualifizierten Vorbildung immer „nur" ausführen zu müssen. 84,5 Prozent dieser Kontrollgruppe hatten erklärt, autoritär geführt worden zu sein.

Dabei scheint sich der Trend zur autoritären Führung in den letzten Jahren zu verstärken. Insgesamt 60,8 Prozent der von uns befragten Realschüler und Abiturienten hatten erklärt, in der Schule autoritär geführt worden zu sein. Bei den Abiturienten waren es 1980 noch 56,1 Prozent, 1986 bereits 69,8 Prozent.

Interessant war ein Vergleich mit ihren künftigen Vorgesetzten, den von uns befragten Führungskräften der Wirtschaft: 1981/83 erklärten 59,2 Prozent autoritär geführt zu werden, 1984/85 waren es schon 63,3 Prozent. Diesen Führungsstil hielten 1981/83 noch 61,8 Prozent der Führungskräfte für wirksam, 1984/85 waren es noch ganze 51,3 Prozent. Was soll man von der Wirksamkeit eines Führungsverhaltens halten, wenn gerade die Hälfte dieses Führungsverhalten als „wirksam" ansieht. Wohlgemerkt, es waren erfahrene Führungskräfte, die hier befragt worden waren, Führungskräfte, die sich auf Grund ihrer Berufserfahrung ein Urteil bilden konnten.

Die Motivation steht nach wie vor im Mittelpunkt der „Führungsdiskussion". Jeder ist dafür. Immer wieder wird von „oben" nach „unten" gefordert: Mitarbeiter und Führungskräfte müssen motiviert, ja begeistert werden. Motivation ist nach wie vor „in".

„Fühlen Sie sich von der Schule motiviert?"

„Eher ja" und „ja" antworteten 79,8 Prozent der von uns befragten Abiturienten und Realschüler, wobei der Anteil der Abiturienten höher lag als der Anteil der Realschüler. Die Tendenz scheint fallend. Hatte der Anteil der Abiturienten 1980 noch 86,9 Prozent betragen, sank er 1986 auf 79,2 Prozent.

Ähnliches zeigte sich bei ihren künftigen Vorgesetzten, den Führungskräften der Wirtschaft. 50,7 Prozent Positivantworten im Jahre 1981/83 bei der Frage *„Fördert das Verhalten Ihres Vorgesetzten Ihre Einsatzbereitschaft?"* standen 1984/85 nur noch 48,6 Prozent gegenüber.

Je stärker der Eindruck, autoritär geführt zu werden, um so geringer wird die Arbeitsmotivation. Diesen Zusammenhang sollte sich jeder Vorgesetzte vor Augen halten und entsprechend handeln. Man sollte aufhören, immer nur von anderen zu verlangen, ihre Mitarbeiterinnen und Mitarbeiter und vor allem sich selbst zu motivieren, und endlich einmal damit beginnen, es selbst zu tun. Die Selbsteinschätzung, ja Selbstbeweihräucherung mancher Vorgesetzter ist gerade auf dem Gebiet der Motivation kaum noch zu übertreffen.

Und noch etwas geht mit der verstärkten Tendenz zur autoritären Führung, das heißt der Nicht-Nutzung des zur Verfügung stehenden Leistungspotentials einher: wachsende Unterforderung bei den „Geführten".

„Fühlen Sie sich von der Schule überfordert, normal belastet oder unterfordert (können mehr leisten)?" 4,5 Prozent der von uns befragten Realschüler und Abiturienten fühlten sich überfordert. 89,3 Prozent normal belastet und 6,1 Prozent glaubten, mehr leisten zu können. Auch hier zeigte sich bei der Gruppe der Abiturienten eine steigende Tendenz zur Unterforderung ab. Die Unterforderungsquote stieg von 7,3 Prozent im Jahre 1980 auf 8,8 Prozent im Jahre 1986 an. Bei der Kontrollgruppe der Abiturienten nach knapp zweijähriger Ausbildungszeit erreichte sie 17,1 Prozent.

Hier beginnt das, was man als „Gammelei" bezeichnet. Hier wird bereits der Grundstein für das spätere Berufsleben gelegt. Hat man denn vergessen, daß man junge Menschen am besten dadurch fördert, daß man sie fordert?

Aber nicht nur junge Menschen am Anfang ihres Berufslebens fühlen sich unterfordert. 1981/83 waren es noch 22,4 Prozent der von uns befragten Führungskräfte, die sich unterfordert fühlten, 1984/85 waren es schon 30 Prozent. In einzelnen Unternehmen erklärten mehr als die Hälfte der befragten Führungskräfte, sich unterfordert zu fühlen. Spitzenwerte bei entsprechender autoritärer Führung wurden mit 65 Prozent erreicht. Äußerungen von Spitzenführungskräften hierzu: „Gottseidank, daß wir noch solche Reserven haben!" Damit war das Problem vom Tisch. Darüber, wie man diese Reserven mobilisieren könne, wurde nicht gesprochen, geschweige denn gehandelt. Denn dann hätte man ja den Führungsstil ändern müssen. Der Glaube an die Omnipotenz der Spitze war unverrückbar.

5.11 Wachsende Toleranz gegenüber Frauen in Führungspositionen

Nach einer Studie des Landes Berlin ist die Zahl der Unternehmerinnen in der Bundesrepublik Deutschland von 23.000 im Jahre 1976 auf 110.000 im Jahre 1984 angestiegen. Jede dritte Firmen-Neugründung in Berlin, in der Bundesrepublik jede fünfte, ist auf die Initiative einer Frau zurückzuführen.

Die Frauen sind auf dem Vormarsch. Die Bildungsexpansion eröffnet den Frauen mehr Aufstiegsmöglichkeiten in Führungspositionen, in denen sie aber auch heute noch stark unterrepräsentiert sind. Denn der Weg nach „oben" ist steil, dornig und vor allem mit Vorurteilen gepflastert. „Eine Frau muß mehr können und mehr leisten als ein Mann. Eine Frau muß besonders hartnäckig sein", heißt es in der Studie des Landes Berlin, „und eine optimistische Lebenseinstellung mitbringen".

„Glauben Sie, daß es Frauen im Beruf schwerer haben als Männer?" 83,5 Prozent der von uns vor dem Eintritt in das Berufsleben befragten Realschüler und Abiturienten – etwa zur Hälfte männlich und weiblich – beantworteten diese Frage mit „ja". Eine Stichprobe bei den Abiturienten ergab im Laufe der Zeit eine etwas optimistischere Betrachtungsweise. Waren es 1980 noch 88,2 Prozent, die diese Frage bejaht hatten, sank dieser Anteil 1986 auf 80,7 Prozent ab.

Freilich, diese Betrachtungsweise änderte sich rasch wieder, nachdem die ersten eigenen Erfahrungen im Berufsleben gemacht worden waren. Bei der Befragung einer Kontrollgruppe von Abiturienten nach knapp zweijähriger Ausbildungszeit stieg der Anteil der Ja-Stimmen auf 95,7 Prozent an. Auch ein „Praxisschock"?

Dieses Urteil, das auf eigenen, wenn auch kurzen Erfahrungen beruht, hat eine interessante Parallele. Hatten 1981/83 noch 87 Prozent ihrer künftigen Vorgesetzten diese Frage mit „Ja" beantwortet, waren es 1984/85 schon 92 Prozent. Warum wird es den Frauen in der Arbeitswelt so schwer gemacht? Ist es der „letzte Widerstand" einer älteren, überwiegend männlichen Führungsgeneration? Vieles scheint für diese Annahme zu sprechen, denn die „Toleranz" gegenüber Frauen, insbesondere in Führungspositionen, wächst.

„Welchen Vorgesetzten würden Sie bevorzugen, wenn Sie die Wahl hätten?" 14,7 Prozent der von uns vor dem Eintritt in das Berufsleben befragten Realschüler und Abiturienten entschieden sich für einen männlichen Vorgesetzten, wobei der Anteil der Realschüler mit 18 Prozent deutlich höher lag, als der Anteil bei den Abiturienten mit 10,8 Prozent. 8,5 Prozent entschieden sich für einen weiblichen Vorgesetzten, wobei der Anteil bei den Abiturienten und Realschülern fast gleichhoch lag. 76,8 Prozent war es gleichgültig, ob sie einen männlichen oder weiblichen Vorgesetzten bekommen würden (Abiturienten: 80,4 Prozent; Realschüler: 75,8 Prozent).

Ähnliches war bei ihren künftigen Vorgesetzten, den Führungskräften der Wirtschaft, festzustellen. Hatten sich 1981/83 noch 56,1 Prozent eindeutig für einen männlichen Vorgesetzten entschieden, waren es 1984/85 nur noch 52,3 Prozent, während der Anteil bei „gleichgültig" von 42 Prozent auf 44,3 Prozent stieg. Für einen weiblichen Vorgesetzten hatten sich 1981/83 noch 1,1 Prozent, 1984/85 schon 3,4 Prozent entschieden.

Auch bei einer anderen Frage zeigte sich Erfreuliches: *„Können Sie sich vorstellen, unter einer weiblichen Vorgesetzten zu arbeiten?"* Mit „Ja" antworteten 1981/83 noch 81,9 Prozent der Führungskräfte, 1984/85 waren es schon 84,6 Prozent.

Bei den vor dem Eintritt in das Berufsleben stehenden Abiturienten und Realschülern zeigte sich eine ähnliche Entwicklung. 96,8 Prozent der Abiturienten und 97,8 Prozent der Realschüler antworteten mit „Ja". Bei den 1986 befragten Abiturienten erhöhte sich der „Ja-Anteil" auf 100 Prozent.

Alles in allem: Die Toleranz gegenüber Frauen in Führungspositionen wächst, nicht zuletzt auf Grund der Leistung, die Frauen in der Arbeitswelt erbringen. Schon in der Jugendstudie der Deutschen Shell war durchgängig zu erkennen, daß sich das Erscheinungsbild der Mädchen der neuen Generation geändert hat, insbesondere wird ihnen eine höhere Selbständigkeit und Unabhängigkeit bescheinigt. Junge Mädchen und Frauen haben sich auf die erhöhten Anforderungen der Arbeitswelt erfolgreich eingestellt. Dem sollte man im Arbeitsleben voll Rechnung tragen.

Eines sollte man freilich bei aller Unterrepräsentation von Frauen in Führungspositionen nicht vergessen. Der Aufstieg in höhere Positionen hat bei Frauen offensichtlich noch nicht die Priorität wie bei ihren männlichen Kollegen. In einer Befragung von 500 schweizerischen und deutschen Wirtschaftsstudenten im Januar/März 1986 durch die Hochschule in St. Gallen war die Frage gestellt worden:

„Möchten Sie später einmal in einer Führungsposition arbeiten?" Zwei Drittel der männlichen Studenten antworteten definitiv mit „Ja", nur 3 Prozent wollten von vornherein darauf verzichten. Dagegen strebten nur 26 Prozent der Studentinnen eine Führungsposition an, während 12 Prozent eine spätere Führungsposition gänzlich ablehnten.

Interessant war in diesem Zusammenhang, daß bei den Studentinnen das „gute Arbeitsklima" an der Spitze der wichtigsten Kriterien im späteren Berufsleben stand. Es rangierte noch vor der „vielseitigen, interessanten Tätigkeit", die die männlichen Studenten an die Spitze ihrer Wunschliste setzten.

Dieses Ergebnis findet eine Parallele in unseren Untersuchungen. Die „angenehme Zusammenarbeit mit den Kollegen" rangiert sowohl bei den weiblichen Berufsanfängern als auch bei den weiblichen Führungskräften, wenn auch knapp, vor der „interessanten Tätigkeit". Auch bei den männlichen Berufsanfängern zeichnet sich immer mehr ein Kopf-an-Kopf-Rennen zwischen diesen beiden Kriterien ab. Ist hierin vielleicht eine gewisse Führungsmüdigkeit zu erkennen? Wo liegen hier die Ursachen? Ist man durch das schlechte Führungsbeispiel in der Schule geschockt? Hat man von den Eltern, von den älteren Kollegen zuviel gehört und ist hier, vielleicht unbewußt, die Einstellung gewachsen: So eine Position möchte ich nicht bekleiden!

Ein Kriterium war aber den Studenten und Studentinnen, die eine Führungsposition anstreben, wichtig: moderner Führungsstil, wobei darunter sicherlich nicht „autoritäre Führung" zu verstehen war.

Dieses Kriterium rangierte unter den ersten sieben von vierzehn vorgegebenen Kriterien, zum Beispiel hohem Gehalt oder hohen Titelbezeichnungen. Nach dem Vorspann zu dem entsprechenden Bericht (mm 7/86) brachte die Untersuchung „Überraschendes an den Tag". Sind diese Ergebnisse wirklich überraschend?

Überraschend oder nicht. Man muß sich endlich einmal mit den Erwartungen, Bedürfnissen, berechtigten Wünschen der Führungskräfte, Mitarbeiterinnen und Mitarbeiter und der Berufsanfänger ernsthaft beschäftigen. Personalmarketing ist das Gebot der Stunde. Führung ist eine Dienstleistung, eine der wichtigsten Dienstleistungen überhaupt.

Oft scheint jedoch an der Spitze Dienstleistung mit Machtausübung verwechselt zu werden. „Oben“ wird angeordnet „unten“ wird ausgeführt. Wen wundert es da noch, daß der Anteil der „nachgeordneten“ Führungskräfte, die unter Führung verstehen „dafür sorgen, daß Anweisungen ausgeführt werden“, sprunghaft anstieg, und zwar von 6,9 Prozent im Jahre 1981/83 auf 22,5 Prozent im Jahre 1984/85.

Übrigens: Es nützt gar nichts, „gutes Arbeitsklima“ oder „modernen Führungsstil“ in Personalanzeigen oder Einstellungsgesprächen zu versprechen. Wie geführt wird, welches Arbeitsklima herrscht, zeigt die tägliche Praxis. Die Folge nicht eingehaltener Versprechen: Fluktuation vor allem der qualifizierteren Mitarbeiterinnen und Mitarbeiter. So verließen innerhalb eines Jahres mehr als 60 Prozent eines „Einstellungsjahrganges“ eine große Organisation. Die oberste Führungsspitze war und ist aber nach wie vor vom „guten Arbeitsklima“ und „modernen Führungsstil“ überzeugt.

6. Neue Mitarbeiter im Finanzdienstleistungsbereich

6.1 Die Ressource Mensch wird knapp

Gute Mitarbeiter sind rar! Jeder, der eine „freie Stelle“ zu besetzen hat, kommt – früher oder später – zu dieser Einsicht. Und nicht nur diejenigen, die sich mit der Personalsuche beschäftigen müssen, werden mit dieser Tatsache konfrontiert. Es wird nicht nur schwieriger, neue Mitarbeiter zu finden, es wird auch problematischer, sie zu halten. Die Fluktuationsneigung wächst.

Rund sechs Millionen Mitarbeiter und Führungskräfte wechseln jährlich ihre Stellung. Das bedeutet, jeder vierte Arbeitsplatz in der Bundesrepublik wird neu besetzt. Dabei sieht sich die Wirtschaft in Zukunft mit einem immer schwieriger zu meisternden Problem konfrontiert: Die Zahl der angebotenen Stellen steigt und wird nach Öffnung des Europäischen Binnenmarktes weiter steigen. Dabei werden es immer weniger junge Menschen sein, die ins Arbeitsleben eintreten. Standen der Wirtschaft 1984 noch rund 760000 Lehrstellenbewerber zur Verfügung, werden es 1995 rund 300000 weniger sein, mit der Folge, daß sich in den kommenden Jahren dieser Mangel bei den jungen, voll ausgebildeten Mitarbeitern ebenso stark bemerkbar machen wird. Die „Ressource Mensch“ wird knapp.

Im Bereich der Finanzdienstleister zeichnet sich eine starke Umschichtung im Mitarbeiterbereich ab. Die Zahl der direkt an der „Kundenfront“ Tätigen steigt, die der „Back-Office-Beschäftigten“ sinkt. Kundenberatung und Akquisition werden immer personalintensiver. Der Trend, bedingt durch den Einsatz moderner Techniken, immer mehr Positionen mit einfachen Tätigkeiten abzubauen, hält unvermindert an und wird sich noch verstärken. Das bedeutet einen höheren Bedarf an qualifizierten Mitarbeiterinnen und Mitarbeitern. Das Humankapital wird für den Bereich der Finanzdienstleistungen zum Problem Nr. 1.

Durch kontinuierliche Weiterbildung gewinnt allein der Sparkassenbereich pro Jahr 10000 neue Bankkaufleute, 3000 Sparkassenfachwirte,

2200 Sparkassenbetriebswirte und 100 diplomierte Sparkassenbetriebswirte, die zum großen Teil nach Erwerb ihrer neuen Qualifikation anderweitig eingesetzt werden.

In manchen Bereichen der Wirtschaft macht sich der Mangel an potentiellen Bewerbern um Ausbildungsplätze sowie an qualifizierten Bewerbern für freie Positionen bereits derartig bemerkbar, daß „Kopfgelder" für die Vermittlung von Bewerbern geboten werden.

Bei Finanzdienstleistern nimmt die Zahl der Schulabgänger, die sich um Ausbildungsplätze bewerben, bereits deutlich ab. In Ballungsgebieten, wie zum Beispiel Frankfurt, wird es zunehmend schwieriger, freie Positionen mit qualifizierten Mitarbeiterinnen und Mitarbeitern sowie Führungskräften zu besetzen.

Die Reaktion der Wirtschaft ist selbst für Außenstehende deutlich erkennbar. Das Anzeigenvolumen bei den Stellenangeboten steigt. Und nicht nur die Zahl der Zeitungsanzeigen, mit denen Bewerber gesucht werden, erhöht sich: Die Anzeigen werden auch größer und damit teurer.

Die Intensivierung der Personalwerbung mit der Folge deutlich steigender Kosten wird oft aber wieder dadurch zunichte gemacht, daß die mit viel Aufwand geworbenen Mitarbeiter nicht bleiben und nach kurzer Zeit ihre Arbeitsstelle wieder verlassen. Die Zahl der Stellenwechsler unter den Neueingestellten ist auffallend hoch. Sehr viele Kündigungen werden in den ersten sechs Monaten ausgesprochen. Bis zu 40 Prozent der Neueingestellten scheiden nach einem Jahr wieder aus, jede dritte Führungskraft steht die Probezeit nicht durch. Parallelen hierzu gibt es bei den Berufsanfängern. Im Berufsbildungsbericht 1988 der Bundesregierung war zu lesen: „Der schon 1983 zu beobachtende Anstieg von Vertragslösungen hat sich auch 1988 fortgesetzt. 115000 Ausbildungsverträge wurden vorzeitig gelöst." Kritisch ist vor allem das erste Ausbildungsjahr, in dem die meisten Ausbildungsverträge gelöst werden, wobei die Entscheidung, ob die Ausbildung fortgesetzt wird, zumeist schon während der Probezeit fällt. Dabei ist die Zahl der Ausbildungsabbrecher im Bereich der Finanzdienstleister im Vergleich zu anderen Bereichen der Wirtschaft relativ niedrig. Im Zeichen des sich auch in diesem Bereich immer deutlicher bemerkbar machenden Rückgangs der Bewerberzahlen, muß jedoch diesem Problem erhöhte Aufmerksamkeit geschenkt werden. Was nützt alle Mühe bei der Personalsuche und der hohe Kostenaufwand bei der Personalwerbung, wenn dann die Neueingestellten doch nicht bleiben und eine Lücke hinterlassen, die, wenn überhaupt, nur mit noch größeren Anstrengungen und noch höherem Kostenaufwand geschlossen werden kann?

Die Kosten der Fluktuation können sich sehen lassen: Bei Hilfskräften werden diese Kosten auf etwa 2000 DM geschätzt, bei qualifizierten Angestellten auf etwa 50000 DM und bei Führungskräften auf 1 bis 2 1/2 Jahresgehälter, wobei die Kosten eines Personalberaters ebensowenig einbezogen sind wie etwaige Abfindungsbeträge, die in vielen Fällen, um die Trennung zu erleichtern, gezahlt werden. Geht man bei der Neueinstellung eines Angestellten mit einem Jahresgehalt von 40000 DM von einer Verweildauer in der Organisation von etwa 12 Jahren aus, dann handelt es sich bei dessen Einstellung um eine Investitionsentscheidung von etwa einer halben Million DM!

Bei den Fluktuationskosten darf der immaterielle Schaden nicht vergessen werden, der innerhalb der eigenen Organisation durch Demotivation der Arbeitskollegen oder, wenn es sich um eine Führungskraft handelt, der unterstellten Mitarbeiter entsteht. Auch können die Beziehungen zu Kun-den und Geschäftspartnern darunter leiden, daß diese sich immer wieder an „neue Gesichter“ gewöhnen müssen.

Allein schon aus wirtschaftlicher Sicht betrachtet, kommt nicht nur dem Gewinnen von Auszubildenden, Mitarbeitern und Führungskräften hohe Bedeutung zu, sondern auch dem „Halten“, dem Behalten. Alle Mühe darauf zu verwenden, daß neu eingestellte Mitarbeiter und Führungskräfte auch bleiben, ist eine wirtschaftliche Notwendigkeit und nicht irgendwelcher „Sozialklimbim“ oder gar „Gefühlsduselei“, wie heute noch manche Vorgesetzte glauben. Tausende von DM, die in die Personalwerbung und -auswahl investiert wurden, müssen ihre Früchte tragen, ganz abgesehen davon, daß ja auch Leistungen von den Neuen erbracht werden sollen.

Es muß immer wieder die Frage gestellt werden: Was ist teurer? Eine gute Einführung, „Pflege“ von Neueingestellten oder deren Ausscheiden mit der Folge neuer Personalsuche? Wobei sich das Kümmern um neue Mitarbeiter nicht als isoliertes Problem darstellt. Es ist nur Teil der Gesamtführungskonzeption für alle Mitarbeiter einer Organisation. So wie die Stammbelegschaft“ behandelt wird, so geschieht dies auch mit Neueingestellten!

Eines darf dabei nicht vergessen werden: Die Sorge um neu eingestellte Mitarbeiter und Führungskräfte obliegt nicht nur denjenigen, die die „Neuen“ geworben und eingestellt haben, das heißt dem Personalbereich. Alle Mitglieder der Organisation sind hier gefordert, Vorgesetzte, Kollegen, aber auch nachgeordnete Mitarbeiter, „Untergebene“. Hier dem Personalbereich die alleinige Verantwortung zuzuschieben, wie dies in vielen Bereichen noch immer geschieht, wird dem hohen Anspruch und der Bedeutung der Personalführung nicht gerecht. Nicht umsonst bezeichnet man den Menschen als den wichtigsten Produktionsfaktor.

Viele Vorgesetzte machen es sich hier zu einfach und werden hierbei auch noch durch die „Kostenverteilung“ unterstützt. Die Kosten der Fluktuation trägt in den meisten Fällen die Gesamtorganisation, und sie bleiben in den meisten Organisationen auch dort, sie werden nicht auf die einzelnen Bereiche umgelegt. Darüber sollte man nachdenken, wenn es um die Aufschlüsselung von Fluktuationskosten geht. Die Kostenrechnung von einzelnen Bereichen einer Organisation sieht bei einer entsprechenden Aufteilung der Fluktuationskosten dann oft ganz anders aus. Mancher Vorgesetzte könnte allein schon dadurch veranlaßt werden, mit dem „Kostenfaktor Mensch“ sorgsamer umzugehen. Jeder Vorgesetzte sollte bei allen Maßnahmen, die getroffen werden sollten, um Neueingestellten den Arbeitsbeginn zu erleichtern, daran denken, daß etwa 80 Prozent derjenigen, die nach der Probezeit nicht mehr in der Organisation verbleiben wollen, dies schon am ersten Tag beschlossen hatten! Wobei die Trennung in diesen Fällen für diejenigen, die die Organisation wieder verlassen, aber auch für die Organisation selbst, noch die sauberste Lösung darstellt.

Kündigungen sind aber nur die berühmte Spitze des Eisberges. Was geschieht bei denjenigen, die, obwohl der Entschluß zur Trennung bereits gefaßt ist, bleiben, die mit latent vorhandenen Kündigungsabsichten „weiterarbeiten“. Wobei sich die anfängliche Trennungsabsicht langsam, aber sicher in ein allgemeines Unlustgefühl umwandelt, ein Gefühl des immer mehr schwindenden Interesses an der Arbeitsaufgabe und, das sollte man nicht vergessen, am Arbeitgeber. Ein allgemeines Unlustgefühl, das Energien dahin entwickelt, wie man am besten mit möglichst geringem Arbeitseinsatz ein Höchstmaß an Gegenleistung vom Arbeitgeber erzielt.

Diese Unlust verwandelt sich im Laufe der Zeit sogar in ein Gefühl der Lust, das sich dahingehend äußert: „so schlecht geht es mir eigentlich gar nicht". Pünktlich kommen und pünktlich gehen, wobei der Begriff der Pünktlichkeit mit der Zeit auch nicht mehr so „eng" gesehen wird. Und nur das erledigen, was einem aufgetragen wird, mit den entsprechenden Pausen natürlich. Ausführen von Anweisungen, aber auch nicht mehr. Und auch bei dem „Ausführen" gibt es im Laufe der Zeit Interpretationsmöglichkeiten. „Mal sehen, wie weit man gehen kann", wird zum Leitmotiv, und man stellt bald fest, daß es auch hier „Spielräume" gibt.

„Außenstehende" erkennen solche Rückzugsgefechte schnell. Briefe, Anfragen werden erst nach langer Zeit oder auf Mahnung hin oder überhaupt nicht beantwortet. Der Schriftwechsel wird immer nachlässiger gehandhabt, an offenkundigen Fehlern erkennt man, daß das Schreiben vor Absendung nicht mehr gelesen, sondern „blind" unterschrieben wurde. Selbst bei völlig unwichtigen Schreiben wird nach einer Zweitunterschrift gesucht, die „Verantwortung" auf mehrere Schultern verteilt. Der Umgang mit Kunden wird immer unverbindlicher und nachlässiger. Reklamationen werden mit Hinweis auf die EDV abgewimmelt, die letztlich an allem schuld sei.

Mitarbeiter verhalten sich in zunehmendem Maße passiv. Sie agieren nicht, gehen nicht auf den Kunden zu, sondern warten, bis der Kunde an sie herantritt und Wünsche äußert. Kundenwünsche werden zwar erfüllt, zusätzliche Angebote durch den Mitarbeiter werden aber nicht gemacht. Es wird nicht aktiv verkauft, sondern lediglich „abgefertigt". Daß der Dank des Mitarbeiters an den Kunden für den Besuch oder Auftrag ausbleibt, ist fast schon selbstverständlich.

Kunden, die längere Zeit keine Dienstleistung in Anspruch genommen haben, oder bei denen man den Eindruck hat, daß sie eine Zweitverbindung eingegangen sind, werden stillschweigend „abgeschrieben", „denn da kann man ja nichts machen". Hat sich ein Kunde nicht für ein Angebot entschieden, wird nicht „nachgefaßt".

Vor dem Ende der Öffnungszeit wird „aufgeräumt" und der Tag „abgeschlossen". Kunden, die in letzter Minute kommen, wird deutlich gemacht, daß sie ungelegen kommen, vielleicht wird Ihnen „aus erzieherischen Gründen" sogar die Türe vor der Nase zugemacht.

Kunden, die vor der Öffnungszeit „draußen" warten, läßt man nicht ein, da ja „pünktlich" geöffnet werden muß.

Kunden, die sich im Bankbereich größere Beträge auszahlen lassen, zum Beispiel weil größere Anlagen „frei" werden, werden nicht auf Anlagemöglichkeiten angesprochen, weiterhin nicht auf größere Beträge aufmerksam gemacht, die längere Zeit zinslos auf dem Girokonto „parken".

Das äußere Erscheinungsbild von Mitarbeiterinnen und Mitarbeitern, die innerlich gekündigt haben, läßt zu wünschen übrig. Kunden, die auf Bedienung warten, werden nicht oder erst nach längerer Zeit „bemerkt", da man sich mit „internen Arbeiten" beschäftigen muß. Es werden sogar Privatgespräche geführt, deren Inhalt der Kunde mitbekommt. Anrufern, die mit einem anderen Mitarbeiter sprechen wollen, wird kurz und bündig erklärt, daß der gewünschte Gesprächspartner nicht da sei und man es später noch einmal versuchen sollte. Eigene Hilfe wird nicht angeboten. Versprochene Telefonrückrufe werden nicht ausgeführt. Immer häufiger ist es nicht möglich, solche Mitarbeiter telefonisch zu erreichen. Sie lassen das Telefon unnötig lange läuten, in der Hoffnung, der Anrufer werde aufgeben. Oft lassen sie sich verleugnen, um ihnen unangenehme Telefongespräche nicht führen zu müssen. Andere melden sich bei der Zentrale ab: wichtige Besprechung, bei der man nicht gestört werden will.

Forscht man nach den Ursachen, stößt man immer wieder auf das gleiche Phänomen: Frustrationen gleich am Beginn der Aufnahme einer neuen Tätigkeit.

Und die Vorgesetzten? In vielen Fällen bemerken sie den „Rückzug" nicht oder zu spät. Wann beklagt sich schon jemand über einen „vergessenen" Rückruf oder darüber, daß man einen Mitarbeiter nicht oder nur unter Schwierigkeiten erreichen kann? Und wenn es bemerkt wird? Dann wird überall die Schuld gesucht, nur nicht im eigenen Vorgesetztenverhalten. In vielen Fällen wird auch nichts unternommen. Denn: Es ist ja so schwierig, Mitarbeiter vom Markt zu bekommen. Und da schließt sich der Kreis.

6.2 Der Anfangsfluktuation entgegenwirken

1976 wurden die Ergebnisse von Befragungen von Neueingestellten veröffentlicht, die bereits innerhalb der ersten sechs Monate ihre Stelle wieder verlassen hatten (Kurt Haberkorn, Einführung neuer Mitarbeiter, Personal 6/76). An der Spitze der Nennungen: „Es hat sich niemand so richtig um mich gekümmert." 34 Prozent der Befragten äußerten sich dementsprechend oder ähnlich, wie zum Beispiel:

„Keiner hat mich mit dem Betrieb oder den Kollegen wirklich vertraut gemacht."
„Die Belegschaft war so ablehnend."
„Mein Vorgesetzter hat mich bei allem als Letzten berücksichtigt."
„Ich kam mir verlassen vor."
„Ich fühlte mich unwichtig."

1984/85 befragte das Bundesinstitut für Berufsbildung Ausbildungsabbrecher nach den Gründen des vorzeitigen Abbruchs. „Schlechtes Verhältnis zu ihren Ausbildern und Kollegen" stand an 1. Stelle. Auch hier fanden sich Aussagen wie: „der Ausbilder kümmerte sich nicht um mich", „hat gar nicht bemerkt, daß ich Hilfe brauchte" (iwd 41/86, 100000 geben vorzeitig auf).

Länger beschäftigten Mitarbeitern ging es im übrigen nicht besser. Und hier zeigt sich – wieder einmal – daß das Problem der Einführung von Neueingestellten nicht isoliert vom Gesamt-Führungsverhalten gesehen werden darf.

Im Rahmen der internationalen Umfrage „Jobs in the 80's" (E. Noelle-Neumann, B. Strümpel: Macht Arbeit krank? Macht Arbeit glücklich? Piper Verlag, München 1983) war die Frage gestellt worden: *„Haben Sie den Eindruck, daß man sich an Ihrem Arbeitsplatz wirklich um Sie kümmert, oder haben Sie den Eindruck, daß man sich für Sie als Person nicht sehr interessiert?"* „Man kümmert sich um mich an meinem Arbeitsplatz", antworteten ganze 47,5 Prozent, also nicht einmal die Hälfte. „Man interessiert sich nicht für mich", glaubten 23,2 Prozent der Befragten, und 29,3 Prozent antworteten mit „unmöglich zu sagen".

Unmöglich zu sagen! Man weiß also gar nicht, kümmert man sich um mich oder nicht? Wie mag es um die Kommunikation zwischen „oben" und „unten“ bestellt sein, wenn man hier im Ungewissen bleibt? Sich um jemanden kümmern, für jemanden „da“ sein, sich für ihn einsetzen, ihn fördern, an seinem Weiterkommen interessiert sein. Das alles gehört doch zu dem immer wieder angesprochenen „sich Wohlfühlen am Arbeitsplatz“. Das fördert doch die Identifikation mit der Arbeitsaufgabe und nicht zuletzt mit dem Arbeitgeber!

Menschen wollen doch im Berufsleben weiterkommen, wollen eine Zukunftsperspektive haben, und zwar vom Beginn ihrer Tätigkeit an. Und nicht nur vom tatsächlichen Beginn ihrer Tätigkeit an. Bevor sich Bewerber für einen Arbeitsplatz entscheiden, wollen sie eine Antwort auf die Frage: Wie sind meine Zukunftsaussichten?

Diese Frage wird im Zeichen des sich immer stärker bemerkbar machenden Mangels an Bewerbern von Arbeitgebern immer positiver beantwortet, Perspektiven – mehr oder minder konkret – werden aufgezeigt. Werden diese Versprechungen aber auch gehalten?

31 Prozent der Befragten, die ihren Arbeitsplatz innerhalb der ersten sechs Monate wieder aufgegeben hatten, gaben in einer Umfrage als Grund für den Wechsel an: „Der Betrieb hat seine Versprechen (Zusicherungen und Vereinbarungen) nicht gehalten“ oder „deren Einlösung laufend auf später verschoben“. Und in der Nachbarschaft nicht eingehaltener Versprechen fand sich der Fluktuationsgrund: „Ich hatte mir mein Arbeitsgebiet anders vorgestellt“ mit 23 Prozent (K. Haberkorn, Einführung neuer Mitarbeiter, Personal 6/76).

Auch hier gibt es – übrigens auf den Prozentanteil genau – eine interessante Parallele: 23 Prozent der über 100000 Ausbildungsabbrecher gaben als Grund für die vorzeitige Lösung des Ausbildungsvertrages an: „Andere Vorstellungen vom Arbeitsgebiet“ (iwd 41/86).

Hat man denn in den vergangenen 10 Jahren nichts gelernt? Glaubte man etwa bei hoher Arbeitslosigkeit die Menschen vernachlässigen zu können, „weil ja draußen genügend darauf warten, eingestellt zu werden“?

Abgesehen davon, daß gut qualifizierte Mitarbeiter schon immer rar waren: Die Zeiten, in denen man glaubte, sich auf derartige Argumente stützen zu können, sind für viele Bereiche bereits heute vorbei, für andere werden sie es bald sein. Die Frage ist nur: Wird sich das Management schnell genug auf diesen Wandel auf dem Personalmarkt einstellen können? Umstellungen im Führungsverhalten brauchen Zeit, sehr viel Zeit! Und mit „Power“ auf den Arbeitsmarkt zu gehen hilft gar nichts, wenn damit nicht eine entsprechende „Nachsorge“ im eigenen Hause verbunden ist.

Versprechungen, Eröffnung von Zukunftsperspektiven vor der Einstellung – Realität im Berufsalltag. Hier scheinen in vielen Bereichen große Unterschiede zu bestehen, bei einer großen Anzahl von Neueingestellten kommt es zu einem regelrechten Realitätsschock.

„In dieser Phase kommt es darauf an, wie realistisch die Informationen im Vorstellungsgespräch waren. Wurden hier von beiden Seiten zu hohe Erwartungen erzeugt, sind Enttäuschungen unvermeidbar.“ (A. Kieser, R. Nagel, Neue Mitarbeiter nicht einfach hängen lassen, Blick durch die Wirtschaft vom 12.7.85) Die beiden Wissenschaftler hatten im Rahmen eines Forschungsprojektes Neueingestellte (Sachbearbeiter, unteres und mittleres Management) mehr als ein Jahr nach Aufnahme ihrer neuen Beschäftigung begleitet und dabei festgestellt, daß etwa 44 Prozent der Befragten innerhalb der ersten Wochen einen mehr oder weniger starken Realitätsschock erlitten hatten.

52,5 Prozent der in der Allensbach-Untersuchung Befragten glaubten nicht, daß man sich für sie in ihrer Firma interessiere oder konnten über diese Frage kein Urteil abgeben. 44 Prozent der Neueingestellten erlitten bereits in den ersten Wochen einen mehr oder weniger starken Realitätsschock!

Wie das dann im einzelnen bezüglich der Zukunftsperspektiven aussieht, zeigen die Ergebnisse von Untersuchungen. Nur 35 Prozent der im Rahmen von Betriebsklimauntersuchungen bei Kreditgenossenschaften befragten Mitarbeiter (W. Bachmann, Genossenschaftskurier 4/88) konnten der Aussage zustimmen *„Mein direkter Vorgesetzter bespricht mit seinen Mitarbeitern Entwicklungspläne“ und 44 Prozent „Mein direkter Vorgesetzter fördert die Weiterbildung seiner Mitarbeiter“*.

Die Defizite sind riesig und schleppen sich von Jahr zu Jahr durch die Statistik, ohne daß Entscheidendes geschieht. Die Ergebnisse dieser Untersuchungen werden nicht zur Kenntnis genommen und wenn doch, nicht auf den eigenen Bereich bezogen.

Daß Führungskräfte, zum Beispiel aus dem Bereich der Kreditwirtschaft, Ergebnisse von Untersuchungen aus dem Bereich der Metallindustrie als für ihren Bereich nicht „gültig“ bezeichnen, mag auf den ersten Blick hin noch verständlich sein, aber nur auf den ersten Blick. Denn von der Tendenz her zeigt sich die Parallelität in den Befragungsergebnissen in allen Bereichen der Wirtschaft. Das haben unsere vergleichenden Untersuchungen zum Beispiel aus den Bereichen Handel, Dienstleistungen, Kreditwirtschaft, Hotellerie und Gastronomie, Handwerk, Produktion, Versorgungswirtschaft und Gesundheitsbereich immer wieder gezeigt.

Wenn aber die Weigerung, Untersuchungsergebnisse überhaupt zur Kenntnis zu nehmen, so weit geht, daß Analysen aus dem Bereich der Kreditgenossenschaften – immerhin wurden hier 1700 Bankmitarbeiter befragt – von Führungskräften von Geschäftsbanken nicht auf sich bezogen werden, Befragungsergebnisse aus dem Bereich von Geschäftsbanken von Führungskräften aus dem Bereich der Hypothekenbanken abgelehnt werden und Führungskräfte aus dem Bankenbereich Ergebnisse aus dem Bereich der Sparkasse negieren, muß man doch erhebliche Zweifel an der Stichhaltigkeit der dafür vorgebrachten Begründungen anmelden. Und wenn die Abwehrhaltung schließlich dahin geht, daß man zwar bereit ist, derartige Ergebnisse aus der speziellen Branche, der man angehört, zur Kenntnis zu nehmen, aber nicht auf das eigene Institut oder innerhalb des Instituts auf den eigenen Bereich zu beziehen, dann ist die eigene Selbstüberschätzung wohl nicht mehr zu übertreffen.

Man ist in vielen Bereichen einfach nicht bereit, sich mit den Realitäten auseinanderzusetzen und Konsequenzen aus diesen Realitäten zu ziehen, denn was nicht sein darf, kann auch nicht sein. Wenn in einer Organisation mit vier Bereichen alle Führungskräfte befragt werden und das Ergebnis, wie oben geschildert, dahin geht, daß nur 35 Prozent der Befragten sich für die Aussage entscheiden konnten, *„Mein direkter Vorgesetzter bespricht mit seinen Mitarbeitern Entwicklungspläne“* und alle vier (!) Bereichsleiter erklären: „Das Gesamtergebnis mag schon stimmen, trifft aber für meinen Bereich nicht zu“, was soll man da machen?

Diesen Vorgesetzten werden in absehbarer Zeit die qualifizierten Mitarbeiter und Führungskräfte weglaufen, nur die angepaßten „Ja-Sager“ werden bleiben. Und wenn diese Vorgesetzten, aus welchen Gründen auch immer, einmal gehen, dann ist von den Nachfolgern sehr viel Aufbauarbeit zu leisten, um die selbständig denkenden und handelnden Mitarbeiter zu bekommen, die man sich in offiziellen Reden und Veröffentlichungen immer wieder wünscht!

Diese Vorgesetzten sind auch durch handfeste Zahlen aus ihrem eigenen Bereich nicht zu überzeugen, wenn man sie auf diese Zahlen anspricht. Nach ihrer Ansicht haben entweder die Mitarbeiter die Fragen mißverstanden oder diese wollen sich an ihren Vorgesetzten rächen.

Dabei scheint man in einigen Bereichen durchaus erkannt zu haben, daß man das Führungsverhalten in der Branche, aber auch im eigenen Hause sehr selbstkritisch angehen muß. Der Typ des „Bankbeamten" aus „Opas Bank" soll dem beweglichen „Bankkaufmann" weichen.

Hohe Fluktuation im eigenen Bereich wird immer mit dem Argument erklärt, die Bezahlung sei schlecht, die Mitarbeiter würden deswegen wechseln, weil sie woanders mehr Geld bekämen. Diese Erklärung findet zunächst auch darin ihre „Bestätigung", daß sehr viele Mitarbeiter und Führungskräfte als Grund für den Wechsel des Arbeitgebers materielle Gründe angeben. Daß diese Begründungen in vielen Fällen nur vorgeschoben sind, ist durch Untersuchungen längst erwiesen. Gaben nach einer amerikanischen Untersuchung (W. Kaufmann, Führung beginnt beim Austrittsgespräch, Schweizer Managementzeitschrift für industrielle Organisation 58/1989) 38 Prozent beim Ausscheiden das Gehalt als Austrittsgrund an, waren es bei einer Befragung derselben Mitarbeiter eineinhalb Jahre nach dem Austritt nur noch ganze 12 Prozent.

Und Ludwig von Friedeburg schrieb bereits 1963 in seiner Soziologie des Betriebsklimas (Frankfurter Beiträge zur Soziologie, Europäische Verlagsanstalt, Frankfurt/Main 1963): „Lohnkritik, darauf haben wir schon hingewiesen, ist zumeist eher Ausdruck als Ursache allgemeiner Unzufriedenheit mit den betrieblichen Verhältnissen. Eine Untersuchung nach der anderen zeigt – und hier zitiert Friedeburg zwei andere Forscher –, daß die Löhne nur selten Hauptgrund der Zufriedenheit oder der Unzufriedenheit sind. Sie sind Gradmesser der Zufriedenheit und der Unzufriedenheit und gehen auf fundamentale Wünsche, wie die nach Sicherheit, Aufstieg, menschenwürdige Behandlung und einfach nach echter menschlicher Würde zurück."

Fundamentale Wünsche nach Sicherheit und Aufstieg auf der einen Seite, Realitätsschock auf der anderen Seite. Versprechen, die bei den Einstellungsgesprächen gemacht und dann nicht eingehalten werden. Das muß doch früher oder später zum Konflikt führen, in Zukunft eher früher als später. Fehler, die in den ersten Tagen und Wochen bei der Einführung von neuen Mitarbeitern begangen werden, sind meist nicht mehr zu reparieren. Schlecht eingearbeitete und eingeführte Mitarbeiter oder solche, um die man sich von Anfang an nicht gekümmert hat, verlassen ihre Stelle bald wieder, vor allem gute Fachkräfte, die woanders leicht wieder unterkommen können. Die Zeiten des Überflusses sind längst vorbei.

6.3 Der Praxisschock

Was über die Gewinnung und Einführung neuer Mitarbeiter und Führungskräfte gesagt wurde, gilt in besonderem Maße für Berufsanfänger, seien es Auszubildende, Hochschulabgänger als Trainees oder „Anzulernende“, die ohne eine besondere Ausbildung berufstätig werden. Für alle bedeutet der Beginn ihres Berufslebens Start in eine für sie unbekannte neue Welt, in der man sich erst einmal zurechtfinden muß; eine Welt, von der man schon viel gehört, mit der man sich gedanklich beschäftigt hat, der man – vielleicht – mit Vorurteilen gegenübertritt.

Eine Welt aber auch, von der man einiges erwartet, und zwar nicht nur Lohn oder Gehalt. Und eine Welt, von der man weiß, daß man sich dort eine lange Zeit „betätigen“ muß. Es beginnt das „Berufsleben“ im wahrsten Sinne des Wortes. Ein Berufsleben, von dem es einmal hieß, daß es immer mehr verkürzt würde. Auch hier hat sich ein Wandel vollzogen: Die Lebensarbeitszeit wird länger.

Die Regel „Der erste Eindruck ist der beste“, gilt in besonderem Maße für den Beginn des Berufslebens. Die ersten Eindrücke, die Berufsanfänger von der Arbeitswelt bekommen, prägen im wahrsten Sinne des Wortes. Sie sind sehr oft bestimmend für die künftige Einstellung zum Arbeitsleben, zum Beruf und, das sollte man nicht unterschätzen, zum Arbeitgeber.

Am Beginn des Berufslebens wird sehr oft über die Einstellung zur Gesellschaft insgesamt entschieden. Jeder, der sich mit der Gewinnung und Einführung von Berufsanfängern beschäftigt, hat eine gesellschaftspolitische Aufgabe von hohem Rang zu erfüllen. Aussteigermentalität oder gesellschaftsfeindliche Einstellung haben oft ihren Ursprung in den ersten Tagen des Berufslebens!

Diese gesellschaftspolitische Aufgabe muß sehr ernst genommen werden. Ein „wenn es bei uns nicht klappt, dann eben woanders“, darf es ebenso wenig geben wie ein „das Berufsleben ist ja so lang, da kann sich noch vieles ändern“. Schaden, der in der ersten Arbeitsstelle angerichtet wird, ist oft nur sehr schwer zu reparieren. Die mehr als 100000 Auszubildenden, die jedes Jahr ihre Lehre vorzeitig abbrechen – Hauptursache: Konflikte mit den Ausbildern – sollten zum Nachdenken und Handeln Anlaß geben. Abgesehen davon, daß sich unsere Volkswirtschaft diesen Aderlaß wirtschaftlich gar nicht mehr leisten kann: Was hier zwischenmenschlich im wahrsten Sinne des Wortes oft zerbrochen wird, kann kaum noch geheilt werden.

Sich in die Lage der Berufsanfänger zu versetzen, hilft sehr viel. Zunächst gilt es, dem gefürchteten Praxisschock zu begegnen. Die geregelte Arbeitszeit, die betriebliche Ordnung, Pünktlichkeit und Disziplin sind für viele Berufsanfänger etwas, an das sie sich – wieder – gewöhnen müssen. Freilich, das alles gab es ja schon einmal in der Schule, während des Studiums, bei der Bundeswehr oder beim Zivildienst. Aber einmal waren diese Lebensphasen zeitlich gesehen absehbar und wurden deshalb auch ertragen. Zum anderen gab es da doch – jedenfalls am Ende der jeweiligen Abschnitte – Lockerungen, mehr Freiheiten. Und schließlich hoffte man ja, im Berufsleben endlich „frei" zu sein. Frei zu sein vom Zeugnisdruck, von materiellen Zwängen, wenn auch am Anfang in bescheidenem Maße, und damit frei von der ständigen Kontrolle, in welcher Beziehung auch immer.

Dieses Streben nach Freiheit, nach Befreiung von „Fremdbestimmung" sollte man auf keinen Fall gering einschätzen und als „Erfindung von Professoren, die nur darüber schreiben, aber keine Ahnung von der Praxis haben" abtun. Das Streben nach Freiheit, schon lange nicht mehr auf die junge Generation beschränkt, ist ein wesentliches Merkmal des Wertewandels in unserer Gesellschaft.

„Wir müssen attraktive Arbeitsbedingungen bieten, damit die heftig umworbenen Hochqualifizierten bei uns unterschreiben. Denn: Gerade die jungen, qualifizierten Mitarbeiter legen immer mehr Wert auf Eigenverantwortung und Zeitsouveränität. Sie lehnen eine starre und fremdbestimmte Arbeitszeit ab und wollen freie Tage haben, wenn es ihnen paßt", so Hans Peter Stihl, der Präsident des Deutschen Industrie- und Handelstages (manager magazin 4/89).

Das sind schrille Töne in den Ohren mancher Arbeitgeber und betrieblicher Vorgesetzter, die noch unter ganz anderen Regeln „aufgewachsen" waren. Aber man wird sich mit diesem Wertewandel nicht nur theoretisch beschäftigen, sondern auch in der Praxis auseinandersetzen müssen. Für viele Vorgesetzte scheint hierfür der Zeitpunkt noch nicht gekommen. Wenn man aber weiter abwartet – und bald wird der Zeitpunkt gekommen sein, wo man keine qualifizierten Mitarbeiter und Führungskräfte mehr bekommt –, ist es zu spät. Aus- und Übersiedler sind nur ein Tropfen auf den heißen Stein. Der Mangel besonders an Nachwuchskräften wird uns noch lange Zeit begleiten.

Dem Praxisschock begegnen heißt vor allem, unnötigen Druck vermeiden. Konfrontation, am Beginn des Arbeitslebens ist etwas, was sich die Wirtschaft am wenigsten leisten kann. Mit alten Gewohnheiten und Organisationsformen muß gebrochen werden und das nicht nur bei der Entkoppelung von Arbeits- und Maschinenlaufzeiten. Wird ein solches Bemühen von Mitarbeitern und Führungskräften erkannt, wächst bei diesen die Einsicht, sich in bestimmte notwendige betriebliche Ordnungsstrukturen einzufügen und den Weg des Kompromisses zu begehen. Nicht Konfrontation, sondern Kooperation ist gefordert, und zwar vom ersten Tag des Berufslebens an, so schwer dies auch manchem Arbeitgeber, manchem Vorgesetzten fallen mag.

Kooperation bedeutet in erster Linie Information, die gerade bei Berufsanfängern besonders umfassend sein und weit über die Information über die konkrete Arbeitsaufgabe hinausgehen muß, wie sie in § 81 des Betriebsverfassungsgesetzes beschrieben ist. Über Sinn und Wert einer freiheitlichen sozialen Wirtschaftsordnung ist ebenso zu informieren, wie über das Wesen des Arbeitsverhältnisses, die Rechte und Pflichten des Arbeitnehmers und Arbeitgebers. Erwartet wird von den Berufsanfängern eine umfassende Information über die Aufgaben und die Stellung des Unternehmens ebenso wie über die konkrete Zukunft eben in diesem Unternehmen, insbesondere über die Aufstiegschancen. Perspektiven müssen aufgezeigt werden, und zwar gleich am Anfang des Berufslebens. Berufsanfänger wollen nicht nur wissen, wie ihre Zukunft materiell gesichert wird, sondern auch, ob sich langfristig ein Verbleiben in dieser Organisation lohnt, wobei sich materielle und immaterielle Komponenten vermischen.

Wer heute noch glaubt, Berufsanfänger mit einem „lernt erst einmal, dann wollen wir weitersehen" vertrösten zu können, befindet sich auf einem gefährlichen Weg. Auch der Einwand, daß man ja am Anfang noch gar nicht übersehen könne, wie es weitergeht, wird heute nicht mehr akzeptiert. Verlangt wird eine Zukunftsperspektive. Der Weg muß aufgezeigt werden. Er muß überschaubar und nachvollziehbar sein.

Dies alles erfordert eine eng abgestimmte Zusammenarbeit von Personal- und Ausbildungsbereich, dem Betriebsrat, der Jugendvertretung – auch wenn Auszubildende beim Eintritt in das Berufsleben immer älter werden – und der obersten Leitungsebene. Persönliches Engagement eines jeden Vorgesetzten ist gefordert. Das in vielen Bereichen noch anzutreffende Vorurteil, Berufsanfänger seien eine zusätzliche Belastung, muß entschieden bekämpft werden.

Daß gerade Berufsanfänger am Anfang ihres Berufslebens nicht dadurch überfordert werden dürfen, daß zu viele Informationen auf sie einströmen, die sie gar nicht aufnehmen, geschweige denn verarbeiten können, versteht sich von selbst. Ein genau strukturiertes Informationsprogramm, das zwischen den einzelnen betrieblichen Informationsstellen abgesprochen sein muß, ist unverzichtbar. Abstimmung ist vor allem auch deswegen nötig, weil jeder, der über ein bestimmtes Gebiet zu informieren hat, zunächst einmal seinen Informationsbeitrag als den wichtigsten ansieht.

Ein Informationsprogramm für Berufsanfänger erstreckt sich über mehrere Tage, wobei man auch an einen freien Nachmittag zum „Luftholen" denken sollte. Daß die Eltern in diese Information einbezogen werden, hat sich außerordentlich bewährt. Ein „Tag der offenen Tür" informiert sie über die Zukunft von Sohn oder Tochter. Angeboten werden sollte diese Information auf alle Fälle, macht jemand von dieser Möglichkeit keinen Gebrauch, so ist das seine Sache. Die Bindung ans Elternhaus ist übrigens bei vielen jungen Berufsanfängern stärker als weithin angenommen wird, wobei diese Bindung nicht im Sinne von Bevormundung aufgefaßt werden sollte.

Besonders wichtig am Beginn des Berufslebens ist der möglichst frühzeitige Kontakt mit der obersten Leitungsebene. Das persönliche Engagement der obersten Leitungsebene beschränkt sich nicht nur auf die Begrüßung der Berufsanfänger am Beginn ihrer Tätigkeit. Begleitung durch die gesamte Ausbildungszeit ist gefordert, und das bedeutet regelmäßige Zusammenkünfte mit Gesprächen über den Fortgang der Ausbildung, offene Gespräche, bei denen die Kritik durch die jungen Menschen gefordert ist. Diese Kritik ist geradezu eine Lebensversicherung für jeden Arbeitgeber, geht es doch um die Zukunft des Betriebes, die gerade durch den Nachwuchs gewährleistet wird.

Freilich, in der Praxis ist da noch viel nachzuholen. Kennzeichnend ist in diesem Zusammenhang die Äußerung eines Bankvorstandes: „Ich begrüße die Auszubildenden am Beginn ihrer Tätigkeit und lasse es mir nicht nehmen, sie am Schluß der Ausbildung mit einem Buchgeschenk zu verabschieden.“ Der Zeitaufwand bei Begrüßung und Verabschiedung betrug übrigens je eine halbe Stunde. Viele Auszubildende waren es nicht, die jeweils zu begrüßen und zu verabschieden waren, wobei es sich immer um die gesamte Gruppe handelte und nicht um Auszubildende, die jeweils einzeln vorgestellt und verabschiedet wurden.

Der Mensch im Mittelpunkt? Nicht umsonst heißt es in den Arbeitsberichten „Einführung von Mitarbeitern“ des Ausschusses für betriebliche Personalpolitik bei der Bundesvereinigung der deutschen Arbeitgeberverbände: „Unverzichtbar ist auch das persönliche Engagement des Arbeitgebers, der mehr als bisher den Dialog mit den jungen Mitarbeitern im Betrieb suchen sollte.“ Auf diesen Dialog kommt es an. Begrüßung am Beginn der Ausbildungszeit und Verabschiedung aus dem Ausbildungsverhältnis sind da nur einige, wenn auch wichtige Stationen.

Im Mittelpunkt des Berufslebens der Berufsanfänger stehen die Ausbilder und die jeweiligen Fachvorgesetzten in den einzelnen Ausbildungsabschnitten. Daß sich junge Menschen in erster Linie an diesen Bezugspersonen orientieren, versteht sich von selbst. Hier ist das Vorbild im wahrsten Sinne des Wortes gefordert. Berufs- und arbeitspädagogische Kenntnisse, wie sie in den verschiedenen Ausbildereignungsverordnungen gefordert werden, reichen da alleine nicht aus. Sie sind zwar wichtige sachliche Voraussetzungen für die Ausbildung. Aber die besten Kenntnisse auf den Gebieten „Grundfragen der Berufsbildung“, „Planung und Durchführung der Ausbildung“, „Der Jugendliche in der Ausbildung“ und „Rechtsgrundlagen“ nutzen in der Praxis nicht viel, wenn es an der positiven Grundeinstellung den Berufsanfängern gegenüber mangelt und sich die Ausbilder, aber auch die Vorgesetzten, ihrer Vorbildfunktion nicht bewußt sind.

Wer als Ausbilder oder Vorgesetzter von seinen Mitarbeitern Einhaltung der betrieblichen Ordnung, Pünktlichkeit fordert, muß sich selbst auch in diese Ordnung einfügen, pünktlich sein. Wer als Ausbilder oder Vorgesetzter von seinen Mitarbeitern verlangt, daß am Arbeitsplatz keine alkoholischen Getränke konsumiert werden, muß sich selbst an dieses Abstinenzgebot halten und wer als Ausbilder oder Vorgesetzter bei seinen Mitarbeitern auf die Einhaltung der Sicherheitsvorschriften dringt, darf für sich selbst keine Ausnahmeregelungen schaffen.

Selbstgeschaffene Privilegien mögen zwar „von oben", möglicherweise im Hinblick auf eigene Privilegien, ausdrücklich oder stillschweigend toleriert werden. Von „unten" werden diese Privilegien nicht akzeptiert. Das mindeste, was passieren kann ist, daß einem diese „Ausnahmen" bei passender Gelegenheit vorgehalten werden, meistens dann, wenn von oben die Einhaltung bestimmter Regeln verlangt wird. „Fangen Sie doch erst einmal bei sich selbst an", heißt es dann.

Das Schlimme daran ist, daß schlechte Beispiele nicht nur gute Sitten verderben, sondern daß sie zur Nachahmung geradezu herausfordern. Und was sich dann erst einmal eingebürgert hat, ist kaum noch abzustellen. Das gilt für das notorische Überziehen der Mittagspause ebenso wie für den bekannten Mittwochnachmittag, an dem mit Alkohol die Woche „geteilt" wird. Auch hier lernen junge Menschen besonders schnell.

6.4 Die Probezeit

„Drum prüfe, wer sich ewig bindet!" So heißt es schon in Schillers Lied von der Glocke. Und auch im Arbeitsleben gibt es diese „Prüfung": Vor der „Bindung" – ob es eine ewige sein soll, sei dahingestellt – steht die Probezeit. Unterschiedlich lang für Auszubildende, Arbeiter und Angestellte soll sie die Entscheidungsgrundlage für die Übernahmeentscheidung bilden, wobei die einseitig unternehmensbetonte „Übernahme" immer mehr an Übergewicht verliert. Neben die Frage „Sollen der Bewerber, die Bewerberin übernommen werden?" tritt immer mehr gleichwertig die Überlegung beim „Probanden": Will ich bleiben oder wieder gehen?

Die Probezeit – nicht identisch mit der Einarbeitungszeit, die viel länger als die Probezeit dauern kann – soll für beide Partner die Risiken mindern. Sind „sie" oder „er" die richtige Frau oder der richtige Mann am richtigen Platz? Oder hat sich einer der Partner oder haben sich vielleicht beide geirrt?

Während der Probezeit sollten alle Chancen genutzt werden, um im beiderseitigen Interesse eine hohe Arbeitsproduktivität anzustreben. Beide müssen sich die Frage beantworten: Konnte ein positives Verhältnis zur Arbeitsaufgabe, zu den Arbeitskollegen, zum Arbeitgeber hergestellt werden, gegebenenfalls auch zu Kunden und Geschäftspartnern?

Während der Probezeit – und nicht erst kurz vor dem Ende derselben – muß sich der Arbeitgeber immer wieder folgende Fragen stellen:

Wurden die Erwartungen, die man in die Neueingestellte, den Neueingestellten gesetzt hatte, erfüllt?
Wie sind die Fortschritte bei der Einarbeitung?
Wie werden Aufgaben angegangen, gegebenenfalls sogar gelöst?
Wie steht es um die Sachkunde?
Ist es gelungen, den Neuen oder die Neue in das Team, die Gesamtorganisation zu integrieren?
Bedeutet die „Neuerwerbung" einen Gewinn für die Organisation, wurde das Team verstärkt?

Diese Prüfung, betrachtet durch die Brille des Arbeitgebers, ist aber nur eine Seite der Medaille „Probezeit". Die zweite Seite der Medaille „Probezeit" ist die Prüfung des Arbeitsplatzes durch den Mitarbeiter.

Bedeutet meine neue Arbeitsstelle einen Gewinn für mich?
Wurden meine Erwartungen erfüllt?
Kann ich meine Vorstellungen und Interessen verwirklichen?

Die Erwartungen neu eingestellter Mitarbeiter sind hoch. Beispiele hierzu liefert eine Untersuchung der Universität Mannheim, die von der Deutschen Forschungsgemeinschaft finanziert wurde (A. Kieser, G. Hippler, K.-H. Krüger, Die Einarbeitung neuer Mitarbeiter, Personalwirtschaft 9/83):

Die große Mehrzahl der befragten neu eingestellten Mitarbeiter hatte, nachdem sie eine Einstellungszusage erhalten hatten, optimistische Erwartungen. 68 Prozent gingen von einer angemessenen Beanspruchung ihrer beruflichen Fähigkeiten und Kenntnisse in der neuen Stelle aus. Ebenfalls 68 Prozent erwarteten Übertragung von Verantwortung in dem von ihnen gewünschten Maß. 76 Prozent erhofften Zuteilung solcher Aufgaben, die als sinnvoll empfunden werden können. 82 Prozent erwarteten eine gut organisierte Einarbeitung in einer angemessenen zeitlichen Frist, unterstützt durch ein firmenintern vorhandenes formales Programm und durch ausreichende schriftliche Arbeitsunterlagen (68 Prozent).

Nur 26 Prozent der Neueingestellten fanden ein spezielles Einarbeitungsprogramm vor. Weiterhin wurden beklagt: das Fehlen schriftlicher Unterlagen und die mangelnde Fähigkeit und Bereitschaft von Kollegen, Informationen weiterzugeben. Viele der neu eingestellten Mitarbeiter hatten in der ersten Zeit das Gefühl, in der Luft zu hängen. Vielen Befragten wurden weitgehende Entscheidungskompetenzen, Programme zur Karriereförderung, ein hohes Maß an Verantwortung und Ausbaumöglichkeiten der Stelle in Aussicht gestellt. Gerade in diesen Bereichen zeichneten sich bei bis zu 50 Prozent der neuen Mitarbeiter Enttäuschungen ab.

Bei der Suche nach den Ursachen der Diskrepanzen zwischen Erwartungen und Realität stießen die Mannheimer Forscher auch auf Unzulänglichkeiten bei dem Verfahren der Personalauswahl: „Zwar wurde in 83 Prozent aller Fälle die Umschreibung der künftigen Tätigkeit des neuen Mitarbeiters am ausführlichsten diskutiert, Themen wie die Vereinbarung einer Probezeit, Höhe der Bezüge, Urlaubsregelung und Alterssicherung wurden aber nur am Rande behandelt, Kompetenzabgrenzungen oder Aufstiegsmöglichkeiten oftmals überhaupt nicht angesprochen. Nur 12 Prozent der befragten Neueingestellten hatten die Möglichkeit gehabt, ihren künftigen Arbeitsplatz zu besichtigen."

Außerdem fanden die Mannheimer Forscher heraus, daß in etwa einem Viertel der Fälle nicht der unmittelbare Vorgesetzte, also derjenige, der die Anforderungen an die zu besetzende neue Stelle genau kannte, der Gesprächspartner der Bewerber bei der Einstellung war, sondern ein Vorgesetzter, der zwei oder mehr Hierarchieebenen höher stand.

Hier fällt vielen Neueingestellten die Antwort auf die Frage: „Wurden meine Erwartungen erfüllt?" nicht schwer. Der Verdacht, „geködert" worden zu sein, kommt auf. Wenn dazu noch das Gefühl kommt, in der Luft zu hängen, es an der Bereitschaft und Fähigkeit der Arbeitskollegen mangelt, Informationen weiterzugeben, braucht sich der Neuankömmling die Frage: „Fühle ich mich wohl und geborgen?" gar nicht erst zu stellen.

Dabei steht nach dem Ergebnis unserer Befragungen von Führungskräften und Mitarbeitern aus dem Bereich der Finanzdienstleister die „angenehme Zusammenarbeit mit den Kollegen" nach der „interessanten Tätigkeit" an der zweiten Stelle der Kriterien, die bei der Ausübung des Berufes wichtig sind, bei den Mitarbeiterinnen sogar an erster Stelle, wobei insgesamt neun Kriterien vorgegeben waren.

Wie es in der Praxis mit der Zusammenarbeit aussieht, zeigt das Ergebnis der Betriebsklimaanalysen aus dem Bereich der Kreditgenossenschaften (W. Bachmann, Mittelpunkt und Engpaß: Die Motivation der Mitarbeiter, Genossenschaftskurier 4/88).

Nur 43 Prozent der befragten Mitarbeiterinnen und Mitarbeiter, also nicht einmal die Hälfte, konnten der Aussage zustimmen *„Meine Kollegen geben mir erforderliche Informationen rechtzeitig und umfassend"* und 42 Prozent *„Meine Kollegen sprechen mit der Arbeit verbundene Probleme immer offen an"*.

So steht es um Information und offenes Ansprechen von Problemen im Kollegenkreis, den man schon länger kennt! Wie mag es um die Information von neuen Kolleginnen und Kollegen bestellt sein, die man noch nicht kennt?

Hier ist die Frustration geradezu vorprogrammiert. Ein Neueingestellter muß sich doch vorkommen wie der Käufer einer Ware, der, nachdem er die Ware gekauft hat, feststellen muß, daß das Interesse des Verkäufers mit dem Kaufabschluß schlagartig erloschen ist. Die Folge: Unzufriedenheit, und zwar nicht nur gegenüber dem Arbeitgeber, sondern auch mit sich selbst. Man stellt sich dann oft die Fragen:

Konnte ich das voraussehen?
Was habe ich übersehen?
Was habe ich falsch gemacht?
Warum habe ich überhaupt gewechselt?

„Abwanderer, die einem verlockenden Angebot erlegen sind, bereuen ihren Schritt häufiger als man meint. Eine statistische Untersuchung in acht Firmen unterschiedlicher Größe und Branchen ergab, daß nach einem Jahr nur 11 Prozent der Befragten mit ihrer Wahl restlos zufrieden waren. Von den Unzufriedenen wünschten sich mehr als zwei Drittel an ihren alten Arbeitsplatz zurück, wenn dies ohne Prestigeverlust möglich wäre." (W. Kaufmann, Führung beginnt beim Austrittsgespräch, Schweizer Managementzeitschrift für industrielle Organisation 58/1989)

Die Unzufriedenheit mit der eigenen Entscheidung, mit sich selbst, ist wohl das Schlimmste, was einem Menschen passieren kann. Mit dieser Unzufriedenheit bleibt der Mensch in der Regel nicht allein. Er findet schnell Gleichgesinnte. Die Arbeitsleistung sinkt, die Fehlzeiten häufen sich, Betriebsunfälle sind bei Neulingen um ein Vielfaches höher als bei den Stamm-Arbeitskräften.

Mitarbeiter und Führungskräfte, die schon länger im Berufsleben stehen, können solche Enttäuschungen vielleicht noch verkraften. Wie werden aber Berufsanfänger mit solchen Erlebnissen fertig? Junge Menschen, die vielleicht mit viel Schwung an die Arbeit gehen wollen, froh, endlich dem Zwang der Schule entronnen zu sein?

Über die ersten Eindrücke im Berufsleben gibt eine interessante Studie Auskunft, in deren Rahmen 400 Auszubildende verschiedener Berufe aus Betrieben mit unterschiedlicher Größe nach etwa dreimonatiger Ausbildungszeit nach ihren ersten Eindrücken gefragt worden waren (Berufspressedienst in „Der Bankangestellte", Ausgabe November 1987):

Nur rund 18 Prozent, also nicht einmal ein Fünftel der befragten Berufsanfänger, berichteten über eine allgemeine Freundlichkeit, erkennbare Aufmerksamkeit und besondere Rücksichtnahme auf ihr „Neulingsein" und ihr „Eingewöhnen". 35 Prozent fühlten sich weder irgendwie bevorzugt noch benachteiligt und bestätigten ihren Ausbildern wie auch den Mitarbeitern korrektes Verhalten.

Wenn diese Untersuchungsergebnisse mit Führungskräften besprochen werden, werden sofort die beiden Prozentanteile zusammengezählt und mit Befriedigung „positives Verhalten" der Mehrheit festgestellt. Es ist das bekannte 50-Prozent-Syndrom, das immer dann auftritt, wenn die 50-Prozent-Marke überschritten wird. Ist diese Marke überschritten, dann ist alles in Ordnung. Bei Wahlen reichen derartige Mehrheiten ja auch.

Reicht es aber aus, wenn junge Menschen am Beginn ihres Arbeitslebens „korrekt" behandelt, weder bevorzugt noch benachteiligt werden? Muß man da nicht mehr tun, um die nötige Starthilfe beim Eintritt in eine unbekannte Welt zu geben? Wo bleibt die menschliche Wärme, Nähe, das Zugehen auf junge Menschen, über das ja so viel gesprochen und geschrieben wird?

Mehr als ein Viertel der befragten jungen Menschen – 27 Prozent – hatten eine gewisse Kälte, Gleichgültigkeit, Herablassung und Arroganz in ihrer Umgebung festgestellt. Fast zwei Drittel von ihnen äußerten gleichzeitig die Ansicht, daß sich Ausbilder und Mitarbeiter zu wenig um sie kümmerten oder sie zu oft oder zu lange sich selbst überließen.

Diese Klage zieht sich wie ein roter Faden durch viele Untersuchungen. Es ist geradezu ein Hilferuf, der immer wieder zu hören ist und offensichtlich immer weniger zur Kenntnis genommen wird. Ein Ruf nach Hilfe nicht nur von jungen Menschen! Nur ganze 38 Prozent, also mehr als ein Drittel der Mitarbeiterinnen und Mitarbeiter, konnte bei einer Befragung im Bankbereich der Aussage zustimmen: *„Mein direkter Vorgesetzter hilft den Mitarbeitern, ihre Arbeitsergebnisse zu verbessern."* (W. Bachmann, Genossenschaftskurier 4/88)

Da gibt es eine „Ausbildereignungsverordnung". Kenntnisse sind nachzuweisen über typische Entwicklungserscheinungen und Verhaltensweisen im Jugendalter, Motivation und Verhalten, gruppenpsychologische Verhaltensweisen. Ist denn in diesem Rahmen ein sich „Kümmern" nicht das mindeste, was man verlangen kann?

Ein Fünftel der befragten Berufsanfänger beklagte sich über eine schlechte, sie quälende Behandlung, weniger seitens ihrer Ausbilder als durch die Mitarbeiter. Sie würden fortwährend „durch den Wolf gedreht" oder bei jeder Gelegenheit „zur Schnecke gemacht", man versuche sie zu „tunken und zu drücken", wo es immer nur ginge und demonstriere ihnen dauernd, was für „kleine Würstchen" sie seien. Mit Vorurteilen und notorischer Antipathie gegen die „vergammelte Jugend von heute" würde ihnen der Alltag vermiest und ihnen ständig durch Ironie, Spott und Hohn eingeimpft, was für dumme „Kohl- und Holzköpfe" sie doch seien.

Dies alles kann doch den Vorgesetzten nicht verborgen bleiben. Sie müssen doch merken, wie junge Menschen, die ihren Bereichen während der Ausbildung zugewiesen sind, von den Mitarbeitern behandelt werden. Oder sind für sie Auszubildende nur „durchlaufende Posten", für die man sich nicht besonders zu interessieren braucht, weil man ja ohnehin nicht weiß, ob sie bleiben?

Daß Berufsanfänger, die das Gefühl haben, daß man sich zu wenig um sie kümmere, oder die den Eindruck haben, schlecht behandelt zu werden, nicht bleiben werden, liegt auf der Hand.

13 Prozent derjenigen, die das Gefühl hatten, daß man sich zu wenig um sie kümmere, waren mit ihrem Arbeitsplatz und ihrem Beruf nicht mehr zufrieden. In der Gruppe, die sich schlecht behandelt fühlte, war kein einziger mehr, der gern zur Arbeit ging. Fast 43 Prozent hatten jede Freude an ihrem Beruf und dem Betrieb, in dem sie tätig waren, verloren.

Realitätsschock bei berufserfahrenen Mitarbeitern, die eine neue Stelle angetreten haben – Praxisschock bei Berufsanfängern! Muß das sein?

6.5 Gute Vorbereitung ist der halbe Erfolg

Wie kann man den Realitäts- und den Praxisschock verhindern? Was muß getan werden, um Menschen, die in eine für sie neue Umgebung kommen, den Neubeginn nicht nur erträglich zu machen, sondern alles zu tun, damit sich diese Menschen im wahrsten Sinne des Wortes wohlfühlen?

Wenn wir in Diskussionen mit Führungskräften das Wort „wohlfühlen" gebrauchen, kommt regelmäßig „Unruhe" auf. Erstaunen, Ungläubigkeit ist zu spüren, „auch das noch" wird geäußert und „wer hat denn dafür gesorgt, daß wir uns wohlfühlen?" Das letzte Argument geht dann dahin, daß man sich doch nicht auch noch darum kümmern könne. Dazu fehle einfach die Zeit. Einige haben dann auch eine „Lösung" parat: Das wäre doch eine lohnende Aufgabe für den Betriebsrat.

Derartige Einstellungen sind weit verbreitet. Sie kommen noch aus einer Zeit des Überflusses an Bewerbern für freie Stellen und halten sich hartnäckig. Immer wieder wird auf die nach wie vor hohe Anzahl an Arbeitslosen verwiesen. Und wenn Mitarbeiter des Personalbereiches darauf hinweisen, daß es außerordentlich schwierig sei, freie Stellen zu besetzen, bekommen diese zur Antwort: „Da müßt ihr euch eben etwas einfallen lassen, zum Beispiel Prämien für die erfolgreiche Vermittlung von gesuchten Fachkräften." Und in der Tat, in der Zeitung „Die Welt" vom 21.9.1989 war zu lesen, daß nach einer Umfrage des Bundesverbandes junger Unternehmer die Bereitschaft dazu bestehe: „Konkret würden die befragten Unternehmer bereit sein, für die erfolgreiche Vermittlung einer Sekretärin zwischen 500 und 2000 DM, eines Facharbeiters zwischen 1000 und 5000 DM und eines EDV-Informatikers bis zu 10000 DM zu zahlen." Wobei man sich vor Augen halten muß: Der Engpaß kommt erst noch.

Aufgabe der obersten Leitungsebene ist es, allen Führungskräften und Mitarbeitern klar vor Augen zu führen, wie wichtig es ist, die Anfangsfluktuation von Neueingestellten entscheidend zu senken. Schon allein von der wirtschaftlichen Bedeutung her gesehen ist das eine Führungsaufgabe von hohem Rang. Zu bedenken ist auch die Imagepflege. Neueingestellte sprechen über ihre Erlebnisse mit Familienangehörigen,

Freunden und Bekannten. Und die wiederum erzählen weiter, was sie gehört haben und „dichten" vielleicht noch einiges hinzu.

Der alte Erfahrungssatz „gute Vorbereitung ist der halbe Erfolg" gilt auch hier. Gute Vorbereitung bedeutet vor allem gute Vorbereitung aller. Denn nur in gemeinsamer Anstrengung sind die Probleme zu lösen. Insbesondere der Personalbereich, die künftigen Vorgesetzten und Ausbilder, die oberste Leitungsebene und die Vertretung der Arbeitnehmer – Betriebs- und Personalrat, Jugendvertretung, Sprecherausschüsse – müssen hier eng zusammenarbeiten.

Enge Zusammenarbeit bedeutet arbeitsteilige Zusammenarbeit. Die Zuständigkeiten müssen vorher bis ins einzelne abgeklärt werden. Jeder muß genau wissen, was er zu tun hat, damit sich nicht der eine auf den anderen verläßt und es allein schon dadurch zu Pannen kommen kann. Wem das alles zuviel Aufwand bedeutet, der sollte sich immer daran erinnern, daß die Einführung von neuen Mitarbeitern, Führungskräften und Auszubildenden für das Unternehmen eine der wichtigsten Investitionsentscheidungen darstellt.

Die wichtigste Überlegung vor dem eigenen Tätigwerden besteht darin, zu versuchen, sich in die Lage des oder der Neuen zu versetzen:

Wie würde ich mich fühlen?
Was würde ich erwarten?
Wie würde ich reagieren, wenn ich an seiner oder ihrer Stelle wäre?

Wobei nicht verschwiegen werden soll, daß dies allein nicht genügt. Denn von manchem kommt dann die Antwort auf diese Fragen: Was soll das Ganze? Wie ist es uns denn ergangen?

Für Neueingestellte bedeutet der Neubeginn erst einmal Streß. Sie müssen sich einmal in einer für sie neuen räumlichen Umgebung zurechtfinden, zum anderen kommen sie mit vielen ihnen unbekannten Menschen zusammen. All dies bedeutet zunächst einmal Unsicherheit, vielleicht sogar Angst. Man fühlt sich beobachtet, vielleicht sogar fixiert, überwacht. Dazu kommen noch viele andere Eindrücke. Ein Berg von Papier ist zu bewältigen, angefangen von der Haus- über die Feuerlöschordnung bis zum Verhalten bei erster Hilfe. Es muß zugehört, gelesen, bestätigt und unterschrieben werden. Kein Wunder, daß die Gefahr besteht, die Übersicht zu verlieren. Dazu kommt die Angst, „Habe ich richtig verstanden?“, „Kann ich auch alles behalten?“, seien es Aufgaben, Gesichter, Namen. Hier schaltet der Körper auf Gefahrenabwehr, der Streßmechanismus programmiert den Körper auf Kampf oder Flucht. Die Herausforderung der neuen Stelle gerät zur Überforderung. Und gerade das gilt es, unter allen Umständen zu vermeiden. Arbeitsteilige Einführung bedeutet wohldosierte Einführung Schritt für Schritt.

Die ersten Schritte müssen schon lange vor Antritt der Stelle getan werden. Gibt es einen Vorgänger für den Neuen oder die Neue, sollte mit diesem, bevor er die Position verläßt, ausführlich über seine Arbeit, seine Aufgaben gesprochen werden. Das Abgangsinterview ist eine der wichtigsten Maßnahmen zur Vorbereitung auf den Nachfolger. Hier besteht die einmalige Chance, Schwachstellen zu erkennen und daraus zu lernen.

Warum hat der Vorgänger gekündigt?
Was hat ihm nicht gefallen?
Fühlte er sich über- oder unterfordert?
Waren es die Arbeitskollegen, die ihn zur Kündigung veranlaßten?
War es der Führungsstil des Vorgesetzten, der letztlich den Ausschlag gab, die Stelle zu wechseln?
Gab es zu wenig Anerkennung, zuviel Kritik?
Waren fehlende Aufstiegsmöglichkeiten der Anlaß zur Kündigung?

Dies sind nur einige Beispiele von Fragekomplexen, über die beim Abschlußgespräch gesprochen werden sollte. Das sind aber auch Fragen, die in vielen Fällen nicht zugunsten des Arbeitgebers oder des Vorgesetzten beantwortet werden, und gerade deswegen werden sie nicht gestellt. Das Abgangsinterview findet viel zu selten statt. Wertvolle Erkenntnisse können oft aus Angst vor etwaigen Konflikten nicht gewonnen werden.

„Was könnte für Sie der Grund sein, den Arbeitgeber zu wechseln?“ Fast ein Viertel der von uns befragten Führungskräfte aus dem Bereich der Finanzdienstleister entschieden sich für „Vorgesetzter“. Rund 40 Prozent gaben „Selbständigkeit, Entscheidungsfreiheit“ und „Führungsstil“ an, wobei Mehrfachnennungen möglich waren.

Ähnliche Ergebnisse brachte eine Untersuchung von Walter Jochmann von der Kienbaum-Personalberatung (manager magazin 11/1989, „Auf dem Sprung“). In vielen hundert Gesprächen mit „Wechselkandidaten“

und einer Gruppe mit sehr „seßhaften" Führungskräften fand er heraus, daß „Betriebsklima und Personalpolitik" an der Spitze der wichtigsten Wechselfaktoren rangierte. Weitere wichtige Fluktuationsursachen waren:

- Unzufriedenheit mit dem Gehalt
- negative Situation des Unternehmens
- mangelnde Aufstiegsmöglichkeiten
- Defizite in der Unternehmensstrategie oder fehlende Innovation; nicht ausreichende Informationen über die Geschäftspolitik
- Verhalten der Vorgesetzten
- eingeschränkte Entscheidungsbefugnisse
- negative Veränderungen des eigenen Aufgabenfeldes durch Umstrukturierungen
- unbefriedigendes Aufgabenfeld
- mangelnde Qualifikation der Vorgesetzten.

Gerade diese Befragungsergebnisse zeigen, wie wichtig solche Abgangsinterviews sind, wie notwendig es ist, Aufschlüsse über das Führungsverhalten der Vorgesetzten zu gewinnen und damit die unerwünschte Anfangsfluktuation zu senken oder ganz zu vermeiden, und überdies nicht nur die Fluktuation von neu eingestellten Mitarbeitern und Führungskräften, sondern die Fluktuation insgesamt. Wobei es nicht darum gehen sollte, einem Vorgesetzten etwas „anzuhängen", sondern die Leistungsbereitschaft und damit die Leistung der Gesamtorganisation zu erhalten oder gar zu steigern.

Daß derartige Abschlußgespräche für viele Vorgesetzte sehr heikel sind und deswegen nach Möglichkeit vermieden oder in abgekürzter, abgeschwächter Form geführt werden, steht außer Frage. Und daß sich mancher Vorgesetzte allein schon durch die Tatsache der Kündigung herausgefordert fühlt – „bei mir bekommt jeder Flüchtling noch etwas mit auf den Weg" – ist leider traurige Betriebsrealität. „Bei mir gibt es keine Rückfahrkarte." Diese und ähnliche Äußerungen hören wir in Diskussionen bei unseren Führungsseminaren immer wieder.

Im Zeichen der sich immer stärker bemerkbar machenden Personalknappheit wird man schon in absehbarer Zeit für manchen „Rückkehrer" dankbar sein. Der Rückkehrer weiß, was er an seiner früheren Stelle und seinem früheren Arbeitgeber hat, er ist für die Wiederaufnahme dankbar, ist motiviert. Auch der frühere Arbeitgeber kennt ihn, weiß mehr von ihm als von neuen Bewerbern, die man überhaupt nicht kennt. Das Risiko ist kalkulierbarer!

Um nicht mißverstanden zu werden: Dies ist kein Plädoyer für eine „Rückkehr um jeden Preis". Einer der wichtigsten Grundsätze bei der Personalauswahl lautet: Bestehen Zweifel an der Eignung, dann lautet die Entscheidung „nein"! Hier geht es nur um die globale Feststellung: Bei mir gibt es keine Rückfahrkarte! Die Türen sollten nicht von vornherein für immer verschlossen werden.

Oft liegen zwischen dem Zeitpunkt der Personalauswahlentscheidung und dem Antritt der Stelle längere Zeiträume, vielleicht bedingt durch den Termin des Ausscheidens des Vorgängers oder ein Konkurrenzverbot des Bewerbers. Diese Zeiträume sollten im beiderseitigen Interesse des Arbeitgebers und des oder der Neuen genützt werden. Der Arbeitgeber muß dann nicht zuviel auf einmal tun, und die Neueingestellten werden durch ein „Zuviel auf einmal" nicht überfordert. Je früher mit den Vorbereitungen vor Antritt der Stelle begonnen wird, um so eher kann von den Neueingestellten volle Leistung erwartet werden. Vor Antritt der neuen Stelle können auch noch Fragen gestellt werden, kann man sich auf Fragen vorbereiten.

Intensiver Kontakt vor der Arbeitsaufnahme vermittelt dem Neuankömmling das Gefühl, gebraucht zu werden. Gelingt es, den Neuankömmling davon zu überzeugen, daß man sich auf sein Kommen freut, braucht man sich um die Leistungsbereitschaft keine Sorgen zu machen. Wohlbemerkt, hier muß überzeugt werden. Manipulation wird schnell erkannt mit der Folge, daß es dann sehr schwierig ist, Vertrauen zu gewinnen.

Vor dem Antritt der Stelle sollten neu eintretende Mitarbeiter und Führungskräfte sowie Auszubildende über das Unternehmen sowie über sein Dienstleistungsangebot informiert werden. Hier gibt es Broschüren, Einführungsschriften, Geschäfts- und Sozialberichte. Eine wichtige Informationsquelle ist auch die Hauszeitschrift. Alles das vermittelt das Gefühl: „Ich gehöre dazu".

Weiterhin sollten künftige Mitarbeiter schon zu Tagungen, Seminaren, Ausstellungen, Tagen der offenen Tür eingeladen werden. Warum damit erst warten, bis er oder sie da sind?

Auch eine Übersicht mit den Namen der künftigen Kollegen und Vorgesetzten ist sehr wertvoll und erleichtert das Zurechtfinden in der ersten Zeit ungemein, ebenso wie die auf den neuesten Stand gebrachte Stellenbeschreibung sowie ein Einführungsplan.

Viele Vorgesetzte halten diese Zwischenkontakte für überflüssig, manche sogar für riskant. Man wisse ja noch gar nicht, ob die Neuen auch wirklich zum vereinbarten Zeitpunkt ihre Stelle antreten würden, und außerdem wüßten sie ja über ihre künftige Arbeitsaufgabe, das Produkt- und Dienstleistungsangebot Bescheid. Sonst hätten sie sich ja wohl nicht gerade für diese Position beworben. Im übrigen sei ja auch alles Wichtige im Einstellungsgespräch erörtert worden. Wozu dann noch diese in ihren Augen überflüssige Doppelarbeit?

Bei dieser Argumentation wird übersehen, wie lückenhaft oft die Kenntnisse von Bewerbern über die Organisation, bei der sie sich beworben haben, sind. Wer jemals Vorstellungsgespräche – selbst mit Bewerbern für Führungspositionen – geführt und in dieser Richtung Fragen gestellt hat, weiß, wie es um die Information über die künftige Position und über die Gesamtorganisation, was sie tut, was sie anbietet und wie erfolgreich sie ist, bestellt ist. Oft kann man sich des Eindrucks nicht erwehren, „daß man sich halt mal beworben hat“, und zwar ohne zu wissen, um was es im Detail geht. Bewerber, die vorher den Geschäftsbericht gelesen oder ähnliche Informationen gezielt eingeholt haben, sind fast schon Ausnahmeerscheinungen.

Zu glauben, daß dann im Vorstellungsgespräch all das nachgeholt wird, ist weitgehend Illusion. Die Zeit in diesen Gesprächen ist viel zu knapp bemessen, als daß hier nützliche Detailinformationen gegeben werden könnten. Und selbst dann, wenn diese Informationen gegeben würden: Die Zahl der Informationen würde von den Bewerbern gar nicht bewältigt werden können. Die Aufnahmemöglichkeiten des menschlichen Gehirns sind begrenzt.

Man sollte sich auch nicht darauf verlassen, daß die Bewerber ja fragen könnten. Das Vorurteil, „Wer fragt, ist nicht informiert“, ist weit verbreitet. Und diese Blöße will sich kein Bewerber geben.

Das Willkommensschreiben schließt dann die Informationsphase vor Antritt der Stelle ab. „Herzlich willkommen in unserem Hause!" Beigefügt der Stadtplan mit Beschreibung. Gegebenenfalls empfiehlt es sich sogar, einen Treffpunkt zu vereinbaren, an dem der Neuankömmling abgeholt wird. Man stelle sich eine Arbeitsstelle zum Beispiel in einem großen Flughafen mit Zehntausenden von Arbeitsplätzen vor. Hier zeigt sich in der Praxis, ob man sich „kümmert" oder nicht. Es gibt aber auch Vorgesetzte, die der Ansicht sind: Wer uns nicht findet, der kann gleich wegbleiben.

6.6 Der erste Tag

Ist die oftmals längere Zeit, die zwischen der Personalauswahlentscheidung und der Arbeitsaufnahme liegt, gut genutzt worden, gilt es nun, unmittelbar vor dem Neubeginn, die notwendigen Vorbereitungen zu treffen, um den Start zu erleichtern. Um es noch einmal deutlich zu machen: Hier muß vorher im Detail geklärt werden, wer was zu tun hat. Ein „ich dachte, das erledigt die Personalabteilung" oder „das hätte doch selbstverständlich der unmittelbare Vorgesetzte veranlassen müssen" darf es, wenn das Kind in den Brunnen gefallen ist, nicht geben.

Der Arbeitsplatz des oder der Neuen muß vorbereitet werden. Dazu gehört, daß die Hilfsmittel, wie Telefonverzeichnis, die Erstausstattung an Arbeitsmitteln, ebenso zur Verfügung stehen wie Möglichkeiten für die Unterbringung der Garderobe. Selbstverständlichkeiten? Da wird von Schreibtischen berichtet, die zum Teil noch „verschlossen" sind, weil dort noch etwas lagert, was der Vorgänger erst abholen muß. Da fehlen Fachbücher, die der Vorgänger verliehen hat, da sind im Garderobenschrank irgendwelche Materialien gelagert, oder er ist in einem Zustand, daß sich die Frage geradezu aufdrängt: „Wann ist hier das letzte Mal saubergemacht worden?"

Besonders wichtig ist das Namensschild. Im Verkauf wird immer wieder darauf hingewiesen: den Kunden mit Namen ansprechen. Der Name bedeutet Identität. Den eigenen Namen hört man gern, wer will schon anonym bleiben. Der Name stärkt das Selbstwertgefühl, das Selbstbewußtsein. Wie positiv sind dann die Gefühle des Neuankömmlings, wenn er mit seinem Namen an der Tür, auf dem Schreibtisch oder in Form eines an der Kleidung zu tragenden Namensschildes „empfangen" wird. Und wie verlassen muß er sich vorkommen, wenn er seinem eigenen Namen buchstäblich hinterherlaufen muß, weil das Namensschild noch nicht fertig ist und er sich wie ein lästiger Bittsteller um seine Identität bemühen muß.

Übrigens, wie wäre es mit Blumen zur Begrüßung, und das nicht nur bei Damen? Für „alterprobte" Führungskräfte ist das ein unmöglicher Gedanke. Ist die Idee, jemanden, der in eine für ihn völlig neue Umgebung kommt, mit Blumen zu begrüßen, wirklich so abwegig, daß man bei einer entsprechenden Diskussion in Führungsseminaren in lautes Lachen ausbrechen muß? Was kann denn einen Menschen mehr „aufschließen“, was kann ihm eine größere Freude bereiten, als diese „kleine Aufmerksamkeit“?

Hat sich dann die Heiterkeit in der Diskussion etwas gelegt, kommen die „Kostenbewußten“ zu Wort. „Dafür ist nichts im Budget vorgesehen!“ Aber, was hat man denn aufwenden müssen, um überhaupt jemanden für die betreffende Position zu gewinnen? Was hat allein die Zeitungsanzeige – in Zukunft werden es mehrere Anzeigen sein müssen – gekostet? Und was wird die Einstellung von neuen Mitarbeitern kosten, wenn die Neueingestellten nicht bleiben?

Kompromißbereitschaft deutet sich an, man gibt sich lernfähig. „Wenn es denn unbedingt sein muß“ wird dann anstatt der „unmöglichen Blumen“ ein – möglichst alkoholhaltiger – Begrüßungsschluck in die Diskussion eingeführt, den man natürlich allen bei der Begrüßung Beteiligten anbieten muß. Da gibt es auch keine Budgetschwierigkeiten, denn die Getränke kann man ja aus der Gäste- oder Kundenrepräsentation bekommen. Und ganz schnell ist man dann beim „obligatorischen Einstand“ mit entsprechender Kostenverlagerung auf den Neuankömmling. Bei Alkohol kommt man sich schnell näher, Alkohol nimmt die Befangenheit und löst die Zunge.

Um nicht mißverstanden zu werden. Nichts gegen eine alkoholfreie Begrüßung mit Kaffee oder Tee oder anderen alkoholfreien Getränken. Alkohol sollte auf die Stunden nach Arbeitsschluß beschränkt sein. So manche Alkoholikerlaufbahn hat am Arbeitsplatz begonnen, insbesonders junge Menschen können leicht der Versuchung, die dann zur Dauerversuchung werden kann, erliegen. Und Duz-Freundschaften, die bei solchen Gelegenheiten am ersten Tag geschlossen werden, halten oft nicht sehr lange oder werden mit der Zeit zur – manchmal unerträglichen – Belastung.

Die „Arbeitsumgebung“ muß informiert werden. Zu dieser Arbeitsumgebung gehören die Menschen, mit denen der oder die Neue in Zukunft zu tun haben wird, vor allem die künftigen Arbeitskollegen. Bewährt hat sich hier eine kurze schriftliche Begleitinformation, die einige wichtige Details auch persönlicher Art – Qualifikation, letzte Arbeitsstelle usw. – enthält. Hat man hier Bedenken wegen des Datenschutzes, können entsprechende Einzelheiten mit dem Neueingestellten vorher abgesprochen werden.

Weiterhin sollten die Kontaktpersonen benachrichtigt werden, mit denen neue Mitarbeiterinnen und Mitarbeiter zu tun haben werden, wie zum Beispiel die Telefonzentrale – Neueingestellte sollten von Anfang an telefonisch auch von außen erreichbar sein –, Empfang, gegebenenfalls Schreibbüro und Materialverwaltung. Kommen neue Mitarbeiter mit eigenem Pkw, Motor- oder Fahrrad, müssen sie wissen, wo sie parken können.

Bei all diesen Einzelheiten darf nichts dem Zufall überlassen werden. Welche Gefühle wird ein Neuankömmling haben, wenn ihm am „Empfang“ zunächst einmal erklärt wird: „Einen Augenblick, da muß ich mich erst einmal erkundigen.“

Und nicht nur das bekommt er zu hören. Er wird auch gleich als „Blitzableiter“ benutzt. „Uns sagt ja keiner was“, ist noch das Geringste, was geäußert wird. Andere wiederum lassen die Neuen auch deutlich spüren, daß sie sich ärgern. Das kann bei der Materialausgabe ebenso geschehen wie bei der Einfahrt in den Parkplatz. Dabei will man ja gar nicht den Neuankömmling „treffen“, sondern den Verursacher der Nichtinformation. Denn wer sich nicht oder nicht ausreichend informiert glaubt, fühlt sich nicht geachtet, beachtet, anerkannt. Und das bekommt der Neuankömmling zu spüren, denn er ist ja „da“, an ihm kann man sich abreagieren. Vielleicht noch mit einer „Entschuldigung“: „Sie können ja nichts dafür, aber ich habe eben meine Vorschriften.“ Der „erste Eindruck“, verbunden mit dem entsprechenden Adrenalinstoß, ist perfekt.

Eine Schlüsselrolle beim Eintreffen neuer Mitarbeiter kommt dem unmittelbaren Vorgesetzten zu, dessen Aufgaben im Rahmen der Einführung noch ausführlich erörtert werden sollen. An dieser Stelle nur soviel: Es muß sichergestellt sein, daß der künftige unmittelbare Vorgesetzte an diesem Tag auch anwesend ist und sich für den Neuankömmling genügend Zeit nehmen kann. Der Vorgesetzte ist daher so frühzeitig wie möglich vom Tag der Arbeitsaufnahme zu informieren, damit er seine Termine darauf einrichten kann.

Zur rechtzeitigen Information gehört in diesem Zusammenhang auch das entsprechende schriftliche Begleitmaterial, wie Bewerbungsunterlagen und dergleichen. Der unmittelbare Vorgesetzte ist für jeden neuen Mitarbeiter die zentrale Bezugsperson. Er prägt wesentlich den ersten Eindruck, und es müssen schon ganz triftige Gründe gegeben sein, wenn er am ersten Tag neuen Mitarbeitern nicht zur Verfügung stehen sollte. Diese Gründe müssen dann dem Neuankömmling bei seinem Eintreffen auch dargelegt werden. Kein Vorgesetzter sollte diese Anwesenheitspflicht auf die leichte Schulter nehmen und glauben „morgen reicht es ja auch noch" oder „er oder sie werden mich noch früh genug kennenlernen". Porzellan, das am ersten Tag zerschlagen wird, läßt sich kaum noch kitten. Der Entschluß: „hier bleibe ich nicht", wird oft schon am ersten Tag gefaßt. Eine der Hauptursachen: „Nicht einmal mein künftiger Chef war da!"

Am ersten Tag gilt die Grundregel: Allzu viel ist ungesund. Je mehr für die Neuen an Information angeboten wird, um so größer ist die Gefahr, daß auch viel wieder verloren geht, ja nicht einmal aufgenommen werden kann. Die Neuen sagen meist zu allem „ja und amen", für sie ist auch auf entsprechende Fragen „alles klar", denn wer wird sich schon am ersten Tag die Blöße geben, etwas nicht mitbekommen oder nicht verstanden zu haben.

Wird der Neueingestellte am ersten Tag durch einen Mitarbeiter aus dem Personalbereich, am besten gemeinsam mit dem künftigen direkten Fachvorgesetzten, begrüßt und sind dann die wichtigsten Formalien erledigt, wie zum Beispiel Krankenkasse, Steuerkarte, Betriebsausweis, Essensmarken, dann sollte er zu einem ersten ausführlichen Gespräch mit dem künftigen Fachvorgesetzten zusammenkommen, der dann anschließend gemeinsam mit ihm zum Essen gehen kann.

Am Nachmittag empfiehlt sich eine kurze Vorstellung bei den künftigen Kollegen, wobei es ratsam ist, die Kollegen nach vorheriger Terminabsprache zusammenzurufen, damit diese den Neuankömmling wenigstens vom „Ansehen" her kennenlernen. Bei dieser Zusammenkunft können dann mit den Kollegen auch Einzelgespräche zum persönlichen Kennenlernen vereinbart werden. Der Vorteil dieses Vorgehens: Jeder kann sich Zeit nehmen, das Kennenlernen verläuft ungestört. Versucht man die Vorstellung „hintereinander" durch Besuche bei den künftigen Kollegen „abzuwickeln" – wer begleitet den Neuankömmling, ist die Begleitperson beim Kennenlernen dabei? –, besteht die große Gefahr, daß sich die Eindrücke zu stark verwischen und man bereits nach dem dritten oder vierten Besuch schon nicht mehr weiß, was beim ersten Besuch war, man die Namen verwechselt oder diese sogar ganz „weg“ sind.

Selbst bei der oben vorgeschlagenen gemeinsamen Vorstellung aller künftigen Kollegen strömen so viele neue Eindrücke auf den Neuen ein, daß er damit genug zu tun hat. Lieber den ersten „Arbeitstag“ etwas früher beenden als zu versuchen, möglichst viele Informationen an den Mann oder die Frau zu bringen. Es kostet nur Arbeitszeit und Mühe und Doppelarbeit, wenn Informationen nicht aufgenommen oder behalten wurden.

Den ersten Arbeitstag früher beenden! Wenn dies in unseren Führungsseminaren diskutiert wird, hört es mit dem Verständnis bei vielen Führungskräften auf. „Dann bekommen die doch gleich einen passenden Eindruck von uns“, heißt es dann und: „Für was werden die denn eigentlich bezahlt?“ Am liebsten wäre es diesen Vorgesetzten, wenn gleich nach der Begrüßung – so kurz wie möglich, im Laufe der Zeit werden wir uns schon kennenlernen – mit der Arbeit begonnen würde. Denn schließlich hat man ja lange genug auf „Ersatz“ oder die dringend benötigte „Verstärkung“ gewartet. „Wozu dieses ganze Brimborium?“ heißt es dann, und es wird auf die Werner Siemens zugeschriebene Äußerung aus dem Jahre 1882 verwiesen: „Bei uns ist das nicht Brauch, daß man jedem Neueintretenden besondere Instruktionen gibt. Wer arbeiten will, findet hier genug Arbeit.“ „Leider hat sich die Einstellungspraxis in den letzten 100 Jahren in vielen Unternehmen nicht entscheidend verändert.“ (Kieser, Hippler, Krüger, Die Einarbeitung neuer Mitarbeiter, Personalwirtschaft 9/83)

Hier zeigt sich – leider wieder einmal – der eklatante Mangel an Führungs-aus- und -fortbildung. Kommunikation, Information muß man eben lernen. Wenn selbst „altgediente“ Führungskräfte das Grundgesetz der Information: „Gesagt ist nicht gehört, gehört ist nicht verstanden, verstanden ist nicht einverstanden, einverstanden ist nicht ausgeführt und ausgeführt ist nicht beibehalten“, nicht einmal kennen, geschweige denn sich damit beschäftigt haben, ist eine solche Einstellung zwar nicht verständlich, aber immerhin erklärbar.

Hier zeigt sich der enge Zusammenhang zwischen Führungsverhalten allgemein und im speziellen Fall der Einführung neuer Mitarbeiter. Ineffizientes Informations- und Kommunikationsverhalten bei der Einführung neuer Mitarbeiter läßt auf Defizite in der Kommunikation und Information im Gesamtführungsverhalten schließen. Wenn bei unseren Befragungen nicht einmal ein Viertel der Führungskräfte und Mitarbeiter aus dem Finanzdienstleistungsbereich die Frage *„Informiert Sie Ihr Vorgesetzter ausreichend?"* uneingeschränkt mit „ja" beantworteten, kann man doch nicht von einer effizienten Information und Kommunikation sprechen. Wie sollte es da bei der Information von neuen Mitarbeitern anders sein? Wohlbemerkt, es war nach der „ausreichenden" Information gefragt worden und nicht etwa die Frage gestellt worden: „Fühlen Sie sich umfassend oder gut informiert?"

6.7 Die ersten Wochen

Ist der neue Mitarbeiter mit den wichtigsten Bezugspersonen bekanntgemacht worden, kennt er seinen neuen Arbeitsplatz, bleibt für die nächste Zeit noch eine Menge zu tun, um den Neuankömmling mit den wichtigsten Informationen zu versorgen, um ihm den Start zu erleichtern. Je gründlicher informiert wird, um so früher werden neue Mitarbeiter sich ihrer Arbeitsaufgabe effizient widmen können. Rechtzeitige und umfassende Information dient sowohl den Interessen des Arbeitgebers als auch denen des Arbeitnehmers.

Wer soll welche Informationen liefern? Hier müssen genaue Absprachen, insbesondere zwischen dem künftigen unmittelbaren Vorgesetzten und dem Personalbereich, getroffen werden, damit Doppelarbeit von vornherein vermieden, aber auch verhindert wird, daß überhaupt nicht informiert wird, weil sich einer auf den anderen verläßt.

Eine gesetzliche Informationspflicht ist in § 81 des Betriebsverfassungsgesetzes verankert. Hiernach „hat der Arbeitgeber den Arbeitnehmer über dessen Aufgabe und Verantwortung, sowie über die Art seiner Tätigkeit und ihre Einordnung in den Arbeitsablauf des Betriebes zu unterrichten. Er hat den Arbeitnehmer vor Beginn der Beschäftigung über die Unfall- und Gesundheitsgefahren, denen dieser bei der Beschäftigung ausgesetzt ist, sowie über die Maßnahmen und Einrichtungen zur Abwendung dieser Gefahren zu belehren“.

Information über die Arbeitsaufgabe ist nach dem Willen des Gesetzgebers eine Bringschuld des Arbeitgebers! Die von vielen Vorgesetzten vertretene Ansicht: „Wer etwas wissen will, kann oder soll doch fragen“, findet im Gesetz keine Stütze.

Über die rein aufgabenbezogene Information hinaus gibt es noch eine Reihe von weiteren Themen, über die neu eingestellte Mitarbeiterinnen und Mitarbeiter informiert werden müssen, zum Beispiel:

- Hausordnung, Feuerlöschordnung, Verhalten bei erster Hilfe.
- Betriebsärztlicher Dienst, Gesundheitsdienst, Sanitätsraum, Unfall und Krankheit, Sicherheitsbeauftragter.
- Betriebliche Einrichtungen: Bücherei, Sport, Toiletten, Waschraum, Fahrstuhl, Kantine, Parkplatz, Essensmarken.

- Anreizsysteme: Leistungszulagen, Erfolgsbeteiligung, Aufstiegsmöglichkeiten.
- Verschwiegenheitspflicht, Schutz von Daten, Datenschutzbeauftragter.Rechte und Pflichten aus dem Arbeitsvertrag, Tarifvertrag, Lohn- und Gehaltszahlung, Gratifikationen, Familienbeihilfe, Unterstützungen, Wohnungsfürsorge.
- Berufsgenossenschaft, Zeiterfassung, Belegschaftseinkäufe – verbilligte Firmenprodukte.
- Betriebliches Vorschlagswesen.
- Aus- und Fortbildung, Beurteilungswesen.
- Führungsgrundsätze, Management (Namen), Organisationsplanung, Dienstweg.
- Wirtschaftliche Situation des Unternehmens, Marktstellung, Ertragskraft, Leistungsprogramm, Zukunftsperspektiven.
- Vorstellung beim Betriebsrat, Vertrauensmann der Schwerbehinderten, Sprechstunden.
- Betriebsrundgang.

Ein Großteil dieser Informationen wird durch den Personalbereich zu vermitteln sein. Mit der Information ist aber die Aufgabe dieses Bereiches noch nicht abgeschlossen. Der Personalbereich hat sich immer wieder zu vergewissern, was im Fachbereich geschieht, ob neue Mitarbeiter auch im wahrsten Sinne des Wortes „betreut“ werden. Die Fachvorgesetzten müssen immer wieder an ihre sozialen Aufgaben bei der Einführung erinnert und die Aufgabenerfüllung muß kontrolliert werden, denn es ist leider eine fast schon gesicherte Erfahrung, daß „freiwillig“ kaum etwas geschieht.

Man sollte mit neuen Mitarbeitern auch darüber sprechen, ob vielleicht noch Fähigkeiten und Kenntnisse vorhanden sind, die über die Anforderungen der zu bekleidenden Position hinausgehen. Man kann vielleicht Potential für weitere Verwendungsmöglichkeiten entdecken.

Oberster Grundsatz bei der Information von neuen Mitarbeitern muß sein: Information ist Kommunikation! Wird mündlich informiert, kann man fragen. Es kann auch durch Kontrollfragen festgestellt werden, ob die Information auch angekommen ist und verstanden wurde. Mündliche Information kann durch schriftliche Information nicht ersetzt, höchstens ergänzt werden.

Eine Ergänzung der mündlichen Information durch Einführungsschriften – Kursbuch für neue Mitarbeiter – ist als Gedächtnisstütze und auch Nachschlagewerk hilfreich. In solchen schriftlichen Unterlagen kann man sich über Einzelheiten von Tarifbestimmungen ebenso informieren wie über das Verfahren beim Vorschlags- und Verbesserungswesen, über „das Unternehmen in Stichworten" ebenso wie über Sozialleistungen.

Solche „Kursbücher" dürfen nicht zu umfangreich, aber auch nicht zu kurz sein. „Viele Einführungsschriften erfüllen ihren Zweck nicht", so Professor Kurt Haberkorn (D. Gottschall, Eingestellt und abgelegt, manager magazin 1/83). Bei einer Analyse von 50 Einführungsschriften stellte er fest, daß sie oft zu kurz und deshalb nicht aussagefähig oder zu langatmig und wenig lesefreundlich geraten waren. Der Umfang schwankte zwischen 8 und 268 Seiten.

Auf keinen Fall dürfen derartige Schriften als Alibi für Gespräche dienen. Einführungsschriften sind lediglich Hilfsmittel und Gedächtnisstützen.

Werden in größeren Unternehmen mehrere neue Mitarbeiter oder Führungskräfte eingestellt, empfiehlt es sich, diese zu einer Gruppe zusammenzufassen und sie gemeinsam über Dinge zu informieren, die alle interessieren, wie zum Beispiel über das Dienstleistungsangebot, die oberste Leitungsebene, Geschäftspartner, Kunden, wirtschaftliche Lage, Zukunftsplanung.

Wenn auch derartige Veranstaltungen in erster Linie der Information der neu eingestellten Führungskräfte oder Mitarbeiter dienen, so sollte sich der Arbeitgeber doch ebenso informieren, und zwar darüber, wie die „Neuen" ihre bisherige Zeit in ihrer neuen Umgebung beurteilen. Von dieser Möglichkeit wird leider in viel zu geringem Umfang Gebrauch gemacht. Sind Neueingestellte erst einmal in den verschiedenen Fachbereichen „verschwunden", interessieren sie als Gruppe nicht mehr. Insbesondere für den Personalbereich ist der „Einstellungs- und Einführungsvorgang" abgeschlossen. Abgesehen von den üblichen Beurteilungen, die – wenn überhaupt – zentral gesammelt werden, „sieht" der Personalbereich von den Neuen nichts mehr, es sei denn, die Probezeit war nicht „erfolgreich", oder es ist von neu eingestellten Mitarbeitern gekündigt worden.

Derartige Veranstaltungen von ein oder zwei Tagen bieten eine geradezu ideale Möglichkeit, eine Rückmeldung von den Neueingestellten zu bekommen. Eine Rückmeldung darüber, wie „es" gelaufen ist. Positives wie Negatives wird da berichtet werden, Anlaß, die Einführungsarbeit der betreffenden Bereiche ausdrücklich anzuerkennen oder im Wege aufbauender Kritik Änderungen zu bewirken.

Derartige Seminare haben aber nur dann einen Sinn, wenn gegebenenfalls über Fehler bei der Einführung auch offen diskutiert werden kann. Wie will man sonst Mißstände abstellen? Einzelne neue Mitarbeiter, Führungskräfte oder Auszubildende werden in den Bereichen, in denen sie tätig sind, kaum Kritik anbringen. Im Schutz der Gruppe der Neuen ist dies schon eher möglich. Man kann in einer solchen Veranstaltung auch mittels anonym auszufüllender Fragebogen durch gezielte Fragen an die Problemfelder der Einführung herangehen. Fragen bezüglich der Information über die neue Arbeitsaufgabe können ebenfalls gestellt werden, wie Fragen zum Kritikverhalten der Vorgesetzten, Anerkennung der Leistung, Hilfe bei der Erfüllung neuer Aufgaben, Kontrolle der Arbeitsweise und dergleichen.

Warum wird von der Möglichkeit, solche Veranstaltungen durchzuführen, so selten Gebrauch gemacht? Bei Diskussionen in unseren Führungsseminaren wurden immer wieder zwei Hauptgründe genannt.

Einmal war es die fehlende Anerkennung für die Mühe und zusätzliche Belastung bei der Einführung neuer Mitarbeiter. Von dieser zusätzlichen Arbeit wird kaum Kenntnis genommen, geschweige denn, daß sie ausdrücklich anerkannt wird. „Warum sich noch extra anstrengen, wenn es doch keiner sieht?" wird argumentiert. Kein Wunder, daß bei der Einführung von Neueingestellten auf Sparflamme gekocht und nur das Allernotwendigste getan wird. Wozu dann noch ein Seminar? Selbst wenn von den Neuen dort Gutes berichtet würde, „weitergegeben" wird diese Anerkennung dann doch nicht.

Eines wird aber bestimmt weitergegeben, und davor hat man Angst. Mißstände könnten aufgedeckt, Kritik am Einführungsverhalten geäußert werden. Dies alles wird freilich nicht offen ausgesprochen. Es ist ja auch viel einfacher, damit zu argumentieren, daß man die Neuen eben nicht entbehren kann. Außerdem kosten solche Veranstaltungen Geld, ein Argument, das besonders gern dort gebracht wird, wo die entsprechenden Bereiche mit den Kosten derartiger Veranstaltungen belastet werden.

Auch hier zeigt sich – wieder einmal – die untrennbare Verknüpfung des Führungsbereiches „Einführung neuer Mitarbeiter" mit dem Gesamtführungsverhalten in einer Organisation. Aus der Art und Weise, wie die Einführung neuer Mitarbeiter, Führungskräfte und Auszubildender gehandhabt wird, kann man auf das Gesamt-Führungsverhalten schließen. Überall da, wo „Kritik von unten" nicht gerne gesehen wird – um es einmal sehr milde auszudrücken –, finden auch keine „Rückmeldungsseminare" statt.

Gerade bei jungen Menschen ist es wichtig, derartige Veranstaltungen durchzuführen. Hier gilt es in der ersten Zeit des eben begonnenen Berufslebens zu zeigen, welche Prioritäten gesetzt werden, wie ernst man junge Menschen nimmt, welchen Wert man auf ihre Meinungsäußerung legt. Und nicht nur, daß man eine solche Meinungsäußerung „zur Kenntnis nimmt", sondern dann auch entsprechend handelt. Solche Veranstaltungen sollen nicht nur dazu dienen, daß Dampf abgelassen wird. Sie haben den Zweck, die Gesamtleistung der Organisation zu verbessern. Gerade letzteres muß allen Führungskräften immer wieder eindringlich vor Augen geführt werden.

Wie groß die Widerstände gegen solche Rückmeldungsveranstaltungen sind, zeigen die Ergebnisse unserer Befragungen von Mitarbeitern und Führungskräften aus dem Finanzdienstleistungsbereich beim Problemkreis „Kritik von unten".

Mehr als 80 Prozent der Befragten hielten eine solche Kritik für wichtig, aber nur gut die Hälfte der befragten Führungskräfte und ein Viertel der Mitarbeiterinnen und Mitarbeiter hatten eine solche Kritik schon einmal geäußert. „Schaden" wurde ebenso befürchtet wie Betroffenheit, Ärger, Wut, Rache und mangelnde Einsicht auf eine solche Kritik bei den Vorgesetzten.

Nur 16 Prozent der in der Untersuchung „Die Arbeitsmotivation von Arbeitern und Angestellten der deutschen Wirtschaft" Befragten (Bertelsmann-Stiftung, Gütersloh 1987) beantworteten die Frage *„Ist Ihr Vorgesetzter bereit, sich mit Anregungen und Kritik seiner Mitarbeiter auseinanderzusetzen?"* mit „Ja, immer".

Wie kann man bei einer derartigen „Führungslage" erwarten, daß sich neu eingestellte Mitarbeiter und Führungskräfte offen kritisch über Mängel bei ihrer Einführung äußern, und zwar ohne ausdrücklich danach gefragt oder darauf angesprochen zu werden?

Und wie steht es um den Mut von Berufsanfängern in dieser Beziehung? Hier mag es am Anfang noch einige geben, die ein offenes Wort riskieren. Wie sieht es aber mit der Kritikfreudigkeit aus, wenn man mit den Folgen einer solchen Kritik konfrontiert wurde?

„Halten Sie es für wichtig, daß Mitarbeiter die Fehlleistungen ihrer Vorgesetzten kritisieren sollten?" Rund 45 Prozent der von uns befragten Realschüler und Abiturienten vor dem Eintritt in das Berufsleben beantworteten diese Frage mit „ja". Etwa zwei Jahre nach dem Beginn des Berufslebens stieg dieser Anteil auf über 80 Prozent an! Was müssen diese jungen Menschen während der Ausbildungszeit erlebt haben, daß dieser Anteil fast auf das Doppelte anstieg?

„Haben Sie schon einmal das Fehlverhalten Ihres Lehrers diesem gegenüber ausdrücklich kritisiert?" Mit „ja" antworteten etwas mehr als 50 Prozent der befragten Schüler. Nach Ablauf der ersten zwei Jahre im Beruf – hier war Kritik am Verhalten des Vorgesetzten nachgefragt worden – schmolz dieser Anteil auf ganze 17 Prozent zusammen.

„Glauben Sie, daß eine Kritik des Verhaltens von Vorgesetzten durch Sie Ihnen schaden würde?" Rund 45 Prozent der befragten Schüler antworteten bei einer Kritik an ihrem Lehrer mit „ja", bei den Berufsanfängern stieg dieser Anteil wieder auf 80 Prozent an!

Diese Zahlen sprechen eine eindeutige Sprache! Derartige Veranstaltungen mit Neueingestellten dienen aber nicht nur der Rückmeldung. Sie fördern den gegenseitigen Erfahrungsaustausch, bieten Hilfe zur Selbsthilfe, stärken die Eigeninitiative. Alles Gründe, auf derartige Veranstaltungen nicht zu verzichten.

6.8 „Der erste Eindruck ist der beste!"

Eine Schlüsselrolle bei der Einführung neuer Mitarbeiter, Führungskräfte und Auszubildender kommt dem direkten Vorgesetzten zu. Er ist letztlich dafür verantwortlich, daß Neueingestellte so rasch wie möglich die erwarteten Leistungen erbringen, was ja auch in seinem ureigensten Interesse liegt. Die Einführung neuer Mitarbeiter ist eine Führungsaufgabe von hohem Rang, an der auch die Führungsqualifikation von Vorgesetzten gemessen werden sollte. Leider taucht aber das Kriterium „Einführung neuer Mitarbeiter" nur selten bei den Merkmalen auf, nach denen Führungskräfte beurteilt werden.

Im Rahmen der Einführung neuer Mitarbeiter hat der direkte Vorgesetzte folgende Hauptaufgaben:

- Er begrüßt und führt in die Arbeitsaufgaben, die Arbeitsgruppe, das Unternehmen ein.
- Er motiviert zur Leistungsbereitschaft und damit zur Leistung durch Anerkennung und Kritik.
- Er leistet Hilfe bei der Erfüllung der fachlichen Arbeitsaufgaben, fördert die Integration in die Gruppe und nützt das Innovationspotential der Neueingestellten.
- Er kontrolliert die Leistung der neu eingestellten Mitarbeiter und deren Integration in die Arbeitsgruppe.
- Er beurteilt die Leistung, das Arbeits- und Sozialverhalten und liefert so die wichtigsten Entscheidungsgrundlagen für die Übernahme oder Nicht-Übernahme. Er hält dabei engen Kontakt mit dem Personalbereich.

Die Begrüßung

„Der erste Eindruck ist der beste" – so eine alte Volksweisheit. „Und hoffentlich nicht der letzte", könnte man ergänzen. Denn bei vielen wird der Entschluß, die neue Arbeitsstelle wieder zu verlassen, bereits am ersten Arbeitstag in der neuen Umgebung gefaßt. Der Grund: Mit diesem oder dieser Vorgesetzten will ich nichts zu tun haben. Oder: Wenn ich den oder die schon beim Einstellungsgespräch kennengelernt hätte, wäre ich gar nicht erst gekommen. Viele Neueingestellte haben während des Einstellungsvorganges keine Möglichkeit, ihren künftigen Vorgesetzten oder ihre künftige Vorgesetzte kennenzulernen, von der künftigen Arbeitsgruppe ganz zu schweigen.

Vorgesetzten, die neue Mitarbeiter in ihren Bereich aufnehmen sollen, wird immer wieder geraten, sich in die Situation zurückzuversetzen, in der sie einmal als Neuankömmling vor ähnlichen Problemen standen wie die neuen Mitarbeiter, die sie aufnehmen sollen. Derartige Appelle führen leider manchmal zu unvermuteten Reaktionen. „Mit mir hat man sich nicht so viel Mühe gegeben und es ist auch gegangen. Nicht soviel Aufhebens machen, einfach ins kalte Wasser werfen, er oder sie wird dann schon schwimmen." Von Feuerprobe ist dann die Rede, und man solle sich doch endlich wieder der alten Tugend „selbst ist der Mann" – von Frauen ist in diesem Zusammenhang nicht die Rede – erinnern. Im übrigen: „Draußen warten tausend andere, wir können nur die besten Mitarbeiter gebrauchen." An die Fluktuationskosten wird dabei nicht gedacht. Sie sind ja auch in ihrem eigenen Bereich auf keiner besonderen Kostenstelle auszuweisen.

Zum „ersten Eindruck" gehört, daß der künftige unmittelbare Vorgesetzte den Neuankömmling unbedingt persönlich begrüßt. Ein „außer Haus" darf es grundsätzlich nicht geben. Der Antrittstermin, lange genug vorher bekannt, muß eingeplant werden.

Sicher gibt es hier Ausnahmen, wie Krankheit, Abwesenheit bedingt durch längeren Urlaub, die nur deshalb erwähnt werden, um den absoluten Ausnahmecharakter zu unterstreichen. Ein „morgen habe ich mehr Zeit" oder „er oder sie bleiben ja doch länger bei uns, heute habe ich Wichtigeres zu tun", hört man immer wieder, wenn man versucht, Fluktuationsursachen auf die Spur zu kommen. Neue Mitarbeiter sind keine störende Unterbrechung des Tagesgeschäfts!

Zum „ersten Eindruck" gehört aber nicht nur die persönliche Anwesenheit des künftigen direkten Vorgesetzten. Er muß sich auch genügend Zeit für die Begrüßung nehmen, darf vor allem den Neuen oder die Neue nicht warten lassen. Wer Pünktlichkeit von seinen Mitarbeitern fordert, muß selbst pünktlich sein. Es geht hier um die Grundeinstellung! Die Ansicht mancher Vorgesetzter, daß neue Mitarbeiter ruhig einmal eine halbe Stun-de warten könnten, sie seien ja ohnehin im Hause und gearbeitet würde am ersten Tag sowieso nicht, muß endgültig der Vergangenheit angehören.

Leider gibt es auch heute noch manche Vorgesetzte, bei denen es einfach zum Ritual gehört, daß Menschen – Mitarbeiter, Kunden, Geschäftspartner –, die zu ihnen kommen, „erst einmal warten müssen, und wenn es nur die bewußten fünf Minuten sind, die man halt immer warten muß". Denn: Wer warten läßt, hat etwas zu sagen, hat Macht und wenn es nur die Macht der Unhöflichkeit ist. Und wer warten läßt, zeigt damit auch, daß er sehr beschäftigt, bedeutend, wichtig ist. Daß man aus diesem Imponiergehabe auch auf Unfähigkeit, mit der Zeit umzugehen, die Arbeit rationell zu gestalten und auf schlechte Kinderstube schließen kann, kommt diesen Dinosauriern eines überkommenen autoritären Führungsverhaltens und Analphabeten im zwischenmenschlichen Bereich nicht in den Sinn. Sie nehmen das „Wartenlassen" zum Anlaß zu Bemerkungen wie „heute ist mal wieder der Teufel los" und stimmen damit den Neuankömmling auf ein „kurzes Gespräch", das sie ohnehin nur eingeplant hatten, ein. „Na, Sie werden ja selbst sehen, wie es bei uns zugeht", heißt es dann. Schlimm wird es, wenn ein „wohlmeinender" künftiger Arbeitskollege später kommentiert: „Das macht er immer so, das dürfen Sie nicht tragisch nehmen." Der „erste Eindruck" ist – fast – perfekt!

Die Begrüßung, der Empfang durch den künftigen unmittelbaren Vorgesetzten ist das prägende Ereignis für den Neuankömmling. Gute Vorbereitung ist die Voraussetzung für den so wichtigen „ersten Eindruck", übrigens für beide Partner.

Zur guten Vorbereitung gehört die Kenntnis der Bewerbungsunterlagen. Sie ist unverzichtbar, insbesondere dann, wenn der unmittelbare Vorgesetzte beim Einstellungsvorgang nicht beteiligt war. Wie mag sich ein Neueingestellter fühlen, wenn ihm von seinem künftigen Vorgesetzten im Laufe des Gespräches erklärt wird, daß seine Unterlagen – leider – noch nicht eingetroffen seien, verbunden vielleicht noch mit dem Unterton des Vorwurfs gegenüber der Personalabteilung, „bei denen das immer wieder passiert" und „daß man sich auch noch darum persönlich kümmern müsse". Ganz gleich, wer sich kümmern muß: Die Unterlagen müssen zur Verfügung stehen, gegebenenfalls müssen sie eben geholt und dann Absprachen getroffen werden, wie in Zukunft zu verfahren ist. Eine gegenseitige „Schuldzuweisung" vor der oder dem Neuen darf es nicht geben.

Das Begrüßungsgespräch steht unter der Devise: Wer fragt, der führt. Information durch den neuen Mitarbeiter oder Selbstdarstellung des Vorgesetzten – was ist wichtiger? Man sollte sich ganz klar für das erstere entscheiden. Am Anfang des Gesprächs geht es um die Person des oder der Neuen:

- Wie war die Anreise?
- Wie sind Sie untergekommen?
- Wie steht es um die Familie bei einem mit der Neueinstellung verbundenen Ortswechsel?
- Wie wird der Arbeitsplatz täglich erreicht?

Derartige Fragen sollten zum festen Bestandteil des Begrüßungsgesprächs gehören. In der Praxis allerdings werden solche Fragen, wie wir aus Diskussionen in unseren Führungsseminaren wissen, sehr oft übergangen. „Privatsphäre" heißt es da. Und von denjenigen, die über chronischen Zeitmangel klagen, wird „rationelle Gesprächsführung" ins Spiel gebracht. „Zur Sache" müsse man kommen, und zwar so schnell wie möglich. Wenn sich später einmal in einer ruhigen Stunde Gelegenheit auch für solche Fragen biete, könne man ja auch „darüber" sprechen. Dann hätte sich bei den Neuen auch alles eingespielt, sie hätten etwaige Probleme selbst gelöst und man müßte nicht mehr die Hebamme spielen.

Derartig „sachorientierte" Vorgesetzte übersehen dabei eines: Zum einen handelt es sich hier um ein Gebot der Menschlichkeit. Wie und in welchen Fällen kann Hilfe angeboten und geleistet werden? Zum anderen ist immer die Frage nach Leistungsbereitschaft und Leistung zu stellen. Es liegt doch vor allem im Interesse des Arbeitgebers, daß der Arbeitsplatz möglichst ohne große Belastungen erreicht wird und auch der Heimweg weitgehend streßfrei gestaltet werden kann, um einmal das Beispiel „Verkehrsbedingungen" zu nennen.

Weitere wichtige Fragenkomplexe im ersten Gespräch zwischen dem direkten Vorgesetzten und dem Neuankömmling wären dann:

- Wo und was hat der oder die Neue früher gearbeitet?
- Welche Kenntnisse und Erfahrungen – auch außerberuflich – bringen die Neuen mit?
- Wie stellt sich die oder der Neueingestellte die Einführung, die Einarbeitung vor?

Gerade letzteres ist besonders wichtig, selbst dann, wenn ein bereits fertiger Einführungs- und Einarbeitungsplan vorliegt. Pläne können geändert werden! Wichtig ist im Rahmen einer kooperativen Führung, die natürlich auch und vor allem bei neuen Mitarbeitern praktiziert werden muß, die Möglichkeit einer Mitbeteiligung an Entscheidungsprozessen aufzuzeigen, an Entscheidungen, die die Menschen persönlich betreffen.

Daß es gerade bei der Möglichkeit, bei Entscheidungen mitzuwirken, die den eigenen Bereich, den eigenen Arbeitsplatz betreffen, nicht gerade zum besten steht, zeigt das Ergebnis der Untersuchung „Die Arbeitsmotivation von Arbeitern und Angestellten der deutschen Wirtschaft" (Bertelsmann-Stiftung, Gütersloh 1987).

„Wenn in Ihrem Betrieb Entscheidungen getroffen werden sollen, die Ihre eigene Arbeit und Ihren eigenen Arbeitsplatz betreffen, können Sie solche Entscheidungen beeinflussen?" Von allen Befragten antworteten lediglich ganze 8 Prozent, sie könnten dies „immer", 40 Prozent gaben „meistens" an, bei 38 Prozent traf dies „häufig nicht" und bei 14 Prozent sogar „nie" zu.

Auch im internationalen Vergleich schneiden deutsche Vorgesetzte schlecht ab. Sie erreichten im Rahmen der Untersuchung „Jobs in the 80's" den höchsten Prozentanteil bei der Frage: *„Ist Ihr Verantwortungsbereich schon einmal verändert worden, ohne daß man vorher mit Ihnen darüber gesprochen hat?"* Diese Frage bejahten in Schweden 6 Prozent; Japan 8 Prozent; USA 20 Prozent; Bundesrepublik Deutschland 24 Prozent (P. Pawlowsky, C. Flodell, Die Arbeitsmoral der Deutschen, Psychologie heute 1/1984).

„Wo solche Möglichkeiten (Mitbestimmungsfragen am konkreten Arbeitsplatz) tatsächlich bestehen, ist jedenfalls – daran kann es eigentlich keinen Zweifel geben – die Arbeitsmoral und die Arbeitsmotivation sowie die Bereitschaft zu Leistungssteigerungen deutlich höher als in anderen Unternehmen." So die Analyse zu den Untersuchungsergebnissen der Untersuchung „Die Arbeitsmotivation von Arbeitern und Angestellten der deutschen Wirtschaft".

Höhere Arbeitsmoral, höhere Arbeitsmotivation, Bereitschaft zu Leistungssteigerungen! Und all dies bereits beim Neubeginn an einem neuen Arbeitsplatz! Hier erkennt man Führungsqualitäten von Vorgesetzten!

Hier zeigt sich, ob sich Vorgesetzte einseitig – zum Schaden der Organisation – sachorientiert oder in vernünftigem ausgewogenem Maße sowohl sach- als auch mitarbeiterorientiert verhalten. Hier stellt sich die Frage nach der Eignung für Führungsaufgaben. Und hier stellt sich auch die Frage nach der Kontrolle des Führungsverhaltens durch die nächst höheren Vorgesetzten im Interesse der Gesamtleistung der Organisation

6.9 Die Einarbeitung

„Wie stellen Sie sich Ihre Einführung, Ihre Einarbeitung vor?" Zu diesem Komplex gehört auch die Frage: „Was darf ich Ihren künftigen Kollegen und Kolleginnen über Sie alles mitteilen?" Denn vorgestellt, eingeführt werden müssen Neueingestellte ja bei ihren künftigen Kollegen. Mit einem: „Das ist Ihr künftiger Kollege, Ihre künftige Kollegin", ist es nicht getan. Das Geringste, was auf eine derartig knappe Information zu erwarten ist: Jeder fragt für sich, jeder wird – mehr oder weniger intensiv – versuchen, seine Neugier zu stillen. Und etwaige Informationslücken werden durch Gerüchte geschlossen. Die „Buschtrommel" tritt in Aktion.

In Diskussionen über das „Vorstellungsproblem" wird immer wieder vorgeschlagen, Neuankömmlinge sollten sich am besten selbst vorstellen und dabei den Umfang der Information über sich bestimmen. So bestechend dieser Gedanke auf den ersten Blick auch sein mag, eines wird dabei übersehen: das Lampenfieber. Wie schwer es selbst erfahrenen Führungskräften fällt, sich in einem ihnen unbekannten Kreis von Seminarteilnehmern vorzustellen, sehen wir in Führungsseminaren immer wieder. Je näher der Zeitpunkt kommt, wo man an der Reihe ist, sich vorzustellen, um so größer wird die Nervosität, und man merkt den „Betroffenen" deutlich die Erleichterung an, wenn sie es „geschafft" haben.

Zur Einführung in die Arbeitsgruppe gehört natürlich auch die Information der Neueingestellten über die Gruppenmitglieder. So wie die Arbeitsgruppe mit persönlichen Daten über die Neueingestellten versorgt werden muß, müssen auch die Neuen informiert werden.

Zu dieser Information gehören Takt und Fingerspitzengefühl sowie vor allem das Bemühen, der Gefahr von Vorurteilen zu begegnen: „Meier ist schwierig", „Müller trinkt gerne einen über den Durst!" Hier ist größte Zurückhaltung geboten, wie auch bei Urteilen über die nächsthöheren Vorgesetzten. Die Gefahr, daß hier „vorgeprägt" wird, ist außerordentlich groß und das wenigste, was passieren kann, ist, daß der Neue im Laufe der Zeit zu dem Ergebnis kommt „der ist ja gar nicht so". In der Beschränkung auf das sachlich-fachlich Notwendige zeigt sich Führungsqualität, wobei immer wieder zu bedenken ist, daß zu viele Informationen gar nicht aufgenommen, geschweige denn verarbeitet werden können. Die Information über die künftigen Kollegen ist keine Beurteilungsbesprechung über Abwesende! Daran sollte jeder Vorgesetzte denken, wenn er dazu neigt, zu „charakterisieren".

Wie kommt die oder der Neue zum ersten Mal mit den künftigen Kollegen zusammen? Sollten ihm oder ihr die Kollegen jeweils einzeln vorgestellt oder sollte die Vorstellung am besten mit allen gemeinsam bewerkstelligt werden?

Vielfach wird der Neuankömmling – mit oder ohne Begleitung durch ein künftiges Mitglied der Arbeitsgruppe – auf die „Runde" geschickt, um sich bekannt zu machen. Ihn oder sie alleine loszuschicken, führt manchmal zu peinlichen Situationen. Vielleicht ist der Besuch unerwartet, oder man fühlt sich gestört und der Neuankömmling wird mit einem „später" wieder hinauskomplimentiert. Auch ist es für viele gar nicht so einfach, die „Kontaktschwelle" zu überschreiten.

Aber auch eine Vorstellung „in Begleitung" ist nicht unproblematisch. Ein freies oder befreiendes Gespräch in Gegenwart eines Dritten, den man ja auch nicht kennt, ist kaum möglich. Was bleibt, ist ein mehr oder minder peinlicher Rundgang, bei dem keine wesentlichen Aufschlüsse zu erwarten sind. Flüchtige erste Eindrücke werden vermittelt, die sich letzten Endes auf Äußerlichkeiten beschränken – der hat aber feuchte Hände –, wobei die „Information" bei den Mitgliedern der Arbeitsgruppe noch besser ankommt und haften bleibt, weil man sich ja nur auf einen konzentrieren muß, als bei demjenigen, der herumgeführt wird. Spätestens bei der dritten „Vorstellung" verschwinden Einzelheiten der ersten Vorstellung aus dem Gedächtnis oder werden verwischt.

Kommt fast zwangsläufig bei einer derartigen Vorstellungsrunde wenig heraus, kann man sich diese auch sparen und den Neuankömmling der gesamten Arbeitsgruppe bei einer Zusammenkunft vorstellen. Peinlichkeiten werden so weitgehend vermieden. Wenn es dann zu einem intensiveren Kennenlernen bei Einzelgesprächen kommt, ist man sich nicht mehr so fremd wie beim Erstkontakt. Bei dieser Einführung in die Gruppe kann man sich ja auch zu einem persönlichen Treffen mit den neuen Kollegen verabreden. Ungestörte Gespräche, weil vorher terminiert, sind dann möglich.

Zur Einführung durch den direkten Vorgesetzten gehört auch die Begleitung an den Arbeitsplatz des Neuen. Dies sollte nicht auf ein Mitglied der

Arbeitsgruppe delegiert werden, wie dies immer wieder geschieht. Der Vorgesetzte kann sich am Arbeitsplatz des Neuen auch davon überzeugen, ob alles vorbereitet ist oder gegebenenfalls „nachgebessert" werden muß. Nichts ist peinlicher, als wenn der Neue gleich mit Forderungen bezüglich seines neuen Arbeitsplatzes kommen muß.

Wem das alles zuviel erscheint, sollte immer daran denken: Die wichtigste Aufgabe des künftigen direkten Vorgesetzten besteht darin, menschliche Brücken zu bauen. Bevor es an die Arbeitsaufgabe selbst geht, müssen erst einmal die Voraussetzungen zur Zusammenarbeit geschaffen werden. Je tragfähiger die Brücke der zwischenmenschlichen Beziehungen ist, um so leichter wird es gelingen, die künftigen Arbeitsaufgaben zu bewältigen.

Zu den zwischenmenschlichen Beziehungen gehört auch die Vorstellung neuer Mitarbeiterinnen und Mitarbeiter beim nächsthöheren Vorgesetzten, bei von der Anzahl der Mitarbeiter gesehen noch überschaubaren Personalkörpern auch beim obersten Chef. Es darf einfach nicht vorkommen, daß Neueingestellte selbst nach einigen Monaten ihren Chef zwar einmal gesehen haben – vielleicht noch nicht einmal das – aber nicht kennengelernt haben. Es wird immer wieder berichtet, daß Chefs neu eingestellte Mitarbeiterinnen oder Mitarbeiter im Hause ansprechen und nach ihrem Anliegen fragen, weil sie diese für Besucher halten. Wie peinlich, wenn es sich herausstellt, daß es sich nicht um Besucher, sondern um Mitarbeiter handelt, die bereits seit Monaten im Hause sind. Hier muß sich der direkte Vorgesetzte um einen Termin beim Chef bemühen und, wenn die Terminvereinbarung nicht auf Anhieb klappt, entsprechend nachfassen.

Die Einführung neuer Mitarbeiter ist Personalentwicklung „vor Ort". Neue Mitarbeiter sollten nicht als Belastung, sondern als willkommene Verstärkung angesehen und entsprechend behandelt werden. Es gilt alle Anstrengungen zu unternehmen, um Konflikte beim Neubeginn weitgehend zu vermeiden.

Dazu gehört vor allem die Information über die geschriebenen, vor allem aber die ungeschriebenen Gesetze, die es in jeder Organisation gibt. „Geschriebene Gesetze", wie Führungsleitlinien und Führungsgrundsätze, Reise- und Überstundenregelungen, Urlaubs-, Arbeitsschutz- und Sicherheitsbestimmungen, sollten nicht nur „übergeben“, sondern auch besprochen werden, und zwar mit dem unmittelbaren Vorgesetzten. Dessen Interpretation ist „offiziell“. Auf die kann man sich dann auch verlassen und berufen.

Ungeschriebene Gesetze sind oft wichtiger als die niedergeschriebenen Regeln der Gemeinschaft. Das gilt für die Anrede von Vorgesetzten (Titel) ebenso wie für das Grüßen, das Anklopfen vor dem Betreten von Zimmern, Händeschütteln bei der Begrüßung, weiterhin für die Telefonbenützung insbesondere für private Zwecke, die Führung und Aufbewahrung von Akten, das Rauchen am Arbeitsplatz und in der Kantine, das Verlassen des Arbeitsplatzes, Ein- und Ausgangskontrollen, die Zusammenarbeit mit anderen Bereichen und – vielleicht gibt es da auch offizielle Regelungen – den Alkoholgenuß am Arbeitsplatz, um nur einige Beispiele zu nennen.

Hier kann man bei „nicht-konformem Verhalten“ auflaufen, ins bewußte Fettnäpfchen treten. Hier kann man sich – oft unbewußt – von Anfang an jemanden zum Feind machen, was sich dann auch bei der Arbeit auswirken kann. Man bekommt Knüppel zwischen die Beine geworfen, ohne zu wissen warum. Manchmal weiß man nicht einmal, wer die Knüppel geworfen hat. Durch rechtzeitige und umfassende Informationen können derartige Gefahren weitgehend vermieden und die Bewältigung der Arbeitsaufgabe kann erleichtert werden.

Je gründlicher die Information über die Arbeitsaufgabe, um so besser das Arbeitsergebnis. So selbstverständlich dieser betriebswirtschaftliche Erfahrungssatz auch sein mag: Die Informationsdefizite sind beträchtlich und die Arbeitsergebnisse fallen dementsprechend aus.

Zur Information über die Arbeitsaufgabe gehört auch die Unterrichtung über etwaige Befugnisse und die daraus resultierende Verantwortung. Hier müssen eindeutige Absprachen getroffen werden ebenso wie über die Klarheit von Zielen und Teilzielen. Auch eine eindeutige Vereinbarung darüber, zu welchem Zeitpunkt Ziele erreicht werden sollten, muß getroffen werden. Ebenso muß festgelegt werden, was, wie, wo und wann und durch wen kontrolliert wird. Der oder die Neue muß wissen, woran er oder sie ist, woran sie gemessen werden. Daß bezüglich der Beurteilung von Arbeitsweise und Leistung enger Kontakt zum Personalbereich gehalten werden muß, versteht sich von selbst.

Bei der Arbeitszuteilung gilt der Grundsatz: Allzuviel ist ungesund. Ungesund für die Mitarbeiter im wahrsten Sinne des Wortes, aber auch ungesund für das Arbeitsergebnis. Hoher Arbeitsdruck, verbunden mit all den vielen neuen Eindrücken, hat, rein körperlich gesehen, eine hohe Produktion von Streßhormonen zur Folge. Die geistige Leistung wird beeinträchtigt. Das Arbeitsergebnis fällt nicht wie erwartet aus.

Wieviel Zeit hat man sich bei der Auswahl gelassen? Wie lange hat es gedauert, um eine Lücke zu füllen oder die dringend benötigte Verstärkung zu bekommen? So verständlich aus diesen Gründen das Bestreben vieler Vorgesetzter auch sein mag, neue Mitarbeiter so schnell wie möglich „an die Arbeit zu bringen“: Blinder Eifer schadet nur. Die Kosten der Anfangsfluktuation sind einfach zu hoch, die Suche nach qualifizierten Mitarbeitern und Führungskräften wird immer schwieriger, als daß man durch Übereilung bei der Einführung etwas riskieren sollte.

Aller Anfang ist schwer! Manche Vorgesetzte nehmen die alte Volksweisheit sehr wörtlich. Sie teilen neuen Mitarbeiterinnen und Mitarbeitern gleich am Anfang schwierig zu lösende Aufgaben zu, damit diese so früh wie möglich ihre Grenzen erkennen können. Bäume sollen nicht in den Himmel wachsen.

Diese Vorgesetzten sind aus diesem Grunde auch sehr sparsam, wenn es darum geht, Leistungen anzuerkennen. „Anerkennung stumpft ab“, ist ebenso ihr „Leitsatz“ wie: „Anerkennung macht übermütig und führt nur zu Ansprüchen nach mehr Geld.“

Eine der wichtigsten Aufgaben des unmittelbaren Vorgesetzten ist die Motivation der ihm unterstellten Mitarbeiter, das bewußte Verschaffen von Erfolgserlebnissen. Dies kann zum einen durch die Anerkennung der Leistung, zum anderen durch aufbauende Kritik geschehen. Es kann nicht oft genug betont werden: Gerade neue Mitarbeiter wollen und müssen wissen, wie ihre Leistungen beurteilt werden. Und sie erwarten Hilfe durch Kritik, wenn es darum geht, Verhalten zu ändern, Leistungen zu verbessern.

Voraussetzung für Anerkennung der Leistung und Kritik sind regelmäßige Gespräche über die Leistung, die sich keinesfalls darin erschöpfen können, daß sich der Vorgesetzte bei neuen Mitarbeitern erkundigt, „wie sie zurechtkommen“. Gerade beim Neubeginn sind diese Gespräche, für die sich Vorgesetzte feste Termine reservieren sollten, unerläßlich. Sie geben neuen Mitarbeitern die notwendige Rückmeldung und dem Vorgesetzten die wichtige Information über die erfolgreiche oder mit Mängeln behaftete Einführung und Einarbeitung.

Diese Gespräche sind aber auch unerläßliche Vorbereitung der Entscheidung: Erfolgreicher oder nicht erfolgreicher Abschluß der Probezeit. Diese Entscheidung darf für keinen überraschend sein, weder für den neuen Mitarbeiter, dessen direkten Vorgesetzten, die Personalabteilung oder Arbeitgeber.

6.10 Die Übernahme-Entscheidung

Die Entscheidung über die endgültige Übernahme eines neuen Mitarbeiters oder das Nichtbestehen der Probezeit mit der Folge der Beendigung des Probe-Arbeitsverhältnisses ist oft schlecht vorbereitet. Gespräche über die Leistung werden zu selten geführt, Hilfe durch die Vorgesetzten wird nicht im erforderlichen Umfang angeboten.

„Sagt Ihnen Ihr Vorgesetzter, wie er über Ihre Leistungen denkt?" Nur rund ein Drittel der von uns befragten Führungskräfte und ein Viertel der Mitarbeiter beantworteten diese Frage mit „häufig" oder „immer", der Rest mit „selten" oder „nie".

„Mein direkter Vorgesetzter bespricht mit seinen Mitarbeitern offen die Kontrollergebnisse." Dieser Aussage konnten in einer repräsentativen Untersuchung im Bereich der Kreditwirtschaft nur 44 Prozent der befragten Mitarbeiter und der Aussage: „Mein direkter Vorgesetzter hilft dem Mitarbeiter, seine Arbeitsergebnisse zu verbessern", ganze 38 Prozent zustimmen.

So die Befragungsergebnisse von Mitarbeitern und Führungskräften mit schon längerer Betriebszugehörigkeit. Nach unseren Erfahrungen ergeht es aber neu eingestellten Mitarbeiterinnen und Mitarbeitern nicht besser. Führung wird durchgängig praktiziert. Ein gespaltenes Führungsverhalten dahingehend, daß hier Unterschiede zwischen neuen und altgedienten Mitarbeitern gemacht werden, konnten wir bisher nicht feststellen. Wenn es überhaupt Unterschiede gab, dann zu Lasten der Mitarbeiter mit kürzerer Betriebszugehörigkeit.

Dafür spricht auch, daß im Rahmen der Untersuchung des Bayerischen Arbeitsministeriums (Arbeitnehmer in Bayern beurteilen ihre Arbeitswelt, München 1976) sowohl die Gruppe der 18- bis 24jährigen als auch die Gruppe der Mitarbeiter mit der kürzesten Betriebszugehörigkeit die höchsten Informationsdefizite bei der Frage: *„Sagt Ihnen Ihr Vorgesetzter, wie er über Ihre Leistungen denkt?"* aufwiesen.

Was nützt alle Mühe bei der Werbung und Einstellung neuer Mitarbeiter, vom erheblichen Kostenaufwand ganz zu schweigen, wenn hinterher durch mangelhafte Führung wieder alles in Frage gestellt wird. Mit der Einstellung ist – entgegen der Meinung vieler Vorgesetzter – eben noch nicht alles „zu Ende“, sondern mit der Einstellung geht es erst richtig los. Die Ansicht, daß die Probezeit nur rein formal zu sehen sei und schließlich „jeder übernommen werde, der keine silbernen Löffel klaut“, sollte endlich revidiert werden.

Vorgesetzte sollten nicht nur die Übernahmeentscheidung sorgfältig durch Gespräche über die Leistung mit der Möglichkeit der Hilfestellung vorbereiten. Sie sollten eine wichtige Führungsaufgabe darin sehen, das in dem neuen Mitarbeiter, der neuen Führungskraft schlummernde Innovationspotential zu erkennen und zu nutzen.

Jeder Neuankömmling bringt etwas in seine neue Umgebung mit. Er ist noch nicht betriebsblind, sieht manches, was Mitarbeiter und Führungskräfte, die schon länger in der Organisation tätig sind, nicht mehr sehen. Ihnen geht es häufig so wie Fotografen, die in eine für sie unbekannte Landschaft kommen und diese Landschaft ganz anders sehen, erleben als die Einheimischen. Diese Phase, in der Neuankömmlinge für ihre neue Umgebung noch besonders sensibilisiert sind, gilt es so früh wie möglich zu nutzen. Denn diese Phase der besonderen Sensibilität kann ganz schnell zu Ende gehen.

Sie wird besonders dann ganz schnell enden, wenn dem oder der Neuen regelrecht abgewöhnt wird, in der neuen Umgebung an Neuerungen zu denken, ja solche sogar noch anzuregen oder vorzuschlagen.

Dieses „Abgewöhnen“ kann einmal durch die Arbeitsgruppe geschehen. Nicht umsonst sagt eine alte Volksweisheit „Der Mensch ist ein Gewohnheitstier“. Eingefahrene Geleise sind bequem, Neuerungen bringen oft die Abkehr von liebgewordenen Gewohnheiten mit sich. Hier sind Widerstände zu erwarten. „Das haben wir immer schon so gemacht.“ Mit diesem Beharrungsgrundsatz muß man rechnen.

Das Nutzen des Innovationspotentials neuer Mitarbeiter stößt aber auch bei vielen Vorgesetzten auf „inneren Widerstand“. Sie fürchten sich davor, daß ihnen die Frage gestellt wird: „Hätten Sie nicht selbst schon lange darauf kommen können?“ Warum fristet denn in vielen Organisationen das betriebliche Vorschlags- und Verbesserungswesen ein wahrhaft kümmerliches Dasein?

Nach den Ergebnissen unserer Befragungen von Mitarbeitern und Führungskräften ist die Bereitschaft der Vorgesetzten, auf Vorschläge ihrer nachgeordneten Führungskräfte und Mitarbeiter einzugehen, ständig gesunken. Damit sank aber auch gleichzeitig der Anteil derjenigen, die Vorschläge machen, wie die Arbeit besser bewältigt oder Produkte und Dienstleistungen verbessert werden könnten. Am höchsten waren auch hier wiederum die Defizite bei neuen Mitarbeiterinnen und Mitarbeitern. „Die sollen sich erst einmal richtig umsehen, die können das ja noch gar nicht beurteilen" oder „die sind ja noch viel zu grün", heißt es immer wieder. Wenn sich aber die Neuen erst einmal umgesehen haben, wenn sie „beurteilen" können, eben nicht mehr „grün" sind, haben sie sich ein- und damit oft auch abgewöhnt, Vorschläge zu machen. Das Innovationskapital ist verschüttet.

Aufgabe der unmittelbaren Vorgesetzten ist es weiterhin, sich davon zu überzeugen:

- Hat der neue Mitarbeiter genügend Informationen, um seine Arbeitsaufgabe bewältigen zu können?
- Ist er in die Gruppe integriert?
- Wie schätzt er seine künftige Arbeitsaufgabe und seine neue Umgebung, die Organisation, für die er tätig ist, ein?

Ein Vorgesetzter, der sich ständig über die Leistungen neuer Mitarbeiter informiert, indem er insbesondere mit diesen über deren Leistungen spricht, ein Vorgesetzter, der gegebenenfalls Hilfe anbietet, der das Innovationskapital neuer Mitarbeiter nützt, die Integration in die Gruppe fördert, wird es nicht schwer haben, sich ein zutreffendes Bild über die Leistungsbereitschaft und die fachliche Eignung Neueingestellter zu verschaffen. Die Antwort auf die Frage „Haben sich die Erwartungen des Unternehmens erfüllt?" wird ihm nicht schwer fallen. Im einzelnen – die Aufzählung ist nur beispielhaft – wird er ein Urteil abgeben können über:

- Arbeitsgüte, Sorgfalt, Genauigkeit, Verhandlungsgeschick;
- Arbeitsstil, Selbständigkeit, Kreativität, Loyalität, vorausschauende Planung;
- Zusammenarbeit, Teamfähigkeit, Hilfsbereitschaft, Kritikfähigkeit und Teamverhalten;
- Informations- und Lernverhalten, Fähigkeit und Bereitwilligkeit, sich umzustellen;

- Kommunikationsverhalten, Umgang mit Kollegen, bei Führungskräften mit nachgeordneten Mitarbeitern, mit Vorgesetzten, Kunden und Geschäftspartnern;
- Führungsverhalten: Wie steht es um die Fähigkeit, andere – Kollegen, unterstellte Mitarbeiter, Vorgesetzte, Kunden, Geschäftspartner – zielorientiert zu beeinflussen?

Bei Führungskräften kommt es vor allem auf das Verhalten an. Fachkönnen kann erst im Laufe der Einarbeitung zuverlässig beurteilt werden:

- Werden Ziele vorgegeben oder vereinbart?
- Wie steht es um das Informationsverhalten?
- Setzen sich Führungskräfte durch, indem sie überzeugen oder lediglich Anweisungen erteilen?
- Kontrollieren sie heimlich oder offen?
- Achten sie Delegationsbereiche oder regieren sie durch?

Daß all dies nicht nur im Wege der unmittelbaren Kontrolle durch den Vorgesetzten, allein durch Gespräche mit dem Neueingestellten „abgeprüft" werden kann, liegt auf der Hand. Hier müssen auch Gespräche mit dem unmittelbaren Umfeld des Neueingestellten geführt werden. Wie notwendig solche Gespräche sind, zeigen Untersuchungsergebnisse zum Beispiel aus dem Bereich der Finanzdienstleister.

Den Aussagen „meine Kollegen sind hilfsbereit" konnten nur 59 Prozent, „meine Kollegen geben mir erforderliche Informationen rechtzeitig und umfassend" nur 43 Prozent und „meine Kollegen sprechen mit der Arbeit verbundene Probleme immer offen an" nur 42 Prozent zustimmen.

„Meine Kollegen" – das sind doch auch neu eingestellte Mitarbeiterinnen und Mitarbeiter, die zwar am Anfang noch etwas zurückhaltend sein mögen, noch nicht voll aus sich herausgehen. Aber wie lange dauert denn dieser „Anfang"? Bis zum Ablauf der Probezeit muß es doch möglich sein, sich hier ein Urteil zu bilden. Immerhin sind es doch Monate, die hier ins Land gehen, und da müßte doch nach einem gewissen Zeitraum die am Anfang möglicherweise spürbare Zurückhaltung gewichen sein. Voraussetzung für ein Urteil ist aber, daß man überhaupt diese Kriterien berücksichtigt, Kriterien, die ja Voraussetzung für eine gedeihliche Zusammenarbeit sind.

In der Praxis ist leider immer wieder festzustellen, daß Vorgesetzte sich in erster Linie auf die fachliche Leistung konzentrieren, also auf etwas, was erst wachsen muß. Hier können im übrigen durch gezielte Weiterbildungsmaßnahmen Lücken geschlossen, Kenntnisse erweitert werden.

Wie steht es aber um Persönlichkeitsmerkmale, wie Hilfsbereitschaft, Offenheit, Kommunikations- und Informationsbereitschaft? Hier zeigen die Erfahrungen aus der Praxis immer wieder, daß Änderungen in der Grundeinstellung – wenn überhaupt – nur sehr schwer zu bewerkstelligen sind. Die Hoffnung: „Das wird sich schon geben", ist sehr trügerisch.

Je gründlicher die Vorbereitung der Übernahmeentscheidung, um so leichter fällt es, diese Entscheidung zu treffen. Nicht, daß die Entscheidung leichten Herzens getroffen werden sollte. Die Entscheidung kann im Einzelfall sehr einschneidend – für den Neueingestellten und den Arbeitgeber – sein. Denn ein Grundsatz sollte immer gelten: im Zweifel, nein!

Dies gilt sowohl für den Verhaltens- als auch für den Fachbereich. Stellt sich im Laufe der Probezeit heraus, daß ein Neueingestellter für die zu bewältigende Arbeitsaufgabe fachlich nicht geeignet ist, dann tut man diesem Mitarbeiter überhaupt keinen Gefallen, ihn – manchmal jahrelang – mit durchzuschleppen. Überforderung bedeutet Streß und Streß macht krank, abgesehen davon, daß man es sich auf die Dauer gar nicht leisten kann, einen Mitarbeiter im Team immer nur mit „einfachen Aufgaben" zu betrauen, „weil er eben zu nichts anderem zu gebrauchen ist". So hart es im Augenblick der Entscheidung für manchen klingen mag: Lieber ein Ende mit Schrecken als ein Schrecken ohne Ende.

Was für den fachlichen Bereich gilt, muß auch im Verhaltensbereich seine Geltung haben. Beide Bereiche müssen jeweils unabhängig voneinander „geprüft" werden. Außerordentlich gefährlich ist es, damit zu argumentieren, daß Mängel im Verhaltensbereich durch gute fachliche Leistungen „ausgeglichen" werden. „Guter Fachmann" heißt es da und dann, begleitet von entsprechenden Handbewegungen, „das andere muß man halt in Kauf nehmen".

„Das andere" kann im Laufe der Zeit zu erheblichen Störungen in der Arbeitsgruppe, aber auch im Kundenbereich führen, mit dem „Erfolg", daß man den Neuen oder die Neue nach gewisser Zeit wieder „loswerden" will. Nach Ablauf der Probezeit ist dies aber im Wege der Kündigung nicht mehr so einfach. „Loswerden“ bedeutet dann „Abgabe“ an einen anderen Bereich. „Unangenehme“ Mitarbeiter werden dann „weggelobt“, mit der Folge, daß in vielen Fällen mit dem Wegloben auch ein Aufstieg verbunden ist! Dieser Aufstieg setzt sich dann im Laufe der Zeit fast zwangsläufig weiter nach „oben“ fort. Gute Fachkenntnisse sind – entgegen den Beteuerungen vieler Personalverantwortlicher – nach wie vor die einzige Qualifikation für Führungspositionen. Verfolgt man solche Karrieren zurück, kommt man sehr oft zu dem Ergebnis: Fehlentscheidung beim Ablauf der Probezeit.

Warum ist die Kündigung zum Ablauf der Probezeit nach wie vor die seltene Ausnahme? Eine der Hauptursachen ist die schlechte Vorbereitung der Übernahmeentscheidung, wobei es hier häufig am Kontakt zwischen dem unmittelbaren Vorgesetzten und dem Personalbereich mangelt. Kurz vor Ablauf der Probezeit wird bemerkt, daß in den nächsten Tagen (!) die Entscheidung getroffen werden muß, und dann wird festgestellt, daß man sich viel früher mit dem Problem hätte beschäftigen müssen. Jetzt könnte man den Probanden nicht mehr überraschen. Also wird er übernommen.

Die zweite wichtige Ursache liegt darin, daß manche Vorgesetzte in der Entscheidung der Nicht-Übernahme das Eingeständnis einer Fehlentscheidung bei der Auswahl sehen. Nach dem Grundsatz „Wer A sagt, muß auch B sagen“, gilt die Probezeit als „bestanden“. Das ist der Beginn eines sich oft jahrelang hinziehenden Prozesses der gegenseitigen Quälerei.

6.11 Kollegen – Paten – Vorgesetzte

Mit wem haben Neueingestellte am meisten zu tun? Im Regelfall mit ihren Arbeitskolleginnen und Kollegen. Mit ihnen kommen sie am häufigsten zusammen. Mit ihnen gilt es, in der immer mehr teamabhängigen Aufgabenerfüllung zusammenzuarbeiten. Sie sind naturgemäß die Ansprechpartner in allen Fragen, mit denen man den unmittelbaren Vorgesetzten nicht „behelligen" will, sei es, weil man sich nicht traut oder weil der Vorgesetzte für „Kleinigkeiten" keine Zeit hat.

Die künftigen Arbeitskollegen werden im Rahmen des Einführungsprozesses am wenigsten berücksichtigt. Das beginnt schon bei der Auswahlentscheidung. Sie haben wenig oder keine Gelegenheit, ihre Meinung bei der Entscheidungsfindung zur Geltung zu bringen. „Auswählen", das können nur die Vorgesetzten oder die „Personalleute". „Aber ausbaden müssen wir, was die gemacht haben", heißt es immer wieder. Die daraus folgende Aversion, die sich naturgemäß nicht gegen „oben" richten kann, bekommt der Neuankömmling mehr oder minder deutlich zu spüren. Unterschwellig spielt dann der Gedanke eine Rolle: „Wollen erst mal sehen, was die uns da wieder geschickt haben." Und oft entlädt sich dann der Unmut bei nächster Gelegenheit über den Neuankömmling. Mit ihm wird dann ausgetragen, was zwischen der Gruppe und dem Vorgesetzten hätte ausgetragen werden müssen. Die Neuen müssen ihren Kopf für die Vorgesetzten oder die Personalleute hinhalten.

Über die Folgen einer einseitigen Fachorientierung und damit Außerachtlassung der Arbeitsgruppe von neu einzustellenden Mitarbeitern bei der Personalauswahl gibt es ein interessantes Beispiel aus der Versicherungswirtschaft (R. Stroebe/G. Stroebe, Grundlagen der Führung, Sauer Verlag, Heidelberg 1977).

Alle Neueinstellungen wurden nach streng fachlichen Gesichtspunkten geprüft. Trotzdem wies das Unternehmen seit Jahren eine in der Branche überdurchschnittlich hohe Fluktuationsquote auf. Insbesondere kündigten langjährige Mitarbeiter, weil sie mit den neueingestellten Mitarbeitern nicht zu Rande gekommen waren, deren Arroganz und Ellbogenmentalität dem Gruppenklima geschadet hatte.

Nachdem die Neueinstellungen nach fachlichen und charakterlichen Aspekten vorgenommen worden waren – der Gruppe zuliebe wurde ab und zu auf die bessere Fachkraft verzichtet – sank die Fluktuationsrate in zwei Jahren von durchschnittlich 26 Prozent auf 14 Prozent. Die Arbeitsleistung stieg um 8 Prozent, und die Qualitätsmängel gingen um 20 Prozent zurück.

Frühzeitige und möglichst umfassende Mitbeteiligung der künftigen Arbeitskollegen sowohl beim Auswahlvorgang als auch bei der Einführung von neuen Mitarbeitern zahlt sich im wahrsten Sinne des Wortes aus. Neue Mitarbeiter dürfen der Arbeitsgruppe nicht „aufgedrückt" werden. Und wenn die Arbeitsgruppe – aus welchen Gründen auch immer – schon beim Auswahlvorgang nicht beteiligt wurde, muß versucht werden, diese Unterlassungssünde so frühzeitig wie möglich wieder gut zu machen. Hier fällt dem direkten Vorgesetzten, der ja auch in vielen Fällen nicht bei der Auswahl beteiligt wurde, eine wichtige Aufgabe zu.

Oft wird versucht, die künftigen Arbeitskollegen dadurch in die Pflicht zu nehmen, daß einer von ihnen zum „Einarbeiter", zum „Paten" bestimmt wird. „Einer für alle!" Dieses Prinzip kann aber die Beteiligung der gesamten Gruppe nicht ersetzen. Auch birgt die Auswahl eines Paten durch die Vorgesetzten schon wieder neuen Konfliktstoff in sich. Über den Paten ist viel geschrieben worden. Das Patensystem ist in vielen Organisationen fest etabliert.

Die Befürworter versprechen sich von der Bestellung eines speziellen Betreuers, des Paten, vor allem eine Entlastung des direkten Vorgesetzten in der Einführungsphase. Er soll die Neuen vor allem mit den Einzelheiten der neuen Umgebung bekannt, mit den ungeschriebenen Gesetzen und Gepflogenheiten vertraut machen, „Kniffe" zeigen, bei der Lösung von Problemen behilflich sein.

Beschäftigt man sich einmal mit dem Anforderungsprofil eines solchen Paten, dann drängt sich oft der Gedanke auf: Hier werden wahre Wunderkinder gesucht. Er muß sowohl über ein fundiertes Fachwissen verfügen als auch allgemein geachtet, anerkannt sein. Bewährung – fachlich wie zwischenmenschlich – wird ebenso vorausgesetzt wie Aufgeschlossenheit, Kontaktfähigkeit und Ausgeglichenheit. Er soll zuverlässig, verschwiegen und hilfsbereit sein, über psychologisches Einfühlungsvermögen ebenso verfügen wie die „Kultur des Unternehmens" verkörpern.

Schon allein diese beispielhafte Aufzählung führt unwillkürlich zu der Frage: Warum ist der Pate, auf den dies alles zutreffen soll, nicht schon längst Führungskraft? Und in der Tat, in manchen Organisationen wird die Übernahme von Patenschaften als Vorbereitung auf Führungsaufgaben angesehen, als „Vor-Bewährung" gewissermaßen.

Dabei sollen die Paten, was durchaus verständlich sein kann, von einem Teil ihrer Arbeitsaufgabe entlastet werden, eine Beschränkung auf zwei oder drei Patenschaften wird empfohlen, über eine zusätzliche Vergütung wird nachgedacht, wobei die Gegner dieser „Aufwandsentschädigung" die Patenschaft als rein betriebliche Auszeichnung, die nicht an Materielles gekoppelt sein dürfe, ansehen.

Sich in die Lage eines solchen Paten hineinzuversetzen, ist bei der Entscheidung „Pate, ja oder nein", sehr hilfreich. Er ist nicht Vorgesetzter, sondern helfender Kollege. Er soll verschwiegen sein, auch und vor allem gegenüber dem Vorgesetzten, wenn ihm etwas anvertraut wurde, was nur der Pate und nicht der Vorgesetzte wissen soll. Welche Konflikte sind hier vorprogrammiert? In welche Situationen können Menschen kommen, die hier dem Vorgesetzten gewissermaßen „vorgeschaltet" werden?

Welche menschliche Reife wird vorausgesetzt, wenn man, ohne Vorgesetzter zu sein, Aufgaben bewältigen muß, die man letzten Endes gar nicht bewältigen kann. Verführt eine solche Patenschaft, die ja ein großes Maß an Loyalität voraussetzt, nicht geradezu zum Konkurrenzdenken? Verwischen sich hier nicht die Kompetenzen? Wer hat welche Aufgaben? Besteht da nicht die Gefahr, daß sich der eine auf den anderen verläßt mit der Folge, daß, wenn etwas nicht klappt, erst einmal der „Schuldige" gesucht werden muß?

Der Pate soll neue Mitarbeiter mit den „Eigenheiten" der Vorgesetzten und der Kollegen vertraut machen. Das liest sich auf den ersten Blick gut. Der Teufel sitzt aber auch hier wieder einmal im Detail. Sicher kann es hilfreich sein, wenn man auf Eigenheiten hingewiesen wird, auf Eigenheiten, die, wenn man sie nicht kennt und beachtet, zu Konflikten führen können. Aber ist denn die Beurteilung dieser Eigenheiten durch den Paten „sicher"?

Der Pate soll die Leistungsbereitschaft fördern und zur Initiative anhalten. Auch hier stellt sich die Frage: warum der Pate und nicht der Vorgesetzte? Und: Brauchen wir überhaupt noch den Vorgesetzten?

Einer scheint in dem Meinungsstreit über den Paten völlig ausgespart: der neue Mitarbeiter. Er wird bei der Auswahl des Paten nicht beteiligt. Er wird nicht gefragt, ob er mit dem Paten „kann", ob er zu dem Menschen, zu dem er Vertrauen haben soll, auch Vertrauen hat. Kann er den Paten ablehnen? Läuft er dann nicht Gefahr, durch eine solche Ablehnung schon den ersten Konflikt heraufzubeschwören? Da will man dem Neuen helfen, und dieser weist die Hilfe zurück, wobei sich bei manchen dieser neuen Mitarbeiter schon die Frage stellt: Helfer oder Kindermädchen?

Das Patensystem wird von vielen Neueingestellten auch nicht als wichtig angesehen. Nur ganze 11,8 Prozent bei einer Befragung leitender Angestellter sahen den Beistand eines Paten als wichtig an. Dieses Ergebnis mag in der hohen Selbständigkeit dieser Gruppe begründet sein, sollte aber auch Anlaß geben, neue Mitarbeiter bei der Entscheidung „Pate, ja oder nein" zu beteiligen (Grosser, Domsch, Integration von Führungskräften, Personalwirtschaft 3/85).

Bei all den guten Erfahrungen mit dem Patensystem, über die immer wieder berichtet wird: Die vielen Bedenken und Gefahren sollten nicht unterschätzt werden. Auch hier sollte der Grundsatz sein: im Zweifel, nein!

Neue Mitarbeiter erwarten mit Recht, daß sich ihr unmittelbarer Vorgesetzter um sie kümmert, fachlich und zwischenmenschlich. Sie erwarten Kompetenz und eine eindeutige Antwort auf die oft unausgesprochene Frage: Kann ich mich auf das, was gesagt wird, verlassen?

Der offizielle Ansprechpartner ist durch nichts zu ersetzen. Bei den vielen nicht delegierbaren Führungsaufgaben der unmittelbaren Vorgesetzten bleiben nur wenige Aufgaben übrig, die auf einen Paten übertragen werden könnten.

Lohnt sich aber hierfür ein Patensystem, das in seiner Perfektion in manchen Organisationen so weit gediehen ist, daß spezielle Einführungsseminare für Paten durchgeführt werden. Hier drängt sich oft der Gedanke auf: Der Pate dient als Alibi für überlastete, unwillige oder gar unfähige Vorgesetzte!

Wenn Seminare, die sich mit der Einführung und Einarbeitung neuer Mitarbeiter beschäftigen, dann sollten es solche für die unmittelbaren Vorgesetzten sein, wobei auch hier wieder auf eines hingewiesen werden muß: Die Einführung und Einarbeitung neuer Mitarbeiter ist nur ein kleiner Teil des Gesamtkomplexes „Mitarbeiterführung“. Je umfassender die Führungskräfte auf dem Gebiet der Mitarbeiterführung mit ihren Führungsaufgaben systematisch vertraut gemacht werden und Führungsverhalten praxisnah trainiert wird, um so weniger Bedarf besteht an Sonderseminaren mit dem Thema „Einführung von neuen Mitarbeitern“. Auf der anderen Seite ist es auch sehr problematisch, sich mit dem Thema „Einführung neuer Mitarbeiter“ isoliert zu beschäftigen, wenn das Gebiet der Mitarbeiterführung allgemein vernachlässigt wird oder aber auf diesem Gebiet überhaupt nichts geschieht. Letzten Endes gilt aber auch hier der Grundsatz: Etwas tun ist besser als gar nichts zu tun!

Bei dem Seminarthema „Einführung und Einarbeitung von neuen Mitarbeitern“ muß zunächst das Grundproblem: „Wie führt man Mitarbeiter?“ behandelt werden. Dieser Themenkomplex steht gewissermaßen vor der Klammer und spielt bei den Einzelfragen der Einführung eine wichtige Rolle.

Die wichtigste Aufgabe bei solchen Seminaren ist das Vertrautmachen der Vorgesetzten mit den Erwartungen, Wünschen, Ängsten, Sorgen und Befürchtungen von Menschen, die in eine neue Umgebung kommen und neue Aufgaben bewältigen müssen. Weiterhin muß der Blick für die wirtschaftlichen Folgen der Anfangsfluktuation geschärft, sowie das Bewußtsein geweckt oder verstärkt werden, daß hier eine gesamtunternehmerische Aufgabe im Zusammenwirken aller bewältigt werden muß, für Bereichsegoismus kein Raum besteht.

Verständnis für gruppendynamische Prozesse gilt es zu schaffen, Prozesse, die beeinflußbar sind und denen man nicht freien Lauf lassen sollte. Je weniger auf dem Gebiet der Mitarbeiterführung allgemein geschult wird, um so wichtiger sind gerade diese psychologischen Themen. Dabei muß immer wieder die Frage gestellt und beantwortet werden: Was muß ich als Vorgesetzter alles tun, um eine möglichst frühzeitige Aufgabenerfüllung durch den neuen Mitarbeiter zu ermöglichen?

Schwerpunkte solcher Einführungsseminare sind vor allem die Komplexe:

- Wie führe ich Mitarbeitergespräche?
- Wie beurteile ich Mitarbeiter?

Mitarbeitergespräche sind die Voraussetzung für Anerkennung und Kritik und damit der Motivation. Sie setzen eine systematische und zielorientierte Kontrolle voraus. Kontrolle wiederum liefert die Grundlagen für die Kommunikation mit den Mitarbeitern.

Mitarbeitergespräche bilden ein weitgehend sicheres Fundament für die sachgerechte Beurteilung von Mitarbeitern, speziell für die Entscheidung über den erfolgreichen oder nicht erfolgreichen Verlauf der Probezeit. Gerade die Beurteilung von Mitarbeitern ist einer der wesentlichen Schwerpunkte der Führung überhaupt, vor allem deswegen, weil Vorgesetzte bis auf wenige Ausnahmen der Meinung sind, die Leistung und Eignung von Menschen beurteilen zu können, ohne es gelernt zu haben.

Dabei beanstandeten von uns befragte Führungskräfte bei ihren Vorgesetzten, daß nach ihrer Ansicht das Leistungsprinzip zu wenig beachtet würde, die Beurteiler die Beurteilten – oder sollte man in diesem Zusammenhang nicht treffender von Verurteilten sprechen – zu wenig kennen würden und es auch an einer Schulung der Beurteiler fehlen würde.

Und noch ein weiterer Schwachpunkt wurde von Führungskräften im Rahmen unserer Befragungen geortet: Nur ganze 11,6 Prozent der von uns befragten Führungskräfte aus dem Bereich der Finanzdienstleistungen beantworteten die Frage: *„Sind die Arbeitsanweisungen Ihrer Vorgesetzten verständlich und eindeutig?"* mit „immer", wobei hier bei den Befragungsergebnissen im Verlauf von 10 Jahren ein regelrechter Absturz von 26,4 Prozent auf nicht einmal die Hälfte zu verzeichnen war.

Vielleicht ist dies mit den immer komplexeren Arbeitsaufgaben und Arbeitsabläufen zu erklären. Vielleicht wird aber auch auf dem Gebiet „Wie erteilt man klare und verständliche Anweisungen?" zu wenig geschult. Für die meisten Vorgesetzten ist es übrigens geradezu eine Selbstverständlichkeit, dies zu können und in der Praxis auch zu tun. Selbsteinschätzung und Fremdbeurteilung klaffen wieder einmal weit auseinander. Dabei handelte es sich bei den von uns Befragten um erfahrene Führungskräfte, die ihre Vorgesetzten kennen und selbst bei nicht so klaren und verständlichen Anweisungen sich „ihren Vers“ machen können. Wie sieht es in dieser Beziehung aber bei Neueingestellten aus? Können auch diese sich ihren Vers machen?

6.12 Führungskräfte

Führungskräfte sollen andere Menschen – unterstellte Mitarbeiter, Kollegen, Vorgesetzte, Kunden, Geschäftspartner, aber auch Politiker, Verbandsfunktionäre –, die gesamte menschliche Umwelt einer Organisation, beeinflussen, etwas zu tun oder ... nicht zu tun.

Sie haben aber auch fachliche Aufgaben zu bewältigen, wobei naturgemäß – je nach Höhe der Leitungsebene – die Lösung schwieriger Detailaufgaben immer mehr in den Hintergrund tritt. Die weiter fortschreitende Spezialisierung läßt es gar nicht mehr zu, daß Führungskräfte fachlich alles beherrschen, insbesondere besser machen können als ihre spezialisierten nachgeordneten Führungskräfte und Mitarbeiter.

Steht die Führungsaufgabe aber im Vordergrund, muß sich auch die Einführung und Einarbeitung von Führungskräften schwerpunktmäßig auf diese Aufgabe konzentrieren. Das gilt sowohl für bereits erfahrene Führungskräfte, die von „außen“ kommen, als auch für Mitarbeiter, die in Führungspositionen aufsteigen, sei es, daß sie innerhalb der Organisation in Führungspositionen „befördert“ werden oder als Hochschulabgänger mit dem Ziel eingestellt werden, Führungspositionen zu übernehmen.

Allein schon von der Bedeutung der Aufgabe her müßte man annehmen, daß gerade der Einführung und Einarbeitung von Führungskräften besondere Aufmerksamkeit gewidmet wird. Betrachtet man aber die Praxis, ist man oft geradezu erschüttert, wie diese Aufgabe vernachlässigt wird, wobei auch hier Ausnahmen die Regel bestätigen. Die Folge: Führungskräfte bringen nicht die Leistung, die man von ihnen erwartet. Und: Jede dritte neu eingestellte Führungskraft verläßt vor Jahresfrist wieder das Unternehmen (M. Domsch, H. Grosser, „Stimmt etwas nicht mit der Einarbeitung?“, Personalwirtschaft 3/85).

296 von Führungskräften ausgefüllte Fragebogen wurden im Rahmen dieser Untersuchung ausgewertet. Die Ergebnisse kommen einer Bankrotterklärung gleich. Bei 44,9 Prozent der befragten Führungskräfte gab es keine Einarbeitung, sie wurden also buchstäblich ins kalte Wasser geworfen. Ähnliches stellen auch wir immer wieder in unseren Führungsseminaren fest, wenn über den neuen Start von Führungskräften diskutiert wird. Man geht einfach davon aus, daß die neu eingestellte Führungskraft

in ihrer neuen Position auch führen kann und daß sie so schnell wie möglich zeigt, daß sie auch ihr Geld wert ist. Dabei wird die Tatsache völlig außer acht gelassen, daß die meisten Führungskräfte keine systematische Führungsausbildung durchlaufen haben. Vielleicht haben einige Führungskräfte im Zuge ihrer Weiterbildung einmal ein Führungsseminar auf einem Spezialgebiet der Führung mitgemacht. Trotzdem wird „Führungswissen und -können“ ohne weiteres unterstellt. Wozu dann auch noch ein spezielles Einführungs- oder Einarbeitungsprogramm für neu eingestellte Führungskräfte?

Führungskräften bleibt dann nur noch die Möglichkeit – wenn sie nach den Erfahrungen der ersten Tage überhaupt noch den Schwung dazu haben – ein eigenes Einarbeitungsprogramm zu erstellen und „durchzusetzen“, was 26,7 Prozent der befragten Führungskräfte auch taten. Hier wird Arbeitskraft eingesetzt, die anderswo dringend gebraucht würde. Und was „kostet“ das „Durchsetzen“ eines selbsterstellten Einarbeitungsprogramms? Gegen welche Mauern, gegen welche Bürokratie muß hier angekämpft werden?

Nur 20,9 Prozent der befragten Führungskräfte fanden in ihrer neuen Stelle ein persönliches Einarbeitungsprogramm, 6,8 Prozent ein allgemeines Einarbeitungsprogramm vor, also insgesamt nicht einmal ein Drittel. Genauso niederschmetternd war ein anderes Ergebnis der Fragebogenauswertung: Nur 29,7 Prozent der befragten neu eingestellten Führungskräfte erhielten eine Stellen- und Aufgabenbeschreibung.

„Anhand der vorliegenden Untersuchung wird deutlich, daß Unternehmen offensichtlich in nur geringem Maße die Bedeutung von Einarbeitungsmaßnahmen erkannt haben“, so der Bericht. Und: „Auffällig bei den Angaben über die Verweildauer im Unternehmen ist, daß 40,5 Prozent der Führungskräfte einen Zeitraum von weniger als einem Jahr in einem Unternehmen als kürzeste Verweildauer angaben.“

Bei diesen Ergebnissen muß man sich geradezu wundern, daß angesichts solcher Defizite bei der Einführung und Einarbeitung so viele Führungskräfte das erste Jahr „überstehen“. Wie steht es aber um die Motivation der „Übriggebliebenen“? Und wie wirkt sich diese hohe „hausgemachte“ Fluktuationsrate aus, angesichts des sich immer stärker bemerkbar machenden Mangels an Führungskräften bei ständig steigendem Bedarf?

Ähnliche Defizite wie bei der Einarbeitung und Einführung von Führungskräften, die von außen kommen, zeigen sich bei der Vorbereitung von qualifizierten Mitarbeitern und Hochschulabgängern, die mit dem Ziel eingestellt werden, Führungsaufgaben wahrzunehmen.

Eine gezielte Vorbereitung von Nachwuchsführungskräften findet – auch hier bestätigen Ausnahmen vor allem in einigen Großunternehmen die Regel – weitgehend nicht statt. Erschwert wird der Start in die Führungslaufbahn noch zusätzlich dadurch, daß diese Führungskräfte sich plötzlich doppeltem Druck ausgesetzt sehen. Sie spüren den Erwartungsdruck von „oben", aber auch den von „unten", wobei der Druck, der aus dem Kreis der früheren Kollegen kommt, häufig noch stärker empfunden wird als der Erwartungsdruck, der von den Vorgesetzten ausgeht. Die früheren Kollegen erwarten von ihren neuen Vorgesetzten, daß diese etwas für sie tun. Eine Erwartung, die nicht immer erfüllt werden und zu Konflikten führen kann.

Ein weiteres Problem für die „Aufsteiger": Die Integration in den Kreis der etablierten Führungskräfte dauert erfahrungsgemäß längere Zeit, in manchen Fällen gelingt sie nie in vollem Umfang. „Zurückhaltung" wird praktiziert, die frühere Distanz wird weiter aufrechterhalten – Distanz zu einem Aufsteiger, der ja vor kurzer Zeit noch „Untergebener" war. Manche werden den „Makel des Aufsteigers" nie los. „Den kenne ich noch, wie er bei uns noch ein ganz kleines Licht war." Und, hinter der vorgehaltenen Hand natürlich: „Es war halt kein anderer da, den man hätte befördern können."

Mit all dem muß die in die Führungsposition aufgestiegene Führungskraft weitgehend allein fertig werden. Vielleicht gibt es mal ein „aufmunterndes Wort", wie „eine gute Führungskraft muß alles im Griff haben" und „warum haben wir gerade Sie ausgesucht?" Begleitet wird dann diese psychologische Unterstützung von entsprechenden guten Ratschlägen und Handlungsanweisungen, wie „zeigen Sie denen mal, wo es langgeht", „treten Sie die vors Schienbein, damit ordentlich gearbeitet wird" und, „Sie kennen doch die Tricks, haben ja lange genug in diesem Bereich gearbeitet!"

Ähnlich wie den Aufsteigern geht es oft Trainees in ihrer ersten Führungsposition. Die Misere fängt oft schon bei den entsprechenden Trainee-Programmen an, die fachlich stark überfrachtet sind. Systematische Führungsausbildung kommt in diesen Programmen kaum vor, wobei die Betonung auf „systematisch" liegt. Man kann sich beim Studium mancher dieser Programme des Eindrucks nicht erwehren, daß Führungsausbildung als auf der Hochschule „absolviert" vorausgesetzt wird. Aber auch auf den Universitäten führt Führungsausbildung – von einem entsprechenden Verhaltenstraining ganz zu schweigen – ein Mauerblümchendasein. In der Praxis sind die in die Führungsposition gelangten Trainees oft noch schlimmer dran als die aus der eigenen Organisation aufgestiegenen Führungskräfte. Diese können sich nämlich noch mit Routine und mit der Kenntnis der innerbetrieblichen Zusammenhänge helfen, während dies beim Trainee nach Absolvierung des Trainee-Programms in der ersten Führungsposition nicht möglich ist. Auch hier sind die Folgen oft katastrophal. Wir konnten in einer Organisation feststellen, daß von 19 eingestellten Hochschulabsolventen eines Einstellungsjahrganges am Ende des ersten Jahres nur noch sieben übriggeblieben waren. Kann man sich einen derartigen Verschleiß in Zukunft noch leisten?

Was passiert bei den Führungskräften, die bleiben? Wie verhalten sie sich in ihrem neuen Aufgabenbereich? Wie „behandeln" sie ihre Mitarbeiter?

Neue Besen kehren gut! Bei diesem „Kehren" wird oft viel Staub aufgewirbelt, soviel Staub, daß dieser das Aufgabenfeld manchmal völlig vernebelt. Es wird „Wind gemacht", alles durcheinander gewirbelt, so daß die Aufräumungsarbeiten, die Beseitigung des Windbruchs unnütze Energie verschlingen, die zur Aufgabenerfüllung dringend benötigt würde. Von „oben" wird dies, wenn überhaupt, mit Initiative erklärt und, wenn es Konflikte gibt, abgewiegelt. „Der wird sich schon die Hörner abstoßen", heißt es dann.

Selbstbewußtsein wird, freilich nur nach außen, demonstriert. Wie es bei diesen alleine gelassenen Führungskräften „innen" aussieht, zeigt sich bald: Die Folgen des Stresses sind unübersehbar.

Bei den unterstellten Mitarbeitern zeigt sich Widerstand, der sich dann auch in der Gruppe formiert. Das wenigste, was passieren kann, ist zunehmende Distanz, Vorschläge bleiben aus. Es wird nur noch das getan, was angeordnet wurde, und selbst das muß noch bis ins Detail kontrolliert werden. Ein „Beweis" übrigens dafür, daß es richtig war, Wind zu machen. Jetzt sieht man, daß die Mitarbeiter auf Trab gebracht werden mußten.

Übrigens, solche Führungskräfte bleiben nicht lange in der Position. Sie werden aufgrund ihrer „Initiative" befördert, und das ganze Spiel beginnt von neuem.

Daß dies nur von ganz „robusten" Führungskräften durchgehalten werden kann, versteht sich von selbst. Sie machen ihre Ellbogenkarriere. Was diese Karrieren kosten, steht auf einem anderren Blatt. Daß dies alles auf eine ungenügende Einführung, Vorbereitung auf Führungsaufgaben, oft verbunden mit einer fehlgesteuerten Personalauswahl zurückzuführen ist, wird nicht gesehen. Wer sucht schon gerne die Fehler bei sich selbst?

Und noch etwas wird nicht erkannt. Diejenigen, die über die mangelnde Bereitschaft, Führungsaufgaben zu übernehmen, klagen, sollten sich einmal die Frage stellen: Warum verzichten immer mehr qualifizierte Mitarbeiter auf eine Karriere? Warum sind gerade Gespräche, bei denen es um die Übernahme von Führungsaufgaben oder den weiteren Aufstieg geht, zunehmend von Mißtrauen geprägt?

Diese Kandidaten sehen doch täglich, wie es ihren Vorgesetzten ergeht. Dabei spielt eine rein zeitliche Mehrbelastung noch die geringste Rolle. Dann doch lieber „im Fach" bleiben. Da kann man wenigstens seine Arbeit machen und bleibt von dem Ärger verschont, der ohnehin nicht bezahlt wird.

Bei denen, die schon Führungskräfte sind, wächst das Mißtrauen. Man will alles „schwarz auf weiß" haben. Zuviele Versprechungen wurden in der Vergangenheit nicht eingehalten. Man will sich nicht mehr mit Vertröstungen hinhalten lassen. Klare Regelungen werden verlangt, die man gegebenenfalls auch einklagen kann.

Je mehr Erfahrungen eine Führungskraft, insbesondere beim Wechsel zu einem neuen Arbeitgeber, sammeln konnte, um so mehr ist alles Handeln von Vorsicht geprägt. Vorsicht, die sich vor allem in einer zunehmenden Produktion von „Schriftgut" dokumentiert. Das gilt für die Probleme, die mit der persönlichen Karriere verbunden sind, genauso wie für die Bewältigung der fachlichen Aufgaben. Alles wird dokumentiert, Vermerke, „Memos" werden geschrieben, die Absicherungsmentalität nimmt zu. Nur kein Risiko eingehen, sowohl im persönlichen als auch im fachlichen Bereich.

Und nicht nur die Produktion von Schriftgut nimmt zu. Die Beteiligungsquote an Besprechungen, Sitzungen steigt ständig an. Man nimmt teil, damit „nichts passiert". Die Anzahl derjenigen, die nur „dabei" sind, aber nicht aktiv werden, steigt. Aber die Anzahl derjenigen, die sehr viel reden, aber nichts sagen auch. Studiert man einmal die Terminpläne von Führungskräften, muß man oft feststellen, daß sie bereits für Monate (!) völlig „ausgebucht" sind. Und das selbst bei Führungskräften der dritten und vierten Leitungsebene. Das Ganze geht sogar so weit, daß man mehrere Wochen warten muß, um einen Termin zur Terminvereinbarung zu bekommen, der dann wieder eine „Vorlaufzeit" von Monaten haben kann.

Was bei der Einführung, Einarbeitung und Vorbereitung auf Führungsaufgaben versäumt wird, ist später – selbst mit hohem Kostenaufwand – kaum noch nachzuholen oder zu korrigieren. Bereits 1982 wurden die Kosten der Einstellung einer Führungskraft auf Abteilungsleiterebene mit rund 82000 DM veranschlagt (Bohlen, Ein Programm zur Einführung neuer Mitarbeiter, Personalwirtschaft 5/82), wobei die Kosten für eine Abfindung bei vorzeitigem Ausscheiden ebensowenig berücksichtigt wurden wie die Kosten eines Personalberaters oder die ideellen Schäden, etwa durch Demotivation der Mitarbeiter, Verärgerung der Kunden usw. Das war wohlgemerkt 1982! Rechnet man allein die Kostensteigerung bei den Personal-Suchanzeigen dazu, kommt man heute leicht auf Kosten, die die 100000 DM-Grenze deutlich übersteigen, wenn sich die eingestellte Führungskraft nicht bewähren sollte. Auch darüber sollte man nachdenken.

7. Mitarbeiterbeurteilung bei Finanzdienstleistern

7.1 Mitarbeiter beurteilen braucht Zeit

„Der richtige Mann, die richtige Frau am richtigen Platz!" Wenn es im Arbeitsleben eine Grundregel gibt, über die man sich einig ist, dann über diese. Sie ist so selbstverständlich, daß sie oft in Gefahr gerät, „vergessen" zu werden. Das beste und auch sicherste Mittel – wenn es auf diesem Gebiet überhaupt „Sicherheit" gibt –, der Grundregel des effizienten Personaleinsatzes zu folgen, ist die zutreffende Einschätzung des zur Verfügung stehenden Mitarbeiterpotentials, die Mitarbeiterbeurteilung.

Voraussetzung eines fähigkeitsentsprechenden Einsatzes ist immer wieder die Prüfung der Frage: Ist dies der richtige Mann oder die richtige Frau für diesen „Platz".

Nach dem Ergebnis einer Umfrage bei 90 meist größeren Unternehmen (D.Weber, M. Popp, Manager im Dauertest, Management Wissen 8/89) wird vor allem beurteilt:

- vor Ablauf der Probezeit: 77,6 Prozent,
- bei bevorstehenden oder erfolgten Versetzungen: 43,4 Prozent,
- zur Aus- und Weiterbildung: 43,4 Prozent,
- im Rahmen der Nachfolgeplanung: 39,5 Prozent,
- beim Wechsel des Vorgesetzten: 38,2 Prozent,
- zur Ermittlung einer Leistungsprämie: 27,6 Prozent,
- zur Besetzung von vakanten Führungspositionen: 22,4 Prozent.

Hier muß man schon die Frage stellen – um nur zwei Beispiele zu nennen – warum wird nur in rund drei Viertel der befragten Unternehmen vor Abschluß der Probezeit und nur in etwas mehr als einem Fünftel bei der Besetzung von Führungspositionen „beurteilt"?

Wie wird denn verfahren, wenn die Entscheidung ansteht, ob jemand nach Ablauf der Probezeit „übernommen" wird, und wie geht es bei der

Besetzung von Führungspositionen zu? Wird da etwa „über den Daumen gepeilt?"

Die Beurteilung von Mitarbeitern ist aber nicht nur entscheidend für die Übernahme oder die Gehaltsfindung. Sie hat zentrale Bedeutung für die Persönlichkeit desjenigen, der „beurteilt" wird. Sie trägt wesentlich zur Identitätsfindung eines jeden Menschen bei. Sie beantwortet die entscheidenden Fragen: „Wer bin ich?", „Wie werde ich gesehen?" Die Beurteilung kann so zum entscheidenden Motivations-, aber auch Demotivationsfaktor werden. Leider wird die Bedeutung der Mitarbeiterbeurteilung in dieser Beziehung von vielen beurteilenden Vorgesetzten überhaupt nicht erkannt oder man will sie nicht erkennen.

Beide Dimensionen der Beurteilung – die Wirkung nach außen auf den Arbeitseinsatz und die „Innenwirkung" auf die Motivation – haben entscheidende Auswirkungen auf die Leistungsbereitschaft und damit die Leistung sowohl der Mitarbeiter als auch der gesamten Organisation. Größere Organisationen haben dies längst erkannt und regelrechte Beurteilungssysteme geschaffen, Beurteilungsregeln, nach denen Beurteilungen erstellt werden, Verfahrensregeln, nach denen die Beurteilungsverfahren ablaufen sollen. Ziel: Eine gerechte, weitgehend objektivierbare Beurteilung, die einen entsprechenden effizienten Einsatz gewährleistet und damit die Gesamtleistung der Organisation sichert.

Bei vielen Sparkassen, Banken und Versicherungen ist die „Regelbeurteilung" seit langem eingeführt. Führungskräfte und Mitarbeiter werden in bestimmten Zeitabständen nach festen Regeln beurteilt.

Ganz gleich, ob „formalisiertes" Beurteilungsverfahren oder nicht: Jeder Vorgesetzte, in welchem Bereich auch immer, muß „beurteilen", spätestens dann, wenn er ein Zeugnis ausstellen muß. Fachkenntnisse, Korrektheit und Qualität der Arbeitsausführung, Leistungsbereitschaft müssen ebenso beurteilt werden wie die Fähigkeit zur Kooperation, Teamgeist, Kommunikationsfähigkeit oder Belastbarkeit, um nur einige Beispiele zu nennen.

Dabei mag die Beurteilung der Fachkenntnisse sowie der Korrektheit und Qualität der Arbeitsausführung, die nach der oben genannten Umfrage bei der Beurteilung von Mitarbeitern die Schwerpunkte bilden, kaum Schwierigkeiten bieten. Wie steht es aber bei der Beurteilung „Fähigkeit zur Kooperation, Teamgeist", die immerhin bei rund der Hälfte der Beurteilungssysteme als Beurteilungskriterien bei den Mitarbeitern und AT-Angestell-ten erscheinen, bei leitenden Angestellten bei rund 30 Prozent und bei Top-Managern bei rund 22 Prozent? Wobei hier bei diesen Führungskräften der oberen und obersten Leitungsebene die Frage gestellt werden muß, warum diese Beurteilungskriterien eine so geringe Rolle spielen. Weitere Beispiele wären: Delegationsfähigkeit (Leitende: 14,9 Prozent, Top-Manager: 11,1 Prozent), Verantwortungsbewußtsein (Leitende: 8,5 Prozent, Top-Manager: 7,4 Prozent:), Innovationsfreudigkeit (Leitende: 4,3 Prozent, Top-Manager: 14,8 Prozent).

Tauchen diese Beurteilungskriterien – abgesehen von „Fähigkeit zur Kooperation, Teamgeist" – deswegen so selten auf, weil man den Beurteilern etwa nicht zutraut, dies alles beurteilen zu können? Oder hält man die Fähigkeit zur Delegation, Verantwortungsbewußtsein, Innovationsfreudigkeit, um bei den oben genannten Beispielen zu bleiben, etwa nicht für wichtig?

Sei dem, wie es sei. Im Zusammenhang mit Beurteilungen muß immer die Frage gestellt werden: Kann man all das, was bei der Entscheidung „der richtige Mann, die richtige Frau an den richtigen Platz" im einzelnen geprüft werden muß, zuverlässig beurteilen, ohne dies gelernt, sich mit Beurteilungsfragen ernsthaft und systematisch beschäftigt zu haben? Diese Frage wird nach unseren Erfahrungen in der Praxis nur ganz selten gestellt. Ein Vorgesetzter kann beurteilen! Er muß es ja auch können, denn sonst wäre er ja nie Vorgesetzter geworden. Seminare, die sich systematisch mit Beurteilungsfragen beschäftigen, muß man im Fortbildungsangebot mit der Lupe suchen.

Die Frage, ob man überhaupt fähig ist, die Leistung und Eignung eines Menschen zu beurteilen, sollte sich jeder stellen, insbesondere diejenigen, die ein Beurteilungssystem einführen wollen oder im Rahmen eines bereits bestehenden Beurteilungssystems von ihren Führungskräften verlangen, Mitarbeiterinnen und Mitarbeiter zu beurteilen. Mit dem „Ausfüllen" von Beurteilungsbögen, was ja angeblich jeder kann, ist es bei weitem nicht getan.

Überläßt man die Beurteilung der Leistung und Eignung von Menschen ungeschulten Führungskräften, dann besteht die große Gefahr, daß „die

Beurteilung“ – ob formalisiert oder nicht – zum größten Demotivationsfaktor in einer Organisation werden kann, „in einem fundamentalen Sinn eine Art psychischer Kannibalismus“, so Professor Neuberger (Management Wissen 8/89). Deswegen funktionieren nach Ansicht vieler Experten die meisten Beurteilungssysteme in der Praxis nicht. Sie mißraten zu Disziplinierungsmitteln und Machtinstrumenten und gefährden nach Ansicht von Personalberatern die Existenz von Unternehmen.

Und noch etwas muß bei der Beurteilung von Mitarbeitern unbedingt bedacht werden: das Zeitproblem. Ganz gleich, ob im Rahmen eines standardisierten Beurteilungssystems regelmäßig in bestimmten Zeitabständen schriftliche Beurteilungen erstellt oder ob „nur“ Zeugnisse geschrieben werden müssen, spätestens dann, wenn „formuliert“ werden muß, merkt man, daß man Zeit braucht. Und: Je weniger man sich auf die Beurteilung vorbereitet hat, um so mehr ringt man förmlich nach Worten.

Mit der „Formulierung“ der Beurteilung oder eines Zeugnisses ist es aber noch lange nicht getan. Das, was oft mit viel Mühe und Zeitaufwand zu Papier gebracht wurde, muß dem Beurteilten „ausgehändigt“ werden. Und nicht nur das. Beurteilungen müssen, so sehen es die „Beurteilungsrichtlinien“ von Beurteilungssystemen vor, mit den Beurteilten besprochen werden. Und auch bei Zeugnissen gibt es ein ungeschriebenes Gesetz: Das Geschriebene muß mit Leben erfüllt werden. Ein Stück Papier kann das Gespräch über die Leistung nicht ersetzen.

Für viele Vorgesetzte wird das Ganze zum Zeitproblem. Woher soll man während des hektischen Tagesbetriebes hierfür die Zeit nehmen? Mit „Überstunden“ ohnehin reichlich „gesegnet“, muß man sich hierfür förmlich die Zeit stehlen. Oft müssen derartige Gespräche verschoben, andere wiederum, weil Dringendes dazwischen kam, unter- oder gar abgebrochen werden. Oft greift man da zu einer „Notlösung“ . Man händigt dem Beurteilten die Beurteilung oder das Zeugnis kurzerhand aus, „wenn Sie da noch Fragen haben, können wir uns ja darüber unterhalten“. Die wenigsten haben Fragen. Und damit ist „die Sache“ erledigt, die Beurteilung „gelaufen“. Nicht weil die Beurteilten, oder sollte man nicht treffender sagen, die „Verurteilten“, keine Fragen gehabt hätten. Im Gegenteil, da gab es manche Fragen, insbesondere dann, wenn im Rahmen eines Beurteilungsverfahrens mehrere Mitarbeiterinnen und Mitarbeiter beurteilt worden waren und man sich mit diesen ebenfalls beurteilten Kolleginnen und Kollegen unterhalten hatte. Kollegen, die man im übrigen ja gut kannte, von denen man auch wußte, was diese leisteten, wie belastbar sie waren, von denen man wußte, daß bei ihnen private Interessen gegenüber den dienstlichen eindeutig Vorrang hatten. Kollegen, von denen bekannt war, daß sie sich auf Kosten anderer gern in Szene setzten, aber auch Kollegen, die wegen ihrer Arbeitsergebnisse nicht viel Aufhebens machten, die selbst dann „mit dem Kopf unter dem Arm“ zum Dienst kamen, wenn andere schon längst „ausgefallen“ waren. Alles in allem: Man kannte sich, man wußte, was man voneinander zu halten hatte. Der „Vergleich“ war möglich und wurde auch angestellt.

Mit diesen Fragen aber zum Vorgesetzten gehen? Dann würde man ja auch damit die Fähigkeiten des beurteilenden Vorgesetzten in Frage stellen, die Leistungen seiner Mitarbeiter treffend einzuschätzen. Kritik an der Leistung eines Vorgesetzten, und darum geht es letzten Endes, wenn man diese „kritischen Fragen“ stellt, ist problematisch.

Zwar halten es rund 80 Prozent der von uns befragten Führungskräfte und Mitarbeiter aus dem Bereich der Finanzdienstleistungen für wichtig, daß „Untergebene“ das Fehlverhalten ihrer Vorgesetzten diesen gegenüber auch ausdrücklich kritisieren sollten, aber nur etwas mehr als die Hälfte der Führungskräfte und knapp ein Viertel der Mitarbeiter hatten dies schon einmal getan.

Diese Zurückhaltung ist begreiflich, denn rund die Hälfte der Führungskräfte und fast 60 Prozent der Mitarbeiter aus dem Bereich der Finanzdienstleistungen glaubten, daß eine solche Kritik ihrer Karriere schaden würde. Nur 28,5 Prozent der Führungskräfte und 21,3 Prozent der Mitarbeiter aus diesem Bereich der Wirtschaft erwarteten „Einsicht“ bei ihren Vorgesetzten auf eine solche Kritik. Befürchtet wurden dagegen Ärger, Betroffenheit, Widerspruch, Wut oder Rachegefühle.

Bei dieser Einstellung – der Schluß liegt nahe, daß diese ihre Ursache im Führungsverhalten der Vorgesetzten hat – darauf zu vertrauen, die Beurteilten würden „von sich aus kommen“, wenn sie Fragen oder Einwendungen hätten, ist Illusion. Und aus der Tatsache, daß sich, von Ausnahmefällen einmal abgesehen, niemand „beschwert“, zu schließen, daß Beurteilungs- und Zeugnisfragen unproblematisch seien, ist sicher sehr gewagt.

Vorgesetzte müssen hier unbedingt auf ihre Mitarbeiterinnen und Mitarbeiter im wahrsten Sinne des Wortes „zugehen“. Beurteilungen, Zeugnisse müssen sorgfältig vorbereitet und ausführlich mit den Beurteilten besprochen werden. Für beides muß man sich viel Zeit nehmen. Die Zeitfrage darf in Beurteilungsfragen nicht zum Problem werden. Dies gilt es auch bei der Planung und Einführung von Beurteilungsgrundsätzen und Verfahren zu bedenken. Steht nicht genügend Zeit zur Verfügung, wird das Beurteilungswesen zum Beurteilungsunwesen. Es schadet mehr als es nützt.

7.2 Das Gespräch über die Leistung

Die Beurteilung der Leistung und vor allem auch der Eignung von Menschen gehört zu den wichtigsten, verantwortungsvollsten, aber auch schwierigsten Aufgaben eines Vorgesetzten. Mit der Beurteilung wird ja nicht nur zurück in die Vergangenheit geschaut und gewissermaßen ein Schlußstrich unter eine erbrachte Leistung gezogen. Beurteilungen sind zum großen Teil auch Prognosen für die Zukunft oder sollten es wenigstens sein. Die Beurteilung soll auch darüber Auskunft geben, „wie es weitergehen sollte oder könnte". Solange ein Mitarbeiter oder auch eine Führungskraft in ihrem Berufsleben noch Aufstiegsmöglichkeiten sieht, ist dies für sie vielleicht sogar der wichtigere Teil der Beurteilung. Und nicht nur für den Beurteilten. Jeder Arbeitgeber sollte im höchsten Maße an diesen „Zukunftsperspektiven" interessiert sein. Die Beurteilung der Eignung ist die beste und sicherste Grundlage einer vorausschauenden Personalplanung.

Mag dies auf den ersten Blick nur für größere Organisationen gelten: Auch in kleineren Bereichen, wo es ja buchstäblich auf jeden Mitarbeiter, auf jede Führungskraft ankommt, sollte man sich Gedanken über die Zukunft seiner Mitarbeiter und Führungskräfte und damit auch über die Zukunft der eigenen Organisation machen. Auch Fortbildungsmaßnahmen der Mitarbeiter und Führungskräfte haben ihre Grundlage in der Beurteilung der Leistung und vor allem der Eignung, ganz gleich, ob im Rahmen eines formalisierten Beurteilungssystems oder von „formlos" ständig zu führenden Mitarbeitergesprächen.

Dabei hat es wenig Sinn, darüber zu streiten, ob Beurteilungssysteme in der Praxis überhaupt „funktionieren" oder nicht. Beurteilt werden muß in jedem Falle, ob im Rahmen eines Systems oder nicht. Die Frage der Eignung muß immer gestellt und beantwortet werden, will man den Anforderungen eines modernen Personalwesens genügen. Um so mehr muß es verwundern, daß nach dem Ergebnis der Umfrage durch die Zeitschrift Management Wissen (8/99, Manager im Dauertest) eine Potentialbeurteilung bei Tarifangestellten nur in 30,6 Prozent, bei AT-Angestellten in 52,9 Prozent, bei leitenden Angestellten in 54 Prozent und bei Top-Managern in 40 Prozent der befragten Organisationen vorgesehen ist.

Der Bedeutung der Mitarbeiterbeurteilung wird in größeren Organisationen unter anderem auch dadurch Rechnung getragen, daß man sich nicht auf das Urteil nur eines „Beurteilers" verläßt. Ausgehend von dem Gedanken, daß sich Menschen bei der Beurteilung anderer Menschen irren können, sehen viele Beurteilungssysteme einen „Erstbeurteiler", meist der unmittelbare Vorgesetzte, und einen „Zweitbeurteiler", der nächsthöhere Vorgesetzte, vor. Nach dem Ergebnis der Umfrage in 90 meist größeren Unternehmen sind die nächsthöheren Vorgesetzten bei Tarifangestellten in 62 Prozent, bei AT-Angestellten in 72,5 Prozent, bei Leitenden Angestellten in 71,1 Prozent und bei Top-Managern in 56,2 Prozent der befragten Organisationen für die Beurteilungen mit verantwortlich.

Auch ein wie auch immer ausgestattetes „Prüfungs- und Beschwerdeverfahren" wird installiert. Selbstverständlich soll keiner, der seine Beurteilung „höheren Orts" nachprüfen läßt, dadurch einen Nachteil haben, so der Grundtenor der einschlägigen Vorschriften, die im übrigen mit den gesetzlichen Regelungen des Betriebsverfassungsgesetzes übereinstimmen. Jeder Arbeitnehmer hat das Recht, sich bei den zuständigen Stellen des Betriebes zu beschweren, wenn er sich benachteiligt, ungerecht behandelt oder in sonstiger Weise beeinträchtigt fühlt. Wegen der Erhebung einer Beschwerde dürfen ihm keine Nachteile entstehen (§ 84 des Betriebsverfassungsgesetzes).

Wie steht es um diese Nachprüfungsmöglichkeiten in der täglichen Praxis? Um das Ergebnis vorweg zu nehmen: Außer einem „selbstverständlich können Sie diese Beurteilung nachprüfen lassen, denn jeder Mensch kann sich ja irren", geschieht gar nichts. Was soll ein Vorgesetzter, der zwei Hierarchieebenen über dem sich beschwerenden Mitarbeiter „angesiedelt" ist, auch tun, wenn er, und das ist meistens der Fall, die Leistungen des Beschwerdeführers aus unmittelbarer eigener Anschauung gar nicht kennt. Die Beschwerdemöglichkeit in Beurteilungsfragen ist in der Praxis ein sehr stumpfes Schwert. Wenn überhaupt, dann wird von dieser Möglichkeit nur dann Gebrauch gemacht, wenn man bereits eine andere Arbeitsstelle fest in Aussicht hat und die „Personalaktenlage" im Hinblick auf die Zukunft verbessern will.

Etwas, was auch bei Rechtsstreitigkeiten über den Inhalt von Zeugnissen mit den Arbeitgebern leider immer wieder zu beobachten ist. Derartige Rechtsstreitigkeiten werden sehr oft mit großer Hartnäckigkeit, ja sogar

Erbitterung geführt. Das einzige Mittel, solche für beide Seiten unerfreulichen Prozesse zu vermeiden: ein sorgfältig vorbereitetes Zeugnis, das sich auf viele eigene Beobachtungen stützt. Tatsachenfeststellungen müssen belegt werden, Werturteile begründet werden können.

Die wichtigste Voraussetzung für die Beurteilung der Arbeitsleistung und der Eignung eines Menschen ist, daß man diese auch genau kennt. Jeder, der beurteilen muß, sollte sich diese Frage, bevor er an die Formulierung des Textes geht, immer wieder stellen. Fragt man „Beurteiler", ob sie ihre Mitarbeiter so gut „kennen", daß sie auch zutreffend Leistung und Eignung beurteilen können, wird die Frage ohne zu zögern selbstverständlich bejaht.

Fragt man die beurteilten Mitarbeiter und Führungskräfte, wird das Selbstbild der Beurteiler oft erschüttert. Fast ein Fünftel der Führungskräfte und rund ein Viertel der Mitarbeiter aus dem Bereich der Finanzdienstleister waren der Meinung, daß ihre Vorgesetzten sie, und damit meinten sie ihre Arbeitsleistung, nicht genügend kennen würden. Ob diese Meinung gerechtfertigt ist, mag dahinstehen. Wenn aber eine so große Anzahl der Ansicht ist, daß ihre Arbeitsleistung oder Eignung für eine höher qualifizierte Tätigkeit von ihren Vorgesetzten nicht zutreffend beurteilt werden könnten, „weil die Beurteiler die Beurteilten zu wenig kennen", dann ist dies im höchsten Maße alarmierend. Letzten Endes geht es doch hier um das wichtigste Prinzip des Arbeitseinsatzes überhaupt: Der richtige Mann oder die richtige Frau an den richtigen Platz!

Ein starkes Anzeichen dafür, daß sich Vorgesetzte nicht so, wie es erforderlich wäre, mit den Leistungen ihrer Mitarbeiter, deren Tätigkeiten beschäftigen, bietet die Beantwortung der folgenden Frage: *„Interessiert sich Ihr Vorgesetzter für das Ergebnis Ihrer Arbeit?"* Rund 40 Prozent der von uns befragten Führungskräfte und die Hälfte der Mitarbeiter aus dem Finanzdienstleistungsbereich beantworteten diese Frage mit „durchschnittlich" oder „kaum".

„Bespricht Ihr Vorgesetzter Ihre Aufgaben ausreichend mit Ihnen?" Hier waren es rund die Hälfte der Führungskräfte und Mitarbeiter aus diesem Bereich der Wirtschaft, die diese Frage mit „es geht so" oder „nicht ausreichend" beantworteten.

Regelrecht alarmierend war das Ergebnis bei der Frage: *„Sagt Ihnen Ihr Vorgesetzter, wie er über Ihre Leistungen denkt?"* Mehr als 60 Prozent der Führungskräfte und fast drei Viertel der Mitarbeiter entschieden sich für ein „selten“ oder „nie“.

Diese Befragungsergebnisse werden in anschaulicher Weise ergänzt durch das Ergebnis der Betriebsklimauntersuchungen im Bereich der Kreditgenossenschaften (W. Bachmann, Mittelpunkt und Engpaß: Die Motivation der Mitarbeiter, Genossenschaftskurier 4/88), wo nur 44 Prozent der Befragten der Aussage zustimmen konnten: *„Mein direkter Vorgesetzter bespricht mit seinen Mitarbeitern offen die Kontrollergebnisse.“*

Abgesehen von den Leistungsdefiziten, die diese Kommunikations- und damit Führungsdefizite zur Folge haben: Wie will ein Vorgesetzter bei der Mitarbeiterbeurteilung Leistung und Eignung der ihm unterstellten Mitarbeiter beurteilen, wenn er nicht in ausreichendem Maße mit diesen über ihre Aufgaben spricht, sich nur „durchschnittlich“ oder „kaum“ für die Arbeitsergebnisse interessiert, selten oder nie mit ihnen über ihre Leistungen spricht.

Auffällig in diesem Zusammenhang sind die besonders hohen Kommunikationsdefizite im Bereich der weiblichen Angestellten. Wirken sich hier etwa Statusunterschiede in der Kommunikation aus? Das Gespräch über die Leistung, das kontinuierlich geführte Mitarbeitergespräch ist eines der wesentlichsten Mittel zur Arbeitserziehung und Motivation der Mitarbeiter und darf auf keinen Fall vernachlässigt werden. Es sollte nicht der Gedanke aufkommen „Der Chef spricht ja nur mit seinesgleichen“.

Das in regelmäßigen Abständen geführte Gespräch über die Leistung bietet einmal die Gewähr dafür, daß gute Leistungen bestätigt und ausdrücklich anerkannt werden. Hier ist aber auch Gelegenheit, Kritik da anzubringen, wo es erforderlich erscheint, Verhalten zu ändern, Leistungen zu verbessern. Das kontinuierlich geführte Mitarbeitergespräch garantiert aber auch, daß es bei einer Beurteilung oder einem Zeugnis nicht zu Überraschungen kommt, der Mitarbeiter erst beim Lesen erfährt, was man von seinen Leistungen und seiner Eignung, von „ihm“ hält.

In vielen Fällen wird nach solchen Überraschungen das künftige Verhältnis zwischen dem beurteilenden Vorgesetzten und dem Mitarbeiter nicht frei von „Störungen“ sein, zumindest wird es eine ganze Weile dauern, bis es sich wenigstens an der Oberfläche wieder beruhigt hat. Ob es so ganz wieder ins reine kommt, steht dahin. Die Folge ist sehr oft ein „Knick“ in der Leistungsbereitschaft und damit in der Leistung. Grund wiederum genug für den beurteilenden Vorgesetzten, zu sagen: „Ich hatte ja doch recht!“

Die Beurteilung von Mitarbeitern ist ein Mosaikstein im Rahmen des gesamten Führungsverhaltens. Sie ist ein wichtiger Prüfstein dafür, ob kooperativ geführt wird oder nicht. Die Art und Weise, wie mit diesem Führungsmittel umgegangen wird, entscheidet über die Glaubwürdigkeit von Vorgesetzten. Der Kredit an Glaubwürdigkeit ist aber begrenzt, und wer einmal diesen Kredit verspielt hat, kann ihn, wenn überhaupt, nur sehr schwer wieder erringen

7.3 „Geheimcodes“ in Zeugnissen

Mitarbeiterbeurteilungen, Zeugnisse entscheiden sehr oft über die Zukunft der Beurteilten. Sie werden zur „Existenzfrage“. Es müßte bei der Bedeutung, die diesen Entscheidungen zukommt, gerade selbstverständlich sein, sich mit dem Fragenkomplex „Beurteilungen“ systematisch zu beschäftigen. Schulung von „Beurteilern“ wird nicht nur von Kennern der Beurteilungsmaterie gefordert. Auch die von den Beurteilungen im wahrsten Sinne des Wortes betroffenen Mitarbeiterinnen und Mitarbeiter wollen von auf diesem Gebiet geschulten Vorgesetzten beurteilt werden.

Wird diesen berechtigten Forderungen in der Praxis auch Rechnung getragen? Werden die für die Beurteilung von Mitarbeitern verantwortlichen Führungskräfte auf diese verantwortungsvolle Aufgabe entsprechend vorbereitet? Wie sieht die Aus- oder Fortbildung der Führungskräfte in dieser Beziehung aus? Werden von den entsprechenden Fortbildungseinrichtungen Seminare angeboten? Wo werden die für die ordnungsgemäße Erfüllung dieser wichtigen Führungsaufgabe erforderlichen Grundkenntnisse vermittelt? Wer unterrichtet über Neuentwicklungen auf diesem Gebiet? Denn auch hier steht die Entwicklung nicht still.

Wie auf allen Gebieten, kommt die Qualifikation auf dem Gebiet der Mitarbeiterbeurteilung nicht von selbst. Es mag sicher Menschen geben, die aus der Intuition heraus über ein „treffsicheres“ Urteil verfügen. Wie steht es aber mit der Mehrheit der Vorgesetzten, die über diese Fähigkeit nicht verfügen? Wie steht es um die angehenden Führungskräfte, die schon kurz nach den entsprechenden Prüfungsabschlüssen Führungsaufgaben zu übernehmen haben und dabei die Leistung und Eignung ihrer Mitarbeiter beurteilen müssen? Oft stehen gerade sie dieser Aufgabe mehr oder weniger hilflos gegenüber und geraten, weil sie sich mit großem Verantwortungsbewußtsein diesen Problemen stellen, in Gewissenskonflikte.

Das Unbehagen mit der Beurteilungsproblematik und der Beurteilungspraxis kommt auch deutlich in unseren Befragungsergebnissen zum Ausdruck: Fast ein Drittel der von uns befragten Führungskräfte aus dem Bereich der Finanzdienstleistungen beklagten ausdrücklich den Mangel an Schulung auf dem Gebiet der Mitarbeiterbeurteilung.

All dies sollte jedem, der es mit dem Grundsatz „der richtige Mann oder die richtige Frau an den richtigen Platz“ ernst meint, zum kritischen Nachdenken veranlassen. Hier muß dringend etwas geschehen. Gerade in einer Zeit, in der die Arbeit und damit auch die Arbeitsplätze immer teurer werden, die Effizienz des Arbeitseinsatzes immer wichtiger wird, reicht „Intuition“ bei der Mitarbeiterbeurteilung nicht mehr aus. Qualität ist auch hier, vor allem hier, gefordert.

Beurteilen muß gelernt, geübt werden. Dazu gehört, daß sich die Beurteiler überhaupt erst einmal über bestimmte Sprachregelungen einigen müssen, die im Rahmen von Beurteilungen wichtig sind. Was versteht zum Beispiel ein Beurteiler, wenn er in einer Beurteilung oder einem Zeugnis dem Beurteilten „Führungseigenschaften“ bescheinigt? Zwar verstehen hierunter rund die Hälfte der von uns befragten Führungskräfte „zielorientierte Verhaltensbeeinflussung“. Andere verstehen darunter „dafür sorgen, daß Anweisungen ausgeführt werden“ oder schlicht und einfach „sich als Vorgesetzter durchsetzen“. Wenn dann aber konkret über Führungseigenschaften gesprochen wird, gilt überwiegend derjenige als guter Vorgesetzter, der den Mut hat, „Untergebene aufzumöbeln“, diese „zur Brust zu nehmen“, sie „vors Schienbein zu treten“, zu „versammeln“ oder „abzubürsten“. Besonders geschätzt wird, wer endlich wieder kontrolliert, insbesondere den jungen Leuten auf die Finger sieht, darauf achtet, daß nicht zu viel geschwätzt, „palavert“ wird. Andere wiederum, nach unseren Erhebungen, aber auch Erfahrungen in der täglichen Praxis die Minderheit, verstehen unter „Führung“ vor allem Leistung durch Kooperation, stellen bei der Entscheidungsfindung die Kommunikation mit der Arbeitsgruppe in den Mittelpunkt, setzen Vertrauen in die Leistungsbereitschaft und Fähigkeit ihrer Mitarbeiter.

Beurteilungen sollen vergleichbar sein! Wie kann man aber vergleichen, wenn man von *„hervorragenden Führungseigenschaften“* spricht und sich gar nicht darüber einig ist, was man darunter überhaupt zu verstehen hat? Wenn zum Beispiel ein Abteilungsleiter, der kooperativ führt, einem Mitarbeiter, der für eine Führungsposition vorgesehen ist, die „Befähigung zur Menschenführung“ bescheinigt und ein anderer Abteilungsleiter, ein Anhänger des autoritären Führungsstils, bei einem seiner Mitarbeiter das gleiche tut, beide aber ganz unterschiedliche Auffassungen von „Führung“ haben.

Ganz schlimm wird es, wenn man an die immer mehr verklausulierte „Zeugnissprache" denkt. Liest man in einem Zeugnis die Formulierung, daß sich *„jemand mit großem Eifer an die ihm übertragenen Aufgaben herangemacht hat"*, dann klingt dies bei einem „Uneingeweihten" doch recht positiv. In der „Geheimsprache" der Personalverantwortlichen bedeutet dies aber etwas sehr Negatives und muß beim „Beurteilten", wie es erst kürzlich in einer Fachveröffentlichung hieß, „schlaflose Nächte" zur Folge haben. Der „Unbefangene" muß ob solcher „Kunstgriffe" den Kopf schütteln, wenn sich hinter einer solchen Formulierung schlicht und einfach eine „unzureichende" oder „mangelhafte" Leistung verbirgt. Es hätte bei einer noch ausreichenden Leistung heißen müssen, daß *„die übertragenen Aufgaben stets zur Zufriedenheit erledigt wurden"*. Steigerungsmöglichkeiten: *„Volle Zufriedenheit", „vollste Zufriedenheit"*, wobei man bei letzterer schon mit der deutschen Sprache in Konflikt gerät.

In diesem Zusammenhang lohnt es, sich über die Bedeutung des Begriffes „zufriedenstellend" Gedanken zu machen. Von der Fachsprache der Personalexperten unbeeinflußt ist dies doch etwas Positives, was hier beschrieben wird. Ist es nicht normal, bei einer Leistung, mit der man zufrieden ist, den Begriff „zufriedenstellend" zu verwenden? Aber was ist in der „Zeugnissprache" noch normal?

Geradezu auf die Spitze getrieben wird das Ganze, wenn man eine Formulierung wie *„er hat die ihm übertragenen Arbeiten zu unserer vollen Zufriedenheit ausgeführt"* negativ auslegt, weil darin das Wort „stets" fehlt und man damit ausdrücken will (?), daß man eben nicht „immer" zufrieden war.

Was soll man sagen, wenn die Formulierung *„er führte die ihm übertragenen Arbeiten mit großem Fleiß und Interesse durch"* als „vernichtendes Urteil über die Leistungen eines Arbeitnehmers auffassen muß" (Dietz, Zeugnis im Arbeitsrecht, Haufe Verlag, Freiburg 1986) und der Rat gegeben wird: „In solchen Fällen sollte sich der Arbeitnehmer überlegen, ob er sich nicht besser mit einem einfachen Zeugnis begnügen möchte."

Was aber dann, wenn sich sowohl Arbeitgeber als auch Arbeitnehmer der auch von der Rechtsprechung gestützten Auslegung gar nicht bewußt waren und ein „Experte" bei einem neuen Arbeitgeber dem Bewerber – vielleicht (!) – klar macht, daß hiermit ein „vernichtendes Urteil" abgegeben wurde?

Das Gefährliche an diesem Geheimcode ist: Wer kennt ihn, wer kennt ihn nicht? Wer wendet ihn bewußt an, wer tut es nicht? Der Schaden ist ungeheuer groß, wenn ein der Geheimsprache Unkundiger mit bester Absicht schreibt: *„Für die Belange der Belegschaft bewies sie stets Einfühlungsvermögen"* und ein „Kundiger" interpretiert: „Sucht Sexkontakte bei Betriebsangehörigen." Wird ein Bewerber dann noch in die engere Wahl einbezogen?

Was soll man darunter verstehen, wenn einer Mitarbeiterin oder einem Mitarbeiter *„Geselligkeit"* attestiert oder einer Führungskraft *„Toleranz"* bescheinigt wird. Ein geselliger Mitarbeiter, ein toleranter Vorgesetzter! Klingt das nicht alles positiv? Und was wird von Personalexperten daraus gemacht? Hinter der „Geselligkeit" werden „Alkohol im Dienst", hinter einem toleranten Vorgesetzten „Chaos", „jeder kann machen, was er will" vermutet.

Man sollte mit diesem Unsinn endlich Schluß machen, schon aus dem Grund, weil man hinter jeder Formulierung etwas „Geheimnisvolles" sucht und die Gefahr besteht, daß man als „unverbildeter" Beurteiler Formulierungen gebraucht, die unbeabsichtigt unabsehbare Folgen haben.

Hinter diesen Formulierungen steht letztlich das Bemühen, der rechtlichen Verpflichtung nachzukommen, daß Zeugnisse vom „verständigen Wohlwollen" für den Mitarbeiter getragen sein und das „weitere Fortkommen nicht behindert werden soll". Was nützen aber alle „Umschreibungen", wenn schließlich die Kenner des Geheimcodes wissen, was hinter den Formulierungen verborgen ist, wenn man weiß, daß hinter dem *„Bemühen"* eben eine unzureichende oder mangelhafte Leistung verborgen ist. Wenn nun jeder wüßte, daß „Bemühen" einer unzureichenden Leistung entspricht, könnte man doch gleich von einer – sprachlich einwandfreien – unzureichenden Leistung sprechen. Darauf zu hoffen, daß es jemand nicht gleich merkt oder daß es noch jemanden gibt, der es überhaupt nicht merkt, ist in hohem Maße unredlich und hat mit einer den gesellschaftlichen Erfordernissen entsprechenden Mitarbeiterführung kaum noch etwas zu tun.

7.4 „Wohlwollen“ und „ Wahrheitspflicht“

Zeugnisse und Beurteilungen müssen so abgefaßt sein, daß ein Dritter, der den Beurteilten nicht kennt, sich ein klares Bild von dessen Leistungen und Eignung machen kann.

Bei Arbeitszeugnissen wird zwischen dem einfachen Arbeitszeugnis und dem qualifizierten Arbeitszeugnis unterschieden. Das einfache Arbeitszeugnis bezieht sich nur auf Tatsachen wie Personalien, Art und Dauer der Tätigkeit und Aufgabengebiet. Im qualifizierten Arbeitszeugnis wird darüber hinaus noch das Leistungs- und Sozialverhalten beurteilt. Das gleiche gilt bei den innerbetrieblichen Beurteilungen, die in bestimmten Zeitabschnitten erstellt werden.

Das qualifizierte Arbeitszeugnis muß alle wesentlichen Tatsachen und Bewertungen enthalten, die einmal für die Beurteilung des Mitarbeiters bedeutsam, zum anderen für einen künftigen Arbeitgeber von Interesse sind. Der Inhalt des Zeugnisses muß so gestaltet sein, daß das berufliche und damit wirtschaftliche Fortkommen des beurteilten Mitarbeiters nicht behindert wird. Die „wohlwollende Prägung“ hat jedoch in der Wahrheitspflicht ihre Grenzen. Rechtlich einwandfreie und aussagefähige Arbeitszeugnisse zu formulieren ist nicht immer einfach. Die Grenze zwischen „Dichtung und Wahrheit“ wird in der Praxis oft in Richtung „Dichtung“ verschoben.

Bei der Beurteilung der Leistung geht es vor allem um konkret erbrachte Arbeitsergebnisse. Korrektheit und Qualität der Arbeitsausführung und die Fachkenntnisse stehen im Mittelpunkt sowohl der innerbetrieblichen Beurteilung als auch des Zeugnisses. Auch die bewältigte Arbeitsmenge spielt eine wichtige Rolle.

Bei der Beurteilung der Qualität der Arbeitsausführung kommt es sowohl auf die Einhaltung der im jeweiligen Bereich zu beachtenden Vorschriften als auch darauf an, ob die Arbeitsergebnisse unter Beachtung allgemein geltender Grundsätze erzielt wurden. Auch die termingerechte Arbeitsausführung spielt hier eine Rolle, das heißt Aussagen darüber, ob die Arbeitsergebnisse zu den vorgeschriebenen Terminen erbracht wurden. Kommt es auf die „Normgerechtigkeit“ an, so ist zu beurteilen, ob die Arbeitsergebnisse in der vorgeschriebenen, der üblichen und zweckmäßigen Form erbracht wurden. Hier spielt auch die Art und Weise der Darstellung eine Rolle.

Bei der Arbeitsmenge kommt es auf die Erfüllung des Arbeitspensums an. Entspricht die Arbeitsleistung dem „Soll“? Sind die Arbeitsergebnisse innerhalb angemessener Bearbeitungszeiten erzielt worden? Hier sind auch Aussagen über die eventuelle Übernahme von zusätzlichen Arbeiten zu machen.

Bei der Arbeitsweise kommt es auf die Art des Arbeitsverhaltens an. Werden die Arbeitsergebnisse weitgehend ohne besonderen Anstoß oder spezielle Anleitung erzielt? Bedurfte es einer besonderen Kontrolle?

Bei den Beurteilungskriterien werden „Fähigkeit zur Kooperation“, „Teamgeist“ immer wichtiger. Gerade in Bereichen, in denen es immer mehr auf das Zusammenspiel aller Kräfte ankommt, erhalten diese Kriterien zentrale Bedeutung. Im Rahmen der Untersuchung „Manager im Dauertest“ (Management Wissen 8/89) spielten diese Kriterien bei den Tarifangestellten und AT-Angestellten in rund der Hälfte der Beurteilungssysteme, bei den Leitenden in 30 Prozent und bei den Top-Managern in rund einem Fünftel der Beurteilungssysteme eine Rolle.

Wenn auch hier im Vergleich zu anderen Beurteilungskriterien eine gewisse Priorität zu erkennen war, fällt doch der niedrige Anteil vor allem bei den Führungskräften der oberen Leitungsebene ins Auge. Kooperative Führung, in der Theorie in den Mittelpunkt allen Führungsdenkens gestellt, wird in der Praxis im Wege der Beurteilung nur in geringem Umfang nachgeprüft.

Ähnliches gilt für die „Motivation der Mitarbeiter“, als Beurteilungskriterium nur bei gut der Hälfte der leitenden Angestellten und bei etwas mehr als einem Viertel der Top-Manager in den Beurteilungssystemen enthalten, wobei zu bemerken ist, daß dieses Kriterium bei einer Befragung von 770 Führungskräften durch das Institut der deutschen Wirtschaft von 93 Prozent der Befragten an die Spitze aller wichtigen Produktionsfaktoren gestellt wurde (iwd 3/90).

Eine ähnliche Diskrepanz zeigte sich bei der „Delegation von Verantwortung“, die von drei Viertel der befragten Führungskräfte an die vierte Stelle der wichtigsten Produktionsfaktoren gesetzt wurde. Bei den Beurteilungssystemen erreichte die „Delegationsfähigkeit“ als Beurteilungskriterium bei den „Leitenden“ nur rund 15 Prozent und bei den Top-Managern ganze 11 Prozent. Theorie und Praxis klaffen weit auseinander! Das, was in der Praxis verlangt wird, um den Anforderungen der 90er Jahre zu genügen, muß doch auch im Wege der Beurteilung „geprüft“ werden. Wie will man sonst Führungsdefizite angehen?

Hierzu zwei Beispiele. Bei allen Bekenntnissen zur kooperativen Führung: 62 Prozent der Führungskräfte im Bereich der Finanzdienstleistungen fühlten sich nach dem Ergebnis unserer Befragungen autoritär geführt. Nur 47 Prozent beantworteten die Frage *„Läßt Sie Ihr Vorgesetzter in Ihrem Delegationsbereich ungestört handeln?“* uneingeschränkt mit „ja“! Wie will man diese Führungsdefizite gezielt angehen, wenn nicht auch das Führungsverhalten im Wege der Beurteilung unter die Lupe genommen wird?

Die Beurteilung der Leistung – Rückblick auf den in der Vergangenheit liegenden Beurteilungszeitraum – ist aber nur eine Seite der Medaille „Mitarbeiterbeurteilung“. Wichtig ist der Blick in die Zukunft.

Der Beurteilte will nicht nur wissen: „Was habe ich geleistet?“, er will auch erfahren, wie es um seine Zukunft bestellt ist. Aber auch die Beurteiler müßten ein großes Interesse daran haben, ihr Potential für die Zukunftsplanung zu erkennen. Nur dann kann das Humankapital Zinsen bringen, wenn man Prognosen für die Zukunft entwickelt. Um so mehr muß es verwundern, daß von der Potentialbeurteilung verhältnismäßig wenig Gebrauch gemacht wird. Sie spielt nicht einmal bei einem Drittel der Tarifangestellten, bei gut der Hälfte der AT-Angestellten und leitenden Angestellten und bei 40 Prozent der Top-Manager in den Beurteilungssystemen eine Rolle.

Aufgrund welcher Kriterien werden denn „Aufstiegsentscheidungen“ getroffen? Wie gelingt es denn, die Frage zu beantworten: Wird „sie“ oder „er“ den künftigen Aufgaben überhaupt gewachsen sein? Wie steht es zum Beispiel um die Entscheidungsfreudigkeit oder Innovationsfähigkeit?

In vielen Bereichen kann man sich des Eindrucks nicht erwehren, daß Aufstiegsentscheidungen einem Lotteriespiel gleichkommen. Sehr oft wird nach „Sympathie“ entschieden. Und diese Entscheidung wird dann auch „durchgehalten“, denn wer gibt schon gerne zu, sich bei seiner Beurteilung geirrt zu haben.

Zeugnisse, Beurteilungen müssen mit dem Beurteilten besprochen, erörtert werden. Wobei zu bemerken ist, daß das Gespräch über eine innerbetriebliche Beurteilung oder ein Zeugnis immer nur das Endglied einer Kette von bisher geführten Gesprächen mit dem Mitarbeiter über dessen Arbeitsleistung und Arbeitsverhalten darstellt. Daß diese Gespräche viel zu selten geführt werden, wurde bereits dargestellt. Das Gefährliche liegt in der Entwicklung. Die „Gesprächsfreudigkeit“ der Vorgesetzten zeigt eine deutlich abnehmende Tendenz, so daß man hier geradezu von einer „Kommunikationsscheu“ sprechen kann.

Viele Vorgesetzte sind zu einem „Gespräch über die Leistung und Eignung“ gar nicht in der Lage. Sie haben nicht „gelernt“, wie man solche Beurteilungsgespräche führt. Dies stellen wir bei entsprechenden Rollenspielen in unseren Führungsseminaren immer wieder fest. Die Unsicherheit beginnt schon am Anfang, genauer gesagt vor dem Beginn des Gesprächs. Viele Vorgesetzte wissen nicht, wie man ein solches Beurteilungsgespräch beginnt. Oft wird das Ganze zum reinen Ritual. Das Zeugnis oder die Beurteilung wird „übergeben“, wenn es gut geht, noch vorgelesen. Dann wird es dem Beurteilten überlassen, „etwas“ zu sagen oder nicht.

Bei diesen Beurteilungsgesprächen wird nach dem Grundsatz „in der Kürze liegt die Würze“ verfahren, wie unsere Befragungen von Führungskräften und Mitarbeitern deutlich zeigen. 56 Prozent der Führungskräfte und 72 Prozent der Mitarbeiter aus dem Bereich der Finanzdienstleistungen erklärten, ihr letztes Gespräch über ihre Beurteilung habe bis zu 10 Minuten gedauert. Mit rund einem Drittel der Führungskräfte und Mitarbeiter aus diesem Bereich der Wirtschaft war ein derartiges Gespräch überhaupt noch nicht geführt worden.

Sehr aufschlußreich war das Ergebnis einer Untersuchung aus dem Bereich der Kreditgenossenschaften (W. Bachmann, Mittelpunkt und Engpaß: Die Motivation der Mitarbeiter, Genossenschaftskurier 4/88). Nur 35 Prozent der befragten Mitarbeiterinnen und Mitarbeiter konnten der Aussage zustimmen: *„Mein direkter Vorgesetzter bespricht mit mir Entwicklungspläne.“*

Hier sollte sich jeder Vorgesetzte einmal Gedanken darüber machen, wie wichtig solche Gespräche für die Mitarbeiterinnen und Mitarbeiter sind, welche existentielle Bedeutung gerade den in diesen Gesprächen zu eröffnenden Zukunftsperspektiven zukommt. Ist vielleicht gerade die „Zukunftsfrage" die Ursache für die „Sprachlosigkeit" mancher Vorgesetzter? Werden Gespräche, wenn überhaupt, deshalb so selten geführt, weil man keine Zukunftsperspektiven zu eröffnen hat? Will man vielleicht „schlafende Hunde" nicht wecken, Fortbildungsmöglichkeiten gar nicht aufzeigen, „die ja doch nur Geld kosten und nicht viel bringen"? Denkt man etwa daran, daß fortgebildete Mitarbeiter noch mehr Gehalt kosten oder bei anderen Arbeitgebern bessere Chancen haben?

Wen wundert es da noch, daß ein nicht unbeträchtlicher Anteil, nämlich fast die Hälfte der von uns befragten Führungskräfte und ein gutes Drittel der Mitarbeiter aus dem Bereich der Finanzdienstleistungen, mit der Förderung ihrer persönlichen Fähigkeiten und Entwicklungsmöglichkeiten nicht zufrieden waren. Daß dies nicht ohne Auswirkungen auf die Leitungsbereitschaft und damit die Leistung bleiben kann, liegt auf der Hand.

Zunehmend wird darüber geklagt, daß die Arbeitsfreude geringer geworden, die „Arbeitsmoral" gesunken sei. Selbst wenn dies stimmen würde, muß man sich doch auch einmal Gedanken darüber machen, worin die Ursachen für diese Erscheinungen liegen. Ganz sicher gibt es hierfür nicht nur eine einzige Ursache. Man darf aber auch das Führungsverhalten, wie es in der Diskussion über die Arbeitsmoral weitgehend geschieht, nicht völlig ausklammern.

Einen Anhaltspunkt dafür, wie wichtig der Vorgesetzte und sein Führungsverhalten für die Mitarbeiterinnen und Mitarbeiter sind, liefert die Tatsache, daß immerhin 64,9 Prozent der Führungskräfte und 44 Prozent der Mitarbeiter aus dem Bereich der Finanzdienstleistungen als möglichen Grund für den Wechsel des Arbeitgebers „Vorgesetzter" und „Führungsstil" nannten.

Der Komponente „Führung" muß mehr Beachtung geschenkt werden. Das Fachliche darf nicht überbetont werden. Damit kein Mißverständnis entsteht: Fachwissen und Fachkönnen sind unverzichtbar. Eine gute fachliche Leistung wird als selbstverständlich vorausgesetzt. Man darf aber

Führungskräfte bei ihren Führungsaufgaben, insbesondere bei der Beurteilung von Mitarbeitern, nicht weitgehend allein lassen, sondern muß ihnen das für die Erfüllung ihrer Führungsaufgaben notwendige Rüstzeug an die Hand geben.

7.5 Das Leistungsprinzip

„Was trägt am meisten dazu bei, daß jemand vorankommt?" Diese Frage wurde in einem internationalen Vergleich (E. Noelle-Neumann: Freude, Freiheitsgefühl und Produktivität, FAZ vom 14.5.83) von Amerikanern, Japanern und Deutschen unterschiedlich beantwortet. Für „Begabung, Können und Fähigkeiten" entschieden sich 31 Prozent der Amerikaner, mehr als ein Viertel der Japaner, aber nur 13 Prozent der Deutschen.

Interessant war auch das Ergebnis einer anderen Allensbach-Untersuchung im Jahre 1982: *„In allen Berufen gibt es ja Tüchtige und weniger Tüchtige. Wie ist es in Ihrem Beruf? Verdienen die Tüchtigen da mehr oder verdienen die Tüchtigen nicht mehr?"* Für die Antwort „Tüchtige verdienen mehr" entschieden sich 34 Prozent, 51 Prozent entschieden sich für „Tüchtige verdienen nicht mehr". 15 Prozent der Befragten konnten sich kein Urteil bilden. Im übrigen war der Anteil derjenigen, die geantwortet hatten „Tüchtige verdienen nicht mehr" von 43 Prozent im Jahre 1977 auf 51 Prozent im Jahre 1982 angestiegen.

Woher kommt diese Einstellung? Warum sind weniger als die Hälfte der befragten Berufstätigen der Ansicht, daß das Leistungsprinzip im Berufsleben nicht beachtet wird, obwohl bei jeder Gelegenheit betont wird, daß sich Leistung auch lohnen, in „barer Münze" auszahlen soll. Nicht umsonst ist ja die Beurteilung von Mitarbeitern auf das „Leistungsprinzip" ausgerichtet. Die Leistung soll über die Bezahlung und auch das weitere Fortkommen entscheiden.

Wie sieht es mit der Verwirklichung des offiziell verkündeten Leistungsprinzips in der Praxis aus? Selbstverständlich sind die beurteilenden Vorgesetzten davon überzeugt, daß sie ihre Mitarbeiter nach dem Leistungsprinzip beurteilen.

Ein nicht unerheblicher Teil, nämlich rund ein Drittel der Führungskräfte und 40 Prozent der Mitarbeiter aus dem Bereich der Finanzdienstleistungen waren aber der Ansicht, daß bei Beurteilungen das Leistungsprinzip nicht genügend beachtet würde.

Damit wird das Führungsverhalten der Vorgesetzten in Frage gestellt. Die Beurteilung der Leistung und Eignung nach dem Leistungsprinzip ist ein sehr wesentlicher Teil des Führungsverhaltens. Wenn nur etwas mehr als ein Drittel der Befragten der Ansicht sind, daß „Tüchtige mehr verdienen“, und sich derart viele Führungskräfte und Mitarbeiter darüber beklagen, daß das Leistungsprinzip nicht genügend beachtet wird, zeugt dies von einer hohen Unzufriedenheit mit der Beurteilungspraxis der Vorgesetzten und auch davon, daß man den Vorgesetzten einfach nicht zutraut, „Leistung“ zutreffend zu beurteilen.

Wenn schon der Staat bei seiner Steuerreform verkündet „Leistung soll sich wieder lohnen“, darf das Leistungsprinzip in der Wirtschaft nicht zum Lippenbekenntnis mißraten. Nur ein Leistungsprinzip, das auch tatsächlich praktiziert wird, hat Einfluß auf die Produktivität von Menschen. Alles andere muß zwangsläufig zur Demotivation führen. Warum sich anstrengen, wenn es doch nichts nützt? Die Leistung hängt doch nicht nur vom Arbeitsinhalt und den technischen Bedingungen der Arbeit ab, sondern auch von der Freude, mit der diese Menschen ihrer Arbeit nachgehen.

Die Arbeitsfreude wird stark davon beeinflußt, wie sich diese Menschen bei ihrer Arbeit „behandelt“, nicht zuletzt wie sie sich „beurteilt“ fühlen. Schon in der Schule hat man im wahrsten Sinne des Wortes „gelernt“, was vom Zeugnis abhängt. Man hat alle Höhen und Tiefen der „Notengebung“ durchlebt, manchmal sogar durchlitten. Sollte es beim erwachsenen Menschen anders sein? Je mehr der Einzelne spürt, daß dem Leistungsprinzip Rechnung getragen wird, daß der Vorgesetzte, der seine Leistungen beurteilt, dazu auch von der Führungsqualifikation her in der Lage ist, um so zufriedener wird er sein und sich entsprechend einsetzen. Entscheidend ist letzten Endes das Gefühl, „es ist alles getan worden, um mich richtig zu sehen, um mich meinen Fähigkeiten entsprechend einzusetzen“.

Letzten Endes läuft dies auch auf die Frage hinaus „Kümmert man sich um mich oder nicht?“

Auch hier sollte ein Befragungsergebnis zum kritischen Nachdenken anregen. Arbeitnehmer waren im Rahmen der internationalen Umfrage „jobs in the 80’s“ befragt worden. Zwei Alternativen standen zur Wahl (E. Noelle-Neumann, B. Strümpel, Macht Arbeit krank? Macht Arbeit glücklich?, Piper Verlag, München 1985):

„Ich setze mich in meinem Beruf ganz ein und tue oft mehr, als von mir verlangt wird. Der Beruf ist mir so wichtig, daß ich ihm vieles opfere.“ „Ich tue bei meiner Arbeit das, was von mir verlangt wird, da kann mir niemand etwas vorwerfen. Aber daß ich mich darüber hinaus noch besonders anstrengen soll, sehe ich nicht ein. So wichtig ist mir der Beruf nun auch wieder nicht.“ Für die erste Alternative entschieden sich in der Bundesrepublik Deutschland 42 Prozent, für die zweite Alternative 41 Prozent.

Die Frage: *„Haben Sie den Eindruck, daß man sich an Ihrem Arbeitsplatz wirklich um Sie kümmert, oder haben Sie den Eindruck, daß man sich für Sie als Person nicht sehr interessiert?“*, beantworteten nur 47,5 Prozent, also nicht einmal die Hälfte der Befragten, mit „man kümmert sich um mich“. „Man interessiert sich nicht für meine Person“, antworteten 23,2 Prozent. 29,3 Prozent konnten kein Urteil abgeben.

Interessant war das Antwortverhalten bei der Gruppe der Befragten, die sich in ihrem Beruf besonders anstrengen und bei denjenigen, die sich nicht besonders anstrengen.

Bei der ersten Gruppe waren es 58 Prozent, bei der zweiten Gruppe 39 Prozent der Befragten, die glaubten, man kümmere sich an ihrem Arbeitsplatz um sie. Abgesehen von der sehr gefährlichen Wechselwirkung: Was geschieht, um den Anteil derjenigen, die sich positiv geäußert hatten, nicht noch mehr absinken zu lassen? Ist es nicht erschreckend, wenn 42 Prozent derjenigen, die sich bei ihrer Arbeit besonders einsetzen, das Gefühl hatten, daß man sich nicht um sie kümmere, oder es nicht zu sagen wußten, ob dies der Fall ist oder nicht? Und wie sieht es bei der zweiten Gruppe aus? Einmal muß die Frage gestellt werden, worauf die Einstellung zur Arbeit beruht, und zum zweiten müssen die Zusammenhänge zwischen den beiden Fragen, eben die Wechselwirkung, untersucht werden.

Die Zeit bleibt nicht stehen. Vier Jahre später, 1986, sah das Ergebnis bei etwas veränderter Fragestellung so aus:

„Die Arbeit ist mir so wichtig, daß ich ihr vieles opfere.“ Für diese Alternative entschieden sich im Rahmen einer von INFAS durchgeführten Regional- und Branchenuntersuchung (U. Feist, W. Hartenstein, R. Rudat, R. Schneider, M. Smid, Technischer und sozialer Wandel in der Arbeits-

welt, Campus Verlag Frankfurt, 1989) nur noch ganze 23 Prozent. Den niedrigsten Anteil hatten dabei Angestellte aus dem Bankenbereich mit 20 Prozent, davon weibliche Angestellte mit 14 Prozent.

Die Alternative: *„Für mich ist meine Arbeit wichtig, aber andere Dinge dürfen deshalb nicht zu kurz kommen“*, wählten 72 Prozent (Bankangestellte 63 Prozent, davon weibliche Angestellte 70 Prozent).

Die dritte Möglichkeit: *„Das wichtigste für mich an der Arbeit ist, daß ich dabei ordentlich verdiene“*, bevorzugten 3 Prozent der Angestellten (Bankangestellte 16 Prozent, davon weibliche Angestellte 15 Prozent).

Und noch etwas ist in diesem Zusammenhang wichtig. Haben die Mitarbeiter das Gefühl, daß man sich intensiv mit ihnen, mit ihrer Arbeitsleistung beschäftigt, sind sie auch bereit, sich mit einer Beurteilung auseinanderzusetzen, die ihrer eigenen Selbsteinschätzung nicht entspricht. Entscheidend ist, daß die Beurteilten davon überzeugt sind, daß es bei der Beurteilung gerecht zugeht. Bei den Eigenschaften, die bei einem Vorgesetzten besonders geschätzt werden, steht nach der „Anerkennung der Leistung“ die „gerechte Behandlung“ sowohl bei den von uns befragten Führungskräften als auch bei den Mitarbeitern an zweiter Stelle.

Zufriedenheit mit der Beurteilungspraxis wirkt sich auf die Zufriedenheit mit dem Führungsverhalten der Vorgesetzten insgesamt aus. 67,2 Prozent der Führungskräfte und 40,7 Prozent der Mitarbeiter konnten sich bei der Frage nach der Zufriedenheit mit dem Führungsverhalten ihrer Vorgesetzten nicht für ein klares „bin zufrieden“ entscheiden.

Die Zufriedenheit mit der fachlichen Qualifikation der Vorgesetzten sah ganz anders aus. Fast drei Viertel der befragten Führungskräfte und Mitarbeiter aus dem Bereich der Finanzdienstleistungen äußerten sich hier positiv. Auch hier zeigte sich wieder einmal das übergroße Ungleichgewicht zugunsten des Fachlichen. Hier kommt es vor allem darauf an, den Vorgesetzten dieses Auseinanderklaffen von fachlicher Qualifikation und Führungseignung klar zu machen. Möglichkeiten hierzu bieten anonyme Mitarbeiterbefragungen und Mitarbeitergespräche über das Führungsverhalten der Vorgesetzten.

Nicht jeder Mitarbeiter ist bereit, sich seinem Vorgesetzten gegenüber offen über dessen Führungsverhalten zu äußern. Daher greifen in der Wirtschaft und vereinzelt auch in der öffentlichen Verwaltung Organisationen zum Mittel der anonymen Mitarbeiterbefragung, um Schwachstellen im Führungsverhalten sichtbar zu machen, die dann entsprechend angegangen werden können. In der Bundesrepublik Deutschland wird von diesem Instrument nur sehr zögernd Gebrauch gemacht. Einmal ist man davon überzeugt, daß es keine Defizite im Führungsverhalten gibt, zum andern stellt wohl niemand gerne sein eigenes Führungsverhalten in Frage.

Ein weiteres bewährtes Mittel, an Schwachstellen im Führungsverhalten heranzukommen, ist das Gespräch mit den Mitarbeitern, das nur eines zum Gegenstand hat: das Führungsverhalten des Vorgesetzten. Dieses offene Gespräch, das von beiden viel Vertrauen und Verständnis voraussetzt, ist letztlich eine Beurteilung von „unten nach oben“. Es zeigt dem Vorgesetzten nicht nur Schwachstellen des eigenen Verhaltens auf, sondern ist eine der wesentlichen vertrauensbildenden Maßnahmen zur Verbesserung der Zusammenarbeit. Diese Gespräche haben sich in der Praxis so bewährt, daß einige Unternehmen in der Wirtschaft dazu übergegangen sind, diese Gespräche für jeden Vorgesetzten zur Pflicht zu machen.

Schon der Gedanke an ein solches Gespräch läßt viele Vorgesetzte erschauern. Anarchie, das Auflösen jeder hierarchischen Ordnung, Verlust der Unabhängigkeit bei Entscheidungen, die „Rache des kleinen Mannes“, Verlust der Vorgesetztenautorität wird vermutet.

Daß alle diese Befürchtungen nicht eingetreten sind, hat die jahrelange Praxis bei den Unternehmen bewiesen, die diese Gespräche zur Pflicht gemacht haben. Beurteilung von „oben nach unten“ ist für jeden Vorgesetzten eine Selbstverständlichkeit. Warum nicht auch eine Beurteilung von „unten nach oben“? Im übrigen findet eine solche Beurteilung täglich statt. Jeder Vorgesetzte wird doch von seinen Mitarbeitern immer wieder beurteilt. Warum soll das, was man denkt, nicht offen – natürlich unter vier Augen – ausgesprochen werden?

7.6 Nur die eigene Beobachtung führt zum sicheren Urteil

Die Beurteilung von Menschen durch Menschen ist ein alltäglicher Prozeß. Ob man in der Straßenbahn, im Flugzeug oder beim Besuch eines Restaurants unbekannte Menschen beobachtet, oder ob man bei Menschen, die man schon sehr lange kennt, plötzlich eine „neue Seite" entdeckt: Immer, wenn man mit Menschen zusammenkommt wird – bewußt oder unbewußt – „beurteilt".

Hat man als Vorgesetzter Menschen zu beurteilen, dann sollte man sich immer wieder daran zurückerinnern, wie es einem selbst ergangen ist, beispielsweise bei der „Zeugnisgebung" in der Schule. Da gab es doch oft das Gefühl der Unsicherheit, ja sogar des Ausgeliefertseins. Bei manchem Vorgesetzten oder Lehrer konnte man sich anstrengen, wie man wollte, es klappte einfach nicht mit den Noten. Allerdings waren die Chancen während der Schulzeit größer, auf den bewußten „grünen Zweig" zu kommen. Die Beurteilungszeiträume, die zeitlichen Abstände, in denen Noten „verteilt" wurden, waren kürzer. Auch die Lehrer „wechselten" öfter als die Vorgesetzten im Berufsleben, wobei Ausnahmen die Regel bestätigen.

Nach dem Ergebnis der Umfrage der Zeitschrift Management Wissen bei 90 meist größeren Unternehmen (Manager im Dauertest, 8/89) wird in rund 57 Prozent der Unternehmen jährlich, in 26 Prozent alle zwei Jahre und in 9 Prozent seltener als alle zwei Jahre sowie in 5 Prozent mehrmals im Jahr beurteilt.

Zielgruppen sind Tarifangestellte (91,1 Prozent), AT-Angestellte (84,3 Prozent), leitende Angestellte (75,9 Prozent) und Top-Manager (48,2 Prozent). Je höher die Position, um so seltener wird beurteilt. Auch hier stellt sich die Frage warum.

Leider scheint es so, daß viele Vorgesetzte die manchmal bitteren Erfahrungen, die sie in bezug auf ihre eigenen Beurteilungen machen mußten, regelrecht verdrängt, ja vergessen zu haben scheinen. Oder sie spielen das Ganze herunter. „Das haben wir ja alle mitgemacht! So eine Beurteilung muß man doch verkraften können. Nach ein paar Wochen ist alles vergessen!“ So die Meinung vieler Vorgesetzter. Daß diese Ansicht weitgehend nicht zutrifft, beweist die tägliche Erfahrung.

Dabei ändert sich „äußerlich“ nach einer solchen Beurteilung oft gar nichts. Man „verkehrt“ wie vor der Beurteilung miteinander, grüßt sich freundlich, führt Anweisungen aus. Aber auch nicht mehr. Initiative und Kreativität schwinden. Es wird im großen und ganzen nur noch das gemacht, was notwendig ist.

Eine als ungerecht empfundene Beurteilung kann sich auch auf die Gesundheit auswirken. Der Mitarbeiter „frißt“ die Unzufriedenheit, hervorgerufen durch die als ungerecht empfundene Beurteilung, in sich hinein, wobei die psychische Belastung mit der Zeit nicht abnimmt, sondern sogar wächst. Die Zeit heilt eben nicht alle Wunden, die dann immer wieder aufbrechen, wenn andere gefördert werden, an einem „vorbeiziehen“, während man selbst „hängen“ bleibt. Hier werden die „Betroffenen“ schmerzlich an die aus ihrer Sicht fehlerhafte Beurteilung erinnert. Die Liste der Krankheiten, die durch diese psychische Belastung verursacht oder mitverursacht werden, ist lang.

Gesundheitsstörungen haben Leistungsminderung oder Leistungsausfall zur Folge. Dies ist der großen Mehrzahl der Führungskräfte bekannt. Was Führungskräfte aber nicht wahrhaben wollen ist, daß sie in ihrem Bereich durch ihr Führungsverhalten derartige Ausfallserscheinungen verursachen könnten. Unzutreffende, ungerechte Beurteilungen kommen in ihrem Bereich nicht vor. Zu kurze oder nicht verständnisvolle Beurteilungsgespräche werden von ihnen nicht geführt. Es ist hier fast genauso wie beim Alkoholgenuß am Arbeitsplatz. Überall wird getrunken, nur im eigenen Bereich nicht. In welchen Organisationen arbeiten denn die 10 Prozent der Arbeitnehmer, die Alkoholprobleme haben?

Natürlich gibt es auch Mitarbeiter, die ihren Ärger oder ihre Wut über eine als unrichtig empfundene Beurteilung nicht herunterschlucken, sondern ihrer Unzufriedenheit deutlich Ausdruck geben, zum Beispiel im Kreise der Kollegen. Es sind die Mitarbeiter, die über alles schimpfen, alles schlecht machen und langsam, aber sicher das Arbeitsklima in der Gruppe vergiften, mit möglichenAuswirkungen auf die Leistungen der anderen Gruppenmitglieder.

Ärger oder Wut werden aber nicht nur „trocken“ verarbeitet. Oft werden sie mit Alkohol heruntergespült, Depressionen mit entsprechenden Medikamenten verdrängt. Als ungerecht empfundene Beurteilungen haben Langzeitwirkung. Und je länger die Beurteilungszeiträume, um so stärker wird das Bedürfnis, gegen die Depression etwas zu unternehmen. Die Erkenntnis, daß man mit Alkohol, Medikamenten oder Drogen die Probleme nicht löst, kommt – wenn überhaupt – oft zu spät.

Diese Wirkungen sollte man auch bei Zeugnissen bedenken, die beim Wechsel des Arbeitgebers ausgestellt werden. Auswirkungen auf Leistungsbereitschaft und Leistung sowohl des beurteilten Mitarbeiters als auch der Arbeitsgruppe sind ja nicht mehr zu befürchten, da der Mitarbeiter ausgeschieden ist. Er wird aber erzählen, im Freundes- und Bekanntenkreis gegen seinen bisherigen Arbeitgeber Stimmung machen. Auch daran sollte man bei der Abfassung eines „Abschlußzeugnisses“ denken, das in vielen Fällen nicht „abschließt“, sondern weiter wirkt, und sich bei der Fertigung und Besprechung des Zeugnisses mit dem Ausscheidenden entsprechend Mühe geben.

Eine Beurteilung, ein Zeugnis wirkt sich nicht nur im beruflichen Bereich aus. Da gibt es die Ehefrau oder den Ehemann, die ja genau wissen, daß eine Beurteilung bevorsteht oder ein Zeugnis zu erwarten ist, von dem das berufliche Weiterkommen, eine bessere Bezahlung und nicht zuletzt das Ansehen im Bekanntenkreis abhängen. Oft entstehen hier Zweifel an der Tüchtigkeit.

Jeder Vorgesetzte muß sich darüber im klaren sein, welche verantwortungsvolle Tätigkeit er hier ausübt. Dazu gehört auch, daß er sich immer wieder vor Augen führt, welche Fehlerquellen er selbst in die Beurteilung hineintragen kann.

Beurteilungsfehler beruhen oft darauf, daß das Verhalten der Mitarbeiter, die beurteilt werden, nicht oft genug beobachtet wurde. Beurteilt wird das beobachtete Verhalten der Mitarbeiter. Das setzt aber voraus, das man sich so oft wie möglich an den Arbeitsplatz der Mitarbeiter begibt, um sich dort von deren Tätigkeit und Leistungen zu überzeugen.

Dadurch wird vermieden, daß man zum Beispiel aus einem einmal beobachteten Verhalten gleich tiefgründende Schlüsse für einen langen Beurteilungszeitraum zieht. Wer einmal unpünktlich ist, braucht es noch lange nicht immer zu sein. Wer in einer „schöpferischen Pause“ einmal in die

Zeitung schaut, braucht nicht den ganzen Tag „zu gammeln". Auch sollte man als Vorgesetzter bedenken, daß man nicht immer in Hochform ist, und wenn man einen Mitarbeiter in einem – vielleicht einmaligen – Leistungstief antrifft, sollte man dies zwar registrieren, dies aber auf keinen Fall zu einem endgültigen Urteil „festschreiben".

Jeder Vorgesetzte sollte sich immer vor Augen halten: Nur die gewissenhafte Sammlung einer Vielzahl von Beobachtungen über einen längeren Zeitraum läßt bei genügender Breite ein zutreffendes Urteil erwarten. Bei sehr wenigen Beobachtungen besteht die Gefahr, daß das „Endurteil" fragwürdig oder falsch wird. Ziel muß sein, durch methodisches Vorgehen zu einer sicheren Erkenntnis zu gelangen. Hilfreich ist, wenn man diese Beobachtungen schriftlich festhält. Besonders dann, wenn man mehrere Mitarbeiter zu beurteilen hat, sind derartige Gedächtnisstützen für das zu führende Beurteilungsgespräch fast unverzichtbar.

Wichtig ist es natürlich, den Mitarbeiter über derartige Beobachtungen im kontinuierlichen Mitarbeitergespräch zu informieren. Diese Beobachtungen sind auch Grundlage für Anerkennung und Kritik. Hier gewinnt der beurteilende Vorgesetzte auch wertvolle Erkenntnisse darüber, wie schnell sich Mitarbeiter neuen Wissensstoff aneignen, sich in für sie neue Arbeitsgebiete einarbeiten oder auch welche Weiterbildungsbemühungen sie unternehmen.

Viele Vorgesetzte, die glauben, schon aus Zeitgründen ihrer Pflicht zur systematischen Beobachtung ihrer Mitarbeiter nicht nachkommen zu können, verlassen sich dann bei der Beurteilung auf die Wahrnehmung durch Dritte. Daß diese „Wahrnehmung durch Dritte" außerordentlich störanfällig sein kann, liegt auf der Hand. Einmal können Beurteilungsfehler der „Gewährsmänner oder -frauen" nicht ausgeschlossen werden, zum anderen ist ja nicht sichergestellt, wie sich diese Auskunftspersonen ihr Urteil gebildet haben. Vielleicht wird von diesen auch wieder auf „Hörensagen" zurückgegriffen. Was sich hier allein schon durch Mißverständnisse und Übermittlungsfehler einschleichen kann, haben wir bei entsprechenden Versuchen in unseren Führungsseminaren immer wieder festgestellt. Die Ergebnisse sind – auch für die Seminarteilnehmer – erschütternd und beweisen immer wieder aufs neue, daß auf die häufigen eigenen Wahrnehmungen als die wichtigste Grundlage einer Beurteilung nicht verzichtet werden kann.

Hierbei erfüllt jeder Vorgesetzte zugleich eine der wichtigsten Führungsaufgaben, nämlich die der Kontrolle – wobei ein Hauptziel der Kontrolle darin besteht, gute Leistungen zu erkennen und dann auch ausdrücklich anzuerkennen. Kontrolle als reine Fehlersuche aufgefaßt ist demotivierend. Kontrolle ist genauso wie die Kritik ein Mittel zur Motivation, und dies sollte entsprechend genützt werden.

7.7 Beurteilungsfremde Erwägungen

„Vorurteile sind wie Löwenzahn: Massenhaft vorhanden, äußerst widerstandsfähig und nicht einmal mit Feuer und Schwert auszurotten; die Wurzeln sitzen tief." (Johann Ludi)

Beurteilungen und Zeugnisse markieren wichtige Marksteine auf der „Rennbahn" des beruflichen Lebens. Vorurteile sollten beim Aufbau dieser Marksteine nicht hinderlich sein.

Vorurteile können sich leicht bilden, wenn man sich von „Vor-Beurteilungen" oder Zeugnissen früherer Vorgesetzter beeinflussen läßt. Diese Vor-Beurteilungen verführen oft, schon das Vorgehen beim Beobachten in eine bestimmte Richtung zu lenken. Auch ist mancher Beurteiler geneigt, anderen Beurteilern mehr zu vertrauen als sich selbst, besonders dann, wenn man auf diesem Gebiet noch wenig Erfahrung hat sammeln können und der Vor-Beurteiler vielleicht sogar über einen „Namen" verfügt, angesehen ist. „Der kann sich doch nicht irren!" Und dann wird gesucht, gesucht und vielleicht auch gefunden. Nicht, daß man Vor-Beurteilungen nicht zur Kenntnis nehmen sollte. Aber Grundlage – für die eigene Beurteilung – sind immer nur eigene Beobachtungen. Und wenn diese Beobachtungen nicht mit dem übereinstimmen, was der Vor-Beurteiler geschrieben hat, bleibt nur eine Feststellung: Bei mir war es eben anders!

Verfährt man nicht nach dem Grundsatz, nur eigene, möglichst unbeeinflußte Beobachtungen der Beurteilung zugrunde zu legen, besteht leicht die Gefahr, daß die Feststellungen des Vor-Beurteilers mehr oder minder kritiklos übernommen werden und sich so ein einmal festgestelltes Urteil „festschreibt" und weiter „vererbt". Es werden, oft aus Bequemlichkeit, dann nur noch Formulierungen etwas abgeändert, damit man sieht, daß hier etwas „Neues" geschaffen wurde. Die Grundtendenz bleibt.

Oft wird der Mensch so, wie er von seiner Umwelt gesehen, wie er „beurteilt" wird. Ein Mitarbeiter, dem immer wieder „etwas" bescheinigt wird, ohne daß man sich durch eigene Feststellungen auch wirklich davon überzeugt hat, „wird" dann auch so.

Eine andere Möglichkeit, bei der Beurteilung eines Menschen zu Fehlurteilen zu kommen, hat ihre Ursache im Überstrahlungs- oder Halo-

Effekt. Man läßt sich bei der Gesamtbeurteilung von einem hervorstechenden Merkmal leiten, das alle anderen Kriterien überstrahlt. Wenn jemand versteht, sich „glänzend“ auszudrücken, muß noch lange nicht die Gesamtleistung hervorragend sein, genausowenig wie man von Äußerlichkeiten in der Kleidung Schlüsse auf eine bestimmte Art der Arbeitsausführung ziehen sollte.

Eng damit zusammen hängt die Überbetonung bestimmter Kriterien durch einen Vorgesetzten, was sich dann auf die Gesamtbeurteilung entsprechend auswirkt. Genau genommen findet dann gar keine Gesamtbeurteilung mehr statt. Ein bekanntes Beispiel ist der Vorgesetzte, der Pünktlichkeit über alles schätzt und der sich bei der Beurteilung seiner Mitarbeiter „zunächst“ von diesem Kriterium leiten läßt. Von der Pünktlichkeit wird auf die Leistung geschlossen mit der Neigung, einen pünktlichen Mitarbeiter besser zu beurteilen als einen Mitarbeiter, der zwar besseres leistet, aber in bezug auf Pünktlichkeit schon einmal „aufgefallen“ ist. Letzten Endes kann der Halo-Effekt dazu führen, daß dem Beurteilten einmal Eigenschaften angedichtet werden, die er überhaupt nicht hat, oder daß zum anderen Wichtiges übersehen wird.

Eine andere Fehlerquelle bei Beurteilungen sind Beschönigungstendenzen oder der Mildeeffekt. Viele Beurteiler wollen ihre Mitarbeiterinnen und Mitarbeiter möglichst gut beurteilen, vor allem deswegen, weil sie auch ja nach der Beurteilung weiter mit diesen zusammenarbeiten müssen. Es ist einfach die Angst vor einem getrübten Klima, vor einer Abkühlung der guten Beziehungen.

Natürlich gibt es auch Vorgesetzte, bei denen man auf keinen „grünen Zweig“ kommen kann. Das hängt oft damit zusammen, daß der beurteilende Vorgesetzte an sich selbst sehr hohe Anforderungen stellt und diesen Anspruch auch auf seine Mitarbeiter überträgt. Er ist das Maß aller Dinge. Die „Verhältnisse“ unter denen er „groß“ geworden ist, werden auf die Gegenwart übertragen. Diese Vorgesetzten übersehen, daß es bei der Beurteilung vor allem darum geht, sich an einer möglichst großen Zahl von Mitarbeitern, die ja eine Hierarchiestufe tiefer angesiedelt sind, zu orientieren und diese miteinander zu vergleichen und nicht die Maßstäbe der eigenen Leitungsstufe anzulegen.

In diesem Zusammenhang muß auch der „Projektionsmechanismus“ genannt werden. Es kommt immer wieder vor, daß man einem Mitarbeiter

Eigenschaften, Absichten oder gar Fehler vorwirft, die man nicht bei dem Beurteilten, sondern bei sich selbst suchen müßte. Der Beurteiler projeziert eigene Verhaltensweisen oder Eigenschaften auf den Beurteilten. So kann es dazu kommen, daß ein ständig mißgelaunter Vorgesetzter seine Mitarbeiter als verstimmt, unwillig oder gar renitent erlebt und entsprechend beurteilt.

Will man andere Menschen beurteilen, so setzt dies zunächst einmal voraus, daß man sich selbst kritisch beurteilt, um der Gefahr entgegenzuwirken, bei der Beurteilung anderer Menschen nicht objektiv genug zu sein. Man muß in sich hineinschauen, hineinhorchen, um Grundtendenzen zu erkennen, die sich eventuell bei der Beurteilung anderer Menschen auswirken könnten.

Ist man in seiner Grundeinstellung „vorsichtig", besteht die Gefahr, bei der Beurteilung von Mitarbeitern auch mit entsprechender „Vorsicht" vorzugehen. Die Tendenz, niemandem zu nahe treten zu wollen, ist unverkennbar. Gute Leistungen werden ab-, mangelhafte aufgewertet.

Ähnliche „Ergebnisse" findet man bei „harten" Beurteilern. Sie „vergeben" kaum Spitzenbeurteilungen. Die „Guten" sammeln sich in der „Mitte". Allerdings gibt es im Gegensatz zu den „Vorsichtigen" auch negative Urteile.

„Großzügige" Beurteiler neigen zur Überbewertung von positiven Leistungen. Oft huldigen sie auch dem Abteilungsegoismus. Die Angehörigen des eigenen Bereichs sind die „Besten", und das wirkt sich dann bei der Formulierung der Beurteilungen oder Zeugnisse entsprechend aus.

Der pedantische Beurteiler neigt zu einer Beurteilung, die durch die Benotung von Einzelpositionen gekennzeichnet ist. Diese Vorgesetzten wollen möglichst „genau" sein, sehen vor lauter Bäumen den gesamten Wald nicht mehr. Für sie kann es nicht genügend Notenstufen, möglichst noch mit Zwischenstufen geben. Es sind im übrigen die Vorgesetzten, die in der täglichen Arbeit durch das Korrigieren mit roten Farbstiften auffallen und gerne Stilübungen mit ihren Mitarbeitern veranstalten. Bei ihnen geht nichts durch. Sie „benoten" alles. Eine mildere Form des Pedanten ist der Vorgesetzte, der vor lauter „Sachlichkeit" den Menschen nicht mehr sieht. Sie lesen lieber die Personalakten ihrer Mitarbeiter, als ihnen in die Augen zu sehen.

Handelt es sich bei dem bisher Beschriebenen um Beurteilungsfehler, die mehr oder minder unbewußt das Ergebnis einer Beurteilung beeinflussen, gibt es leider auch Vorgesetzte, die sich bei der Beurteilung von Mitarbeitern bewußt von „beurteilungsfremden" Erwägungen leiten lassen. Bei ihnen heiligt der Zweck die Mittel!

In größeren Organisationen beobachtet man immer wieder, daß Leistungen bewußt unterbewertet werden, um gute Mitarbeiter nicht an eine andere Abteilung zu verlieren.

Eng verwandt mit dem „Halten" von guten Mitarbeitern durch „unterkühlte Beurteilungen" ist das „Wegloben" unbequemer oder gar „gefährlicher" Mitarbeiter. Es soll aber auch Vorgesetzte geben, die kurz vor ihrem Weggang noch „Quittungen" in Form von ungünstigen Beurteilungen für ein Verhalten austeilen, das mit der Leistung zwar wenig zu tun hatte, ihnen aber persönlich mißfallen hat.

Beurteilungen, die nach dem Grundsatz „der Zweck heiligt die Mittel" erstellt werden, gehören in die Schreckenskammer der Personalführung. Sie schaden einmal der eigenen Organisation und zerstören letzten Endes nicht nur das Vertrauen zum Beurteiler, sondern führen unweigerlich zur inneren Kündigung. Vorgesetzte, die sich bei der Beurteilung von derartigen beurteilungsfremden Erwägungen leiten lassen, disqualifizieren sich selbst.

7.8 Quotensysteme

Wichtig ist nicht nur, daß Beurteilungsfehler weitgehend vermieden werden, die Beurteilung oder das Zeugnis ein möglichst objektives Bild der Leistung und Eignung des Mitarbeiters gibt. Ebenso wichtig ist das gesamte Verfahren, das zu dieser Beurteilung führt, insbesondere der letzte Abschnitt, die Besprechung der Beurteilung mit dem Beurteilten und die sich an diese Besprechung anschließenden Maßnahmen. Die Gestaltung des Beurteilungsverfahrens beeinflußt wesentlich das Beurteilungsklima, einen wichtigen Bereich des gesamten Führungsklimas und damit des Betriebsklimas. Beurteilungsfragen dürfen nie isoliert gesehen werden. Sie sind ein wichtiger Teilaspekt des Gesamtkomplexes „Mitarbeiterführung". Zum Bereich „Beurteilung" gehört im übrigen auch alles, was mit „Prüfungen" zu tun hat. Auch hier wird ja „beobachtet", „beurteilt", „geschrieben". Und auch hier muß „begründet" und „besprochen" werden.

Beurteilungsverfahren müssen transparent sein. Jede Geheimniskrämerei, jede Verzögerung bei der Bekanntgabe der Beurteilung, jede Zurückhaltung an Informationen bei der Besprechung der Beurteilung schaffen Mißtrauen, vielleicht auch da, wo es gar nicht angebracht ist. Eine offene Aussprache über Beurteilungsprobleme gehört ebenso zu den wichtigsten Führungsaufgaben, wie eine eingehende Unterrichtung über das Beurteilungsverfahren, wo ein solches in größeren Organisationen eingeführt ist.

Wie groß gerade hier die Defizite sind, zeigen unsere Befragungsergebnisse. Nur rund ein Fünftel der Führungskräfte und Mitarbeiter aus dem Bereich der Finanzdienstleistungen beantworteten die Frage: *„Sind Sie über das Beurteilungsverfahren unterrichtet worden?"* uneingeschränkt mit „ja", der Rest mit „nicht ausreichend" und „nein".

Nun könnte man ja verlangen, daß die Beurteilungsrichtlinien, in denen ja die Verfahren verankert sind, von den „Betroffenen" auch gelesen werden, und wer dies nicht tut, muß eben die Konsequenzen aus seiner „Nicht-Information" tragen. Wer so argumentiert, verkennt die Führungsaufgabe der Information, die aktiv zu bewältigen ist. Information ist in erster Linie eine „Bringschuld" der Führung, der beurteilenden Vorgesetzten.

Nach § 82 Absatz 2 des Betriebsverfassungsgesetzes kann der Arbeitnehmer verlangen, daß mit ihm die Beurteilung seiner Leistungen sowie die Möglichkeiten seiner beruflichen Entwicklung im Betrieb erörtert werden. Außerdem hat er nach § 83 des Betriebsverfassungsgesetzes das Recht, in die über ihn geführten Personalakten Einsicht zu nehmen. Zur Erörterung der Beurteilung kann der Arbeitnehmer ein von ihm bestimmtes Mitglied des Betriebsrates hinzuziehen, ebenso bei der Einsicht in die Personalakte.

Ob gesetzlich vorgeschrieben oder nicht: Für den Bereich der Führung gilt es als ungeschriebenes Gesetz, daß Beurteilungen mit den Beurteilten besprochen werden müssen. Diese Gespräche sind eines der wichtigsten Führungsmittel überhaupt.

Daß Beurteilungsgespräche geführt werden müssen, hat großen Einfluß auf die Beurteilung selbst. Im Rahmen einer betrieblichen Beurteilung (Justen, Mitarbeiterbeurteilung, DVA, Stuttgart 1971) sollten 135 Mitarbeiter von ihren Vorgesetzten beurteilt werden. Den Vorgesetzten war gesagt worden, daß die von ihnen erstellten Beurteilungen nicht mit den Mitarbeitern besprochen werden dürften, die Personalabteilung wolle sich lediglich ein Bild von den Mitarbeitern machen. Das Ergebnis kam der „Gaußschen Normalverteilung"* sehr nahe und ergab eine Leistungskennziffer bei allen Mitarbeitern von 5,27.

Nach Abschluß der Beurteilung änderte die Geschäftsleitung ihre Meinung und sprach sich dafür aus, daß diese Beurteilungen doch den Mitarbeitern vorgelegt werden sollten. Nun verlangten die beurteilenden Vorgesetzten, daß die Beurteilungen neu erstellt werden sollten. Nachdem diesem Wunsch der Vorgesetzten entsprochen worden war, legten die Beurteiler acht Wochen nach der ersten Beurteilung eine zweite Beurteilung vor. Die durchschnittliche Leistungskennziffer lag jetzt bei 6,3. Die Bewertungen waren also im Durchschnitt um eine volle Stufe angehoben worden.

Im einzelnen waren folgende markante Unterschiede festzustellen: Die untersten Stufen 1 und 2 waren überhaupt nicht mehr besetzt. In der Lei-

---

* Der Mathematiker Gauß hatte in seiner „Normalverteilung" berechnet, daß sich quantifizierbare Eigenschaften (von Gegenständen, Prozessen und auch von Menschen) sehr oft nach einer Skalierung von neun Feldern wie folgt verteilen: 1:4 Prozent, 2: 7 Prozent, 3: 12 Prozent, 4: 17 Prozent, 5: 20 Prozent, 6: 12 Prozent, 7: 12 Prozent, 8: 7 Prozent, 9: 4 Prozent.

stungsstufe 3 fanden sich nur noch zwei Mitarbeiter, also rund 1,5 Prozent. Nach der Gaußschen Normalverteilung hätten hier 16 Mitarbeiter eingestuft werden müssen, bei Stufe 1 und 2 zusätzlich etwa weitere 14 Mitarbeiter.

Die Leistungsstufe 5 erreichten bei der ersten Beurteilung 24 Prozent der Mitarbeiter, bei der zweiten Beurteilung 35 Prozent. Die Leistungsstufe 8 war in der ersten Beurteilung mit 8 Prozent und in der zweiten Beurteilung mit 15 Prozent, also fast doppelt so stark, besetzt.

Aus der Verschiebung zum Positiven hin ergibt sich deutlich, welchen Einfluß die Tatsache hatte, daß das Ergebnis der Beurteilung mit den Beurteilten zu besprechen war. Wobei der Unterschied um eine volle Stufe der Leistungskennziffer eher noch gering ausfiel, weil sich die beurteilenden Vorgesetzten zwei Monate nach der ersten Beurteilung möglicherweise scheuten, zugunsten ihrer Mitarbeiter noch günstiger zu beurteilen. Nachdem ja bereits ein Votum vorlag, wäre es sicher nicht möglich gewesen, ohne allzu großen „Gesichtsverlust" hier noch mehr „in die vollen" zu gehen. Wie wäre wohl die zweite Beurteilung ausgefallen, wenn es keine erste Beurteilung gegeben hätte?

Für ein Abweichen von der Gaußschen Normalverteilung bei innerdienstlichen Beurteilungen gibt es indes einige Gründe. Je sorgfältiger bei der Einstellung von Mitarbeitern verfahren wird, um so geringer wird später bei der Beurteilung die Anzahl der Mitarbeiter sein, die sich in den unteren Leistungsstufen wiederfinden. Hier spielt auch eine große Rolle, wie das sich an die Einstellung anschließende „Probezeit-Verfahren" gehandhabt wird.

Einen großen Einfluß auf die Leistungen der Mitarbeiter hat das in der jeweiligen Organisation praktizierte System der Personalentwicklung. Je mehr das Niveau der Mitarbeiter und Führungskräfte durch gezielte Aus- und Fortbildungsmaßnahmen angehoben wird, um so höher die „Leistungskennziffer".

Nicht zuletzt wird der Leistungsstand durch das Führungsverhalten der Vorgesetzten im Rahmen einer kooperativen Führung beeinflußt. Werden Mitarbeiter durch ausdrückliche Anerkennung der Leistung in ihrer positiven Grundeinstellung bestärkt, den Anforderungen nicht entsprechenden Leistungen durch motivierende Kritik der Vorgesetzten entgegengewirkt, muß sich auch dieses kooperative Führungsverhalten auf die Leistungskennziffer auswirken.

Gleichwohl wird es in jeder Organisation unterschiedliche Leistungen geben, denen man durch die Festlegung von gewissen Quoten innerhalb der einzelnen Leistungsstufen Rechnung tragen kann. Die Erfahrung hat gezeigt, daß durch solche Richtsätze wirksam der überall zu beobachtenden Tendenz zur „Beschönigung" entgegengewirkt werden kann. Auch hilft ein solches System bei der Verwirklichung des Grundsatzes der Gleichmäßigkeit und Gerechtigkeit bei Beurteilungen innerhalb von größeren Organisationen. Zu große Unterschiede zwischen den einzelnen Bereichen – hier zu „streng", dort zu „milde" – werden vermieden.

Freilich, das beste ausgeklügelte Quotensystem kann eines nicht ersetzen: Den geschulten, möglichst objektiv urteilenden Beurteiler, der der Bedeutung der Mitarbeiterbeurteilung durch eine auf viele eigene Beobachtungen gestützte Beurteilung Rechnung trägt. Selbst das beste Beurteilungsverfahren steht und fällt mit der „Qualität", der Führungsqualität der Beurteiler.

Quotensysteme dürfen keine Alibifunktion erfüllen, wie es leider in der Praxis immer wieder geschieht. Besonders in den Beurteilungsgesprächen wird von Vorgesetzten immer wieder damit argumentiert, daß sie selber ja gerne eine bessere Beurteilung abgegeben hätten, daran aber durch die „Quote" gehindert worden seien. In der „Beurteilungssprache" hat sich schon der Begriff des „Quotenopfers" etabliert. Die weit verbreitete Unsitte, die „Quote" für alles verantwortlich zu machen – oft versteckt sich dahinter die Führungsunfähigkeit der Beurteiler –, hat derartige Quotenregelungen bei vielen Mitarbeitern in Mißkredit gebracht.

Rund ein Viertel der von uns befragten Führungskräfte und mehr als die Hälfte der Mitarbeiter aus dem Bereich der Finanzdienstleistungen antworteten auf die Frage, warum sie das bei ihnen praktizierte Beurteilungsverfahren für schlecht hielten, mit „Richtsätze führen zu ungerechter Beurteilung".

Im übrigen hielten nur rund ein Fünftel der Führungskräfte und rund 40 Prozent der Mitarbeiter das bei ihnen praktizierte Beurteilungsverfahren für gut.

Größere Organisationen sollten es sich gut überlegen, ob sie ein Quotensystem einführen wollen. Der Teufel steckt auch hier im Detail. Über allen beachtenswerten Gründen, die für die Einführung eines solchen Systems sprechen, sollte man die „Handhabung“ nicht vergessen. Bei der Beurteilung geht es in erster Linie um den einzelnen Menschen mit seiner Individualität, die es zu beurteilen gilt. Formalien können dabei nur helfen und dürfen nicht zum Selbstzweck werden.

7.9 Kooperative Beurteilungsgespräche

Das Gespräch über die Leistung und Eignung, das Beurteilungsgespräch, soll dem Beurteilten aufzeigen, wie seine Leistung von seinem Vorgesetzten gesehen wird. Es gibt ihm Gelegenheit, das Bild, das er von seiner Leistung, von seinem Verhalten hat, mit dem Bild, das sich der Vorgesetzte gemacht hat, zu vergleichen. Aus dieser „Bestandsaufnahme" sollen dann Perspektiven für die Zukunft entwickelt werden. „Für welche Aufgaben bin ich geeignet? Wie soll es weiter gehen?" Auch und vielleicht sogar vor allem müssen diese Fragen beantwortet werden.

Werden solche Fragen vom Beurteilten beim Beurteilungsgespräch gestellt? Wird bei diesem „Gespräch" überhaupt von beiden „Partnern" gesprochen? Findet ein Gedankenaustausch statt? Ist der „Beurteilte" dazu überhaupt in der Lage? Konnte er sich auf das Gespräch vorbereiten? Sind denn überhaupt die Voraussetzungen für ein partnerschaftliches Gespräch gegeben?

Grundvoraussetzung für die Führung eines für beide Teile effizienten Beurteilungsgesprächs ist es, daß zwischen dem Beurteiler und dem Beurteilten ein Vertrauensverhältnis besteht. Beide Partner sollen die Erfahrung gemacht haben, daß eine Vertrauensbasis vorhanden ist, daß man nicht „ausgetrickst" oder manipuliert wird.

Um das Vertrauen zwischen Vorgesetzten und Mitarbeitern ist es nicht so gut bestellt, wie sich das die meisten Vorgesetzten vorstellen. Die Frage: „Hätten Sie zu Ihrem Vorgesetzten so viel Vertrauen, daß Sie sich auch mit privaten Problemen an ihn wenden würden?", beantworteten nur 27,8 Prozent der von uns befragten Führungskräfte und 29,9 Prozent der Mitarbeiter mit einem uneingeschränkten „Ja". Für ein „eher ja" konnten sich 29,1 Prozent der Führungskräfte und 26 Prozent der Mitarbeiter entscheiden. Der Rest antwortete mit „eher nein" und „nein".

Natürlich setzt das Sprechen über private Probleme Vertrauen voraus. Aber wird dieses Vertrauen nicht in gleichem Maße gefordert, wenn es um die Beurteilung der eigenen Person, um die berufliche Zukunft geht?

Mitarbeiter dürfen auf keinen Fall den Eindruck gewinnen, daß ihnen ihre Beurteilung, ihr Zeugnis „verkauft" werden soll. Um diesen Eindruck von vornherein zu vermeiden, müssen Beurteilungsgespräche gut vorbereitet werden. Dies gilt zunächst für Ort und Zeitpunkt des Gesprächs.

Beurteilungsgespräche müssen dort geführt werden, wo ein ungestörtes Gespräch möglich ist. Störungen durch Besucher und andere Mitarbeiter sollten ebenso ausgeschlossen sein wie Störungen durch Telefonanrufe.

Findet das Gespräch, wie es wohl die Regel sein wird, im Zimmer des Vorgesetzten statt, dann sollte es nicht „am Schreibtisch" geführt werden. Gerade beim Beurteilungsgespräch kommt die hierarchische Distanz besonders stark zum Tragen, denn hier wird im wahrsten Sinne des Wortes „entschieden". Bei einem solchen Gespräch kann das „Statussymbol" des manchmal sehr breiten Schreibtisches nur hinderlich sein. Beurteilungsgespräche sollten auch nicht – von beiden Partnern! – als besonders „formeller Akt" angesehen werden, was sich dann auch äußerlich in der Kleidung dokumentieren kann. Es sind Gespräche wie alle anderen Mitarbeitergespräche auch. Durch die besondere Förmlichkeit wird die ohnehin vorhandene Hierarchiebarriere noch erhöht.

Zum Abbau der Hierarchiebarriere trägt auch wesentlich bei, daß die Mitarbeiter zum Gespräch nicht „bestellt" oder „geladen" werden. Ort und Zeitpunkt des Beurteilungsgesprächs sollten vereinbart werden. Am besten, es werden zwei Gespräche geführt. Beim ersten Gespräch, das sehr kurz sein kann, wird dem Beurteilten die schriftliche Beurteilung ausgehändigt und ein zweiter Gesprächstermin zur ausführlichen Besprechung der Beurteilung vereinbart. Der Mitarbeiter kann sich die Beurteilung in Ruhe durchlesen, sich Gedanken machen, Argumente vorbereiten, wenn er mit der Beurteilung insgesamt oder einzelnen Formulierungen nicht einverstanden ist. Ein derartiges Vorgehen entspricht am besten der Bedeutung der Beurteilung nicht nur für den Beurteilten selbst, sondern auch für die Organisation, in der er, oder besser gesagt, für die er tätig ist.

Dem Beurteilten die Möglichkeit zu geben, sich auf das Gespräch entsprechend vorzubereiten, entspricht auch den Anforderungen, die an ein kooperatives Führungsverhalten zu stellen sind. Kooperatives Führen bedeutet, Gelegenheit zur Mitbeteiligung an Entscheidungsprozessen zu geben. Warum sollte dies bei der für den Beurteilten wichtigsten Entscheidung nicht der Fall sein? Im übrigen ist ja das, was in der Beurteilung durch den Vorgesetzten „niedergelegt“ ist, nichts Unabänderliches, nichts Endgültiges. Wenn dies so wäre, warum dann ein Gespräch? In einem Gespräch muß es auch die Möglichkeit geben, Änderungen zu erwirken. Oder man betrachtet das Gespräch als reine Formalie. Dann braucht man es auch nicht zu führen. Schade um die Zeit.

Der Gesprächszeitpunkt sollte so gewählt werden, daß beide Partner das Gespräch ohne Zeitdruck führen können. Vorsehen sollte man mindestens eine halbe bis eine Stunde. Am besten, man vereinbart den Gesprächszeitpunkt so, daß man ein „offenes Ende“ einkalkuliert.

Gespräche, die einen „kritischen Verlauf“ nehmen können, sollte man möglichst so terminieren, daß eine Gefährdung des Mitarbeiters auf dem Heimweg, zum Beispiel durch die hohen Konzentrationsanforderungen des Straßenverkehrs, weitgehend vermieden wird. Streß beeinträchtigt das Konzentrationsvermögen. Beurteilungsgespräche, die mit Aufregungen für die Mitarbeiter verbunden sein können, sollten daher nicht kurz vor Dienstschluß geführt werden.

Sind von einem Vorgesetzten mehrere Mitarbeiter zu beurteilen und dementsprechend auch mehrere Gespräche zu führen, sollten die Termine so vereinbart werden, daß nicht die Gefahr besteht, daß ein Mitarbeiter dem anderen die Tür in die Hand gibt oder daß gar imVorzimmer mehrere Mitarbeiter zusammen warten, die dann nacheinander zum Gespräch hereingebeten werden. Die „Wartezimmeratmosphäre“ beeinflußt entscheidend das Gesprächsklima.

In Beurteilungsgesprächen sollte es nicht darum gehen, wer recht hat. Sie sollten Gelegenheit bieten, in einer möglichst angstfreien, spannungsfreien Atmosphäre Informationen auszutauschen.

Wesentlich für ein gutes Gesprächsklima ist vor allem, daß Positives im Leistungsbild des Beurteilten ausdrücklich anerkannt wird. Bei jedem Mitarbeiter gibt es im Leistungsbild Positives. Wäre dies nicht so, dann hätten diese Mitarbeiter schon längst aus dem Arbeitsprozeß ausscheiden müssen. Über das Positive zu sprechen bedeutet nicht, bewußt eine „Sandwich-Technik“ anzuwenden, um die dann folgende Kritik „schmackhaft“ zu machen. Eine solche Taktik wird schnell durchschaut und zerstört das Vertrauensverhältnis. Beurteilungsgespräche sind unter anderem auch Bestandsaufnahmen, und da gehört die Anerkennung ebenso dazu wie die Kritik. Daß es in dieser Beziehung nicht zum besten steht, zeigen die Ergebnisse nicht nur unserer Meinungsumfragen. Anerkennungsdefiziten stehen Kritiküberschüsse gegenüber.

Beurteilungsgespräche sollen motivieren, den Mitarbeiter in seinem positiven Arbeitsverhalten bestärken, ihm aber auch helfen, eventuelle Mängel zu beheben, seine Leistungen zu verbessern. Dazu gehört auch die angemessene, sachliche Kritik. Gerade beim Beurteilungsgespräch sollte man immer daran denken, daß die Kritik eines der wichtigsten Motivationsmittel ist. Daß dies von vielen Vorgesetzten nicht immer beachtet wird, zeigt die Beantwortung der Frage: *„Wie kritisiert Ihr Vorgesetzter, wenn mal ein Fehler passiert?"*

Nur ein Viertel der von uns befragten Führungskräfte und ein knappes Drittel der Mitarbeiter aus dem Bereich der Finanzdienstleistungen konnten sich hier für „immer sachlich und angemessen" entscheiden.

„Ausrutscher" darf es in dieser Hinsicht beim Beurteilungsgespräch nicht geben. Nur konstruktive, motivierende Kritik bringt den Mitarbeiter in seiner Arbeitsleistung und seinem Sozialverhalten weiter.

Im Beurteilungsgespräch muß sich der beurteilende Vorgesetzte in erster Linie um Verständnis für das Verhalten seiner Mitarbeiter bemühen und sich verpflichtet fühlen, gemeinsam mit dem Mitarbeiter nach Mitteln und Wegen zu suchen, wie die Leistung und Zusammenarbeit verbessert werden können. Monologe, Anweisungen richten da nicht viel aus. Auch beim Beurteilungsgespräch muß im wahrsten Sinne des Wortes „zusammengearbeitet" werden. Eventuelle Qualifikationsmaßnahmen müssen vereinbart und terminlich abgestimmt werden, und zwar ganz konkret. Das Gleiche gilt bei Verhaltensänderungen aufgrund einer Kritik. „Ungefähres" birgt die Gefahr in sich, daß keiner weiß, was wann zu tun ist.

Beurteilungsgespräche führen heißt auch, sich ernsthaft um eine Stellungnahme der Beurteilten zu bemühen. Wenn möglich, sollten etwaige Einwände der Beurteilten schriftlich festgehalten und der Beurteilung, die bei den Personalakten bleibt, beigefügt werden. Bei der Führung des Gespräches selbst sollte sich der beurteilende Vorgesetzte immer vor Augen halten, daß das Gespräch „umkehrbar" sein sollte. Der Beurteilte muß den gleichen Gesprächsstil anwenden dürfen, wie sein Vorgesetzter.

Läßt es sich etwa ein Vorgesetzter gefallen, wenn man zu ihm sagt: „Sie wissen doch genau ..." oder „Ich kann Ihnen nur bescheinigen ..."? Wie würde denn der Vorgesetzte reagieren, wenn sein Vorgesetzter ein Beurteilungsgespräch mit den Worten beginnen würde: „Wir wollen diese unangenehme Sache hinter uns bringen", oder „Sie wissen ja, alle Jahre wieder ..."?

Je besser die Vorbereitung des Beurteilungsgespräches durch den Vorgesetzten, um so konkreter kann über Einzelheiten gesprochen werden. Was will zum Beispiel eine Mitarbeiterin damit anfangen, wenn ihr „eröffnet" wird, daß sie öfter die nötige Sorgfalt habe vermissen lassen. Hier muß konkret gesagt werden, um was es geht, zum Beispiel, daß eine neue Kollegin nicht sorgfältig genug bei der Bedienung des Computers eingewiesen wurde. Daß Pauschalurteile wie „im allgemeinen klappt es ja ganz gut" oder „ich bin mit Ihrer Leistung recht zufrieden" dem Mitarbeiter, nicht weiter helfen, weiß meistens nur der Mitarbeiter, aber nicht der Vorgesetzte, der diese Pauschalurteile mehr oder minder gedankenlos von sich gibt.

Die Beurteilung von Mitarbeitern ist viel zu wichtig für alle, als das man diese Führungsaufgabe „mit der linken Hand" erledigen könnte. Eine sachgerechte Beurteilung ist nur mit entsprechendem Zeitaufwand möglich und erfordert vor allem eine gründliche Schulung. Hier ist noch ein weites Feld zu bestellen.

8. Zusammenarbeit mit dem Betriebsrat

8.1 Betriebliche Partnerschaft

„Das Ganze ist einfach unverständlich.“ Die Führungskräfte der oberen Leitungsebene konnten es sich einfach nicht erklären, daß man bei der letzten Besprechung mit dem Betriebsrat überhaupt nicht zum „Thema“ gekommen war.

Was war geschehen? Mit dem Betriebsrat hätte über eine Neubaumaßnahme gesprochen werden sollen. Vor diesem Hauptthema wollte man aber noch ein paar Kleinigkeiten „abhaken“, unter anderem die verspätete Information an den Betriebsrat über einige Neueinstellungen. Von der Arbeitgeberseite war dies zunächst als Bagatelle angesehen worden. Gerade darüber hatte sich jedoch eine emotionsgeladene Diskussion entzündet. Der Betriebsrat fühlte sich überfahren, als Institution mißachtet. Schließlich hatte man die Sitzung abbrechen müssen und sich vertagt.

Derartiges passiert im betrieblichen Alltag immer wieder. Oft liegt der Grund darin, daß es am gegenseitigen Vertrauen zwischen Arbeitgeber und Betriebsrat mangelt. Im gestörten Klima kommt es dann zu unerwarteten „Entladungen“, die manchmal noch lange danach ihre Wirkung zeigen. Und das nicht nur vordergründig im Verhältnis Arbeitgeber – Betriebsrat. Denn schließlich ist der Betriebsrat ja die gewählte Vertretung der Arbeitnehmer und ein gestörtes Verhältnis Arbeitgeber – Betriebsrat wird früher oder später das gesamte Betriebsklima beeinflussen.

Der arbeitende Mensch stellt sich heute anders dar als noch vor einigen Jahren. Die Bildungsexpansion, erweiterte Informationsmöglichkeiten – mehr als 90 Prozent der Bevölkerung können heute täglich durch die verschiedensten Medien erreicht werden –, die geänderten gesellschaftlichen und politischen Verhältnisse haben diese Menschen selbstbewußter, selbständiger, unabhängiger, „mündiger“ werden lassen. Sie sind auch anspruchsvoller geworden, wobei neben den gestiegenen Ansprüchen in materieller Hinsicht auch die Ansprüche in immaterieller Hinsicht gewachsen sind. Auf das Arbeitsleben bezogen bedeutet das nicht nur mehr Lohn, sondern auch – und diese Prognose sei für die Zukunft gewagt – vor allem mehr Qualität des Arbeitslebens. Wobei hier in erster Linie nicht nur Ansprüche auf eine verbesserte Arbeitsumwelt verstanden werden sollen, sondern vor allem Ansprüche an die Arbeit selbst.

Der selbstbewußte, selbständige, unabhängige, mündige Arbeitnehmer will im Arbeitsleben seine Persönlichkeit entfalten, will einen Sinn in seiner Arbeit sehen und will letzten Endes seine Arbeit selbst mitgestalten, seine Arbeitsbedingungen beeinflussen. Er will nicht auf Gedeih und Verderb dieser Arbeitswelt ausgeliefert sein, sondern aktiv seine Gegenwart und vor allem die Zukunft mitbeeinflussen! Da letztlich sein Arbeitsplatz weitgehend von der Leistungsfähigkeit des Managements abhängig ist, interessieren ihn die Führungsqualitäten seiner Vorgesetzten genauso wie Fragen der Arbeitsorganisation. Da er sich im Betrieb wohlfühlen will, interessieren ihn Fragen der Kommunikation im Betrieb genauso wie die Arbeitsbedingungen und schließlich auch Fragen seines beruflichen Weiterkommens, die eng mit Problemen der Mitarbeiterbeurteilung, der Personalauslese und der beruflichen Weiterbildung verknüpft sind.

Diese Forderungen an die Qualität des Arbeitslebens, nach Mitbestimmung, Mitverantwortung sind nicht neu. Seit Beginn des 19. Jahrhunderts wurden diese Forderungen in steigendem Maße erhoben und auch durchgesetzt. Letzter Ausdruck dieser Entwicklung sind das Betriebsverfassungsgesetz von 1972, das Personalvertretungsgesetz von 1974 und das Mitbestimmungsgesetz von 1976. In dieser langen Entwicklung auf dem Gebiete der Gesetzgebung spiegelt sich die Veränderung des arbeitenden Menschen wider. Und diese Entwicklung ist sicher noch nicht am Ende. Dies beweist allein schon die Anpassung an die geänderten wirtschaftlichen und sozialen Verhältnisse vom Betriebsverfassungsgesetz 1952 zum Betriebsverfassungsgesetz 1972.

Was hat nun diese Entwicklung auf dem Gebiete der Gesetzgebung für den arbeitenden Menschen gebracht? Im Rahmen der Betriebsverfassung haben die Arbeitnehmer durch ihre Interessenvertretung die Möglichkeit, ihren Einfluß durch weitgehende Mitwirkungs- und Mitbestimmungsrechte in sozialen, personellen und wirtschaftlichen Angelegenheiten auszuüben und Arbeitsablauf sowie Arbeitsumgebung zu beeinflussen. Durch das Mitbestimmungsgesetz haben die Arbeitnehmer ein Mitbestimmungsrecht erhalten, welches sich über die ganze Breite innerbetrieblicher Entscheidungen erstreckt, das also noch über die im Betriebsverfassungsgesetz vorgesehenen Beteiligungsrechte hinausgeht.

In beiden Gesetzen kommt der Leitgedanke der Mitverwaltung der Betriebe zum Ausdruck. Genauso wie im staatlichen Bereich soll auch im wirtschaftlichen Bereich der Staatsbürger und Arbeitnehmer an der Regelung der ihn betreffenden Angelegenheiten beteiligt sein, und zwar im Wege der betrieblichen Partnerschaft. Das Betriebsverfassungsgesetz geht davon aus, daß beide Sozialpartner – Arbeitgeber und Arbeitnehmer – ein gemeinsames Interesse daran haben, daß das Unternehmen floriert. Dies kommt besonders in der „Magna Charta" des Betriebsverfassungsgesetzes zum Ausdruck: „Arbeitgeber und Arbeitnehmer arbeiten unter Beachtung der geltenden Tarifverträge vertrauensvoll und im Zusammenwirken mit den im Betrieb vertretenen Gewerkschaften und Arbeitgebervereinigungen zum Wohl der Arbeitnehmer und des Betriebes zusammen."

Durch die von ihm gewählte Repräsentanz, den Betriebsrat, erhalten so die Arbeitnehmer eine außerordentlich starke Stellung in der Betriebsverfassung, die noch ergänzt wird durch die Verpflichtung beider Partner, darüber zu wachen, daß alle im Betrieb tätigen Personen nach den Grundsätzen von Recht und Billigkeit behandelt und die Grundsätze der Gleichbehandlung beachtet werden. Besonders wichtig erscheint die Forderung des Betriebsverfassungsgesetzes, daß Arbeitgeber und Betriebsrat die freie Entfaltung der Persönlichkeit der im Betrieb beschäftigten Arbeitnehmer zu schützen und zu fördern haben.

8.2 Führungsstil und Mitbestimmung

Nach § 2 des Betriebsverfassungsgesetzes müssen Arbeitgeber und Betriebsrat vertrauensvoll zusammenarbeiten, und nach § 75 dieses Gesetzes haben beide die freie Entfaltung der Persönlichkeit der im Betrieb beschäftigten Arbeitnehmer zu schützen und zu fördern.

Diese Postulate stellen erhöhte Anforderungen an beide Sozialpartner, an Arbeitgeber und Arbeitnehmer, sowie deren Repräsentanz, den Betriebsrat. Zusammenarbeit und freie Entfaltung der Persönlichkeit sind Grundfragen des Führungsstils. Nur ein kooperativer, ein auf Partnerschaft eingestellter Führungsstil ermöglicht Zusammenarbeit und gesteht Führungskräften und Mitarbeitern die freie Entfaltung ihrer Persönlichkeit zu.

Wie steht es nun um den Führungsstil? Führungsverhalten ist nicht teilbar in dem Sinne, daß man bei der Zusammenarbeit mit dem Betriebsrat sich führungsmäßig anders verhält als gegenüber den eigenen Führungskräften und Mitarbeitern im betrieblichen Alltag. So, wie man sich gegenüber den eigenen Führungskräften und Mitarbeitern verhält, so geschieht das auch gegenüber dem Betriebsrat. Hier vielleicht manchmal etwas vorsichtiger, etwas „verbrämter", denn mit einer Institution „springt" man nicht so um wie mit einem einzelnen Mitarbeiter. Oder vielleicht doch? Die Versuchung ist groß.

Denn eben hat man noch dem „Untergebenen" Anweisungen erteilt, ihn vielleicht kritisiert, und eine Stunde später soll man mit demselben Mitarbeiter als Betriebsrat mit dem ernsten Willen zur Einigung verhandeln und Vorschläge für die Beilegung von Meinungsverschiedenheiten machen, wie es das Betriebsverfassungsgesetz vorsieht. Hier einen „gespaltenen" Führungsstil zu praktizieren, erscheint kaum möglich, und wenn es versucht wird, fällt bald die Maske. Solange es im Sinne des Managements „läuft", spielt sich das Ganze mit dem Betriebsrat recht kooperativ ab. Gibt es Widerstand, dann hört die Geduld oft auf und man kehrt bald zum Instrumentarium des autoritären Führungsstils zurück und versucht letztlich, Macht auszuüben.

Hier muß auf Arbeitgeberseite in vielen Bereichen das Führungsverhalten entscheidend geändert werden, denn in den meisten Organisationen wird nach wie vor autoritär geführt.

Abgesehen davon, daß dieser Führungsstil ineffizient ist und in der Leistungsbilanz mit erheblichen Kosten zu Buche schlägt: Im Bereich der Betriebsverfassung ist er sogar „kraft Gesetzes“ verboten. Denn „vertrauens-volle Zusammenarbeit“ sowie „freie Entfaltung der Persönlichkeit“ und autoritäres Führungsverhalten, das durch „Anordnen und Ausführen“ gekennzeichnet ist, schließen einander schon begrifflich aus.

Denn letzteres ist dadurch gekennzeichnet, daß die Entscheidungsprozesse auf eine Führungskraft oder wenige Führungskräfte konzentriert und allen anderen Führungskräften und Mitarbeitern die Rolle von Ausführenden zugewiesen werden. Und gerade das schließt das Betriebsverfassungsgesetz in seinen Leitgedanken aus. Hier ist im Hinblick auf die weit verbreitete Art, autoritär zu führen, noch viel zu tun. Der Führungsstil muß in weiten Bereichen umgestellt werden. Das geht sicher nicht von heute auf morgen. Führung ist Verhalten, und Verhalten muß gelernt, trainiert werden. Führungskräfteschulung ist dringender denn je, verbunden mit einer langdauernden Entwicklung zur Führungspersönlichkeit. Und auch bei der Auswahl von Führungskräften muß umgedacht werden. Neben dem bisher im Vordergrund stehenden Fachwissen muß eine Persönlichkeitsstruktur bei den Führungskräften gefordert werden, die Garantie für einen partnerschaftlichen Führungsstil bietet.

Im Zusammenhang mit der Auswahl, der Schulung und dem Führungstil der Führungskräfte kommt dem Personalwesen eine immer größere Bedeutung zu. Gerade hier haben sich die gesellschaftlichen Veränderungen der letzten Jahre und Jahrzehnte besonders bemerkbar gemacht, ja man kann sogar von einem regelrechten Umbruch sprechen. Aufgabenstellung und Organisation des Personalwesens sind deutlich verändert worden, nicht zuletzt durch die Entwicklung gerade auf dem Gebiet der Mitbestimmung. Wer im Personalwesen tätig ist, spürt diese Entwicklung von Jahr zu Jahr mehr. Von der reinen Personalsachbearbeitung, der Personalverwaltung geht die Entwicklung immer mehr zur Personalpolitik, Personalorganisation, Personalbetreuung, Personalförderung und zum Sozialwesen. Fragen der Personalführung, der Personalplanung, der Personalbeschaffung und des Personaleinsatzes rücken, bedingt durch die gesellschaftliche Entwicklung, aber auch durch die immer höher werdenden fachlichen Anforderungen immer mehr in den Mittelpunkt.

Ausbildung und Fortbildung werden zu immer wichtigeren Bereichen des Personalwesens genauso wie der Bereich des Arbeitsschutzes und des Sicherheits- und Gesundheitswesens. Daß die entsprechenden Gesetze im Arbeitsleben beachtet werden, sollte selbstverständlich sein. Da sind z.B. das Jugendschutzgesetz, Mutterschutzgesetz, Schwerbehindertengesetz, die Bestimmungen über den Kündigungsschutz, das Berufsbildungsgesetz oder das Gesetz über die Arbeitssicherheit.

Zumindest genauso wichtig ist das Gebiet der Personalführung, weitgehend ohne gesetzliche Einzelregelung, das dem „Menschen von heute" im Arbeitsleben Rechnung tragen muß und unter anderem „die freie Entfaltung der Persönlichkeit" berücksichtigen soll.

Das Personalwesen, die Personalabteilungen sehen heute ganz anders aus als noch vor zehn Jahren oder sollten wenigstens ganz anders aussehen. Denn in vielen Organisationen hat sich auch hier nichts oder kaum etwas geändert, genauso wie sich auch beim Führungsverhalten nichts geändert hat. Hier muß flexibel reagiert werden. Ohne ein den modernen Erfordernissen angepaßtes Personalwesen können Ziele nicht erreicht werden, und die Gesamtwirtschaftlichkeit ist in Frage gestellt.

8.3 Betriebsräte müssen viel wissen

An die Qualifikation der Mitarbeiter von Personalabteilungen werden heute ganz andere Anforderungen gestellt als noch vor zehn Jahren, der Zeitaufwand für Besprechungen, Verhandlungen mit der Arbeitnehmervertretung wird immer größer, ganz gleich ob es sich um die Einstellung neuer Mitarbeiter oder um den Entwurf neuer Beurteilungsrichtlinien handelt. Um nicht mißverstanden zu werden: Hier soll auf keinen Fall der Mehraufwand, der sich durch diese Verschiebung in den Schwerpunkten ergeben hat und sich in Zukunft noch in verstärktem Maße ergeben wird, beklagt werden. Im Gegenteil.

Neuen Aufgaben muß man sich stellen und soll man sich gern und mit Überzeugung stellen. Das Betriebsverfassungsgesetz bringt die veränderte gesellschaftliche Situation zum Ausdruck und zieht daraus die Folgerungen. Gesellschaftliche Situation, Führungsaufgabe und Gesetz stimmen überein. Und dem sollte man durch entsprechende Qualität bei den Personalabteilungen auf der Arbeitgeberseite Rechnung tragen.

Qualität auf der Arbeitgeberseite setzt aber auch Qualität auf der Arbeitnehmerseite, vor allem bei der Repräsentanz der Arbeitnehmer, dem Betriebsrat, voraus. Das ist leichter gesagt als in der Praxis verwirklicht. Denn die Aufgaben der Betriebs- und Personalräte sind so vielgestaltig, daß schon sehr viel Sachkenntnis vorhanden sein muß, um die Aufgaben, die das Gesetz dem Betriebsrat zuweist, erfüllen zu können.

Zusammenarbeiten bedeutet, etwas gemeinsam zu erarbeiten, zu bearbeiten. Probleme müssen gemeinsam gelöst werden. Das kann nicht bedeuten, daß der eine Partner allein alles „zustimmungsreif“ vorbereitet und die Arbeitnehmervertretung dann „nur“ noch zuzustimmen braucht. Dies würde dem Wortsinne nach schon einer „Zusammenarbeit“ widersprechen. Vertrauensvolle Zusammenarbeit ist vielmehr Teamwork, so wie man es in allen Bereichen der Wirtschaft und Verwaltung kennt oder kennen sollte. Teamwork mit all den Vorteilen, die aus der Gruppenarbeit bekannt sind.

Hier treffen die positiven Ergebnisse der Forschung auf dem Gebiet der Gruppenpsychologie und der Gruppendynamik mit der gesetzlichen Regelung zusammen, gesetzlich verordnetes Teamwork also. Auch hier kann man feststellen: Selbst wenn es den § 2 des Betriebsverfassungsgesetzes oder des Personalvertretungsgesetzes, die die vertrauensvolle Zusammenarbeit verordnen, nicht gäbe – übrigens, diese Bestimmungen stehen nicht ohne Grund am Anfang des Gesetzes, um eine möglichst hohe Effizienz zu erreichen –, müßte man nach diesem Grundsatz verfahren.

Teamwork setzt aber einiges voraus, zumindest Sachkenntnis. Im schriftlichen Bericht des Bundestagsausschusses für Arbeit und Soziales heißt es hierzu: „Nur solche Betriebsratsmitglieder, die über ein ausreichendes Maß an sozialpolitischen, wirtschaftlichen, rechtlichen und technischen Kenntnissen verfügen, können ihr Amt sach- und fachgerecht ausüben.“

Zunächst wird einmal Sachkenntnis auf dem Gebiet verlangt, das den Betriebsräten am nächsten liegt, nämlich der Betriebsverfassung. Dann aber wird auch Sachkenntnis auf allen Rechtsgebieten, mit denen sich z.B. der „Gegenspieler“ der Personalabteilung beschäftigen muß, verlangt, und zwar von den Bestimmungen des Einzel-Arbeitsvertragsrechts angefangen bis zum „Gesetz über Betriebsärzte, Sicherheitsingenieure und andere Fachkräfte für Arbeitssicherheit“. Mitbestimmung bedeutet letztlich Mitverantwortung. Und wer Mitverantwortung trägt, muß die Grundlagen eben dieser Mitverantwortung kennen.

Mit der Sachkunde der Gesetzesmaterie allein ist es jedoch nicht getan. Die Vertreter der Arbeitnehmer haben auch und vor allem auf Gebieten mitzubestimmen, die gesetzlich nicht oder nur bruchstückhaft geregelt sind. So ist die Zustimmung erforderlich bei der Aufstellung allgemeiner Beurteilungsgrundsätze und bei Richtlinien über die personelle Auswahl bei Einstellungen, Versetzungen, Umgruppierungen und Kündigungen.

Der Betriebsrat kann aber auch angemessene Maßnahmen zur Abwendung, Milderung, aber auch zum Ausgleich verlangen, wenn Arbeitnehmer durch Änderung der Arbeitsplätze, des Arbeitsablaufs oder der Arbeitsumgebung, die den gesicherten arbeitswissenschaftlichen Erkenntnissen über die menschengerechte Gestaltung der Arbeit widerprechen, in besonderer Weise belastet werden. Hinter diesem Satz verbirgt sich die gesamte Problematik der Humanisierung der Arbeit, die immer mehr zum Hauptproblem der gesamten Arbeitswelt überhaupt wird.

Fast die Hälfte aller Arbeitnehmer in der Bundesrepublik sind im Büro tätig, und gerade die Bürowelt steht vor einer umwälzenden technischen

Revolution. Rationalisierungsbestrebungen und Humanisierung der Arbeit sind die Probleme der Zukunft. Von der Lösung dieser Probleme sind die Arbeitnehmer betroffen, aber auch über die Mitbestimmung der Betriebsräte beteiligt. Daß hier ein Wissen verlangt wird, das weit über das „normale Fachwissen" eines Arbeitnehmers, der als Betriebsrat gewählt wurde, hinausgeht, versteht sich wohl von selbst.

Was es bedeutet, Beurteilungsrichtlinien oder Ausleserichtlinien zu erstellen, und was an Kenntnissen hierzu benötigt wird, weiß jeder, der sich schon einmal mit Personalbeurteilungen oder Bewerberauslesen beschäftigt hat. Oft reicht hierzu nicht einmal der spezielle Sachverstand der Personalabteilung einer Großorganisation aus, man bedient sich externer Beraterteams. Vom Betriebsrat aber, der ja zur Zustimmung oder Nichtzustimmung kraft Gesetzes aufgerufen ist, wird diese Kenntnis verlangt.

Das Gesetz verlangt aber noch mehr. So zählt es zum Beispiel in § 80 einige allgemeine Aufgaben des Betriebsrats auf, die eine umfassende Sachkenntnis voraussetzen. Der Betriebsrat hat unter anderem die Aufgabe, Maßnahmen, die dem Betrieb und der Belegschaft dienen, beim Arbeitgeber zu beantragen. Er hat weiterhin die Eingliederung Schwerbehinderter und sonstiger besonders schutzwürdiger Personen und die Beschäftigung älterer Arbeitnehmer im Betrieb, sowie die Eingliederung ausländischer Arbeitnehmer und das Verständnis zwischen ihnen und den deutschen Arbeitnehmern zu fördern. Wenn schließlich das Gesetz vom Betriebsrat fordert, darüber zu wachen, daß die zugunsten der Arbeitnehmer geltenden Gesetze, Verordnungen, Unfallverhütungsvorschriften, Tarifverträge und Betriebsvereinbarungen durchgeführt werden, dann muß jedem, der sich auch nur einigermaßen auf diesem Gebiet auskennt, klar werden, daß man den Betriebsräten zumindest jede Hilfe zuteil werden lassen muß. Sonst muß ihre Aufgabe schon von den Forderungen des Gesetzes her fast unerfüllbar erscheinen.

8.4 „Ihr lauft den ganzen Tag nur herum“

Der Betriebsrat muß sich intensiv mit wirtschaftlichen Fragen beschäftigen. Er bestimmt die Mitglieder des Wirtschaftsausschusses. Dieser Wirtschaftsausschuß hat die Aufgabe, wirtschaftliche Angelegenheiten mit dem Unternehmer zu beraten und den Betriebsrat zu unterrichten. Zu diesen wirtschaftlichen Angelegenheiten gehören insbesondere die wirtschaftliche und finanzielle Lage des Unternehmens, die Produktions- und Absatzlage, das Produktions- und Investitionsprogramm, Rationalisierungsvorhaben, Fabrikations- und Arbeitsmethoden, insbesondere die Einführung neuer Arbeitsmethoden, die Einschränkung oder Verlagerung von Betrieben oder Betriebsteilen, der Zusammenschluß von Betrieben, die Änderung der Betriebsorganisation oder des Betriebszwecks sowie sonstige Vorgänge und Vorhaben, welche die Interessen der Arbeitnehmer des Unternehmens wesentlich berühren könnten.

Allein aus dieser Aufzählung des Gesetzes, die noch nicht abschließend ist, ergibt sich ein ungeheuer breites Spektrum, das hohe Anforderungen an den Sachverstand der Betriebsräte stellt, zumal der Betriebsrat beschließen kann, die Aufgaben des Wirtschaftsausschusses einem Ausschuß des Betriebsrates zu übertragen, also unmittelbar tätig zu werden. Auch an diesen Aufgaben, die ja auch eine große Verantwortung beinhalten, wird klar, wie umfangreich die von einem Betriebsrat zu fordernden Kenntnisse sein müssen.

Aber nicht nur Kenntnis der Gesetze und der wirtschaftlichen Zusammenhänge werden verlangt. Diese Kenntnisse müssen ja auch in der täglichen Praxis umgesetzt werden. Zusammenarbeit bedeutet zusammenarbeiten, zusammen reden, zusammen verhandeln. Verhandeln kann aber nicht jeder, Gesprächsführung will gelernt sein, zumal man es als Betriebsrat nicht nur mit den meist verhandlungsgewandten Partnern des Managements zu tun hat.

80 Prozent der Betriebsräte sind Mitglieder von Gewerkschaften, ihre Tätigkeit bringt zwangsläufig häufige Gesprächskontakte mit ebenfalls verhandlungsgewandten Gewerkschaftsfunktionären mit sich. Auch mit den Arbeitskollegen muß verhandelt werden, sie müssen überzeugt werden, manchmal auch davon, daß nicht alle Wünsche erfüllt werden können.

Mit der Jugendvertretung muß ebenfalls manch langes Gespräch geführt werden, Generationsprobleme treten auf.

Kenntnisse und Fähigkeiten werden also in hohem Maße gefordert und nicht nur diese. An Betriebsräte werden auch hohe Anforderungen bezüglich ihrer Belastbarkeit gestellt. Einmal ist es die Doppelbelastung, mit der sie fertig werden müssen. Sofern sie nicht von ihrer Arbeit freigestellt sind, führt diese Doppelbelastung häufig zu Konflikten. Auf der einen Seite wollen sie ihrer Aufgabe als Betriebsrat gerecht werden, andererseits wollen sie auch ihren Arbeitsplatz ausfüllen, etwas, was von Vorgesetzten und Kollegen nicht immer gesehen und anerkannt wird. Von der Theorie des Gesetzes her sieht das ganz einfach aus. „Mitglieder des Betriebsrates sind von ihrer beruflichen Tätigkeit ohne Minderung des Arbeitsentgelts zu befreien, wenn und soweit es nach Umfang und Art des Betriebes zur ordnungsgemäßen Durchführung ihrer Aufgaben erforderlich ist.“

Was ist aber im Einzelfall unter einer „ordnungsgemäßen Durchführung der Aufgaben“ zu verstehen und was ist „erforderlich“? Bei der Teilnahme an den Sitzungen des Betriebsrats scheinen noch am wenigsten Probleme aufzutauchen, obwohl auch bei der Anberaumung der Sitzungen auf die betrieblichen Belange Rücksicht zu nehmen ist. Wie steht es aber mit der Teilnahme an Betriebsversammlungen, nimmt zum Beispiel an Teilversammlungen der gesamte Betriebsrat teil, oder dürfen nur einige Mitglieder teilnehmen? Wann ist zur ordnungsgemäßen Durchführung der Aufgaben der Besuch auswärtiger Betriebsteile, die Teilnahme an Besprechungen mit dem Arbeitgeber, die Teilnahme an Betriebsbegehungen durch die Gewerbeaufsicht, die Teilnahme an Unfalluntersuchungen der Berufsgenossenschaft „erforderlich“? Wann sind Besprechungen mit Gewerkschaftsvertretern innerhalb oder außerhalb des Betriebes „erforderlich“?

Allein diese bei weitem nicht abschließende Aufzählung zeigt die Problematik dieser Fragen deutlich auf, und die umfangreiche Rechtsprechung der Arbeitsgerichte bis hinauf zum Bundesarbeitsgericht beweist, daß gerade diese Fragen immer wieder Anlaß zu Auseinandersetzungen zwischen Arbeitgebern und Betriebsräten geben. Daß derartige Auseinandersetzungen den einzelnen Betriebsrat auch innerlich belasten, dürfte klar sein. Die Meinung, „die wollen sich ja doch nur vor der Arbeit drücken“, ist aber nicht nur beim Management anzutreffen, sondern auch bei Arbeitskollegen, die oft die Betriebsräte bei deren Abwesenheit vom Arbeitsplatz vertreten.

Diese aus Unkenntnis der tatsächlichen Belastung resultierende Ansicht wird immer wieder geäußert und führt naturgemäß zu Spannungen am Arbeitsplatz. Diese Belastungen sollte man keinesfalls unterschätzen. Denn Betriebsräte sind schließlich gewählt und stehen, genauso wie gewählte Abgeordnete, unter dem Druck ihrer Wähler, nur daß dieser Druck hier viel direkter, unmittelbarer zum Ausdruck kommt. Läßt sich der Betriebsrat zuviel bei seinen Arbeitskollegen sehen, dann heißt es, „ihr lauft ja den ganzen Tag nur herum“, kommt er selten, dann wird er angepflaumt, „ihr laßt euch ja nur sehen, wenn ihr etwas von uns wollt“. In diesem Zusammenhang auf die Sprechstunden zu verweisen, wird dem Problem nicht gerecht. Denn nur eine Minderheit von Betriebsangehörigen sucht von sich aus den Kontakt zu ihren Betriebsräten.

Rund 38 Prozent der Mitarbeiter und 41 Prozent der von uns befragten Führungskräfte beantworteten die Frage: *„Suchen Sie von sich aus Kontakt mit Ihren Arbeitnehmervertretern?“* mit „öfter“ oder „gelegentlich.“ Bei den von uns befragten Führungskräften aus dem Bereich der Finanzdienstleister lag der Anteil bei rund 48 Prozent.

Rund 30 Prozent der Mitarbeiter und 44 Prozent der Führungskräfte der Wirtschaft nehmen nach unseren Befragungen nicht regelmäßig an den turnusmäßigen Betriebsversammlungen teil. Bei den Führungskräften aus dem Finanzdienstleistungsbereich waren es rund 40 Prozent der befragten Führungskräfte, die an den Versammlungen nicht teilnahmen.

Ein reines „Warten“ des Betriebsrates darauf, daß jemand zur Sprechstunde kommt, würde den Aufgaben des Betriebsrates nicht gerecht. Denn er soll ja schließlich nicht reagieren, sondern selbst aktiv werden.

8.5 „Wenn ich das nur geahnt hätte“

Belastungen verschiedenster Art für die meisten Betriebsräte ergeben sich aber auch durch ihre gewerkschaftliche Tätigkeit, zum Beispiel als Mitglied der Tarifkommission. Wobei die Belastungen zunächst einmal rein zeitlich gesehen werden sollten. Da sind die Schulungen durch die Gewerkschaften, die oft am Abend oder am Wochenende stattfinden und meist nicht von der Freistellung durch den Betrieb erfaßt werden. Da sind aber auch Konflikte, die sich durch allgemeine gewerkschaftliche Forderungen und die Besonderheiten der einzelnen Unternehmen ergeben. Da wird oft gerungen, sei es mit den gewerkschaftlichen Vertrauensleuten im Betrieb oder mit den Funktionären der Gewerkschaft. Um nicht mißverstanden zu werden: Hier geht es nur um die physischen Belastungen, die sich aus diesen engen Beziehungen zwischen Gewerkschaften und Betriebsräten oft zwangsläufig ergeben, um nicht mehr und nicht weniger.

Weitere Belastungen von Betriebsräten ergeben sich aus ihrer ehrenamtlichen Tätigkeit als Arbeits- oder Sozialrichter. Hierin nur eine zeitliche Belastung durch Teilnahme an den Sitzungen der Gerichte zu sehen, wird der Aufgabe eines Richters gerade auf diesem recht komplizierten Rechtsgebiet nicht gerecht. Hier fällt, nimmt man diese Aufgabe verantwortungsbewußt wahr, eine Menge Vorbereitungszeit außerhalb der reinen Sitzungstätigkeit an, die von den wenigsten Vorgesetzten, geschweige denn von den Arbeitskollegen, gesehen und vor allem gewürdigt wird. Sie stellen oft nur fest: „Ach, der ist wieder mal beim Gericht. Und wir müssen arbeiten. Betriebsrat müßte man sein!“

„Betriebsrat, Mitglied der Tarifkommission, Arbeits- oder Sozialrichter – aber das haben die sich doch selbst ausgesucht! Die mußten doch wissen, was sie sich da eingehandelt haben. Und außerdem, die tun das doch ganz gern.“ Diese Ansicht hört man immer wieder. Gott sei Dank tun sie es, die meisten wenigstens, „ganz gern“, Gott sei Dank gibt es noch Menschen, die einen Großteil ihrer Freizeit für diese wichtigen Gemeinschaftsaufgaben opfern. Leider werden es immer weniger, die dazu bereit sind und die man oft förmlich dazu überreden muß. Und für manche, die sich haben breitschlagen lassen, kommt oft die überraschende Stunde der Wahrheit: „Ja, wenn ich das nur geahnt hätte!“

Die Aufgaben im Rahmen der Betriebsverfassung, der Gerichtsbarkeit und der Gewerkschaften sind wichtige Gemeinschaftsaufgaben unserer freiheitlich-demokratischen Grundordnung. Je verantwortungsbewußter diese Aufgaben erfüllt werden, um so besser, und zwar für alle! Eine verantwortungsbewußte Erfüllung der Aufgaben ist einem Betriebsrat aber nur dann möglich, wenn er die notwendige Unterstützung erhält.

Diese Unterstützung muß ihm vor allem auf dem Gebiet der Schulung und Weiterbildung zuteil werden. Dies folgt schon aus dem Leitgedanken des Gesetzes, der vertrauensvollen Zusammenarbeit. Wie soll es möglich sein, daß beide – Arbeitgeber und Betriebsrat – mit dem ernsten Willen zur Einigung verhandeln und beide Vorschläge für die Beilegung von Meinungsverschiedenheiten machen, wenn es bei dem einen Verhandlungspartner schon am notwendigsten Grundwissen der Rechtsmaterie, fehlt? Das beginnt schon beim Betriebsverfassungsgesetz selbst. In unseren Seminaren mußten wir immer wieder feststellen, daß es selbst bei „eingefahrenen" Betriebsräten oft an den primitivsten Rechtskenntnissen fehlt.

So war beispielsweise unklar, welche Folgen aus einer Nichtbeachtung der Mitbestimmungsvorschriften rechtlich zu ziehen sind. Wie es dann aussieht, wenn es z.B. um die Erarbeitung einer Bußordnung geht, kann man nur ahnen. Manchem Management könnte eine solche Unkenntnis nur recht sein, und man könnte sich darüber freuen, auf diese Weise „leichtes Spiel" mit dem Betriebsrat zu haben. Langfristig gesehen kehren sich solche „Kurzzeiterfolge" oft ins Gegenteil um. Ein auf diese Weise „überfahrener" Betriebsrat und damit auch die Gesamtheit der Arbeitnehmer merkt an den „Erfahrungen" eine derartige Taktik bald, und daß hier etwas Einseitiges, wenn auch mit Zustimmung, geschehen ist. Das Vertrauen des Betriebsrats gegenüber dem Arbeitgeber und das der Arbeitnehmer gegenüber dem Betriebsrat geht verloren. „Da hättet ihr aber besser aufpassen müssen", ist noch das wenigste, was zu hören ist. Wie kann man aber besser aufpassen, wenn man nicht einmal über die Verhandlungsgrundlagen Bescheid weiß?

Aber nicht nur Kenntnisse der Rechtsmaterie sind vonnöten. Kenntnisse sind weiterhin erforderlich auf den Gebieten der Soziologie, der Biologie, der Medizin. Ein Betriebsrat muß sich z.B. mit den Besonderheiten von großen sozialen Gruppen, ob es sich um junge oder ältere Mitarbeiter handelt oder um Frauen oder um Gastarbeiter, vertraut machen. Kenntnisse der Psychologie sind bei der Motivation von Mitarbeitern genauso erforderlich wie bei der Beurteilung der Leistung oder der Eignung von Mitarbeitern. Betriebsräte müssen sich mit biologischen oder medizinischen Fragen beschäftigen. Die Ergebnisse der Forschung und der Medizin zeigen, welche Reaktionen im Körper durch starke psychische Belastungen, wie Monotonie am Arbeitsplatz, ausgelöst werden. Die heutige Medizin kennt genau die Folgen von Über- und Unterforderung, man weiß, welche Krankheiten auf Belastungen, seien sie physischer oder psychischer Art, zurückzuführen sind. Wer die Interessen der Arbeitnehmer zu vertreten hat, muß sich auch und vor allem mit diesen Fragen der Medizin und Biologie beschäftigen. Tut er das nicht, dann kann er sich auch nicht ernsthaft mit Fragen der Arbeitsstrukturierung beschäftigen oder die Probleme lösen, die sich zum Beispiel durch Alkohol- oder Drogenmißbrauch am Arbeitsplatz ergeben

8.6 Was kostet der Betriebsrat?

Betriebsräte müssen vielseitig sein. Sie müssen sich mit den Ergebnissen der Streßforschung genauso beschäftigen, um drohende Gefahren für den Arbeitnehmer rechtzeitig zu erkennen, wie mit den neuesten Erkenntnissen der Pädagogik, der Informatik oder des Datenschutzes.

Medizin, Biologie, Psychologie, Pädagogik, Informatik, Datenschutz für Betriebsräte? Nun, wem dies alles etwas „zu hoch" angesiedelt erscheint, möge einen Blick in das Betriebsverfassungsgesetz werfen. Die Gebiete, auf denen gerade diese Kenntnisse benötigt werden, sind die, auf denen vor allem der Betriebsrat aufgerufen ist, zum Wohle der Arbeitnehmer, aber auch des Betriebes tätig zu werden. Übrigens alles Gebiete, auf denen große Fortbildungsdefizite bei Führungskräften bestehen, die hier gleichermaßen aufgerufen sind, aktiv zu werden.

Schulung ist aber auch dringend notwendig auf dem Gebiet der Verhandlungsführung. Es kann einfach nicht im Sinne des Managements liegen, mit auf diesem Gebiet ungeschulten Partnern Gespräche zu führen, zu verhandeln. Mit geschulten Verhandlungspartnern läßt sich in viel kürzerer Zeit das Wesentliche herausarbeiten und zu Ergebnissen kommen, für welche man sonst drei oder vier Besprechungen braucht.

Zur Zusammenarbeit, zu Verhandlungen gehören immer mindestens zwei Partner, wobei die Betonung auf „Partner" liegt. Verhandlungen sollen keine Monologe sein! Aus gutem Grund hat der Gesetzgeber die Zusammenarbeit, die Partnerschaft als Leitgedanken der Betriebsverfassung gewählt, aus der Erkenntnis heraus, daß gerade aus der mündigen Arbeitnehmerschaft sehr viel zum Wohle auch des Betriebes beigesteuert werden kann. Trotz des Interessengegensatzes zwischen Arbeitnehmern und Arbeitgebern haben beide doch nicht nur auch, sondern vor allem gemeinsame Interessen. Sie haben, wie es der Gesetzgeber ausdrückt, das „Wohl des Betriebes" und damit auch die Sicherung der Arbeitsplätze im Auge zu haben.

Wohlgemerkt, bei aller Anerkennung der Interessengegensätze. Es wäre geradezu töricht, im Betriebsrat immer nur den Gegner zu sehen, wie es mancherorts leider noch immer geschieht. Gerade in der Arbeitnehmerschaft, vertreten durch den Betriebsrat, liegen ungeheure Reserven, die zum Nutzen aller mobilisiert werden können, vorausgesetzt, der Betriebsrat kann sich auch entsprechend artikulieren. Und dazu braucht es vielerorts die entsprechende Schulung.

Sieht man die Notwendigkeit von kenntnisreichen, geschulten Betriebsräten allein von der Aufgabenstellung her auch und vor allem im Interesse des Betriebes, dann müßte man eigentlich gar nicht erst auf die gesetzlichen Regelungen des Betriebsverfassungsgesetzes zurückgreifen, auf die Auslegungsfragen, ob Kenntnisse, die bei Schulungs- und Bildungsveranstaltungen vermittelt werden, für die Arbeit des Betriebsrates „erforderlich“ (§ 37 Abs. 6 Betriebsverfassungsgesetz) oder „geeignet“sind (§ 37 Abs. 7 Betriebsverfassungsgesetz). Die Zahl der Prozesse, die hier geführt worden sind, ist groß.

In den ersten vier Jahren nach Inkrafttreten des Betriebsverfassungsgesetzes wurden etwa 3.000 Arbeitsgerichtsprozesse, in denen es um die Schulung und Weiterbildung von Betriebsräten ging, geführt, in mehr als 50 Fällen das Bundesarbeitsgericht angerufen! Gewiß, Schulung und Weiterbildung kosten Geld, die Betriebe werden durch diese Ausgaben belastet. Was „kostet“ aber ein Betriebsrat, der nicht über die notwendigen Kenntnisse verfügt, wobei man vor allem an die Kosten denken sollte, die durch „Nichtinitiative“, durch verschlechtertes Klima und durch vertane Zeit bei unnötigen Besprechungen anfallen. Leider lassen sich diese Kosten nicht genau spezifizieren, es gibt keine entsprechende Kostenstelle in der Bilanz. Und doch fallen diese Kosten bei der Endabrechnung, wenn auch unsichtbar, ins Gewicht: Ineffizienz!

Unterstützung des Betriebsrates durch Schulung der Betriebsräte ist aber nicht genug. Eine wirkungsvolle Tätigkeit des Betriebsrates hängt von vielen „Kleinigkeiten“ ab, die zunächst einmal gar nicht ins Gewicht zu fallen scheinen, die aber, wenn sie nicht beachtet werden, die Arbeit dieses Gremiums außerordentlich behindern, wenn nicht sogar lahmlegen können. Was hier unter anderem angesprochen werden soll, sind die Sachmittel. Nun, auch hier gibt es eine gesetzliche Regelung.

§ 40 des Betriebsverfassungsgesetzes bestimmt: die durch die Tätigkeit des Betriebsrates entstehenden Kosten trägt der Arbeitgeber. Für die Sitzungen, die Sprechstunden und die laufende Geschäftsführung hat der Arbeitgeber im erforderlichen Umfang Räume, sachliche Mittel und

Büropersonal zur Verfügung zu stellen." Jeder weiß, daß, wenn es an Büromaterial hapert, die Schreibmaschine nicht mehr richtig funktioniert oder gar die Raumausstatung zu wünschen übrig läßt, ein gutes, reibungsloses Arbeiten kaum noch möglich ist. Und wenn dann auch noch die schwächste Schreibkraft für den Betriebsrat „abgestellt" wird, dann ist es ganz aus. Schwierigkeiten auf diesem Sektor sollte es nicht geben.

Was der Personalabteilung als dem „Spiegelbild" der Arbeitnehmervertretung recht ist, sollte dem Betriebsrat billig sein. Das gilt für das Zurverfügungstellen von Kommentaren genauso wie für eine reibungslos gut funktionierende Büroorganisation. Letztlich ist das Ganze eine Frage der Anerkennung der Aufgaben und der Arbeit des Betriebsrates. Und so, wie man die Arbeit der Personalabteilung wertet und anerkennt, so sollte man es auch mit der Arbeit des Betriebsrats halten.

Der Teufel steckt auch hier wieder einmal im Detail. Die Führungskräfte eines Unternehmens, für die „normale" Arbeitsbedingungen selbstverständlich sind, wissen oft gar nicht, mit welchen Schwierigkeiten Betriebsräte zu kämpfen haben. Auch geht man in der täglichen Arbeit von der Voraussetzung aus, daß der Gesprächspartner „selbstverständlich" über den gleichen Wissensstand verfügt wie die Spezialisten des Unternehmens. Hier sollte man sich immer wieder in die Lage seines Partners zu versetzen versuchen und Hilfestellung geben, wo es nur geht, sei es bei den Arbeitsbedingungen oder bei der Weiterbildung. Jede Mark, die hier ausgegeben wird, zahlt sich in qualifizierter Arbeit aus.

8.7 Jede Organisation hat den Betriebsrat, den sie verdient

Mit der Anerkennung der Aufgaben und der Arbeit des Betriebsrats eng zusammen hängt aber auch die Unterstützung des Betriebsrats durch Förderung des Verständnisses seiner Tätigkeit bei der Belegschaft. „Das ist aber doch Aufgabe der Gewerkschaften oder des Betriebsrates selbst, man kann doch nicht verlangen, daß ich auch noch Propaganda für den Betriebsrat mache“, lautet der Einwand, den wir immer wieder bei Seminaren hören.

Nun, einmal ist das mit der Selbstdarstellung und mit der Eigenpropaganda so eine Sache. Sie wird selten geglaubt. Zum anderen weiß der Arbeitgeber am besten, was gerade auf dem Sektor anfällt, auf dem die Hauptarbeit der Betriebsräte liegt. Daß hier natürlich alles vermieden werden muß, was den Betriebsrat als „Kind“ des Unternehmers erscheinen lassen könnte, so daß der Eindruck entstände, der Betriebsrat sei „gekauft“, versteht sich von selbst. Eine objektive Unterrichtung der Belegschaft ist hier sicher möglich, aber auch nötig.

Aus allem ergibt sich aber auch, daß dem Arbeitgeber im ureigensten Interesse alles daran gelegen sein sollte, einen qualitativ hochwertigen Betriebsrat als Verhandlungspartner zu bekommen. Mitbestimmung bedeutet letztlich Mitverantwortung und Mitverantwortung setzt Qualität voraus. Mancher für die Betriebsratsarbeit vorzüglich geeignete Mitarbeiter scheut aus vielen, bisher schon erörterten Gründen, sich zur Wahl zu stellen, und manche dieser an sich bereiten Mitarbeiter – dies hört man leider immer wieder – werden in dieser Haltung sogar vom Management noch bestärkt. Das kann einmal daran liegen, daß man qualifizierte Betriebsräte nicht wünscht – dies ist hoffentlich die Ausnahme –, zum anderen aber auch daran, daß man, bedingt durch die Arbeitsbelastung im Betriebsrat, Ausfälle in der täglichen Arbeit fürchtet. Hier gilt es, Prioritäten zu setzen, und die liegen, von der Gesamtaufgabe her gesehen, wohl eindeutig bei der Erfüllung der übergeordneten Aufgabe als Betriebsrat.

Stellt man rein auf die Kosten ab, sieht man das Problem also wirtschaftlich, dann muß man auch hier die Frage stellen: Was kostet ein weniger qualifizierter Betriebsrat, und was „bringt“ ein qualifizierter Betriebsrat oder Betriebsratsvorsitzender? Denn dem „Wohl des Betriebes und der Arbeitnehmer", wie es das Betriebsverfassungsgesetz ausdrückt, gebührt hier eindeutig der Vorzug. „Jede Organisation hat den Betriebsrat, den sie verdient", dieser Satz bestätigt sich täglich aufs neue!

Qualität auf der Arbeitnehmerseite – Qualität auf der Arbeitgeberseite, dies sind die unabdingbaren Voraussetzungen für eine vertrauensvolle Zusammenarbeit. Mit der Schaffung der Voraussetzungen allein ist es aber nicht getan. Zusammenarbeit muß auch praktiziert werden! Vertrauen heißt auch Zutrauen!

„Ein Einfluß auf den Betrieb des Geschäftes nach seinen technischen und merkantilischen Richtungen könnte wohl den Arbeitern ohne große Gefahr hinsichtlich der nötigen Intelligenz nicht anvertraut werden.... Eine demokratische Leitung von großen Gewerbeunternehmen wäre völliger Unsinn, bei welchem die Menge noch viel gewisser und in höherem Maße schlecht fahren würde, als bei dem jetzigen monarchischen oder aristokratischen Regimente." (Zitiert bei Ehlert, Die Idee der Mitbestimmung, gesellschaftspolitische Kommentare 1964, Nr. 15/16). Dieses Zitat aus einem im Jahre 1840 erschienenen Aufsatz über die Mitbestimmung scheint heute noch Gedankengut mancher Führungskraft zu sein. Es sind dieselben Führungskräfte, die auch ihren Mitarbeitern wenig oder nichts zutrauen, die glauben, nur sie besäßen die Fähigkeit und das Wissen zu entscheiden. Es sind die Führungskräfte, die zwar glauben, ihre eigene Persönlichkeit voll entfalten zu können, ja zu müssen, die anderen aber keine Persönlichkeit zugestehen. Es sind aber auch die Führungskräfte, die jede Einflußnahme auf die eigene Entscheidungsfreiheit, die sie im übrigen gar nicht besitzen, was sie aber nicht zur Kenntnis nehmen wollen, als Beschneidung ihrer eigenen persönlichen Macht ansehen und empfindlich darauf reagieren. „Ohne mich geht es nicht. Wenn ich nicht wäre, wenn ich nicht überall eingreifen würde, wo kämen wir da hin?"

Das ist der Grundtenor dieser Betriebsfürsten und Patriarchen und daß diese Unternehmer und Führungskräfte „ihrem" Betriebsrat nichts zutrauen, in ihm nur einen „Jawohl-Sager" sehen, versteht sich. Daß sie durch ihre Art zu führen, durch ihre Einstellung die wichtigsten Verbindungen zur Basis abschneiden, vermögen sie kaum einzusehen. Sie haben sich in der Chefetage längst abgekapselt, leben unter sich, sind dann aber furchtbar erschrocken und haben auch kein Verständnis dafür, wenn sich „dort unten“ etwas tut, sich radikale Strömungen breit machen und sich nach der nächsten Betriebsratswahl ein neuer Betriebsrat konstituiert, bei dem „nichts mehr geht“. Solche Prozesse laufen oft sehr langsam ab. Und nicht nur beim Betriebsrat geht nichts mehr, auch die Belegschaft trocknet mehr und mehr aus, die qualifizierten Mitarbeiter, die ja auch ihre Persönlichkeit nicht entfalten können, wandern ab.

Der Führungsstil, der im Arbeitsalltag praktiziert wird, schlägt auch auf die Zusammenarbeit zwischen der Führung und dem Betriebsrat durch. Kennzeichnend für einen partnerschaftlichen Führungsstil ist die Kommunikation zwischen Führung und Mitarbeiter, der Informationsfluß von oben nach unten, aber auch von unten nach oben. Und genauso wie die Informationspolitik in einer Organisation gehandhabt wird, so ist es mit dem Informationsaustausch zwischen Führung und Betriebsrat.

Information von „oben nach unten“ ist für die Effizienz eines Unternehmens genauso wichtig wie die Information von „unten nach oben“. Klappt es in einem Unternehmen mit der Information von unten nach oben nicht, weil es umgekehrt mit der Information von oben nach unten auch nicht gut läuft, werden zum Beispiel nur angenehme Nachrichten nach oben weitergegeben, sonst aber vertuscht oder gar „geschönt“, so liegt es immer am Führungsstil im betreffenden Unternehmen. Was kann man aber in einem solchen Fall von der gegenseitigen Information Arbeitgeber – Betriebsrat erwarten? Bestimmt nicht einen Informationsaustausch, der schon dem Wortsinn nach einer Zusammenarbeit entspricht, von der Forderung des Gesetzes ganz zu schweigen.

8.8 Zusammenarbeiten heißt informieren

Jeder Bürger kann sich heute mit Hilfe der verschiedensten Medien ausreichend informieren. Das Informationsangebot in der Bundesrepublik ist flächendeckend, wobei ständig daran gearbeitet wird, dieses Angebot noch vielfältiger zu gestalten und noch weiter auszubauen, um auch den „letzten Winkel“ zu erreichen.

Die Auflage der Publikumszeitschriften hat sich seit den 60er Jahren verdoppelt, das Angebot an Fachzeitschriften steigt weiterhin ständig, Rundfunk und Fernsehen haben Ländergrenzen längst überschritten, „per Satellit“ kann das Ausland ins Wohnzimmer geholt werden.

Man rechnet damit, daß Presse, Rundfunk und Fernsehen an einem normalen Werktag mehr als 90 Prozent der Bevölkerung in irgendeiner Form ansprechen. Genauso wie man heute vom mündigen Staatsbürger spricht, kann man auch von einem informierten Staatsbürger sprechen.

Ein hoher Informationsstand befähigt zum Mitdenken mit dem Wunsch, mitbestimmen und damit auch mitentscheiden zu können. „Fremdbestimmung“ wird immer mehr abgelehnt, und zwar nicht nur von jungen Menschen. Der Staatsbürger der 90er Jahre will nicht nur gefragt werden, sondern aktiv, initiativ den Gang der Dinge beeinflussen. Mehr Freiraum für die eigene Lebensgestaltung wird gefordert. Der Staatsbürger wird informiert und er kann sich auch, wenn er die ihm angebotene Information nicht für ausreichend hält, zusätzlich informieren.

Wie steht es aber um die Information des Staatsbürgers als Arbeitnehmer? Bekommt er im Berufsleben die Informationen, die er gerne hätte? Erfährt er, was ihn in der Zukunft erwartet, wie es um sein Unternehmen und damit um seinen Arbeitsplatz steht? Wird er über die wirtschaftliche Lage unterrichtet, erfährt er etwas über die Zukunftsplanung, wird er über eine etwaige Standortverlagerung informiert? Wie steht es um die „technische Entwicklung“ an seinem Arbeitsplatz? Werden neue Technologien seine Arbeit verändern, besteht gar die Gefahr, daß sein Arbeitsplatz wegrationalisiert wird?

„Informiert Sie Ihr Vorgesetzter ausreichend?“ Nicht einmal ein Viertel der von uns befragten Mitarbeiter und Führungskräfte beantworteten diese Frage mit „ausreichend“. Dieses Informationsdefizit ist erschreckend,

wenn man bedenkt, daß es sich hier um Informationen handelt, die zur Durchführung der Arbeitsaufgaben notwendig sind. Wie muß es da mit der Information gegenüber dem Betriebsrat aussehen, wenn man bedenkt, daß diese Institution von manchen eher als „hinderndes“ denn als „förderndes“ Organ angesehen wird. Das Betriebsverfassungsgesetz schreibt in § 80 Abs. 2 ausdrücklich vor, daß der Betriebsrat rechtzeitig und umfassend vom Arbeitgeber zu unterrichten ist und ihm auf Verlangen jederzeit die zur Durchführung seiner Aufgaben erforderlichen Unterlagen zur Verfügung zu stellen sind.

Rechtzeitige und umfassende Unterrichtung, die Vorschrift des Gesetzes scheint klar. Und gerade gegen diese Vorschrift wird am meisten in der Praxis verstoßen. Wobei man auch hier bemerken muß, daß ohne eine rechtzeitige und umfassende Unterrichtung eine sinnvolle Erfüllung der Aufgaben durch den Betriebsrat gar nicht möglich ist. Auch hier spricht das Gesetz – wieder einmal – etwas aus, was selbstverständlich ist. Die Sachlage ist hier nicht anders als beim täglichen Betriebsgeschehen auch. Je frühzeitiger und umfassender die Information, um so besser kann eine Aufgabe gelöst werden. Wenn man gemeinsam eine Aufgabe lösen will – und das hat ja schließlich § 2 des Betriebsverfassungsgesetzes im Sinn –, muß jeder Partner über den gleichen Informationsstand verfügen.

Es soll hier ausdrücklich nicht von der oft genannten „Waffengleichheit“ gesprochen werden, denn dadurch könnte ein mißverständlicher Zungenschlag in das Ganze hereinkommen. Bei aller Anerkennung der Interessenvertretung und der dadurch oft bedingten Unterschiedlichkeit der Meinungen: Von Waffen sollte man nicht sprechen, wenn man gleichzeitig von „vertrauensvoll“ oder „dem ernstlichen Willen zur Einigung“ spricht. Gerade dann, wenn man sich einigen will, ja nach dem Willen des Gesetzgebers sich einigen muß, sollte der Informationsstand gleich sein.

Manchem mag angesichts der oft „rauhen“ Betriebspraxis dieser Standpunkt praxisfern, ja idealistisch erscheinen. Warum ist denn in diesen Fällen die Praxis so rauh, warum herrscht denn ein so kühler Wind? Doch sehr oft, weil man es mit der Informationspflicht „nicht so genau genommen“ hat, von der absichtlichen Zurückhaltung von Informationen einmal ganz zu schweigen. Oft hat man den Eindruck, daß man, wenn man schon, wenn auch zähneknirschend, die „Mitbestimmung an sich“

akzeptieren muß, das ganze Problem auf das Informationsproblem verlagert. Wenn schon Mitbestimmung oder, wie es manchmal ausgedrückt wird, „Mitregierung“, dann will man es „denen“ so schwer wie möglich machen. „Information nur da, wo unbedingt nötig, und dann noch so spät wie möglich“, ist dann die Maxime des Taktierens gegenüber dem Betriebsrat. Daß eine solche „Informationspolitik“ auch Emotionen weckt, wird dabei vielfach übersehen, vielleicht hier und da sogar beabsichtigt. Wer nicht oder unzureichend informiert wird, fühlt sich auch nicht anerkannt! Hier wird ein Grundbedürfnis des Menschen mißachtet, und das ruft dann die entsprechenden Gefühle hervor.

Aus diesen Gefühlen erwächst dann oft Widerstand, Widerstand gegen alles, was von „oben“ kommt, Widerstand gegen Veränderungen z.B., von denen letztlich jedes Unternehmen, ja die ganze Wirtschaft lebt. Und nicht nur Widerstand wird geleistet. Mitarbeiter, die nicht, nicht ausreichend oder nicht rechtzeitig informiert werden, verlassen das Unternehmen, sie sehen in einer derartigen „Informationspolitik“ eine Nichtachtung ihrer Persönlichkeit. Ein derartiges Führungsverhalten kann zu einer regelrechten Massenflucht führen.

In einer Fallstudie des Forschungsberichts des Bayerischen Staatsministeriums für Arbeit und Soziales „Humanisierung und Rationalisierung von Büroarbeiten“ wird von einer Kündigungsrate von 60 % der von einer betrieblichen Umstellung betroffenen Mitarbeiterinnen berichtet. Grund, so der Forschungsbericht: „Insbesondere traten Gefühle der Diskriminierung bei den betroffenen Schreibkräften und Sachbearbeitern auf. Und im Bericht heißt es dann weiter: „Erst im Laufe der Jahre wurden durch eine gute Mitarbeiterführung und das Bemühen, die zentrale Textverarbeitung als Fachabteilung zu etablieren, die anfänglichen Schwierigkeiten ausgeräumt.“ Was hat das wohl gekostet?

8.9 Je mehr Prozesse, um so schlechter das Klima

Auch Betriebsräte wollen, daß ihre Leistungen anerkannt werden, und zwar nicht nur von den Kollegen, die sie vertreten oder den Gewerkschaften, denen sie angehören. Betriebsräte wollen auch von ihrem Verhandlungspartner anerkannt werden. Sie wollen, daß man ihre Arbeit zumindest in der Art und Weise schätzt, daß man ihnen die Informationen zugänglich macht, die sie zur Erfüllung ihrer Aufgaben benötigen.

Anerkennung und Information, und das wird häufig übersehen, hängen miteinander zusammen. Im Informationsverhalten ist weitgehend auch ein Anerkennungs- und damit Motivationsaspekt enthalten. Wer sich nicht informiert glaubt, fühlt sich und seine Leistung nicht anerkannt.

„Welche Eigenschaften schätzen Sie an einem Vorgesetzten?" Mitarbeiter und Führungskräfte aus allen Bereichen der Wirtschaft und der öffentlichen Verwaltung setzten hier eine eindeutige Priorität: „Wenn er meine Leistungen anerkennt."

In deutlichem Abstand folgten: „Wenn er mich gerecht behandelt." „Wenn er gute Fachkenntnisse hat." „Wenn er mit mir darüber spricht, wie die Arbeit am besten gemacht werden kann." „Wenn er Zeit für mich hat." „Wenn er sich für mich einsetzt."

Auch Betriebsräte, die wir in Seminarveranstaltungen mit Hilfe anonym zu beantwortender Fragebogen hierzu befragt hatten, setzten die gleichen Prioritäten. Wer die Anerkennung der Leistung durch den Vorgesetzten schätzt, der tut dies auch allgemein, also auch beim Verhandlungspartner, der ja übrigens im Arbeitsalltag oft sogar der „Vorgesetzte " ist.

Diese „menschlichen Eigenschaften" werden gerade im „Umgang" mit dem Betriebsrat oft übersehen oder vielleicht sogar „abstrahiert". Man kann aber den „Betriebsrat" nicht von dem Menschen mit all seinen Gefühlen trennen, genausowenig wie man den Unternehmer oder eine Führungskraft auseinanderdividieren kann. Wer die tägliche Praxis der Zusammenarbeit mit dem Betriebsrat kennt, der weiß, daß gerade Nichtinformation oder zu späte Information die größten, aber auch gefühlbetontesten Diskussionen auslösen kann. Man spricht stundenlang über dieses Problem, anstatt über die Sache selbst zu verhandeln. Und das Schlimmste: Es bleibt immer etwas zurück, das dann bei passender Gelegenheit wieder hervorgeholt wird. Das allgemeine Vertrauensverhältnis wird beeinträchtigt.

Sicher, es kann selbst einmal dem gutwilligsten und kooperativsten Unternehmer oder einer Personalabteilung passieren, daß eine Information unterlassen oder nicht frühzeitig gegeben wird. Ist das Vertrauensverhältnis in Ordnung, geht man über diesen Lapsus ohne große Diskussion zur Sache über. Ist das Vertrauensverhältnis aber erst einmal gestört, dann wird es einfach nicht mehr geglaubt, daß das Ganze unbeabsichtigt geschehen ist, und das sachliche Problem wird auf die formelle Seite verlagert.

Das Ganze artet dann in eine Art juristischen Grabenkrieg aus. Jede Seite prüft erst einmal ausgiebig die Frage: „Muß ich als Arbeitgeber oder muß ich nicht" oder „Können wir das fordern oder können wir es nicht?" Gewiß, das Gesetz stellt Regeln auf, die die Beteiligung des Betriebsrates in vielen Fällen ausdrücklich regeln. Wichtig ist aber vor allem Sinn und Zweck des Gesetzes, der in der grundlegenden Forderung nach einer vertrauensvollen Zusammenarbeit und dem Willen zur Einigung zum Ausdruck kommt. Und diese Leitgedanken vertragen es einfach nicht, daß das Hauptaugenmerk beider Seiten auf Zuständigkeitsfragen und das Erfüllen von Formalien gerichtet ist. Je mehr Prozesse, um so schlechter das Klima. Und nicht nur das Klima zwischen Führung und Betriebsrat, sondern das Betriebsklima allgemein. Denn die Gefahr der Solidarisierung mit der Gesamtbelegschaft muß man sehen.

Hat man das Gesamtklima im Auge, dann verbieten sich eigentlich Streitigkeiten über die Ausstattung von Büroräumen des Betriebsrats, über Parkplatzfragen, darüber, ob Fotokopien gefertigt werden dürfen, wenn ohnehin das Recht besteht, Abschriften zu machen, oder darüber, ob der Betriebsrat verlangen kann, an einem Einstellungsgespräch beteiligt zu werden. Rein formell gesehen wird er z.B. im Rahmen des § 99 Betriebsverfassungsgesetz wohl nicht verlangen können, bei einem solchen Gespräch, wenn auch nur zeitweise, teilzunehmen. Was ist aber damit gewonnen, wenn man hier auf dem „Rechtsstandpunkt" beharrt?

Bei einer Einstellung eines Arbeitnehmers handelt es sich um die Eingliederung dieses Arbeitnehmers in den Betrieb und damit in die Betriebsgemeinschaft der Arbeitnehmer. Hier dürfte es sogar zweckmäßig sein, daß sich auch der Betriebsrat einen persönlichen Eindruck verschafft, zumal ihm ja die schriftlichen Unterlagen vor der Einstellung ohnehin vorzulegen sind und ihm außerdem Auskunft über die Person zu geben ist. Bevor man sich über Formfragen streitet, sollte man immer die Auswirkungen auf das Gesamtklima vor Augen haben. Das Gesamtklima wird natürlich auch beeinflußt durch das Klima, in dem insbesondere die Besprechungen zwischen beiden Partnern stattfinden, und umgekehrt wirkt sich wiederum das Gesamtklima auf das Klima bei den einzelnen Besprechungen aus. Besprechungen zwischen beiden Partnern sind in der Regel Besprechungen, an denen, zumindesten auf der Betriebsratsseite, mehrere Personen teilnehmen. Für diese Besprechungen gelten daher die Regeln der Konferenztechnik, und hier sollte man den Grundsatz beherzigen, Emotionen so weit wie möglich zu vermeiden.

„Ich machte es mir zum Prinzip, mich niemals zu den Gefühlen anderer in Widerspruch zu setzen." Kein Geringerer als Benjamin Franklin schrieb dies in seiner Lebensbeschreibung. Dieser Satz sollte Maxime jeder Verhandlung zwischen Arbeitgeber und Betriebsrat sein. Reizworte bei Tarifverhandlungen wie „Provokation", „Verhöhnung" oder „Diktat", von kampferprobten Profis oft schon routinemäßig gebraucht und dann nach Abschluß der Verhandlungen wieder vergessen, wenn man sich mit strahlendem Lächeln den Fernsehkameras stellt, können auf Betriebsebene sehr ernstgenommen werden und Wunden hinterlassen, die nur schwer heilen.

Was anderswo fast schon zum Ritual geworden ist, kann hier ganze Besprechungen sprengen und noch mehr, das Klima vergiften, weil derartige Äußerungen manchmal sehr persönlich genommen werden. Eine sehr große Rolle dabei spielt auch die Tatsache, daß die Gesprächspartner bei Tarifverhandlungen nach Abschluß dieser Verhandlungen ja wieder auseinandergehen, während man im Betrieb schon am nächsten Tag oder gar in der nächsten Stunde am Arbeitsplatz wieder zusammenarbeiten muß.

8.10 Idealziel: aktive Zusammenarbeit

Die Gefahr, daß bei Besprechungen mit Betriebsräten etwas „persönlich" genommen wird, ist groß. Wird Kritik am Verhandlungspartner geübt, so geschieht das gewissermaßen vor „versammelter Mannschaft".

Kritik unter vier Augen wird von den meisten Menschen einsichtig aufgenommen. Mehr als 80 Prozent der von uns befragten Mitarbeiter und Führungskräfte aller Bereiche der Wirtschaft beantworteten die Frage: *„Was empfinden Sie, wenn Ihr Verhalten unter vier Augen kritisiert wird?"* mit „Einsicht". Der Anteil derjenigen, die sich über eine Kritik unter vier Augen ärgern würden, lag bei den Führungskräften etwas unter und bei den Mitarbeitern etwas über der 10-Prozent-Marke.

Die Empfindungen der von einer Kritik betroffenen Mitarbeiter und Führungskräfte änderten sich bei einer Kritik, die in Gegenwart von Dritten geäußert wurde. Einsicht wurde nur noch von rund 14 Prozent der Führungskräfte der Wirtschaft und von knapp 20 Prozent der Mitarbeiter empfunden. Am niedrigsten lag der Anteil bei den Führungskräften aus dem Bereich der Finanzdienstleister mit rund 11 Prozent. Dafür stieg der Anteil bei der Empfindung „Ärger" auf 46 Prozent bei den Mitarbeitern und 67 Prozent bei den Führungskräften der Wirtschaft kräftig an. Spitzenreiter waren die Führungskräfte bei den Finanzdienstleistern mit 70 Prozent.

Die Empfindung „Ärger" wurde begleitet von „Wut" bei den Führungskräften der Wirtschaft mit 20 Prozent und bei den Mitarbeitern mit 18 Prozent. Auch hier reagierten die Führungskräfte bei den Finanzdienstleistern wieder besonders emotional. 30 Prozent gaben an, bei einer Kritik in Gegenwart von Dritten wütend zu werden.

Durch die Ergebnisse der medizinischen Forschung ist längst bekannt, daß Ärger und Wut bestimmte Hormonreaktionen auslösen, durch die die Funktionen des menschlichen Gehirns beeinträchtigt werden. Der menschliche Körper wird auf Kampf oder Flucht programmiert. Die geistige Leistungsfähigkeit, das Denkvermögen sinkt.

Kampf oder Flucht! Wie kann man um Einigung bemüht sein, wenn Aggressionen oder Fluchttendenzen das Verhandlungsklima beeinflussen?

Wie verträgt sich vertrauensvolle Zusammenarbeit mit Kritik in Gegenwart von Dritten?

An all das sollte man denken, bevor man Kritik in Verhandlungen mit dem Betriebsrat äußert, an denen mehrere Gesprächspartner beteiligt sind. Das Gleiche gilt natürlich auch für die Betriebsräte als Verhandlungspartner .

Kritik vor anderen bringt die Gesprächspartner dem Ziel nicht näher, sondern entfernt sie vom Ziel und auch menschlich voneinander, ein Ergebnis, das einmal vom Gesetz nicht gewollt ist, zum anderen aber auch nicht – läßt man einmal das Gesetz außer Betracht – geeignet ist, die Effizienz einer Organisation zu garantieren.

Das Idealziel ist eine aktive Zusammenarbeit beider Partner, die den Betriebsrat nicht als einen reaktiven Partner, sondern als initiativen Partner ansieht. Von einer solchen Zusammenarbeit geht nicht nur das Gesetz aus, sondern sie ist auch die beste Lebensversicherung für die Organisation. Ein aktiver Betriebsrat bietet für die Führung die lebensnotwendige Verbindung zur Basis, die besonders in großen Organisationen in Gefahr ist, abzureißen. Gerade im Interesse sowohl des Unternehmens als auch der Arbeitnehmer gelingt es so, Schwachstellen aufzuzeigen, so zum Beispiel auf dem Gebiet der Führung, des Führungsstils.

§ 75 Abs. 2 des Betriebsverfassungsgesetzes schreibt ausdrücklich vor, daß Arbeitgeber und Betriebsrat die freie Entfaltung der Persönlichkeit der im Betrieb beschäftigten Arbeitnehmer zu schützen und zu fördern haben. Diese Förderung setzt aber ein aktives Handeln beider voraus. Wer könnte hier besser berufen sein, Schwachstellen aufzuspüren, als die Vertretung der Arbeitnehmer, die ja gerade einen autoritären Führungsstil, der die Entfaltung der Persönlichkeit hindert, spürt. Autoritärer Führungsstil verursacht Streß und Streß macht auf die Dauer krank.

Bis zu 70 Prozent aller Krankheiten sind psychisch bedingt, und die Arbeitswelt hat ihren Anteil daran. Versagte Anerkennung, ein Übermaß an Kritik, kleinliche Kontrollen, Versagen von Informationen, Nichtbeachtung des Delegationsprinzips sind nur einige Beispiele, die auf Dauer zu Krankheiten führen können. Und im „Vorfeld“ der Krankheiten finden sich Leistungsminderung, Absentismus und Fluktuation. Hier ist es in erster Linie Sache des Betriebsrates, schützend und fördernd tätig zu werden, eine Aufgabe, die vielerorts noch gar nicht erkannt und auch nur zögernd in Angriff genommen wird.

Zugegeben, eine heikle Aufgabe. Denn hier geht es um Führungsfehler, und das Management könnte sich angegriffen fühlen. Hier liegt es aber gerade im Sinne des Managements, daß diese Schwachstellen angesprochen werden, denn Führungsfehler kosten nicht nur Geld, sondern können auch zum Kollaps führen. 75 Prozent aller Konkurse sind auf Führungsfehler zurückzuführen, so das Ergebnis einer Forschungsgruppe des Instituts für Mittelstandsforschung bei einer Untersuchung von 2.000 Insolvenzfällen. Dies sollte jedem Management zu denken geben, bevor es hier empfindlich reagiert!

Unsere Wirtschaft kann die Aufgaben der 90er Jahre nur bewältigen, wenn Innovationen geradezu aus dem Boden gestampft werden. Veränderungen einzuführen ist aber nicht einfach. Der Mensch fährt gerne auf eingefahrenen Geleisen. Das Beharrungsvermögen ist groß. Veränderungsprozesse gelingen nur, wenn die Arbeitnehmer so früh wie möglich am Umstellungsvorgang beteiligt werden.

Im Forschungsbericht des Bayerischen Staatsministeriums für Arbeit und Sozialordnung „Rationalisierung und Humanisierung von Büroarbeiten“ vom Oktober 1979 finden sich die folgenden Empfehlungen:

„Die von technisch-organisatorischen Innovationen betroffenen Mitarbeiter sind frühzeitig über die Veränderungen zu informieren und in den Planungsprozeß einzubeziehen. Den Mitarbeitern sind Mitwirkungsmöglichkeiten zu eröffnen“(Empfehlung Nr. 1 des Forschungsberichts). „Bei der Schaffung neuer Arbeitstrukturen im Bürobereich ist Vorsorge zu treffen, daß der einzelne Arbeitnehmer bei Erbringung seiner Leistung erkennen kann, in welchem Zusammenhang sein persönlicher Leistungsbeitrag mit der Gesamtaufgabe steht und welche Qualität seinem Beitrag zukommt (Rückkoppelung)” (Empfehlung Nr. 10).

„Das Arbeitsfeld neu gestalteter Arbeitsplätze verlangt Elemente, die den Mitarbeiter Entwicklungsmöglichkeiten erkennen lassen und ihm Qualifizierungsmöglichkeiten offenhalten“ (Empfehlung 11).

„Die starke Benutzung technischer Hilfsmittel und die erhöhte Abhängigkeit von angewandten Techniken am Arbeitsplatz erfordern eine mitarbeiterorientierte Führung. Führungsorganisation und -stil müssen in diesem Sinne ausgelegt werden“ (Empfehlung 14).

Eine große Aufgabe und ein weites Feld für beide Partner – Arbeitgeber und Betriebsrat!

8.11 Stillstand ist Rückschritt

Eine enge Zusammenarbeit mit dem Betriebsrat ist auch für den Bereich des betrieblichenVorschlagswesens von erheblicher Bedeutung. Nur wenn es gelingt, die Mitarbeiter für dieses Gebiet zu gewinnen – und der Betriebsrat spielt hier eine ganz wesentliche Rolle –, können Erfolge, die bedeutende finanzielle Auswirkungen haben können, erreicht werden. Arbeitsvereinfachungen, neue Dienstleistungsangebote, unkonventionelle Vertriebswege und vieles andere mehr können vorgeschlagen und in die Praxis umgesetzt werden.

Auch Betriebsräte wollen zusammenarbeiten, wollen Vorschläge und Anregungen unterbreiten. Sie wollen aber auch, daß ihre Vorschläge Beachtung finden. Betriebsräte darf man nicht auseinanderdividieren. So wie sie es schätzen, daß ihre Leistungen als Arbeitnehmer von ihren Vorgesetzten anerkannt werden, daß ihre Vorschläge Beachtung finden, so schätzen sie dies auch in ihrer Eigenschaft und bei ihrer Tätigkeit als Betriebsräte. Der Mensch ist in seinem Denken und Handeln doch nicht teilbar!

Wenn ein Vorgesetzter Vorschläge und Anregungen seiner Mitarbeiterinnen und Mitarbeiter nicht beachtet, wirkt dies nicht nur demotivierend, sondern beeinträchtigt auch das Ansehen des Vorgesetzten, seine soziale Kompetenz, auf die es ja immer mehr ankommt.

Warum sollte dies nicht auch bei Betriebsräten gelten? Werden hier, wie das in vielen Bereichen leider immer wieder geschieht, Vorschläge vom Tisch gewischt, so kann dies doch auf die Motivation des Betriebsrates als Institution, aber auch der einzelnen Betriebsratsmitglieder nicht ohne Wirkung bleiben. Was beim Vorgesetzten stört, muß doch auch beim gleichberechtigten Verhandlungspartner mißfallen.

Das betriebliche Vorschlags- und Verbesserungswesen lebt geradezu von der aktiven Unterstützung der Arbeitnehmervertretung. Es kann nicht gedeihen, wenn das Klima zwischen Arbeitgeber und Betriebsrat durch geringe Bereitschaft der Arbeitgeberseite, auf Vorschläge des Betriebsrates einzugehen, beeinträchtigt wird. Kennzeichnend in diesem Zusammenhang ist, daß in nicht wenigen Bereichen ein betriebliches Vorschlags- und Verbesserungswesen gar nicht erst eingeführt wird, um einer Mitbestimmung, die im Betriebsverfassungsgesetz vorgesehen ist, aus dem Wege zu gehen. Muß man sich dann wundern, wenn immer weniger Verbesserungsvorschläge, auf welchem Gebiet auch immer, gemacht werden?

Die Aufzählung dieser Beispiele, die bei weitem nicht als abgeschlossen angesehen werden kann, mag genügen. Allein sie zeigt schon, daß nur ein partnerschaftliches Zusammenarbeiten beider Partner zum Erfolg führen kann. Erfolg in diesem Sinne kann letztlich nur bedeuten: das Wohl des Betriebes und der Arbeitnehmer und damit Effizienz und Sicherung der Arbeitsplätze.

Unterstützt man aber die Arbeit der Betriebsräte nicht, behindert man deren Tätigkeit oder versucht man gar, den Betriebsrat auseinanderzudividieren, einzelne Gruppen nach dem Grundsatz „divide et impera" gegeneinander auszuspielen, dann ist der Anfang vom Ende einer Zusammenarbeit und damit langfristig gesehen auch der Anfang vom Ende überhaupt vorprogrammiert. Jede Zusammenarbeit hört auf, und was das in der Praxis bedeutet, ist jedem klar. Bei dem umfassenden Katalog der Mitbestimmungs- und Mitwirkungsrechte kann dies zur Lähmung jeder Führung und damit zum Zusammenbruch der Führung führen. Das kann nicht im Sinne der Führung einer Organisation liegen.

Die betriebliche Mitwirkung und Mitbestimmung ist heute aus dem Arbeitsleben nicht mehr wegzudenken. Die Frage: *„Halten Sie es für wichtig, daß Arbeitnehmer ein Mitbestimmungsrecht in betrieblichen und persönlichen Angelegenheiten haben?"* wurde von rund 94 Prozent der von uns befragten Führungskräfte, Mitarbeiterinnen und Mitarbeiter aller Bereiche der Wirtschaft mit einem klaren „Ja" beantwortet . Mehr als drei Viertel der befragten Führungskräfte und Mitarbeiter waren auch der Ansicht, daß die Entscheidungen von Unternehmen durch diese Mitbestimmung beeinflußt werden können. Bei den einzelnen Unternehmen gab es bei diesen Befragungen aber auch Unterschiede in den Ergebnissen, wobei ein enger Zusammenhang zwischen dem in den Organisationen praktizierten Führungsverhalten und der Einstellung zu Mitbestimmungsfragen bei den Mitarbeitern und Führungskräften festzustellen war.

Je höher der Anteil der Mitarbeiter und Führungskräfte, die sich autoritär geführt glaubten, war, um so wichtiger wurde von diesen Führungskräften und Mitarbeitern die Bedeutung einer Mitbestimmung in betrieblichen und persönlichen Angelegenheiten angesehen. Auch der Anteil derjenigen, die eine Ausdehnung der Mitbestimmung der Betriebsräte wünschten, war in diesen Organisationen besonders hoch. Betriebliche Mitbestimmung als Gegenmittel gegen autoritäres Führungsverhalten? Auch daran sollten Führungskräfte, deren Blickfeld leider vielfach ausschließlich auf betriebswirtschaftliche und ökonomische Fakten begrenzt ist, denken.

Kooperation ist die Führungsforderung der 90er Jahre, Kooperation mit den Mitarbeitern, aber auch mit deren gewählter Vertretung, dem Betriebsrat. Und schließlich sind es dann auch die Arbeitnehmer, die als Wähler Einfluß auf die Rahmenbedingungen nehmen, die den Organisationen der Wirtschaft gesetzt werden. Je autoritärer die Führung, um so stärker der Wunsch nach zusätzlichen Einflußmöglichkeiten auf das Geschehen in der Wirtschaft. Druck erzeugt Gegendruck.

„Was erscheint Ihnen bei Ihrer täglichen Arbeit besonders wichtig?" Unter den fünf vorgegebenen Kriterien gesicherter Arbeitsplatz, Entscheidungsfreiheit, sinnvolle Tätigkeit, solide Aus- und Fortbildung, in Ruhe gelassen werden rangierten die „Entscheidungsfreiheit" und die „sinnvolle Tätigkeit" bei den von uns befragten Führungskräften auf den ersten Positionen der Rangskala, in deutlichem Abstand gefolgt vom „gesichertem Arbeitsplatz" und der „soliden Aus- und Fortbildung". Für „in Ruhe gelassen werden" entschieden sich deutlich weniger als 10 Prozent.

Die Erwartungen, die die Menschen an die Arbeitswelt stellen, haben sich in den letzten Jahren geändert. Diesen Erwartungen gilt es, Rechnung zu tragen. Die Arbeitnehmer verlassen sich nicht mehr blind auf die Führung, sei es im politischen Leben oder im Unternehmen. So, wie sie am eigenen Arbeitsplatz „Entscheidungsfreiheit" wünschen, so wollen sie auch dort mitbestimmen. Das Bestreben, einen einmal erreichten Status auch in der Arbeitswelt zu erhalten und auszubauen, ist ein ganz natürliches und verständliches Verhalten, das letzten Endes der Selbsterhaltung dient, und braucht nicht einmal vordergründig politisch motiviert zu sein. „Stillstand ist Rückschritt", dieser Satz gilt auch hier. Sich aktiv um Zusammenarbeit bei der gemeinsamen Lösung von offenen Fragen zu bemühen und nicht nur auf Forderungen hinhaltend zu reagieren ist daher auch auf diesem Gebiet eine der großen Führungsaufgaben von Gegenwart und Zukunft.

www.ingramcontent.com/pod-product-compliance
Ingram Content Group UK Ltd.
Pitfield, Milton Keynes, MK11 3LW, UK
UKHW021239031026
15588UKWH00001B/158

* 9 7 8 3 4 0 9 1 4 7 4 7 7 *